●湖南省社会科学基金重大委托项目“湖南省中小企业人力资源管理系统优化与组织绩效提升研究”(13WTA19)

●国家自然科学基金项目“高绩效工作系统在不同组织中的形成与演化 ——多案例研究”(71372062)

●湖南省经济与信息化委员会项目“中小微企业人力资源状况调查及对策政策研究项目补助”(湘财企指[2014]102)

中国中西部中小微企业人力资源研究

颜爱民　黄东红◎著

中国社会科学出版社

图书在版编目（CIP）数据

中国中西部中小微企业人力资源研究/颜爱民，黄东红著．—北京：中国社会科学出版社，2016.8
ISBN 978-7-5161-8667-1

Ⅰ.①中…　Ⅱ.①颜…　②黄…Ⅲ.①中小企业—人力资源管理—研究—中国　Ⅳ.①F279.243

中国版本图书馆CIP数据核字(2016)第175086号

出版人　赵剑英
责任编辑　卢小生
责任校对　周晓东
责任印制　王　超

出　　版　中国社会科学出版社
社　　址　北京鼓楼西大街甲158号
邮　　编　100720
网　　址　http：//www.csspw.cn
发行部　010-84083685
门市部　010-84029450
经　　销　新华书店及其他书店

印　　刷　北京君升印刷有限公司
装　　订　廊坊市广阳区广增装订厂
版　　次　2016年8月第1版
印　　次　2016年8月第1次印刷

开　　本　710×1000　1/16
印　　张　22.25
插　　页　2
字　　数　378千字
定　　价　80.00元

序 言

当前，中国经济已经进入到一个新的转型发展阶段，中小微企业的发展将成为未来经济持续发展的重要动力源。近几十年来，世界各国政府都在围绕中小微企业制定一系列促进发展的政策，并取得了显著成就。改革开放以来，中国政府也重视中小企业的发展，相应地制定了一系列政策。但是，对中小微企业发展的关注度不够，在政策制定及其实施的有效性方面还存在一些问题，学界针对中小微企业的研究深度和广度也显不够，尤其是从国家政策层面和市场机制角度专门针对中小微企业的人力资源管理问题的研究，更是难得一见。

颜爱民教授及其研究团队有效地组合政府和学界资源，历时五年，从多角度系统地开展了大规模的中小微企业人力资源管理问题的调查，运用大量翔实的资料进行了深入而严密的分析和研究，撰写了《中国中西部中小微企业人力资源研究》一书，取得如此可喜的成果，令人欣慰。

据我所知，该书是国内第一部专门系统地研究中小微企业人力资源管理问题的专著。该书研究角度新颖，逻辑结构清晰，研究方法规范，论证严密严谨，研究结论可靠，对策建议可行。在我看来，尽管选择的样本只是来源于湖南、江西、广西等中西部地区，选择广东省作为参照样本，但由于中国中小微企业发展整个政策环境和经济文化背景的基本一致性，该书所得出的研究结论对促进我国中小微企业发展的政策制定、市场培育和战略谋划，应当说也具有重要的理论意义和实践指导意义。

该书的出版为我国中小微企业人力资源管理问题的专门研究开了个好头，希望有更多的学界同人更加关注中小微企业人力资源管理问题的研究，以便更好地推动我国中小微企业的健康发展。

受作者之邀，特作此序。

南京大学商学院名誉院长、特聘教授、博士研究生导师

2016 年 5 月 9 日

于奥地利维也纳

前 言

针对中小微企业人力资源的研究可追溯到2011年我承担的湖南省社会科学基金重点委托项目“湖南人力资源生态环境评价及优化对策研究”，随后，2013年中南大学与湖南省经信委合作，由我和黄东红副主任共同主持的湖南省社会科学基金重大委托项目“湖南省中小企业人力资源管理系统优化与组织绩效提升”将我们的工作团队完全卷入中小微企业的人力资源问题研究之中。一晃五年多过去了，我几乎是迷上了中小微企业及其人力资源问题，为了使研究更有意义和价值，我在向湖南省社会科学规划办公室按时提交社会科学基金重大项目报告后，不是将工作中止停下来，而是更进一步将研究样本扩展到中西部地区，将视角提高到国家战略层面，带着“为国而忧、为国而谋”的使命和责任，系统地研究我国中小微企业发展问题，尤其是国家政策层面和市场机制构建方面的中小微企业人力资源问题。因为随着研究的深入，我们发现，中小微企业事关未来中国经济社会持续发展中国家战略目标的实现，针对中小微企业的研究实在太重要，而其研究状况又实在太粗浅，几乎没有人从国家宏观层面系统地研究过中小微企业人力资源问题，而该问题确又是事关我国中小微企业发展战略成功的基本问题。中国企业家论坛发展研究基金会2011年针对全国16个省市进行的专项调查研究显示，中小微企业人才状况对企业发展制约和影响得分为51.31分，仅低于融资难对企业发展的制约影响（其分值为52.86分），已成为制约中小微企业发展的最重要因素之一，但国内学界和政府都缺乏对中小微企业人力资源问题的应有重视，更缺乏专业性、系统性的研究，我带着责任、压力，怀着激动的心情，贸然深入研究这个问题。随着研究工作的推进，我才逐步搞清楚为什么这个领域会成为研究的“蓝海”地带，是因为从宏观层面来研究中小微企业人力资源问题，调研工作实在太难，工作量很大，再则中小微企业分布太广、数目太多、业态太复杂、人力资源信息资料太缺乏，幸亏得到湖南省经信委副主任黄东红及其工作团队经信委中小企业局局长黄学工、副局长谢应钦等合作伙伴的鼎力协助，他们陪同我到湖南省相关地市县调研，一起组织座谈会、发放问卷，共同研讨各种问题，真正实现了理论工作者和实务工作者的有效融合。为了不“浪费”调研资源，我将调研工作设计成三个阶段，首先对湖南省进行预调研，既开座谈会，又进行结构性访谈，还同步发放调查问卷，以保证信息获取的多源，同时也大大增加了工作难度。湖南省经信委以及岳阳、邵阳和有关县区经信委或经贸局都是全力配合，使我们最早获得了第一手数据，也完成了第一阶段调研工作，设计了面向全省的调研问卷，经信委中小企业局利用其网络平台和各种管理手段帮助发放问卷，控制调研过程，保证调研质量，做出了卓有成效的贡献。2013—2014 年，我们完成了一个阶段的研究工作后，通过总结和研讨，我们确定了深挖的学术思路，下决心进一步拓展研究视野，在针对湖南省中小微企业的研究基础上，将研究视角定位到国家发展战略高度，将研究样本拓展到整个中西部地区，并且选定广东省作为东部地区的参照研究样本区，调整研究思路、重新设计研究方案，于 2015 年 7 月启动第三轮调研工作，该阶段调研工作一部分还是通过湖南省经信委出面和相关省份的经信委协调，由相关省份经信委协助完成，另一部分工作则是通过我的朋友协助完成，特别需要感谢的是桂林理工大学管理学院院长连漪教授、东莞科技进修学院黄联华副院长，他们帮助我从另外的渠道调研到了广西和广东的部分资料，为整个调研数据的结构完善做出了重要贡献。为了从不同角度更细地研究中小微企业人力资源问题，我安排了博士生李歌带领一支小分队专门研究中小微企业社会责任问题，形成了部分专门成果；与剑桥大学谢淑娟博士合作对中小微企业用工短缺问题进行了专题研究，形成了专项成果。

研究的调研过程中，组织和参与的专家有湖南省经信委副主任黄东红、中小企业局局长黄学工、中小企业局副局长谢应钦、中南大学人事处处长宋夏伟和我；参加研讨会的成员有黄东红、谢应钦、宋夏伟和我。在本书写作之前，第一阶段，先由笔者指导研究生余丹、徐婷和胡仁泽运用 SPSS 等工具对所有调研数据进行统计和分析，形成了初步调研报告，在此基础上，由我构建了著作的整体框架，形成了专著的十大章节和每章的核心学术观点和写作纲要，并确定了每章的学术逻辑、主要写作思路和具体结构要求，再由我的研究生分头进行文献、资料收集和整理，形成了基于文献资料和调研数据的各章写作原始初稿。第二阶段，我与每一章的研究助手一道仔细研究每章原始初稿及相应的文献资料，重新构建和调整每章的学术思路和写作框架，形成了真正意义上的著作初稿，并将该初稿交由黄东红主任及宋夏伟教授等组织有关专家和实务工作者召开研讨会议，通过理论和学术上的融合，形成了著作每章节的修改方案。第三阶段，确定由研究生胡仁泽、徐婷、赵德岭和汪玉霞协助我对每章进行逐字修改定稿。这一过程非常艰难，有时候为了确立某一个观点，甚至是为了确定某种观点的程度，我们常常停下写作，重新查阅资料，仔细思考，力求我们做的结论和提的建议是合适的、可行的、有效的，有时候工作进展非常顺利，颇有豁然通达之快感，有时工作进展十分缓慢，甚至连续几天烦躁不安、毫无起色，这个过程历时一年左右，直到2016年5月才基本完成。最后一部分工作是以胡仁泽、赵德岭、汪玉霞、单良、杨玲玲几位研究生为主完成的，他们对全书稿进行了精细的文字校对和编辑，对全书所有图表重新绘制，尤其是对所有引用文献进行核准和标注。

参加本研究调研及访谈工作的有：中南大学颜爱民教授，湖南省经信委黄东红副主任，中南大学宋夏伟教授，湖南省经信委中小企业局黄学工局长、谢应钦副局长，桂林理工大学连漪教授及其团队，东莞科技进修学院黄联华副院长及其团队，中南大学李歌博士，肖遗规博士以及韩宇奇、余丹、李一瑾、胡仁泽、徐婷等硕士研究生；协助我进行数据处理、资料收集、文字整理工作的是胡仁泽和赵德岭（第一章），徐婷（第二章），余丹、胡仁泽、汪玉霞（第三章），胡仁泽（第四章），陈丽（第五章），徐婷、赵德岭（第六章），胡仁泽、赵德岭、肖遗规（第七章），胡仁泽（第八章），徐婷、赵德岭（第九章），韩宇奇、赵德岭（第十章）。研究的调研过程得到了湖南省经信委、湖南省各地州市经信委、湖南省各县（市）区经贸局以及广西壮族自治区经信委、江西省经信委、广东省经信委等有关机构的领导和工作人员的大力支持与配合，感谢所有参加或配合调研的所有中小微企业业主和管理人员，可以说，这么庞大的调研工作是依靠众多的工作人员和中小微企业业主共同完成的，我们只是其中的协调人员和资料整理者。在研究和著作写作过程中我们参阅了国内外诸多研究成果，尽管我们尽量将引用的文献和成果进行了详细标注，但遗漏在所难免，我们在此一并感谢。

本书标题是针对中国中西部地区的中小微企业，主要是因为研究样本的采集局限性所致，考虑到中国情景的基本一致性，研究的结论对中国中小微企业人力资源问题应该同样具有相当重要的参考价值。另外，中小微企业的发展是一个国家战略问题，也是一个系统性问题，从国家政策的宏观层面研究中小微企业人力资源问题，不可能脱离国家发展中小微企业的战略基础。我们的研究力图在形成自己明晰的中小微企业发展战略思路基础上展开，所以，我们关于中国中小微企业发展的基本思路和方略也蕴含在本书之中。由于本书涉及的学科和专业面极广，我们的研究资源有限，研究基础和研究水平难以达到预期的目标，本书的局限乃至谬误在所难免，敬请读者谅解并指正。

颜爱民

2016 年 5 月 7 日

于岳麓山麓中南大学精进轩

目 录

第一章　导入

第一节　中小微企业人力资源研究问题来源

一　中小微企业界定

（一）国外对中小微企业的界定标准

综观国内外有关中小微企业的研究文献，一般而言，世界各国对中小微企业的界定主要有定量（或称为量的界定）和定性（或称为质的界定）两种方法。量的指标主要包括雇员人数和资产总值等，质的指标主要包括企业的组织形式、所处行业地位及融资方式等。

联合国贸易与发展会议（UNCTAD）于1982年成立国际会计和报告标准政府间专家工作组（ISAR），ISAR在2000年7月发布的《中小企业指南》中将中小微企业分为三类：第一类是微型企业，其雇员为1—5人；第二类是小企业，其雇员为6—50人；第三类是中型企业，其雇员为51—250人。

美国政府于1953年设立了小企业管理局，向那些无法从其他渠道获得优惠贷款的小企业提供长期的资金帮助。美国小企业管理局为有效管理而制定的中小微企业划分标准几乎可以囊括99%以上的专门从事工商活动的组织，其中规定年营业收入、从业人员或总资产低于一定数额或者数量者为中小微企业。例如，在矿山、食品工业、运输业等行业中人数低于500人，批发业中人数低于100人，一般零售企业、服务业等行业中企业营业收入或总资产低于500万美元者为中小微企业，对于银行业的中小微企业则要求资产低于1亿美元。美国小企业管理局的划分标准并不是固定不变的，在特殊情况下往往灵活放宽。

在欧盟，微型、小型和中型企业占欧盟所有企业的99%。欧盟于

1996 年 4 月 3 日制定了统一的中小微企业标准（Recommendation 96/280/EC），在此基础上 2003 年 5 月 6 日出台了新的标准（Recommendation 2003/361/EC）。新标准规定：雇员数在 10 人以下、销售额和总资产额在 200 万欧元以下的为微型企业；雇员数在 50 人以下、销售额和总资产额在 1000 万欧元以下的为小型企业；雇员数在 250 人以下、销售额在 5000 万欧元、总资产额在 430 万欧元以下的为中型企业。①

澳大利亚《公司法》规定，小企业至少应符合以下三个条件：总资产小于 500 万澳元；销售收入小于 1 亿澳元；雇员少于 50 人。而澳大利亚统计局出台的小企业标准规定非制造业雇员少于 20 人，制造业少于 100 人的企业为小企业。②

（二）我国对中小微企业的界定标准

我国对中小微企业的界定主要采用定量描述的方法。从 1978 年至今，关于中小微企业标准的界定主要经过了四个阶段：

第一阶段：1978 年国家计委、国家建委、财政部颁布《关于基本建设项目和大中型企业划分标准的规定》，提出，为“加强基本建设项目的分级管理，正确反映建设项目的规模”，基于对大中型工业企业分级管理的需要制定了大中小型工业企业划分标准，其中划分对象仅仅是工业企业，同时并没有涉及微型企业。该标准基本将企业的产量和加工对象作为划分标准，少数难以归类的子行业按照投资额进行划分，反映出当时我国的所有制结构、产业结构及优先发展工业和大型工业的政策导向。

第二阶段：以 1988 年我国出台的《大中小型工业企业划分标准》为依据，其目的在于“对企业加强管理，进行政策指导和宏观控制”，是以企业的生产能力为划分标准，具体指标尽管还采用计划经济的传统名称，但基本含义方面已和市场经济国家所采用的指标相似，分别为劳动力、劳动手段、劳动对象和产品的产业集中度。划分的类型更是细化为特大型、大型一档、大型二档、中型一档、中型二档、小型，但依旧没有出台微型企业的划分标准四类六种。

第三阶段：以 2003 年 1 月 1 日我国施行的《中华人民共和国中小企

---

① 张宝山：《日本、美国及欧盟中小企业划分标准的演变与启示》，《中国贸易报》2011 年 9 月 27 日第 S04 版。

② 邓荣霖：《中小企业制度与市场经济》，中国人民大学出版社 1999 年版，第 105 页。

业促进法》和2003年2月19日由国家经济贸易委员会等联合公布实施的《中小企业标准暂行规定》为依据，共同确定了我国中小微企业的划分标准。首先，《中小企业促进法》明文规定了该法的适用对象是“各类所有制和各种组织形式企业”，通过明确法律适用对象有利于消除各地方政府对非公有制中小微企业的政治歧视；其次，《中小企业促进法》规定了中小微企业的界定范围应以企业要素投入数量为标准，具体按企业职工人数、资产总额和销售额等指标结合行业特点来划分；最后，《中小企业标准暂行规定》进一步细化为企业职工人数在2000人以下，销售额在3亿元以下或资产总额在4亿元以下的为中小微企业。①

第四价段：2011年工业和信息化部、国家统计局、国家发展改革委、财政部共同出台《统计上大中小微型企业划分办法》，这是我国最新也是最清晰的一次中小微企业划分标准。该办法详细规定了农、林、牧、渔业，采矿业，制造业，电力、热力、燃气及水生产和供应业，建筑业，批发和零售业，交通运输、仓储和邮政业，住宿和餐饮业，信息传输、软件和信息技术服务业，房地产业，租赁和商务服务业，科学研究和技术服务业，水利、环境和公共设施管理业，居民服务、修理和其他服务业，文化、体育和娱乐业15个行业门类以及社会工作行业大类共16类行业的大、中、小、微型企业的划分标准，具体见表1－1，至此，我国中小微企业得到了清晰的界定，为国家及各地方政府部门的政策指向提供了明确的依据。

表1－1　　统计上大中小微型企业划分标准

行业名称	指标名称	计量单位	大型	中型	小型	微型
农、林、牧、渔业	营业收入（Y）	万元	Y≥20000	500≤Y<20000	50≤Y<500	Y<50
工业	从业人员（X）	人	X≥1000	300≤X<1000	20≤X<300	X<20
	营业收入（Y）	万元	Y≥40000	2000≤Y<40000	300≤Y<2000	Y<300
建筑业	营业收入（Y）	万元	Y≥80000	6000≤Y<80000	300≤Y<6000	Y<300
	资产总额（Z）	万元	Z≥80000	5000≤Z<80000	300≤Z<5000	Z<300
批发业	从业人员（X）	人	X≥200	20≤X<200	5≤X<20	X<5
	营业收入（Y）	万元	Y≥40000	5000≤Y<40000	1000≤Y<5000	Y<1000

① 尚会永：《关于当前我国中小企业界定标准的探讨》，《郑州大学学报》（哲学社会科学版）2011年第44期。

续表

行业名称	指标名称	计量单位	大型	中型	小型	微型
零售业	从业人员（X）	人	X≥300	50≤X<300	10≤X<50	X<10
	营业收入（Y）	万元	Y≥20000	500≤Y<20000	100≤Y<500	Y<100
交通运输业	从业人员（X）	人	X≥1000	300≤X<1000	20≤X<300	X<20
	营业收入（Y）	万元	Y≥30000	3000≤Y<30000	200≤Y<3000	Y<200
仓储业	从业人员（X）	人	X≥200	100≤X<200	20≤X<100	X<20
	营业收入（Y）	万元	Y≥30000	1000≤Y<30000	100≤Y<1000	Y<100
邮政业	从业人员（X）	人	X≥1000	300≤X<1000	20≤X<300	X<20
	营业收入（Y）	万元	Y≥30000	2000≤Y<30000	100≤Y<2000	Y<100
住宿业	从业人员（X）	人	X≥300	100≤X<300	10≤X<100	X<10
	营业收入（Y）	万元	Y≥10000	2000≤Y<10000	100≤Y<2000	Y<100
餐饮业	从业人员（X）	人	X≥300	100≤X<300	10≤X<100	X<10
	营业收入（Y）	万元	Y≥10000	2000≤Y<10000	100≤Y<2000	Y<100
信息传输业	从业人员（X）	人	X≥2000	100≤X<2000	10≤X<100	X<10
	营业收入（Y）	万元	Y≥100000	1000≤Y<100000	100≤Y<1000	Y<100
软件和信息技术服务业	从业人员（X）	人	X≥300	100≤X<300	10≤X<100	X<10
	营业收入（Y）	万元	Y≥10000	1000≤Y<10000	50≤Y<1000	Y<50
房地产开发经营	营业收入（Y）	万元	Y≥200000	1000≤Y<200000	100≤Y<1000	Y<100
	资产总额（Z）	万元	Z≥10000	5000≤Z<10000	2000≤Z<5000	Z<2000
物业管理	从业人员（X）	人	X≥1000	300≤X<1000	100≤X<300	X<100
	营业收入（Y）	万元	Y≥5000	1000≤Y<5000	500≤Y<1000	Y<500
租赁和商务服务业	从业人员（X）	人	X≥300	100≤X<300	10≤X<100	X<10
	资产总额（Z）	万元	Z≥120000	8000≤Z<120000	100≤Z<8000	Z<100
其他未列明行业	从业人员（X）	人	X≥300	100≤X<300	10≤X<100	X<10

资料来源：《关于印发中小企业划型标准规定的通知》。

二　我国中小微企业发展现状

（一）中小微企业发展已进入新的战略时期

课题组认为，中小微企业在我国国民经济中具有十分重要的地位。根据中小微企业划型标准和中国中小企业信息网2015年5月公布的数据显示，目前中小微企业占全国企业总数的99.7%，其中小微企业占97.3%。同时，中小微企业创造的最终产品和服务价值已占国内生产总值的60%以上，纳税已经超过国家税收总额的50%。国家发明专利65%以上来自中小微企业，新产品开发创新80%来自中小微企业。此外，中小微企业提供了80%以上的城镇就业岗位，吸纳了50%以上的新增就业人员以及70%以上农村转移劳动力。① 这足以说明中小微企业在确保经济适度增长、缓解就业压力、实现科技创新、优化企业结构、促进社会稳定等方面发挥着重要的战略性作用。

从世界经济发展轨迹分析，对中小微企业重视程度的提升是一个与经济发展水平提升相适应的渐进过程：美国1953年通过《中小企业法》，并成立联邦中小企业局；德国1954年实施《中小企业信用担保法》；日本1963年通过《中小企业基本法》。该时期各国都认识到中小微企业具有“强大的就业功能”“重要的经济增长贡献”并有“顽强的生存能力”，同时具有“竞争力弱”“抗风险能力差”“融资困难”等天然弱势。因此，学界和政府达成共识：中小微企业对国家经济发展作用重要且需要政府扶持，并在国家层面，根据各自的实际情况竞相出台了各种有助于辅助中小微企业发展的政策和法规。我们将此时期视为“政府对中小微企业的保护性扶持阶段”，其显著特点是各国政府扶持性政策法规各具特色、针对性强，但不系统，重在为中小微企业的自我发展提供生存环境和必要的保护。我国在世纪交替时期开始从战略高度系统地关注和研究中小微企业，国务院发展研究中心在1998年前后开始为决策部门提供系统的中小微企业发展战略研究建议。2003年1月1日，《中小企业促进法》的实施标志着政府开始从战略层面扶持中小微企业的发展。课题组研究认为：2003—2015年的十几年可以视为中国政府对中小微企业的“保护性扶持阶段”，其特点同西方各国一样，针对性很强，各地方实施的扶持政策各具特色，但不系统。扶持政策主要集中在：削减对中小微企业发展的各种政策障碍，重点解决中小微企业“融资困难”问题等方面。

其实，自20世纪90年代以互联网为代表的新经济浪潮突破了传统的大批量生产与资本集中化模式的统治格局以来，世界经济呈现出资本集中化、生产大型化和资本分散化、生产小型化并存的格局，中小微企业对整体经济发展战略影响力快速增大，西方针对中小微企业的发展战略已悄然进入到系统扶持阶段，其主要特点是：将中小微企业发展和整个国家经济战略发展格局融为一体，对中小微企业的扶持政策也从构建和维护必要的生存环境，发展到根据中小微企业的特质系统促进的阶段；对中小微企业发展问题的解决也深入到系统角度，进入针对不同要素设

① http：//www.sme.gov.cn，2015年5月22日。

计政策、构建制度的“系统化扶持阶段”。课题组认为：我国中小微企业发展同样已进入“系统化扶持阶段”，我们也应从更高的高度、从更系统的角度重新准确认识中小微企业在我国发展的地位、功能和重要特征，构建清晰的我国中小微企业发展战略思路，扫除我国中小微企业发展障碍，推动国家战略发展目标实现。①

（二）人力资源对中小微企业发展制约的“瓶颈”特征凸显

过去十年，我国对中小微企业的扶持和发展，主要呈现“保护性扶持”特征，重点在创造平等竞争环境、提供融资支持和降低税负水平三个方面，同时也部分涵盖了中小微企业产业发展扶持政策，并出台了一系列的文件和政策措施。课题组认为：这些措施对过去十年我国中小微企业的发展具有重要促进意义，为我国经济发展做出了显著的贡献，但存在明显的阶段性局限和缺陷，必须进行系统调整和深化设计。课题组在选定本课题前，通过专业性系统的预研究后认为：我国中小微企业已进入到需要“系统化扶持阶段”，必须探析中小微企业成长与发展的内在机制和特征，从系统功能优化和竞争力培育角度对政策进行精准化设计，促进中小微企业的持续健康和快速发展。预研究表明，人力资源管理问题已成为继“融资困难”之后主要制约中小微企业发展而且是政府可为、该为的首要问题，该问题不仅在湖南省，在中西部地区甚至在全国也缺乏系统和专业的研究，可以预计：本课题将对我国中小微企业突破发展“瓶颈”产生重要影响，而且对我国中小微企业发展扶持从“保护性扶持”向“系统性扶持”阶段转换产生突破性意义和价值。

第二节　中小微企业人力资源研究现状及意义

一　中小微企业在我国经济发展中具有重要战略地位

（一）发展中小微企业是我国“民生工程”和“两型社会”建设之必需

中国经济已进入“稳增长、调结构、促改革”的新时期，在这个新

① 颜爱民、黄东红、谢应钦等：《我国中部省份中小微企业人力资源状况评估研究——基于湖南省中小微企业的调查》，《湖湘论坛》2014 年第 2 期。

时期存在这样一种现状：一方面，如果没有就业水平的提升和广大基层劳动者收入的稳定增长，不实施积极的就业政策便很难缓解就业压力持续增大的矛盾，也很难顺应不可逆转的工业化、城市化快速发展进程，我国的发展就很可能会陷入“拉美陷阱”，带来大量的社会问题，导致发展不可持续。另一方面，没有健全的社会保障制度将难以解决改革、发展中出现的贫困、失业、下岗等诸多社会问题，亦不利于推行积极的就业政策。① 就业作为经济发展的四大重要指标之一，对作为人口大国的我国经济社会和谐和稳定尤为重要，就业政策落实不到位，无法保证公民权利，人民生活水平无法提高，就无法响应“民生工程”，而中小微企业的“强大就业功能”恰恰是解决该难题的对症之药。中小微企业灵活性大、生命力顽强、占用的资源少，优先发展中小微企业是一条资源投入最少、见效最快的持续发展路径，有助于最大限度地扩大就业人群，持续提高低收入者的收入水平，推动我国经济持续健康发展。中国共产党十七届五中全会强调要把建设资源节约型、环境友好型社会，即建设“两型社会”作为加快转变经济发展方式的重要着力点，实现经济社会又好又快发展。② 胡锦涛在党的十八大报告中提出：“把生态文明建设放在突出地位，融入经济建设、政治建设、文化建设、社会建设的各方面和全过程，努力建设美丽中国，实现中华民族永续发展。”2013 年 11 月召开的十八届三中全会上，习近平在《全面深化改革若干重大问题的决定》中指出：“紧紧围绕建设美丽中国深化生态文明体制改革，加快建立生态文明制度，健全国土空间开发、资源节约利用、生态环境保护的体制机制，推动形成人与自然和谐发展现代化建设新格局。”党和国家领导人将生态文明建设放在突出地位，体现了尊重自然、顺应自然、保护自然的理念，表明了当前推进“两型社会”建设的紧迫性。③ 从长远看，构建“两型社会”这项新的举措，是落实科学发展观、构建和谐社会的内在要求，是实现全面建设小康社会的必然要求，也是促进人类社会与自然和谐发展的巨大动力。“两型社会”的核心是“和谐发展”：人与自然和谐、

---

① 郑功成：《中国民生的两大主题：社会保障和促进就业》，《理论探讨》2004 年第 5 期。

② 中央文献研究室第一编研部课题组：《以“两型社会”建设为突破口 加快经济发展方式转变》，《毛泽东邓小平理论研究》2011 年第 2 期。

③ 陈晓红：《突出生态文明建设与“两型社会”建设》，《新湘评论》2012 年第 24 期。

人与人和谐、发展与自然环境和谐，没有中小微企业的大力发展，没有充分就业，这一切的“和谐”都不可能。因此，我们必须遵从党中央的指示，矢志不渝地坚持“两型社会”构建的思想，把党的可持续发展构念转化为实际，想尽一切办法促进中小微企业的发展，加大对中小微企业的保护力度，创造更多的就业机会、改善民生，实现“和谐”社会的发展。

（二）发展中小微企业是我国突破“中等收入陷阱”的有力保障

中国改革开放过去30多年的辉煌，主要得益于廉价劳动力形成的人口红利和城镇化进程的土地红利等“要素驱动”，以及宽松的货币和财政政策所形成的“投资驱动”，而今随着劳动成本的增加、城镇化的加速，人口红利和土地红利逐渐消失；而且由于货币政策不够健全、融资比较困难，“要素驱动”和“投资驱动”这两种驱动方式代价越来越大，都难以为继。中国已面临“中等收入陷阱”①（依照有关标准，中等偏下收入为人均年收入1006—3975美元，中等偏上收入为人均年收入3976—12275美元，我国2010年人均国民收入就达到4260美元，属于“中等偏上收入”经济体），特别需要新的经济增长动力。从国际经验看，当一个国家人均GDP超过4000美元后，只有加快转变经济发展方式，利用高增长的机会加快增长机制的转变，才能有效地避免“中等收入陷阱”，从而进入高收入国家，否则可能陷入中等收入水平的停滞阶段。② 例如，拉美国家陷入“中等收入陷阱”，主要是因为经济发展方式转型滞后，表现在产业结构升级缓慢、人力资源不足、投资消费结构失衡、收入分配差距拉大、社会保障制度不健全、资源环境的恶化等方面。现阶段我国经济发展受资源环境的约束加大，内需严重不足，国内消费市场长期低迷；与此同时，我国还存在收入分配差距增大、技术创新能力不强、服务业发展滞后、公共产品和人力资本短缺等问题。③ 课题组研究发现：大企业的发展更多地依赖于人口红利、土地红利和投资驱动，而中小微企业发展与此相关性不大，相对而言，动力不足和难以为继的问题并不明显；

---

① “中等收入陷阱”是指当一个国家的人均收入达到中等水平后，由于不能顺利实现经济发展方式的转变，导致经济增长动力不足，最终出现经济停滞的一种状态。

② 马岩：《我国面对中等收入陷阱的挑战及对策》，《经济学动态》2009年第7期。

③ 张飞、全毅：《避免“中等收入陷阱”的国际比较》，《亚太经济》2012年第1期。

中小微企业包含大多数服务型行业，具有能够提供更多就业岗位、缩小收入差距、技术创新能力很强、能够拉动投资消费等诸多优势。加大中小微企业的发展力度，能够促进经济稳步增长、加快转变经济发展方式。因此，我们要吸取东亚国家的经验和拉美的教训，把努力发展中小微企业作为加快转变经济发展方式重要内容，加快中小微企业的发展进度，加大对中小微企业的扶持力度，把发展中小微企业作为跨越“中等收入陷阱”的新的有效动力源。

（三）中小微企业可为我国的“转型”和“创新”发展提供持续动力

2014 年 11 月 9 日，习近平主席在 APEC 峰会上指出：“中国经济在经过 30 多年的高速发展之后，进入了中高的发展速度。中国经济从要素驱动改变为创新驱动，要走一条高效益、高质量，经济可持续发展之路。”可见，创新引领时代，创新是我国兴旺发达的不竭动力，是中华民族持续发展的灵魂，在激烈的国内外竞争中，唯创新者进、唯创新者强、唯创新者胜。对此，党和政府有着充分深刻的认识并给予了前所未有的重视。[①] 课题组深入解析各国政府扶持中小微企业发展的内隐逻辑之后发现：中小微企业就业功能强、经济发展贡献不容忽视。从各国发展的经历来看，往往是在国家或者整个世界经济低迷时中小微企业的发展更受关注，这正凸显了中小微企业顽强的生命力，它能在经济形势恶劣的环境下诞生并生存和发展。各国政要往往是对大企业的发展推动束手无策时才会转而关注和重视中小微企业发展，而中小微企业恰恰是“给一点阳光就灿烂”，政策上稍微关注就会带来极大的效果。从 20 世纪末到 21 世纪初，学界和政府开始发现：中小微企业还具有强大的技术创新功能。在德国，2/3 的专利技术由中小微企业研发并申请注册，在美国，50% 以上的技术创新是由中小微企业实现的。据统计，中小微企业同样单位的研究开发投入所产出的专利发明比大企业多 3—5 倍。[②] 当前，我国正在努力建设创新型国家，中小微企业技术创新作为国家创新系统的微观基础，在很大程度上决定着技术创新演进的方向和速度，是提升国家竞争

---

① 肖卫东：《中小企业公共服务平台的功能定位与组织创新》，《学习与探索》2014 年第 2 期。

② 颜爱民、黄东红、谢应钦等：《我国中部省份中小微企业人力资源状况评估研究——基于湖南省中小微企业的调查》，《湖湘论坛》2014 年第 2 期。

力和创新能力的重要源泉。[①] 习近平在2014年亚太经合组织工商领导人峰会开幕式演讲中指出："我们致力于发挥创新驱动的原动力作用，更多支持创新型企业、充满活力的中小微企业，促进传统产业改造升级，尽快形成新增长点和驱动力"。许多高新技术的中小微企业逐步成长为世界著名的巨型企业，如比尔·盖茨的微软公司1975年创立时，只有900美元资产；推出计算机芯片和Windows操作系统的英特尔原来也是小企业；苹果公司和谷歌公司更是从微型企业起步的。创新精神成就了这些声名赫赫的企业，也成就了计算机和互联网技术的迅猛发展。中小微企业不仅是世界各国就业和经济发展的重要生力军，而且成为技术进步和创新的主要动力，也是当今大型高科技企业的培养基地。中西部地区乃至全中国的可持续发展必须依赖结构与发展方式的转型，中小微企业发展必将成为这种"转型"和"创新"发展的重要内驱力。

（四）发展中小微企业是我国"新型城镇化"实施之支持基础

中国是世界上人口最多的国家，中小微企业的"强大就业功能"就足以奠定其战略发展地位，党的十八大报告确定了"工业化""信息化""新型城镇化"和"农业现代化"的新四化发展目标，国内外学者普遍认为"新型城镇化"将成为"新四化"发展的核心和统领。而且"新型城镇化"是我国现代化建设的大战略和历史性任务，是我国扩大内需的长期动力之所在，是推动我国经济持续健康发展的"火车头"，是我国全面建成小康社会和从经济大国向经济强国迈进的"王牌"引擎。[②] 国务院总理李克强在推进新型城镇化建设试点工作座谈会上提到，我国经济保持中高速增长、迈向中高端水平，必须用好"新型城镇化"这个强大引擎。新型城镇化是一个综合载体，不仅可以破解城乡二元结构、促进农业现代化、提高农民生产和收入水平，而且有助于扩大消费、拉动投资、催生新兴产业，释放更大的内需潜力，顶住下行压力，为中国经济平稳增长和持续发展增加动能。李克强还强调，新型城镇化是关系现代化全局的大战略，是最大的结构调整，事关几亿人生活的改善，各地区和有关

① 解学梅：《中小企业协同创新网络与创新绩效的实证研究》，《管理科学学报》2010年第13期。

② 刘佑铭：《新型城镇化背景下的中小企业发展与就业增长》，《华南师范大学学报》（社会科学版）2013年第3期。

部门要抓在手上，干在实处，奋发有为、抓出实效，尊重基层首创精神，多给支持，总结推广成功经验，用好改革创新的“开山斧”，着力提高新型城镇化质量和水平，造福广大城乡群众。

诺贝尔奖经济学家得主、前世界银行副行长约瑟夫·斯蒂格利茨（Joseph Stiglitz）认为，影响当今世界的两件大事：一是美国的高科技，二是中国的城镇化。从城市经济学的角度分析，城镇化的根基在于城镇的产业基础，没有强大产业基础支撑的城镇是不可持续的，必定是失败的，美国底特律的破产就是典型例子。在中国，新型城镇化背景下也有就业形势相当严峻的问题，主要体现在以下几个方面：第一，劳动力供给压力日益增大，城镇登记失业、下岗失业人员逐渐增多；第二，我国创造就业的能力和实际就业需求量下降；第三，新的就业矛盾继续产生，失地失业农民就业问题日渐突出，大学生就业难题凸显，就业结构矛盾十分突出。课题组认为：城镇化建设和中小微企业的发展是互为依存、相互促进的；没有城镇化建设做平台，农村的第二、第三产业就失去了天时地利人和的发展空间，而没有中小微企业发展的支撑，城镇化建设也成为空中楼阁，必将海市蜃楼般地昙花一现。由于中小微企业大多数是劳动密集型行业，具有强大的就业功能，能够吸纳更多的失业人员，缓解新的就业矛盾，从而促进新型城镇化的顺利实施。具体表现有：（1）中小微企业向小城镇集聚，可以为大量的农村剩余劳动力创造更多的就业机会，实现农业人口向非农产业有效转移；中小微企业的发展，又必然要求城镇为其提供全方位的服务，从而带动多个相关行业的发展，促进城镇繁荣。这既能够加快农村城镇化建设的进程，又大大减轻了由于大量农村剩余劳动力形成的农民工浪潮涌向中心城市给城市居民和大学毕业生带来的就业压力。（2）中小微企业的发展加速农村城镇化进程，可为农村城镇化建设积累坚实的资金和物质基础。（3）中小微企业向农村城镇集聚，其生产集约化水平和规模经济效益得以不断提高，可为新型城镇化的发展提供强有力的经济保障。（4）随着中小微企业的发展，农村城镇化建设不断向深入推进，将逐步打破已形成多年的城乡分割的二元经济结构，为农村城镇构建起一个良好的平台。（5）中小微企业产业集群能有力地促进技术进步和扩散，不断为经济增长提供原动力。由于集群内部企业之间联系紧密、互为补充，技术扩散速度快，可有效提高企业的生产效率，增强市场竞争力，促进城镇经济增长。总之，中小微企业发展是我国“新型城镇化”发展过程的产业经济基础，如果这个基础没有得到很好的发展，那么这个过程就会因为不可持续而最终宣告失败。毋庸置疑，中小微企业在我国全面建成小康社会过程中具有重要的战略地位，尤其是对人口密度大的我国中西部地区的经济社会发展，其战略影响和地位更为突出。

（五）发展中小微企业是解决“三农”问题的灵丹妙药

“三农”问题的核心是农民问题，其焦点是农民收入问题。“三农”问题始终是中国现代化建设中的首要问题，也是全党工作的重中之重，从人口密度大、农业主导地位突出的中西部地区实际情况出发，“三农”问题无论什么时候都是其经济社会发展的关键问题。尽管改革开放以来尤其是近十年来农业持续发展，农民持续增收，农村教育、医疗保险条件得到极大改善。但是按照党的十八大要求的“促进工业化、信息化、城镇化、农业现代化同步发展”即“四化同步”目标，“农业”、“农村”和“农民”仍然是“新四化”建设中最大的薄弱环节。近年来，城镇化发展受到一定阻碍，没能很好地与农业、农村协调发展，不仅严重影响了农村剩余劳动力的转移就业，而且导致乡村逐步走向衰败，其中重要原因在于经济发展把最容易资本化的青壮劳动力引入城市，把最难以资本化的老弱妇幼残留在农村。由于城乡二元经济体制的存在，农民工难以在城市定居，过着“候鸟”式的城乡两栖生活，把青壮年的黄金时间贡献给城市，而将教育、培训退回农村，结婚、生子、培养下一代劳动力和自己养老的成本都留在农村，造成对农村资源的一种过度掠夺。长远看来，这种情况将加剧城乡二元经济结构的矛盾，增加解决农村剩余劳动力转移就业问题的难度。因此，城乡二元经济体制不利于农村剩余劳动力转移就业，既影响了“三农”问题的解决，也影响了工业化、城镇化的发展，已成为制约城乡经济社会一体化发展的突出问题和严重障碍。① 针对这种现状，十八大提出：“城乡发展一体化是解决‘三农’问题的根本途径。”这是我们党对现代化发展规律与历史经验的科学总结，是对新形势下工农、城乡关系的深刻认识，也是推动“三农”问题解决的总体思路和路径设计。当前，相对于快速推进的工业化、日新月异的

① 李亦楠、邱红：《新型城镇化过程中农村剩余劳动力转移就业研究》，《人口学刊》2014年第6期。

城镇化和风起云涌的信息化，农业现代化明显滞后，是实现现代化的短板，城乡分割、城乡失衡是最大的社会结构性矛盾。坚持“四化同步”，关键是坚持工业反哺农业、城市支持农村和多予少取放活的方针，充分发挥工业化的支持反哺作用、信息化的引领提升效应和城镇化的辐射带动功能，推动传统农业向现代农业跨越①，这其中的重点和难点还是如何保证农民收入水平的持续稳定增长，而要想保持农民收入水平持续稳定地增长，关键又在于农村劳动力的转移。按照世界经济发展的规律，农村劳动力转移和工业化进程是必由之路。中小微企业作为第二、第三产业的主要形式，占全国企业数量的99%以上，可以创造大量就业机会，吸收农村富余劳动力，分流从事农业的人口，减少对土地依赖的人口比例，促成“三农”问题的解决。按照“新型城镇化”的建设思路，通过大力发展中小微企业，农村人口通过中小微企业就业和创业实现城市化转移，既构成“新型城镇化”发展的微观基础，又可从根本上解决农民的持续增收问题，缩小社会分配差距，回归投资与消费平衡，推动经济社会和谐、持续、健康和稳定发展。因此，课题组认为：大力发展中小微企业是从根本上解决“三农”问题的对症之药。

二 中小微企业人力资源市场问题凸显

（一）中小微企业人力资源短缺严重

伴随着经济全球化以及新知识经济的到来，当前中国的企业经营者面临着诸多难题，其中人力资源的短缺逐渐成为抑制企业发展的重要“瓶颈”。尤其是在中小微企业中，人力资源短缺“瓶颈”已经严重影响了企业的发展，有的中小微企业甚至因为人力资源匮乏而处在倒闭的边缘。相对而言，尽管中国经济继续保持着强劲增长，但是，这并不能掩盖中小微企业所面临的人力资源危机。其中，用工紧张已成为我国中小微企业的普遍问题（见图1－1），课题组2013年9月对湖南省的典型调查发现，有75.0%的中小微企业出现用工紧缺问题，操作技能人才紧缺企业占被调查企业的42.7%，中高层管理人员紧缺的占40.5%，还有14.4%的企业普通用工也出现紧缺问题。2015年，课题组将类似问题的调研扩展到江西、广西和广东三个省份，广东省存在用工紧缺的企业占被调研企业的77%，而两个中西部省份占80.6%；就用工紧缺程度而言，

① http：//www.rmlt.com.cn/2013/0218/62443.shtml，2013年2月18日。

广东省严重紧缺占12.5%，而中西部却高达25%。两阶段调研数据充分说明相对于东部沿海地区，我国中西部地区中小微企业用工短缺现象更加严重。课题组还对中小微企业的人力资源紧缺原因进行了进一步问卷调研：2013年湖南省的数据显示，构成企业中高级管理人才及操作技能人才紧缺的首要原因为“企业成本压力大、工资福利待遇吸引力不强”（73.8%），其他原因按重要程度依次为“地域限制”（45.6%）、“高校和职校培养的人才与企业的需求不匹配”（31.0%）、“招聘平台建设不完善，招聘信息不畅”（24.5%）、“企业内部人才培训体系不健全”（22.7%）、“企业社会声誉及社会形象欠佳”（17.6%）、“政府公共设施配套不完善”（17.2%）等。2015年，课题组面向江西、广西等中西部省份的调研数据显示：70.6%的中小企业认为，“企业成本压力大、工资福利待遇吸引力不强”是造成企业中高级管理人才及操作技能人才紧缺的首要原因，“地域限制”（53.1%）、“企业内部人力资源管理水平低”（45.6%）、“招聘平台建设不完善，招聘信息不畅”（42.5%）、“高职院校学生的就业观念以及社会观念都漠视中小企业的人才需求”（41.9%）、“高校和职校培养的人才与企业的需求不匹配”（38.8%）等依次构成了中小微企业高级管理人才及操作技能人才短缺的重要原因。

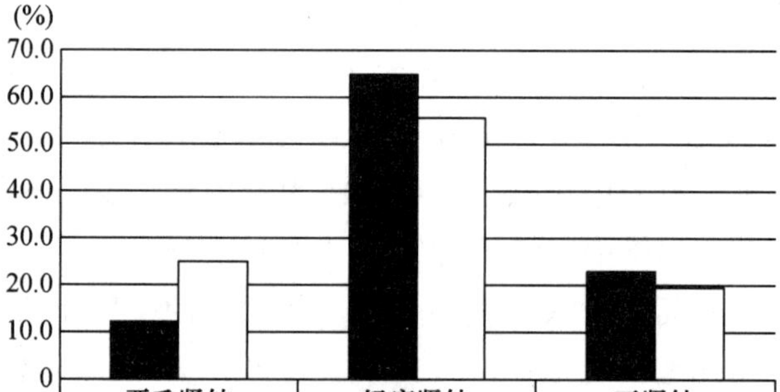

	严重紧缺	轻度紧缺	不紧缺
■东部	12.2	64.9	23.0
□中西部	25.0	55.6	19.4

图1-1　东部和中西部中小微企业用工紧缺程度对比

2015年面向中西部省份的拓展调研还显示：构成普通用工紧缺的原因主要归结于“新生代员工（‘80后’‘90后’）期望高”（63.8%），这是一个有点出人意料的结果。究其原因，随着时代的发展，新生代员工已经逐步成为我国劳动力市场的主力军，而且统计表明短缺劳动力主要集中在年龄为20—30岁的年轻劳动力，即新生代员工。新生代员工生活在改革开放以来的自由社会文化环境之中，跟父辈们相比，其成长经历、个人诉求、参照目标、身份认同、工作动因、价值观、自我心理定位等方面都已发生重大变化，他们通常具备较高的知识文化水平和专业技能水平，对职业选择有独到的见解、有较高的职业敏感度，追求个性和独立自主；他们对所在企业的责任意识和自我约束能力相对较弱，工作中容易受情绪影响，并且他们很重视企业是否公平地对待自己以及为自身提供更多的职业发展机会。正是因为新生代员工的这些特点在中小微企业中更突出，新生代员工问题已成为我国中西部地区乃至全国中小微企业人力资源管理的重要问题。

此外，另有48%的中西部中小微企业将普通用工紧缺的原因归结于“本地大量年轻人外出务工、不愿留在本地工作”，同样的问题在广东省只有25%，说明当前我国中西部地区尤其是偏远地区大量的年轻劳动力向外流动，主要流向东部地区，人才外流已经成为中西部中小微企业人力资源紧缺的重要原因。

课题组认为，从2013年开始中国的劳动力供给开始呈现绝对递减的局面，除了老龄化问题的加剧，中国的劳动供给结构已经发生很大变化；经济压力的加大和生育观念的转变使越来越多的家庭和个人开始自发性限制生育，这对控制总体人口数量将是有利的，但是必然会造成年轻劳动力的减少。[①] 2013年十八届三中全会宣布放开“单独二胎”政策，2015年十八届五中全会又颁布了“全面二胎”政策，国家连续两次生育政策的改变已经表露出我国年轻劳动力供给短缺现象，新增的劳动力难以满足市场经济增长对劳动力的需求。虽然国家已经放宽了生育政策，但人们生育二胎的意愿却没有想象中的那么高。据统计，自2013年11月全国范围内启动实施“单独二孩”政策以来，有关方面本来预计每年会增加200万左右的出生人口，然而出人意料的是，2014年仅增加出生人口47万。根据国家卫计委的统计，截至2015年5月底，全国1100多万

---

① 齐明珠：《我国2010—2050年劳动力供给与需求预测》，《人口研究》2010年第34期。

单独夫妻仅有145万申请再生育。① 此外，中国不断改变的人口统计结构，新出生人口的增长数远远低于老龄化人口增长数，已经导致年轻劳动力供给的降低，并且在未来的人口增长中可能变得更加消极。2014年，全国65岁以上的老年人达到1.37亿，占总人口的10.1%。按照人口统计学标准，65岁以上人口占7%即为进入老龄化社会，由此可见，中国已经处于深度老龄化社会阶段。而且“二胎”政策放开所增加的人口在20年后才能对年轻劳动者的数量增加起到显著效果，据联合国预计，中国劳动适龄人口数量将会在2015年达到峰值之后开始急速下降，年轻劳动力的供不应求则使得持续不断的劳动供给——“人口红利”即将结束。有些学者提出，中国的社会和经济发展已经达到“刘易斯拐点”，超额的劳动供给，转变成劳动力短缺。②

（二）中小微企业人力资源市场供需失衡

从中长期人力资源市场供需来分析，大型企业相比中小微企业在劳动力供给上有诸多优势：（1）管理水平高、人力资源供给较充足。并且由于有实力拥有较为专业的人力资源管理团队，因而可以招聘充足的劳动力，提供较好的职业培养服务。（2）企业实力强，职业稳定性好。新的《劳动合同法》出台之后平均劳动力成本明显升高，相对于中小微企业，大型企业更能承受劳动力成本高的压力，而不会轻易地采用裁员政策。（3）市场拓展规模大、能力强，较中小微企业能够获取较高的市场份额，具有较高的吸引劳动力的能力。（4）社会影响力和社会信誉高。（5）国家及各级政府比较重视，扶持政策比较多。一般来讲，从业人员会更倾向于选择信誉高的大型企业。

中小微企业跟大型企业比，本身有很多劣势：资金不够充足、融资比较困难、政府扶持政策较少、社会地位和形象也比较差等。这些劣势的存在，使得中小微企业在社会劳动力递减的大背景下面临更多困难，劳动力供给更加紧缺。图1－2显示，2010—2050年，中国中小微企业劳动力供给呈递减趋势。大型企业的多方面优势会使他们吸引人才能力突出，劳动力来源也比较广泛，受这种趋势影响相对较小。研究进一步表

---

① http：//news. mydrivers. com/1/451/451680. htm.，2015年10月16日。

② Zhikai Wang，“China’s‘labour shortage’and migrant workers’lack of social security”，*International Labour Review*，Vol. 153，No. 4，2014.

明，越是发展滞后的地区，人力资源匮乏就越明显。由于我国中西部地区和东部地区发展滞后的差异，中西部特别是西部偏远地区在未来较长时期内用工紧缺问题对中小微企业发展的困扰相对更为严重。消除短缺、改善供给应成为解决中西部中小微企业人力资源“瓶颈”的主要对策之一。

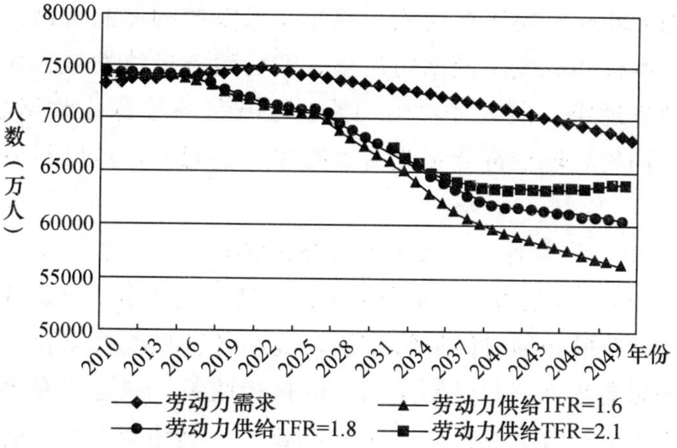

图 1-2　2010—2050 年我国劳动力供给关系

资料来源：齐明珠，2010 年。

为了探析中小微企业人力资源供需失衡的根源，2013 年，课题组针对湖南省设计了预调研，结果显示，65.2% 的受调研中小微企业把人才供给存在的最大问题归因于“高校和职业技术学校毕业生其就业期望过高”，48.4% 的企业将该问题原因归为“高校和职业技术学校毕业生实际能力不高”，还有 17.4% 的企业认为原因在于“相关学校专业结构设置不合理”，受调研企业普遍将导致中小微企业人才供给方面问题的原因归结于高校和职业技术学校人才培养和市场供给方面。为此，课题组在同一年进行的典型调研中进一步从需求方（中小微企业）挖掘确认了导致企业对学校毕业生不满意的主要原因：74.6% 的企业认为“高校、职校符合企业需求的实用技能人才对口不足”，55.7% 的企业认为“相关专业设置与企业需求不符”，51.3% 的企业认为“由于实用技能人才培养质量差”。针对调研数据，课题组认为，高校和职业技术学校在培养人才方面与市场需求脱节问题比较严重，可能是源于高校和职业技术学院的运行机制与市场人力资源运行机制不协调。深入分析后课题组发现，由于学校的运行主要依靠政府财政拨款支持，遭受到来自市场的压力不足，从而失去市场灵活性，同时，由于学校长期为政府和国有企业培养人才已经形成了相应的理念和运行模式，使之漠视广大中小微企业的需求，导致出现毕业生就业困难和中小微企业所需人才短缺并存的格局。因此，国家和各地方政府需要改革高校和职业技术院校的体制机制，将高校尤其是地方性本科和职业院校推向市场，契合地方经济发展人才之需，强化其满足地方经济发展人才供给功能，这既是高校深化改革必由之路，也是解决“高校、职校符合企业需求的实用技能人才对口不足”问题的有效途径。

（三）“用工成本高”成为中小微企业重要的市场竞争压力

“竞争力弱”本是中小微企业的天然弱势，也是其需要政府扶持的理论依据所在。政府必须时时监管市场环境和各种主要要素价格波动对中小微企业的影响程度，及时制定相应的扶持政策。课题组在预调研时发现，59.6%的中小微企业视“用工成本高”为制约企业发展的主要人力资源问题。为了检测近年来“劳动力价格上涨”因素对中小微企业的人力资源市场竞争能力的影响，课题组在典型调研中针对用工成本高这一问题进行了专门调研，92.6%的中小微企业将“劳动力价格上升”列为导致“用工成本高”的主要因素，还有71.0%的中小微企业将“社保负担重”列为导致“用工成本高”的主要因素。课题组研究发现：近年来劳动力价格上涨和劳动力供给偏紧态势对中小微企业影响更显著，政府规范劳动关系过程中带来的“企业负担加重”对中小微企业产生了更大的影响和压力。中小微企业中劳动密集型服务业和加工制造业所占的比重较大，中小微企业的发展，其重要社会贡献就在于可以吸纳更多的劳动力。[①] 同时，劳动力价格上涨意味着平均用工成本的增加，中小微企业相对于资本密集型特征明显的大型企业所需分配的员工成本更多，总成本上升压力更大。总的来看，新的《劳动合同法》深入落实和实施，对我国中小微企业用工提出了更高的要求，单位用工费用更高，压力更大，中小微企业市场竞争力被严重削弱。2015 年的拓展调研数据显示，我国

---

① 孙祖芳：《我国发展劳动密集型产业的经济学思考》，《社会科学》2003 年第 10 期。

中西部中小微企业劳动合同签订率和社保覆盖率不到60%，其中，有28.8%的受调研企业社保覆盖率不足30%，若按法律要求全覆盖，企业用工成本还将大幅增加。以我们在湖南省的典型调研对象中一家制造型劳动密集企业为例测算，该企业员工总数100余人，若实现“五险一金”全覆盖，需增加费用300多万元，若再保证工资水平以10%正常水平增长，累积用工成本增加幅度将占该企业全年利润50%以上。

此外，科技日新月异的今天，企业需要对员工进行更多、更为复杂的技能培训来防止员工综合素质的落后，这无疑增加了企业的培训成本。这种情况下，部分中小微企业为了生存只能减少“负担”，常常采取裁员方法。根据新《劳动合同法》，裁员时企业要支付给被裁员工大量的经济补偿，使裁员成本增加，岗位缺失，自然又需要大量招募员工，这一裁一招便产生了更多的人口成本浪费。高的招募和培训成本、低的产出进一步增加了中小微企业的用工成本。从根本上看，这些都是中小微企业对市场价格承受能力不足所致，政府应该针对该问题出台切实有效的扶持政策，从根本上解决“用工成本高”的问题，帮助更多的中小微企业在“危急时刻”渡过难关。

（四）政府作为不够、政策的精准性待加强

对中小微企业发展中的政府作为问题的研究是本书的研究难点，也是重点。根据理论和各国的实践经验，“不干预”和“干预过度”都是常见的问题。课题组通过反复研究，决定首先选择湖南省各级政府较长时间实施的“人才引进”效果作为标量，评估政府对中小微企业人力资源市场实施的“扶持”和“市场干预”的有效性。2013年9月，针对湖南省的典型调研发现，79.2%的企业认为“政策的扶持与优惠的力度不够，吸引力不强”；课题组选择“招聘组织和人才市场”作为检测政府对中小微企业就业促进体系之干预和支持有效性指标进行深入调研发现，63.1%的企业认为“信息发布渠道少”，而且“组织次数少”（46.5%）、“组织规模小”（42.9%）；针对政府应该为中小微企业承担责任的社会保障体系，课题组检测结果显示：64.5%的企业感觉“社会保障负担过重”或者说社保费率过高。我国社保缴费是按职工工资的一定比例计算，按照我国社会保险相关法律和规定的要求，如果足额全部缴纳，五项保险合计相当于员工个人工资收入的40%。近年来，随着工资上涨、原材料成本上升，如按40%的比例足额缴纳，中小微企业社保负担必将日益加重。目前，我国企业社保缴费率已经高居世界第三位，仅次于法国和意大利①，调研显示，湖南省50.2%的中小微企业认为“社会福利和保障制度改革滞后”。总体来讲，我国中小微企业的社会保障与企业的发展并不同步，与整个社会保障体系滞后于我国经济体制改革的状况相似，中小微企业的社会保障也滞后于中小微企业的发展。在湖南省的典型调研中，有72.4%的企业存在“员工不愿意接受‘五险一金’保险”问题，究其原因，56.5%的企业归因于“员工已经在农村缴纳了‘新农合、新农保’”，政府未能及时制定两个保险体系的对接政策，给中小微企业带来了现实难题。湖南省50.0%的中小微企业指出，“政府处理劳资纠纷不够及时”，35.9%的企业认为政府“人才评价和职业资格认证的公信力不强”，由此反映政府对中小微企业人力资源市场的监管、调控水平和效果也存在诸多问题。课题组认为：现行社保政策缺乏针对性，国家在制定社保政策时，并没有考虑到企业的特殊情况，中小微企业难适应。从政策效果调查评估结果来看，中小微企业对政府建设和维护其人力资源市场需求旺、期望高，虽然各级政府都有所作为，但企业满意度不够高，政策的精准度存在较大问题。

（五）市场有待进一步完善、公共平台有效性不足

为了考量中小微企业人力资源市场体系发育水平及其运行状况，课题组典型调研阶段选择了政府搭建的各种服务平台对企业的作用效果进行评价。其中认可度最高的是“融资服务平台”（56.6%的企业认可）和“信息服务平台”（53.5%的企业认可），“创业辅导平台”、“人才与培训平台”和“管理咨询平台”的认可度较低，分别为32.3%、31.1%和25.6%。课题组进一步测度了企业对“公共服务平台”改进期望值，典型调研中湖南省数据显示，63.4%的企业将“融资服务平台”的改进列为其“最重要需求”；其次是“信息服务平台”，为51.1%。还有29.9%、36.8%、26.1%的企业将“创业辅导平台”“人才与培训平台”“管理咨询平台”列为改进的最重要需求。而拓展调研阶段对江西、广西两省份的中小微企业测度时，最渴望得到完善的平台是“人才与培训平台”（68.5%的企业将其列为首要改善需求），其次为“信息服务平台”（59.6%）、“投融资服务平台”（54.5%），渴望改进最少的是“政务服

① http：//www.yicai.com/news/1501905.html，2012年3月8日。

务平台”（34.5%）。两阶段整体数据对比表明，相对于湖南省的典型调研，现阶段我国中西部有更多的中小微企业希望通过多种“人才与培训平台”来解决中小微企业发展过程中的问题，融资问题已退居次位。

2011 年 9 月，工业和信息化部公布的《“十二五”中小企业成长规划》中提出，“十二五”期间，我国着力实施中小企业公共服务平台网络建设工程，支持建设和完善 4000 家中小企业公共服务示范平台，重点培育 500 家国家中小企业公共服务示范平台。[①] 课题组认为：“十二五”期间，我国实施的中小微企业公共服务平台建设确有相当的实际效果。中小微企业一方面对“人才与培训平台”、“融资服务平台”、“信息服务平台”的认可度高，说明政府在此方面进行的“市场培育”和“市场维护”，使企业得到了较大的实惠。另一方面中小微企业对这些服务平台的改进期望也大，说明企业对这些服务平台的需求最强烈，服务质量的敏感度高。尤其是“人才与培训平台”呈现出日益受中小微企业重视之趋势。

（六）中小微企业主结构和整体素质亟待优化提升

考虑到中小微企业发展的第一人力资源是企业董事长（业主），2013 年 9 月，课题组对此在湖南省进行了典型调研，发现：40 岁以上的董事长（业主）占 78.4%，年龄构成明显偏大，远离了最佳创业和创新年龄段（25—30 岁），这在相当程度上会影响中小微企业的成长和发展。43.3% 的董事长（业主）依靠自我资本积累完成创业和发展，而通过国有企业改制、机关和公务员事业单位职工下海转型的只有 17.5% 和 13.6%，说明中小微企业业主的职业背景欠佳，不利于中小微企业的成长与壮大。湖南省典型调研中深入确认制约企业发展的主要管理因素时，23.5% 的企业认为最主要的障碍是董事长（业主）的经营理念和管理模式。董事长（业主）大专以下学历占 54.7%，其中 23.2% 是高中以下学历，88.1% 的被调研企业认为需要对中小微企业业主提供针对性的培训学习。为了进一步了解影响中小微企业社会形象和地位的因素，课题组又针对我国中西部的江西、广西进行了深入拓展调研，结果显示，有 26.9% 的企业认为“董事长（业主）素质差、文化水平低”是导致企业

---

① 肖卫东、李瑾：《农村中小企业公共服务平台的服务模式：一个政府主导型复合服务模型》，《中国行政管理》2014 年第 12 期。

社会形象差、地位低的首要原因。实际上，企业家或企业业主是一个企业的核心，其素质的高低决定了企业的成长路径。此外，业主素质的高低还是制约中小微企业发展的关键因素，只有深刻剖析现存条件下我国中小微企业业主在素质方面的欠缺之处，才能使企业业主认清问题，趋利避害，推动企业成长。[①] 课题组认为：我国中小微企业董事长（业主）总体素质偏低、结构欠佳，建议参照党政干部和国企高管培养模式采取措施，进行持久系统的强制化培训提升，致力于企业业主自身素质的提升，增强其人才意识。企业业主个人的素质、视野和人才意识直接影响企业的人才政策。如果企业业主自己对人才都不重视，企业要想吸引和留住优秀人才将永无可能。

（七）中小微企业社会地位偏低、形象差

企业形象是企业综合素质的表征和反映，是社会对企业的总体评价，也是影响消费者对企业产品价值衡量的重要因素之一。在竞争激烈的现代经营环境中，企业的经营行为及其结果受到越来越多的公众关注，企业形象即企业在公众心目中的声誉和地位，就成为影响企业生存发展和经营成败的关键。针对学术界广泛讨论的我国中小微企业面临“制度歧视”的问题，课题组在湖南典型调研中（2013 年 9 月）专门设计了“企业社会地位”和“社会形象”调查，结果显示：44.6% 的企业没有得到过任何省级（省政府或政府组成部门发文）及以上的表彰；76.9% 的受调研企业近五年来很少受到地市及以上媒体的正面报道。在探究“导致中小微企业社会地位和形象偏低的原因”时，湖南省典型调研数据显示，43.4% 的企业认为源于“所有制观念带来的歧视”，38.8% 的企业认为是由于“政府或社会正面舆论宣传少”，还有 46.2% 的企业将“地理位置差引起生活环境水平低、交通不便”列为重要原因，22.7% 的企业认为是“政府不重视中小微企业”所致，22.0% 的企业认为是“企业自身产品服务质量差”影响其地位和形象。同样的调研问题，拓展调研阶段针对江西、广西的调研结果为：58.8% 的企业认为是“政府或社会正面舆论宣传少”，50.6% 的企业认为是由于“所有制观念带来的歧视”，其他原因按照重要程度依次为：“地理位置差引起的生活环境水平低、交通不便”（48.8%）、“因管理不善引起的产品服务质量差、生产事故多发”

① 张玉明、吕静：《企业家素质培育与中小型科技企业成长》，《软科学》2009 年第 23 期。

(40.0%)、“企业内部用工不规范、管理水平低”(36.3%)、“受到社会表彰少”(31.3%)等。从广东省拓展调研数据来看,“政府或社会正面舆论宣传少”(55.6%)仍然占比最高,“政府不重视中小微企业发展,不公平对待中小微企业”、“受到社会表彰少”和“所有制观念带来的歧视”也是导致中小微企业地位低、形象差的主要原因,分别为36.1%、31.9%、30.6%。课题组认为:中小微企业的社会形象和社会地位偏低是制约其人力资源聚集和使用的重要因素,其中有企业自身的原因,但更重要的原因是政府的舆论导向偏差和对中小微企业价值贡献认同度不高。从湖南省典型调研阶段和江西、广西、广东三省拓展调研阶段数据来看,政府对中小微企业的不重视、观念歧视和表彰少普遍存在于中国中西部、东部沿海等大部分省市地区,中小微企业的社会形象和它对经济社会发展的战略贡献作用严重不匹配是不争的事实,各级部门都应该对此予以高度重视,并做出应有的努力。

第二章　国内外中小微企业人力资源研究动态

第一节　国内外中小微企业主要人力资源热点及影响因素研究

改革开放以前，国内学术界对于中小微企业的关注度并不高，我们首先以“中小微企业”为关键词，在中国知网中进行搜索，最早关于中小微企业的文献出现在1960年。其中一篇是杭州计量所（1960）在《计量工作》杂志中发表的政策性文章《消灭广大中小企业中的计量工作空白点》，另外一篇是当时任国家计量局副局长的于寿康（1960）在《计量工作》杂志上发表的《计量工作为中小企业服务——宜兴全国现场会议总结》，两篇文章都是针对当时工业小企业计量工作出现的问题提出一些相应的建议，并不是真正意义上关于中小微企业的学术研究。国内第一篇有关中小微企业的学术性论文是茗柯（1964）在《国际问题研究》杂志上发表的《垄断统治下的日本中小企业》。根据中国期刊网的文献检索结果，1980—1989年，共有388篇研究中小微企业的文献，其中35篇文献涉及政府政策问题，但几乎没有关于中小微企业人力资源管理的文献。20世纪90年代开始，学术界关于中小微企业的研究逐渐增多，1990—1999年，共有3320篇文献研究中小微企业，其中有340篇是关于政府扶持的文献，人力资源问题仍旧不是学术界中小微企业领域研究的重点问题。我们以“中小微企业人力资源”为关键词进行检索，仅有3篇相关文献，分别是王兢（1997）在《工业技术经济》杂志上发表的《中小企业技术创新人力资源的现状和对策》、林泽炎（1999）在《中国人力资源开发》杂志上发表的《3P模式：规范中小企业人力资源管理》以及朱德域（1999）在《唯实》杂志上发表的《我国中小企业人力资源管理中的七大缺陷》，这些研究主要集中于中小微企业专业人才的数量、人际关系、组织结构、人才引进等方面，并且开始关注员工绩效管理问题。

进入21世纪以来，中小微企业相关研究开始兴起，仅2000—2006年，国内就有接近2万篇文献研究中小微企业，关于中小微企业人力资源的文献也迅速增加，这与中小微企业快速发展以及数量规模的不断扩大不无关系。2000年以后，中小微企业的迅速发展与国家政策扶持力度紧密相关。2000年年初，国家经贸委颁布《关于鼓励和促进中小企业发展的若干政策建议》，给中小微企业的发展指明了方向。2003年1月1日颁布的《中国中小企业促进法》，首次从立法上支持、促进中小微企业的发展，此后，各类中小微企业如雨后春笋般涌现出来。这个时期，关于中小微企业人力资源的研究主要集中在管理模式、人才选拔以及激励、绩效等方面。2007—2015年，共有107篇关于中小微企业人力资源的文献发表在核心以上的期刊，虽然目前该类研究数量呈逐年上升趋势，但大多数属于文字性的描述或者是简单的理论分析，而缺乏对中小微企业人力资源状况的实际调研和深入的实证研究。可见，目前我国中小微企业人力资源问题的研究尚处于初级阶段，研究既不深入也不充分。

总体来看，国内对中小微企业及其人力资源管理问题的研究，基本上是以研究西方其他国家的经验开始的，一方面，西方国家研究中小微企业起步早，相对较成熟；另一方面，中国改革开放之前计划经济体制制约了中小微企业的发展，研究者无经验可循。课题组分析认为：国外的研究经验难以对我国中小微企业的发展提供足够的支持，因为国外中小微企业研究基于西方国家的经济体制、经济结构以及经济发展水平，与中国的实际情况相差较远，但借此了解到国外研究和企业发展的动态情况，对有效研究和解决我国中小微企业的发展可提供有价值的借鉴。

一 中小微企业人力资源研究热点综述

我国在面临经济增长下行和经济转型的双重压力下，人口结构也面临很大的变化，具体表现为适龄就业人口下降、15—44岁的中青年劳动力下降、农业人口跨区域流动的比重出现缓慢下降等。人口结构的变化对中小微企业的影响首先表现在劳动价格的上涨及成本结构中劳动成本支出的提升，从而直接影响中小微企业的生产经营活动。随着中小微企业的劳动力成本不断上升，其经营成本开始不断提高，逐渐压缩了中小微企业的生存空间。

中国中小微企业发展促进中心发布的《2015 年全国企业负担调查评价报告》指出，要素成本上升、融资难是企业面临的主要困难，特别在当前经济面临下行压力的形势下，企业对各种负担和困难的主观感受有所增强。其中，人工成本快速攀升是企业反映最突出的问题，报告显示，79%的企业存在该问题，比 2014 年提高了 10 个百分点，其中 43%的企业存在“招工难”问题。相对于大企业，中小微企业受各类资源（如资金）限制，难以实现可持续发展，而人力资源作为所有企业共同的资源，已经成为目前中小微企业理论和实践研究的关注焦点。Maura Sheehan (2013)① 以英国 336 家中小微企业为样本，研究发现：科学有效的人力资源管理能够提高中小微企业的绩效，提高竞争力。随着时间的推移，中小微企业发展面临的人力资源困境越来越引起政府和学者的重视。Tewari 等（2013)② 以经济合作与发展组织（OECD）国家为样本，研究发现：即使是具有竞争力的中小微企业依然面临着劳动力短缺问题。Mason 和 Brown（2013)③ 指出，当前政府对中小微企业的支持主要集中于技术创新和融资两个方面，甚少关注于人力资源相关问题，该研究通过对 22 家苏格兰企业调研发现，一半左右的中小微企业面临招工难和人才短缺问题。Neil Lee（2014)④ 以英国 4858 家中小微企业为研究样本，调研发现：超过 50. 8%的高成长企业认为技能型员工短缺已经成为影响企业发展的障碍，41%的企业认为管理人才的短缺也是企业发展的重大障碍。Joshua Healy 等（2015)⑤ 分析了影响澳大利亚中小微企业的劳动力短缺问题的相关因素，主要包括企业的规模、市场环境、地理位置和工作待遇等。总的来看，目前针对国内中小微企业的人力资源问题进行系统调研和研究的论文、专著还比较匮乏。

---

① Sheehan, M., “Human resource management and performance: Evidence from small and medium - sized firms”, *International Small Business Journal*, 2013, Vol. 10. 1177/0266242612465454.

② Tewari, P. S., Skilling, D., Kumar, P. et al., Competitive small and medium enterprises: A diagnostic to help design smart SME policy, Washington D. C.: World Bank 82516, 2013.

③ Mason, C. and Brown, R., “Creating good public policy to support high - growth firms”, *Small Business Economics*, Vol. 40, No. 2, 2013.

④ Neil Lee, “What holds back high - growth firms? Evidence from UK SMEs”, *Small Business Economics*, Vol. 43, No. 1, 2014.

⑤ Joshua Healy, Kostas Mavromaras and Peter J. Sloane, “Adjusting to skill shortages in Australian SMEs”, *Applied Economics*, Vol. 47, No. 24, 2015.

从2004年年初中国东部沿海等经济发达地区首次出现“用工荒”现象开始，学术界和决策部门的专家学者便围绕着中国是否面临劳动力短缺问题展开了讨论和争论。当前的状况显示，我国中小微企业人力资源供给失调，带来严重的劳动力短缺问题，并成为长期制约中小微企业发展的重要难题，引发学术界的广泛关注。李刚（2014）① 从劳动生产率、劳动参与率、农业部门就业率、产业结构与劳动力素质的协调度等多维度分析中国劳动力短缺问题，认为中国劳动力短缺属于相对短缺，而非绝对短缺。王呈斌和毛晓燕（2010）② 通过对浙江省345家民营企业、11家人才市场问卷调研发现，29.7%民营企业面临“用工荒”，员工缺口比率为28.5%，其中中小微企业“用工荒”现象尤为严重。他们发现，中小微企业“用工荒”的实质是“技工荒”，受调研企业中初级技工和中级技工最为紧缺。辜胜阻等（2011）③ 指出，过去农村拥有大量的剩余劳动力，为中小微企业发展提供了良好的劳动力蓄水池，但当前无限供给的农村剩余劳动力已经开始出现局部短缺，甚至是全面短缺。与此同时，由于“用工荒”造成的涨薪潮，使用农民工企业的薪酬至少涨了20%，而且新生代的农民工在对待工作的态度方面远不如老一代的农民工，也增加了企业雇用合适数量劳动力的难度，这些原因通过综合作用形成了中小微企业的“用工荒”问题。吴群（2012）④ 研究指出，新时期中小微企业面临的突出矛盾之一是“用工荒”，其主要成因是劳动力供需的质量失衡。Feng Lin和Qian Zhao（2012）⑤ 研究指出，中国中小微企业在国家经济发展中发挥重要作用，然而在当前全球经济一体化的背景下，经济危机严重影响了中国中小微企业发展，尤其是人才短缺问题使中小微企业陷入人力资源困境。该研究基于人力资源管理理论从招聘、培训与开发和薪酬体系设计提出相关策略，特别指出，中小微企业的健康发展离不开政府和社会的共同努力。

---

① 李刚：《劳动力短缺的多维解析与破解路径》，《经济学家》2014年第3期。

② 王呈斌、毛晓燕：《后危机时代民营企业“用工荒”现象探析》，《经济理论与经济管理》2010年第4期。

③ 辜胜阻、潘啸松、杨威：《在应对“用工荒”中推动企业转型升级》，《人口研究》2011年第6期。

④ 吴群：《中小文化企业发展面临的困境及应对策略》，《经济纵横》2012年第11期。

⑤ Lin, F. and Zhao, Q., “Analysis and countermeasure study on human resource plight of small and medium - sized enterprises”, paper delivered to Proceedings of the Sixth International Conference on Management Science and Engineering Management, Springer London, 2012.

张关和魏星月（2013）[①] 认为，人才流失也是当前中小微企业劳动力短缺的重要表现，中小微企业已为中国的经济发展做出了巨大贡献，但在中小微企业发展的过程中却面临着人才流失的窘境，成为中小微企业长期发展的桎梏，严重影响了中小微企业的健康成长。林洲钰等（2013）[②] 研究发现，随着劳动工资等要素成本上升，我国中小微企业仍普遍存在招聘人才困难、用人成本高、留住人才难的“三难”现象，特别是高科技人才难求，普工人员流失严重。他们发现，中小微企业以机械制造业、机械加工业、服装加工业、农机制造业、配件加工业居多，这些行业对工种技术要求高，劳动强度也大，而收入水平普遍较低（年均仅2万—3万元），这些情况都导致了小微企业岗位不稳定，员工易于流失，从而形成“用工荒”、招工难局面。叶心宇（2014）[③] 研究指出，目前，我国中小微企业面临着诸多挑战，除了外部体制、融资、国际化经营等外部“瓶颈”，在内部还面临人才、资金、技术、管理等内部“瓶颈”，而人才“瓶颈”已成为制约中小微企业发展的关键因素。中小微企业在面临内外部成长“瓶颈”的背景下，技术开发、管理提升和产业升级都要高素质人才，却苦于不能有效吸纳大学毕业生就业而无法为企业补充新鲜血液。颜爱民等（2014）[④] 以湖南省2000余家中小微企业为样本，通过访谈、问卷调查和典型案例剖析，首次对我国区域性中小微企业的人力资源问题进行系统调查和研究，发现：中小微企业人力资源问题已成为制约企业发展的主要障碍；企业董事长（业主）状况欠佳，亟须系统化和专业化强制培训；企业人力资源短缺问题突出；用工成本高、招工难以及员工流失问题突出；企业所需人力资源的市场供给缺乏；人力资源市场机制和环境欠佳；企业社会地位和社会形象亟待优化。而张晶和李鑫（2015）[⑤] 研究云南省中小微企业人力资源现状时发现，云南省中小微企业发展过程中

---

① 张关、魏星月：《如何提高中国支线航空的发展》，《经济研究导刊》2013年第9期。

② 林洲钰、林汉川、陈衍泰：《我国小微企业解困的机制创新与实现路径》，《管理现代化》2013年第2期。

③ 叶心宇：《中小企业人才瓶颈与大学生就业困境分析——基于可雇佣性视角的解构》，《企业经济》2014年第2期。

④ 颜爱民、黄东红、谢应钦等：《我国中部省份中小微企业人力资源状况评估研究——基于湖南省中小微企业的调查》，《湖湘论坛》2014年第2期。

⑤ 张晶、李鑫：《国有中小企业改制后人力资源流失问题研究——以云南省L公司为例》，《学术探索》2015年第2期。

存在诸多问题，包括扶持政策实施不到位、发展环境有限、缺少良好的企业文化支撑、企业管理模式较为粗放、人才流失严重等，其中，中小微企业高级人才流失高达30%，中高级人才及科研人员在公司的工作时间普遍较短，一般为2—3年，最长不过5年。

从以上研究分析可以看出，当前我国中小微企业人力资源供给失调，劳动力短缺，“用工荒”招工难等问题不断凸显，但我国对中小微企业的扶持政策依然是集中于中小微企业融资等方面，关于中小微企业人力资源供给、市场机制培育等方面的政策却缺乏系统化的研究。因此，无论是政府部门，还是学术界都不应该仅仅局限于对中小微企业在技术创新和融资方面的关注，还应该致力于为中小微企业解决人力资源困境提供有效的政策分析和对策支持。

二　中小微企业面临的主要人力资源问题影响因素研究综述

中小微企业人力资源困境影响因素主要包括外部环境和企业内部制约两个方面，过去学者们对这两个方面都有一定程度的相关研究，对本书具有一定的参考价值。

从外部环境来看，目前中国正处于经济结构战略性调整的关键时期，受转型升级的巨大影响，中国出现“招工难”与“就业难”并存的现象，即结构性失业问题。从2004年起，各种形式的“用工荒”频繁出现并呈现由沿海向全国不断扩展的趋势，甚至中西部省份也出现了明显的“用工荒”。当前我国众多中小微企业处于附加值较低的产业链低端，竞争力很大一部分来自廉价劳动力，“用工荒”与“电荒”“钱荒”“高成本”等因素交织在一起，导致中小微企业生存与发展困境，同时也促进了行业洗牌，同时也可能“倒逼”有潜力的中小微企业在转型升级中寻找出路。然而，受劳动力市场体制分割、僵化、惰性的影响，劳动力供给的调整速度相对缓慢，不能适应劳动力需求的新变化，企业转型升级普遍面临严重的人才短缺“瓶颈”。[①] 吴群（2012）[②] 指出，当前经济危机挤压了中小微企业生存空间，造成中小微企业经营困难，与此同时，“用工荒”与劳动力闲置并存，结构性短缺导致劳动力市场走向买方市场。“用工荒”标志着中国廉价的农民工时代正在结束，要求中小微企业加速转

① 谷彬：《劳动力市场分割、搜寻匹配与结构性失业的综述》，《统计研究》2014年第3期。

② 吴群：《中小文化企业发展面临的困境及应对策略》，《经济纵横》2012年第11期。

型升级，提高员工薪酬福利，亟须积极探索用工新模式，实现企业用工的持续性。刘万霞（2013）[①] 指出，经济发达地区产业技术升级提高了对工人的技能要求，如果技术工人供给跟不上经济增长的需要，“技工荒”等现象就不可避免。而中小微企业有大部分员工属于农民工，这些农村剩余劳动力普遍缺乏就业技能，就业能力弱，难以满足中小微企业转型升级的需求。曹卫国和张蓉华（2008）[②] 指出，人力资源供给能否满足技术进步和产业升级的要求，主要取决于新的岗位所需要的技术升级与劳动者实际技术升级之间的时滞长短，而解决这一问题的出路就是健全、壮大人才培训机制，大力发展职业教育事业。但是，目前我国的职业教育发展滞后，针对农民工的职业教育更是短缺。董英辉等（2014）[③] 通过随机抽样调查环渤海经济圈40所高职院校的专业设置，分析专业设置现状及其与当地产业结构的适应性情况，发现，该地区高职专业设置存在与产业结构发展协调性不均衡、产业关联度不高，以及专业设置趋同等问题。黄晓赟和马建富（2010）[④] 指出，新生代农民工具有成长环境优越、从业年龄提前、文化层次较高、就业动机内倾、维权意识强烈和职业期望高等许多不同于老一代农民工的特点，他们在城市化进程中遇到了一些困惑和尴尬，对职业教育培训有着强烈的期待。可见，政府应该改革职业教育模式，优化教育培训市场机制，为广大就业人员接受职业教育培训创造有利条件，给予积极的职业教育关怀，构建具有针对性的职业教育与培训体系，优化教育培训的市场针对性和创造性等。李萍（2014）[⑤] 对贵州省农民工职业教育培训政策实施情况的实地调查数据发现，现行农民工教育培训政策的实施虽已取得显著成效，但与政策预期仍存在较大差距。该研究发现，农民工教育培训的组织体系、教学体系、保障体系对农民工教育培训政策均具有显著影响，为保障和提升农民工

① 刘万霞：《职业教育对农民工就业的影响——基于对全国农民工调查的实证分析》，《管理世界》2013年第5期。

② 曹卫国、张蓉华：《论产业结构升级对职业教育的影响》，《职业教育研究》2008年第9期。

③ 董英辉、童秀英、刘炳震：《高职院校专业设置与区域经济发展适应性研究——以环渤海地区为例》，《职业教育研究》2014年第1期。

④ 黄晓赟、马建富：《基于新生代农民工需求的职业教育与培训体系建构研究》，《职业技术教育》2010年第34期。

⑤ 李萍：《农民工职业教育培训政策的实施效果及其影响因素研究——基于贵州省的实证调查》，《职业技术教育》2014年第25期。

职业教育培训政策的实施效果，政府可通过规范组织体系、优化教学体系和加强物质保障“三位一体”共同推进的方式实现政策有效性。张晶和李鑫（2015）[①] 在以云南省昆明市L公司为实证研究背景的情况下，从改制后的中小微企业人力资源管理者的角度出发，运用现代管理理论、人力资源管理理论等相关领域的知识，综合分析了企业人力资源流失的影响因素，包括没有完善的人力资源管理制度、缺乏公平的绩效考核制度、无法给员工提供发展空间、缺乏人力资源战略规划、不重视企业文化建设、不重视对员工的培训等。

从企业内部环境来看，中小微企业人力资源困境与中小微企业自身的管理水平密切相关。诸多研究发现，人力资源管理能够有效提高中小微企业的绩效和竞争力。[②③] 魏下海和黄乾（2010）[④] 分析了世界银行的中国企业调查数据，结果发现，技术劳动力工资水平高，能为员工提供培训的企业，其发生技术劳动力短缺的概率相对较小，雇佣关系不稳定的企业发生技术劳动力短缺的概率高。而中小微企业由于受到规模和资金等约束，并不能提供高的工资待遇和相关的福利保障，再加上中小微企业的人力资源管理水平低下，不能为员工提供更多的培训，从而导致技术劳动力短缺问题突出。陈莉和李东福（2009）[⑤] 研究指出，创业期科技型中小微企业的人力资源管理问题已经逐步成为制约其发展的“瓶颈”，其中的主要问题包括人力资源投入能力低与高品质人才需求的矛盾，以及企业向心力小、人才流动性大的问题。童小琴（2011）[⑥] 指出，中小微企业遭遇招工难的企业层面的原因是：中小微企业未能扭转依赖

---

① 张晶、李鑫：《国有中小企业改制后人力资源流失问题研究——以云南省L公司为例》，《学术探索》2015年第2期。

② Parnell, J. A., Long, Z. and Lester, D., “Competitive strategy, capabilities and uncertainty in small and medium sized enterprises (SMEs) in China and the United States”, *Management Decision*, Vol. 53, No. 2, 2015.

③ Ait, Razouk. A., “High - performance work systems and performance of French small - and medium - sized enterprises: examining causal order”, *International Journal of Human Resource Management*, Vol. 22, No. 2, 2011.

④ 魏下海、黄乾：《技术劳动力短缺的影响因素及其对生产率的影响——来自15省1533家制造业企业微观数据的发现》，《经济科学》2010年第6期。

⑤ 陈莉、李东福：《创业期科技型中小企业人力资源管理困境分析》，《人口学刊》2009年第6期。

⑥ 童小琴：《长效解决中小企业招工难的对策研究》，《南京航空航天大学学报》（社会科学版）2011年第3期。

廉价劳动力的传统路径，从而造成工人工资待遇低、劳动强度大、工作环境差、工作不稳定。正因为中小微企业长期依赖廉价劳动力来维持自己的生存与发展，所以忽视了人力资源管理与技术创新的重要性，面对招工难，企业没有能力有效消化劳动力成本上涨带来的压力。

李颖（2012）[①] 根据对西部 15 家中小微企业的调研访谈数据发现，中小微企业的人力资源管理存在诸多问题，进而影响中小微企业的长足发展，主要包括：缺乏健全成熟的人才选拔制度、缺乏科学的人力资源培训和开发制度、缺乏有效的绩效考核制度和激励机制、缺乏良好的企业文化以及非正式的劳动关系和薄弱的法律意识等。

叶莹（2012）[②] 指出，中小微企业所面临的“招工难”逐渐由沿海地区蔓延到内陆省份，给欠发达地区中小微企业的经营发展带来极大的阻碍。中小微企业与国企不同的是用人随意性大、流动性强，容易造成人力资源管理的不合理、不规范，随意加班，员工缺乏稳定良好的生活环境，管理缺乏人性化等都成为中小微企业在用人方面的劣势，同时也制约了企业的长远发展。当前绝大多数中小微企业并没有长期和稳定的人力资源规划能力，主要采用订单模式的人力资源规划方案，即根据订单数量决定员工数量，订单多的时候大量招工，订单少的时候大量裁员，企业为了追求利润最大化没有形成一个长期有效的用工机制，员工的工作环境差、劳动强度大、基本保险缺乏等问题造成了诸多社会隐患，导致中小微企业社会形象差，地位低。

由于中小微企业受到的竞争程度逐年上升，动态的市场环境中充满了变化和挑战，其处理人力资源的方式也将发生变化。今天人们将人力资本视为组织成功不可或缺的一部分，认为其能够提高组织价值。中小微企业不仅要了解员工是如何为企业创造价值，还必须具备有效激励员工的能力，因此我们应当关注中小微企业领导者的行为。目前国内外专门针对中小微企业领导者行为的研究很少，国外只有 Matzler（2008）、Thorpe（2009）、Langowitz（2010）和 Lindgren（2012）等少数几个定义

① 李颖：《我国西部中小企业人力资源管理问题及政策建议》，《软科学》2012 年第 3 期。

② 叶莹：《我国中小企业“招工难”问题探析——以江苏省为例》，《市场周刊》（理论研究）2012 年第 4 期。

了中小微企业领导者领导行为[1][2][3][4]，但是，在关于中小微企业领导者行为对企业的重要性早已得到学者们的认可。Langowitz 等（2010）[3]在对中小微企业业主重要性的相关研究中认为，作为创始人和领导人的企业主是许多中小微企业的核心竞争力。Avolio 等（2003）[5] 认为，随着创新企业越来越多，面对全球化的竞争趋势，领导者如何面对日益增长的挑战变得尤为重要。经济危机、员工流失率高涨、对竞争力的要求日益增强以及社会排斥等现实环境不断要求中小微企业重新思考自己在社会中的责任和影响。Schiemann（2009）[6] 认为，中小微企业是全世界民营企业的支柱，如葡萄牙中小微企业占总企业数的99.7%，吸收了72.5%的员工就业，创造了57.9%的营业额。在这种情况下，中小微企业领导者在鼓舞员工士气、提高员工积极性、增强员工工作动力等方面起到了重要的作用。Kilpatrick（2009）[7] 研究发现，开发企业主在各层面的能力和效力，包括界定目标、确保目的清晰性、建立高绩效团队、专心于优秀人才的培育、创造支持改革的氛围、刺激员工不断学习、创造团队凝聚力的企业文化等，对中小微企业的发展与健康成长起到重要作用。在目前多变的经营环境中，中小微企业的健康成长除财务、战略、创新等因素外，企业业主的领导能力尤为重要，因为在动态的市场环境中，企业主必须能够快速处理由市场波动和竞争带给中小微企业的压力。Anderson（2009）[8] 研究发现，能够刺激中小微企业成长和绩效提升的企业主领导

① Matzler, K., Schwarz, E. and Deutinger, N. et al., "The Relationship between Transformational Leadership, Product Innovation and Performancein SMEs", *Journal of Small Business & Entrepreneurship*, Vol. 21, No. 2, 2008.

② Thorpe, R., Cope, J. and Ram, M. et al., "Leadership Development in small - and medium - sized enterprises: the case for action learning", *Action Learning: Research and Practice*, Vol. 6, No. 3, 2009.

③ Langowitz, N. S. and Allen, I. E., "Small Business Leadership: Does Being the Founder Matter?", *Journal of Small Business & Entrepreneurship*, Vol. 23, No. 1, 2010.

④ Lindgren, P., "Business Model Innovation Leadership: How Do SME's Strategically Lead Business Model Innovation?", *International Journal of Business and Management*, Vol. 7, No. 14, 2012.

⑤ Avolio, B. J., Sosik, J. J. and Jung, D. I. et al., "Leadership models, methods, and applications", *Handbook of Psychology*, Vol. 3, No. 1, 2003.

⑥ Schiemann, M., "SMEs were the main drivers of economic growth between 2004 and 2006", *Statistics in Focus*, No. 7, 2009, pp. 1 - 8.

⑦ Kilpatrick, A. O., "The health care leader as humanist", *Journal of Health and Human Services Administration*, Vol. 31, No. 4, 2009.

⑧ Anderson, G. L., *Advocacy Leadership: Toward a Post - reform Agenda in Education*, Routledge, 2009, pp. 97 - 102.

行为包括三大因素：（1）领导特征；（2）领导的愿望、动机和目的；（3）领导者行为或角色。第一个因素涉及企业主的经验和知识水平、实践动机、风险倾向、变革态度以及能够影响和刺激领导者角色行为的个人价值；第二个因素决定了企业主在行为和态度上体现的愿景和意图；而第三个因素则是关于企业主管理、领导、计划的管理能力。

综上所述，中小微企业面临的人力资源问题是受到企业内外部环境以及企业领导者行为等多种因素的影响。突破中小微企业的人力资源“瓶颈”不仅要靠企业自身的努力，还需要政府提供相应的人力资源扶持政策，为中小微企业的成长营造良好的环境。

第二节 国内外中小微企业政策扶持研究现状

一 中小微企业政策扶持概况

在过去十年中，面对纷繁复杂的政治、经济和社会环境，中小微企业的生存和发展压力越来越大，对政府支持也提出了更高的要求。美国、欧洲、日本、新加坡等国家和地区均已建立了较为完善的中小微企业政策支持体系，这些国家将中小微企业发展政策置于国家经济发展的战略高度，构建了以政府为主体的中小微企业管理体制，建立起包括中小微企业基本法在内的较完备的法律体系，制定了涵盖金融等多方面的政策措施，并通过社会化服务体系建设营造良好的外部环境。例如，美国政府认为，保障自由竞争可以导致国家的繁荣，而扶持中小微企业能够削弱不完全竞争，因此美国把中小微企业政策视为其国家经济发展战略的主要内容之一。此外，各国都无一例外地相继建立起官方机构引导和扶持中小微企业发展的组织和法律体系，如美国隶属国会的小企业委员会、日本的中小企业厅等。美国国会 1953 年通过的《小企业法》，被视为美国的中小企业基本法。《小企业法》奠定了美国小企业政策的基础，确定了一系列扶持小企业的领域，如提供贷款担保、技术和管理援助、帮助获得政府采购合同等；同时，还为负责实施小企业政策的联邦政府小企业管理局的设立提供了法律依据。日本《中小企业基本法》出台于 1963 年，是日本中小企业发展的纲领性法规，是政府制定中小企业其他法律和政策的主要依据，因此也被称为日本中小企业宪法，它也是世界各国中小微企业基本法中制定得最为完整的法律。与此同时，各国在中小微企业基本法的基础上，还制定了一系列涉及中小微企业发展的专项法规。如美国的《机会均等法》（1964）《小企业经济政策法》（1980）《小企业技术创新开发法》（1982）《扩大小企业商品出口法》《小企业投资奖励法》等；欧盟中小微企业政策体系则包括改善中小微企业的生存环境、税收、金融、欧洲化、就业支持等方面。为了创造更多的就业机会，法国于2009年制定法律承认个体商人的合法地位。

然而，各国的中小微企业政策也有着各自的特点，其模式主要分为市场主导型、政府主导型和政府—市场平衡型三类。其中市场主导型的代表国家有美国、英国等，它们的市场机制已经十分完善和成熟，大企业、大公司较多，中小微企业数量相对较少，政府强调扶持政策必须顺应市场经济的规律，并主要采用法律法规和宏观政策、金融政策等手段；政府主导型的代表国家为韩国、日本、新加坡等国，这些国家中小微企业数量众多，经济起步时的市场机制不完善，政府力量相对强大，政府主要通过行政指导来说服中小微企业服从政府意识，并制定了详尽、复杂的中小微企业法律法规体系，由此看来，中国基本上属于政府主导型；政府—市场平衡型的代表国家为德国、法国、意大利等，这些国家的市场成熟度介于上述两者之间，中小微企业的数量较多，政府注重市场竞争和政府管制相结合。

由于国家的经济发展模式主要受到历史、政治和文化因素影响，因此这三个因素直接影响到了政府规则和公司战略的制定。同时，不同国家的人力资源管理模式主要存在以下五个方面的差别，即业务、技能、薪酬系统、就业保障与人员配备，以及公司治理。Stehle 和 Erwee（2007）[①] 构建了雇主—劳动力—政府的关系模型，其中政府所起到的作用主要为经济体制信息检索、经济和财政政策、法律框架的构建三个方面，并且在不同的国家，三者之间的关系有很大的差别。他们对德国、新加坡、泰国和印度尼西亚四个国家的人力资源管理实践进行比较后发现，政府在其中所起的作用有很大的差别。在德国，政府提供了高的就业保障，在经济下滑期间员工能获得相关的法律保护，因此，德国的企

① Stehle, W. and Erwee, R., "Cultural Differences Influencing German HR Policies in Asia", *Journal of Asia Business Studies*, Vol. 2, No. 1, 2007.

业在经济形势较好的时候依然对公司的发展壮大持有很谨慎的态度；在新加坡，政府对教育进行了大量的投入且努力维持社会的稳定，确保有一个稳定和良好的经济环境，但新加坡政府以美国政府作为标杆，并不要求企业向员工提供持续的就业保障；在泰国，政府为了避免员工罢工所制定的法律保护使跨国公司的运营成本增高，所以很多跨国公司不得不缩减规模，同时，泰国企业员工很少工会化，公司多以家庭模式进行运营，背后的原因可能与佛教文化的影响有很大的关系；在印度尼西亚，由于政府干预较少，企业员工的工会化程度高，雇主和员工之间冲突频繁，较大影响了社会的稳定。

在中国，中小微企业是社会主义市场经济主体的重要组成部分，是国民经济和社会发展的主力军，是创新和活力的源泉，是扩大就业和推动经济转型升级的重要力量。党中央国务院高度重视促进中小微企业的健康持续发展，自 2003 年《中华人民共和国中小企业促进法》实施以来，我国政府先后出台了一系列扶持政策，扶持中小微企业已成为一项长期战略性任务。2009 年，国务院出台了《关于进一步促进中小企业发展的若干意见》，主要包括营造有利于中小微企业发展的良好环境、切实缓解中小微企业融资难问题、加大对中小微企业的财税扶持力度、加快中小微企业技术进步和结构调整等政策，帮助中小微企业应对金融危机的冲击，实现又好又快的发展。2012 年，国务院考虑到小型微型企业经营压力大、成本上升、融资困难和税费偏重等问题仍很突出，制定了《关于进一步支持小型微型企业健康发展的意见》，加大对小型微型企业的财税支持力度，缓解小型微型企业融资困难，推动小型微型企业创新发展和结构调整，切实帮助小型微型企业提高经营管理水平。2014 年以来，中小微企业更加受到高度关注和重视，为帮助中小微企业应对国内外错综复杂的经济形势，切实解决企业发展中遇到的实际困难，国务院多次将扶持小微企业作为常务会议题，通过简政放权、正税清费、激励创新和完善公共服务等方式，进一步优化财税、金融、产业支持政策，推动中小微企业提质增效升级。国务院还印发了《关于扶持小型微型企业健康发展的意见》（国发〔2014〕52 号），从企业创办、资金引导、税费优惠、投资融资、创新研发和公共服务等多个领域部署下阶段扶持小微企业的战略方向。2015 年，为进一步发挥小型微型企业在推动经济发展、促进社会就业等方面的积极作用，国务院颁布了降低小微企业所得税的政策。

根据2011年中国企业家论坛发展研究基金会针对全国16个省市进行的专项调查研究报告：中小（微）企业人才状况对企业发展制约和影响得分为51.31分，低于融资难对企业发展的制约影响（其分值为52.86分），人力资源状况成为继资金状况后影响中小微企业发展的第二因素，说明近十年来我国针对中小（微）企业设置的各项金融和财务支持政策已经发挥了重要作用，而人力资源问题由于长期缺乏系统的研究和针对性的政策支持，其问题已逐步发酵，凸显成为制约中小微企业发展的主要问题之一。目前，国内尚无针对中小微企业人力资源的系统研究，更没有针对中小微企业发展的专业性、系统性政策设计方案。而通过查阅国外关于扶持中小微企业人力资源的相关政策，可以发现国外非常重视中小微企业的发展，为中小微企业提供了一系列的人力资源方面的扶持政策。例如，在中小微企业人才培训方面，英国政府制订了统一的中小微企业培训计划，授权各级政府负责中小微企业各类人员的培训工作；美国设有“退休经理服务团和在职经理服务团”、“小企业发展中心”、“小企业学院”；巴西提供“小微企业咨询服务台”等；日本政府出资创办中小企业大学，实行非学历教育，其服务对象是中小企业经营管理者、各地政府机关的中小企业指导员、中小企业团体的成员及创业者等。[①] 然而，国外并没有系统的关于中小微企业人力资源的扶持政策可以为国内提供借鉴，课题组认为，我国应该根据具体国情和中小微企业的发展情况，构建有中国特色的中小微企业系统性人力资源扶持政策体系。

近几年虽然我国高度重视中小微企业的发展，出台了一系列的扶持政策，其中关注最多的是企业融资问题。而关于中小微企业的人力资源方面的政策，虽然国家有制定相关政策，却并未系统化，只是零散地出现在一些政策里面。例如，2009年国务院出台了《关于进一步促进中小企业发展的若干意见》，指出要“构建和谐劳动关系。采取切实有效措施，加大对劳动密集型中小企业的支持，鼓励中小企业不裁员、少裁员，稳定和增加就业岗位。对中小企业吸纳困难人员就业、签订劳动合同并缴纳社会保险费的，在相应期限内给予基本养老保险补贴、基本医疗保险补贴、失业保险补贴。对受金融危机影响较大的困难中小企业，将阶

① 陶秋燕、何勤、平宇伟：《中小企业培训服务体系的国际比较研究》，《江苏商论》2009年第4期。

段性缓缴社会保险费或降低费率政策执行期延长至2010年年底，并按规定给予一定期限的社会保险补贴或岗位补贴、在岗培训补贴等。中小企业可与职工就工资、工时、劳动定额进行协商，符合条件的，可向当地人力资源社会保障部门申请实行综合计算工时和不定时工作制”等，可以看出《意见》中这段内容基本上都是用以解决中小企业人力资源问题的。为了进一步将微型企业的人力资源难题纳入国家政策关注重点，2012年国务院出台了《关于进一步支持小型微型企业健康发展的意见》，提出：“加强人力资源开发。加强对小型微型企业劳动用工的指导与服务，拓宽企业用工渠道。实施国家中小企业银河培训工程和企业经营管理人才素质提升工程，以小型微型企业为重点，每年培训50万名经营管理人员和创业者。指导小型微型企业积极参与高技能人才振兴计划，加强技能人才队伍建设工作，国家专业技术人才知识更新工程等重大人才工程要向小型微型企业倾斜。围绕《国家中长期人才发展规划纲要(2010—2020年)》确定的重点领域，开展面向小型微型企业创新型专业技术人才的培训。完善小型微型企业职工社会保障政策。”此外，工业和信息化部办公厅2013年发布的《关于开拓中小企业人力资源做好2013年高校毕业生就业工作的通知》指出，拓宽高校毕业生就业渠道，将吸纳高校毕业生就业作为中小企业工作的重要内容。充分发挥战略性新兴产业、先进制造业、高新技术产业、智力密集型产业、现代服务业、现代农业发展对高校毕业生就业的拉动作用，鼓励和引导中小企业结合转方式、调结构的进程，积极为高校毕业生开发就业岗位；配合相关部门加大对小微企业和劳动密集型中小企业的扶持力度，进一步落实社保补贴、培训补贴等扶持政策，鼓励其吸纳高校毕业生就业。

二 中小微企业政策扶持研究现状

目前，世界各国都已认识到中小微企业在扩大就业、促进技术创新、调整产业结构等方面的重要作用，同时还意识到中小微企业自身的弱势，于是纷纷采取相应的政策和措施来促进中小微企业的发展。从国外对中小微企业支持政策及其效果的研究可以发现，国外的相关研究涉及中小微企业政策的各个层面，大部分研究都是以某项特定的法律法规为对象，通过实际调查来分析其效果，进而提出改善对策。虽然对许多问题，特别是中小微企业直接政策支持的效果还存在争议，但在减少中小微企业政策负担、政策设计原理等方面已形成基本共识，相关研究结论、研究方法和研究思路对国内中小微企业政策设计及其研究具有重要借鉴作用。而目前国内对中小微企业政策支持研究虽然从范围上已涉及中小微企业政策支持的诸多方面，但研究深度与国外还有一定差距，如大部分文献基于思辨进行研究，缺乏政策支持效果的实证分析，对政策目标到政策效果之间作用机理研究不够深入，且相关政策建议多为原则性，可操作性不足，无法适应政策设计的要求，这些正是现行的中小微企业政策支持效果不理想的重要原因。①

关于政府对中小微企业的影响效果的研究主要分为两种观点：大部分研究表明政府通过制定相关的政策，在中小微企业发展过程中起到了助推的作用；另外一小部分研究则认为政府所制定的政策不一定对中小微企业的发展起到了促进作用，反之，如果缺乏政府相关政策支持，将促使中小微企业去寻求新的办法来维持其生存和发展。赞成前一观点的学者认为，政府主要在以下方面助推中小微企业的发展：一是为中小微企业的发展提供法律和政策方面的支持；二是政府提供政策和项目的支持；三是政府提供金融支持；四是政府对全社会企业家精神的强调。然而，无论是在发达国家还是在发展中国家，中小微企业所面临的问题依旧存在，比如，融资问题依然是阻碍中小微企业发展的首要"瓶颈"，②③ Bauchet 和 Morduch (2011)④ 研究表明，从小型金融机构所获得的支持远不能满足中小微企业发展的需求。另外，尽管政府在政策制定等方面的努力促进了中小微企业发展，但是大量的事实表明，政府在促进中小微企业的发展中所采用的措施并非总是正确的，Wyrick 等 (2013)⑤ 研究发现，大部分为促进经济发展所制定的法律法规主要受益者为大型企业，而中小微企业从中得到的实惠很少。

---

① 赵国忻：《国外中小企业政策支持效果研究评述》，《经济学家》2007 年第 2 期。

② Abdulsaleh, A. M. and Worthington, A. C., "Small and Medium - Sized Enterprises Financing: A Review of Literature", *International Journal of Business and Management*, Vol. 8, No. 14, 2013.

③ Price, L., Rae, D. and Cini, V., "SME perceptions of and responses to the recession", *Journal of Small Business and Enterprise Development*, Vol. 20, No. 3, 2013.

④ Bauchet, J. and Morduch, J., "Is micro too small? Microcredit vs SME finance", *World Development*, Vol. 43, 2011.

⑤ Wyrick, D. A., Natarajan, G. and Eseonu, C. I., *Technology Policy for Promoting Environmental Sustainability in SMEs: Issues and Considerations for Effective Implementation*, Advances in Sustainable and Competitive Manufacturing Systems, Springer International Publishing, 2013, pp. 1237 - 1248.

尽管政府支持有限，中小微企业业主们仍然会尽一切努力去促进经济的发展，其中企业主资源获取能力对中小微企业发展至关重要，因此最需要政府提供的支持为良好的融资环境和业务支持服务。如果无法充分获得外部支持，中小微企业业主们只有投入其所有的资产来推动企业的发展。1984 年提出的优序融资理论①客观地展现了中小微企业的资金结构，即中小微企业融资一般会遵循内源融资、债务融资、权益融资这样的先后顺序，当中小微企业不得不通过外部融资以促发展的时候，他们更倾向于通过低风险的融资渠道，从而就解释了为什么银行是中小微企业最倾向于采用的外部融资渠道。中小微企业面临的另一个重要问题是他们对非金融方面服务的需求，包括建议、指导以及相关专业培训（会计、市场营销等）②，如美国的小企业发展中心为中小微企业主提供免费指导和低费用的培训等。③④⑤⑥ 目前，私营部门和政府都努力在为中小微企业提供以上服务，但是研究表明，基于中小微企业对政府所主导的服务的不信任，政府的服务并未对中小微企业的发展起到至关重要的作用。Pratima 和 Mehdi（2015）⑦ 通过对马尔代夫和毛里求斯的 17 名相关人员进行半结构访谈后发现，尽管政府在中小微企业的发展过程中起到了一定的作用，但是，两国的中小微企业并不认为政府是企业建立和运营过程中不可或缺的部分；相反，中小微企业主认为，他们要学会时刻调整公司的战略部署以适应国家政策的调整，并认为，他们的家庭、朋友和

---

① 李延喜、郑春艳、包世泽等：《权衡理论与优序融资理论的解释力研究：来自中国上市公司的经验证据》，《管理学报》2007 年第 1 期。

② Yusoff, M. N. H. and Zainol, F. A., "Antecedents to the Utilisation of the Government Business Support Services: A Literature Review", *International Business Research*, Vol. 5, No. 11, 2012.

③ Senik, Z. C., Scott - Ladd, B. and Entrekin, L. et al., "Networking and internationalization of SMEs in emerging economies", *Journal of International Entrepreneurship*, Vol. 9, No. 4, 2011.

④ Doh, S. and Kim, B., "Government support for SME innovations in the regional industries: The case of government financial support program in South Korea", *Research Policy*, Vol. 43, No. 9, 2014.

⑤ Atherton, A. and Smallbone, D., "Promoting private sector development in China: The challenge of building institutional capacity at the local level", *Environment and Planning C: Government and Policy*, Vol. 31, No. 1, 2013.

⑥ Obeng, B. A. and Blundel, R. K., "Evaluating enterprise policy interventions in Africa: A critical review of Ghanaian small business support services", *Journal of Small Business Management*, Vol. 53, No. 2, 2013.

⑦ Sambajee Pratima and Dhomun, Mehdi, "Government and SMEs in the Maldives and Mauritius", *International Journal of Entrepreneurial Behavior & Research*, Vol. 21, No. 6, 2015.

职业网络等都能对他们提供重要的帮助，而不是政府。但是，从全局角度考虑，发展中国家经济发展迅速且充满活力，如果没有政府的主导或干预，一些商业违法行为就会发生。

在中小微企业不确定性规避程度方面，研究发现，德国和泰国的不确定性规避程度相对较高，但是，其中的深层次原因却不尽相同。在德国，政府在法律、法规、质量标准等方面制定了详尽的正规框架；在泰国，政府所起到的作用有限，维持高程度的不确定性规避主要依靠宗教和行为准则等非正规方面的保障；而在新加坡，不确定性规避程度低是因为人们深信政府已经对新加坡的未来进行了长远而科学的规划，并且政府会将所有重要的事情考虑好。

第三节　国内外中小微企业人力资源政策扶持研究现状

目前，已经有很多学者开始关注我国中小微企业的人力资源问题，并指出政府应该能够在解决中小微企业人力资源问题中发挥重要作用。董晓宏和陈伟娜（2012）① 认为，人力资源不匹配、管理体制制约和管理者能力不足共同制约了中小微企业的发展，并提出除中小微企业应不断提升自己内在素质外，政府机构应建立健全法律法规体系，完善人力资源市场环境，优化中小微企业可持续发展的外部环境。吴群（2012）② 认为，文化产业发展的活力来自中小微企业，中小微文化企业人力资源需求与人才培养水平不相称，并提出政府应强化中小微文化企业自身能力建设；为人才脱颖而出与施展才干创造有利的环境；实施文化金融创新战略，促进文化产业与资本深度对接；提升文化产业园区质量和效益，为中小微文化企业提供良好的发展环境等应对策略。李颖（2012）③ 通过对西部15家中小微企业进行调查访谈后提出，西部中小微企业人力资源

① 董晓宏、陈伟娜：《中小企业代内可持续发展影响因素研究——以河北省为例》，《经济与管理》2012年第12期。

② 吴群：《中小文化企业发展面临的困境及应对策略》，《经济纵横》2012年第11期。

③ 李颖：《我国西部中小企业人力资源管理问题及政策建议》，《软科学》2012年第3期。

管理存在缺乏健全成熟的人才选拔制度、缺乏科学的人力资源培训和开发制度、缺乏有效的绩效考核制度和激励机制、缺乏良好的企业文化、非正式的劳动关系和薄弱的法律意识等问题，并指出：在政策上应提高政府对中小企业人力资源管理问题的认识，构建提升西部中小企业人力资源管理的服务和政策体系，制定有利于提升西部中小企业人力资源管理能力的法律法规。魏满霞（2012）① 通过阐述2001—2011年广州市可量化的最低劳动力成本变动趋势，认为我国最低劳动力成本进入全面上涨时期，中小微企业的发展到了一个转折时期。政府应该从信贷、税收和创造公平的市场竞争环境等方面支持中小微企业的发展；中小微企业要提高劳动生产率，以应对劳动力成本上涨的压力。中小微企业作为人力资源市场的主体，是我国重要的社会经济组织，也是新生代农民工就业的主渠道。但是，由于其自身规模小、管理不科学以及发展的困难性，使得中小微企业与新生代农民工容易产生观念和利益上的冲突。李恩平等（2013）② 认为，近年来我国中小微企业新生代农民工劳动关系问题频发，是因为与之相配套的劳动关系预警组织架构不健全。他在分析我国中小微企业新生代农民工劳动关系预警研究现状的基础上，构建中小微企业新生代农民工劳动关系预警组织架构，并阐述了各个组织之间的运作流程，从而得出中小微企业应设立与劳动关系预警相关的独立机构，同时在其他部门内部增加预警职能；当新生代农民工劳动关系发生重大危机时，政府应建立非常规预警流程，及时化解矛盾，解决危机，促进中小微企业构建和谐的劳动关系等措施。王辉等（2012）③ 认为，我国对中小微企业培训方面的关注还不够，针对中小微企业的培训服务起步较晚，主要存在以下问题：对中小微企业培训的认识依然不够，企业培训需求尚待引导和挖掘；中小微企业培训服务的管理体制和政策缺乏协调；中小微企业培训服务业发展尚不成熟；公益性培训难以满足中小微企业实际需求等，并认为应把加快建立符合国情的中小微企业培训服务体系

---

① 魏满霞：《最低劳动力成本变动趋势与中小企业发展对策——以广州市可量化的最低劳动力成本变动趋势为例》，《中国人力资源开发》2012年第2期。

② 李恩平、卞永峰：《中小企业新生代农民工劳动关系预警组织架构研究》，《经济体制改革》2013年第6期。

③ 王辉、贾涛、王继承：《加快建立符合国情的中小企业培训服务体系》，《经济纵横》2012年第8期。

作为促进中小微企业发展的重要着力点。肖卫东和李肆（2014）① 针对农村中小微企业公共服务平台“如何服务”的问题，基于世界银行的公共服务供给分析框架，构建了服务平台的政府主导型复合服务模型，并分析了服务平台的三种服务模式，分别是：（1）通过政府购买服务项目，服务平台代为满足中小微企业的服务需求；（2）通过自主开发服务项目，直接满足中小微企业的服务需求；（3）通过组织、引导和带动服务资源及服务机构提供服务，间接满足中小微企业服务需求。

王锋和王凤羽（2015）② 针对中小微企业人力资源开发的研究认为，人力资源流动是开发的一个重要环节，在中小微企业人力资源流动过程中，政府通常以强制性参与主体的角色出现，是所有与中小微企业人力资源流动有关的参与主体中最强势的，其基本功能是为中小微企业人力资源流动提供法律和秩序，并保护中小微企业人力资源产权以换取税收。各级政府为了自身利益，必须采取积极维护中小微企业人力资源合理、有序流动的行为，并且拟订人力资源市场发展规划和人力资源流动政策，建立起统一规范的人力资源市场，从而在法律、制度、政策措施以及规章等方面对中小微企业人力资源流动给予充分支持（见图2－1）。

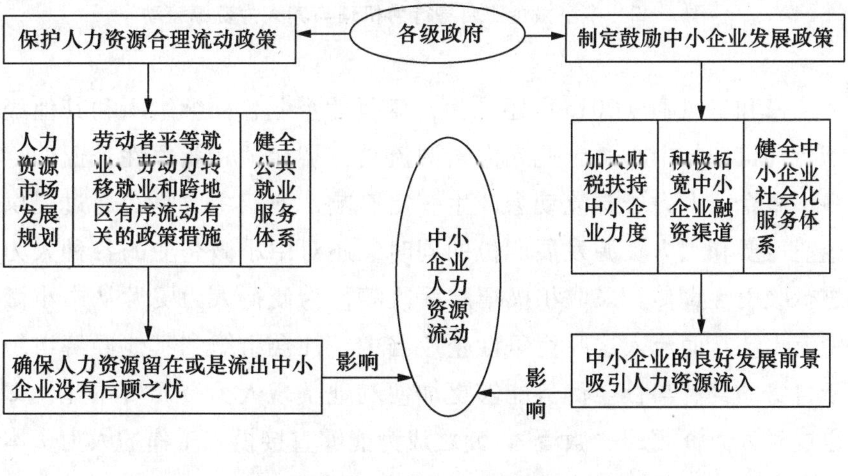

图2－1　各级政府行为机理与中小微企业人力资源流动

① 肖卫东、李肆：《中小企业公共服务平台的功能定位与组织创新》，《学习与探索》2014年第2期。

② 王锋、王凤羽：《中小企业人力资源流动的行为机理》，《广东社会科学》2015年第3期。

此外，中小微企业自身就是人力资源流动的重要载体，承担人力资源招聘、考核、激励等重要功能，能够对人力资源的流进与流出产生重要影响（见图2－2）。其中，中小微企业领导者的素质和管理能力对人力资源流动产生了重要的作用和影响。

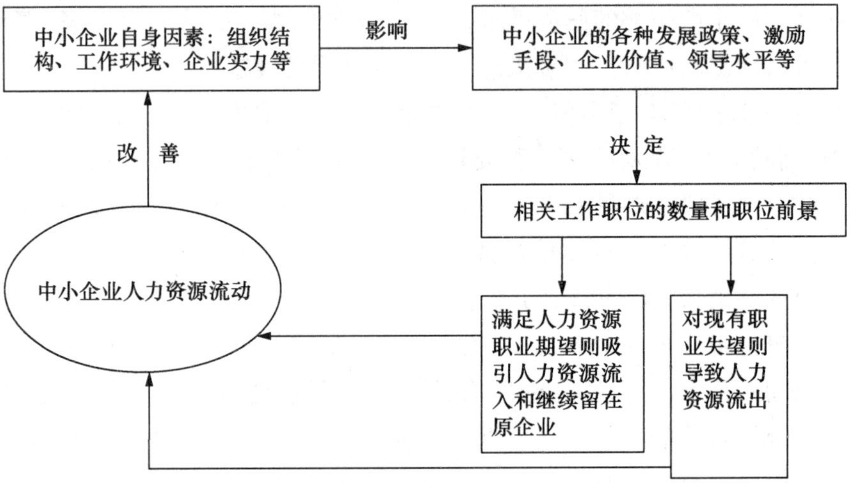

图2－2 中小微企业自身行为机理与其人力资源流动

王锋和王凤羽（2015）还认为，竞争性企业、社会组织和其他经济组织行为机理与中小微企业人力资源流动密切相关。竞争性企业的存在对中小微企业人力资源流动会产生一定影响，他们主要是在通过提供满足企业需要和人力资源发展职位的同时，还对中小微企业的各种人力资源进行吸引性宣传，采取积极招聘手段等行为使得人力资源从中小微企业中流出，从而流入这些竞争性企业当中。社会组织和其他经济组织则由于自身的经济与社会优势能够更加便利地实现人力资源资本化，即他们通过对人力资源的“激活”，使之成为能够直接投入工作的人力资本和社会资本，从而创造和维持其持续竞争优势。

从以上分析可以发现，目前我国对中小微企业的人力资源政策扶持并不完善，依然还存在诸多问题。在过去十年里，国家和省市各级政府对中小微企业发展的扶持重点主要体现在创造平等竞争环境、提供融资支持和降低税负水平三个方面，对中小微企业的健康快速发展起到了重要促进作用，其经济发展贡献效果也十分显著，但存在明显的阶段性局限和缺陷，系统化调整和深化设计正当其时。我国中小微企业应该与时俱进地采取发达国家20世纪90年代所采取的“系统化扶持”策略：深入探析中小微企业成长与发展的内在机制和特征，从系统功能优化和竞争力培育角度对政策进行精准化设计，促进中小微企业的持续健康和快速发展。20世纪末，以互联网为代表的新经济浪潮突破了传统的大批量生产与资本集中化模式的统治格局，世界经济呈现出资本集中化、生产大型化和资本分散化、生产小型化并存的格局，中小微企业的生存空间大大拓宽，新的优势逐步显现：德国有2/3的专利技术由中小微企业研发并申请注册，美国有50%以上的技术创新由中小微企业实现，中小微企业单位研究开发投入所产出的专利发明比大企业多出3—5倍，许多高新技术的中小微企业迅速成长为世界著名的巨型企业，如比尔·盖茨的微软公司1975年创立时只有900美元资产。各国针对中小微企业的扶持政策也从“保护性扶持”阶段深化到“系统性扶持”阶段。我国经济长时间处于持续高速发展状态，十年时间对中小微企业的“保护性扶持”的历史功能应该已经完成，必须转入“系统性扶持”阶段，本书正是针对过去政府对中小微企业扶持所忽略的人力资源——这一已经凸显的“瓶颈”因素进行专项研究，希望产生单点突破、系统推进之功效，为我国中小微企业下一步发展提供有效的理论依据和政策指导。①

第四节　国内外中小微企业若干人力资源专题研究动态

一　创业人力资源问题研究

1985年，德鲁克宣称：创业时代已经来临，一种全新的创业型经济正在取代管理型经济，创业可以为企业构建竞争优势另辟蹊径。创业研究是一个多学科交叉的研究领域，不同学科背景的学者分别从其本学科的角度出发，运用不同的理论来考察创业问题，逐渐形成了各具特色的

① 肖卫东：《中小企业公共服务平台的功能定位与组织创新》，《学习与探索》2014年第2期。

理论流派。早在1986年，创业人力资源管理研究就已经引起学者们的兴趣。[①] 随着时代的变迁，创业人力资源管理研究不断发展、演进，有关创业与人力资源管理问题成为研究的热点话题。

李芳等（2012）[②] 认为，人力资源管理模式选择是中小微企业人力资源管理战略决策的核心内容，模式选择的结果直接影响企业的经营绩效。中小微企业人力资源管理模式选择的具体过程为：首先，确定中小微企业人力资源管理模式的类型，主要可以分为承诺型、控制型和混合型三种；其次，确定影响企业人力资源管理模式选择的内外部因素，并分析各因素与上述三种人力资源管理模式的匹配关系；最后，根据影响因素和人力资源管理模式的匹配关系进行综合比较，选择最适合中小微企业发展需要的人力资源管理模式。创业是中小微企业诞生的过程，初创企业的人力资源管理对中小微企业人力资源管理模式乃至企业的可持续发展有着非常重要的作用。

此外，创业投资对中国未上市中小微企业管理提升和企业成长也存在影响，黄福广等（2015）[③] 结合未上市中小微企业的211份调查问卷数据以及部分手工收集的数据，研究了创业投资对企业成长的影响作用。实证结果表明，创业投资对未上市中小微企业成长具有显著正向影响，但是创业投资的联合投资对企业成长有显著负向作用。中国创业投资通过提升未上市中小微企业的管理能力，提高企业整合供应链能力，最终促进企业成长。因此，政府除为中小微企业提供政策支持外，还应积极鼓励全民创业。

近年来，有学者对新创企业的特点对人力资源管理系统的影响与要求进行了实证研究。例如，Khavul等（2010）[④] 采用印度、中国和南非

---

① Schuler, R. S., "Fostering and facilitating entrepreneurship in organizations: Implications for organization structure and human resource management practices", *Human Resource Management*, Vol. 25, No. 4, 1986.

② 李芳、杨朝均、徐建中：《中小企业人力资源管理模式选择研究》，《学习与探索》2012年第7期。

③ 黄福广、张晓、彭涛等：《创业投资对中国未上市中小企业管理提升和企业成长的影响》，《管理学报》2015年第2期。

④ Khavul, S., Benson, G. S. and Datta, D. K., "Is internationalization associated with investments in HRM? A study of entrepreneurial firms in emerging markets", *Human Resource Management*, Vol. 49, No. 4, 2010.

171家新创企业的数据研究发现，新兴市场国家新创企业的国际化水平与其人力资源管理投入有关。具体而言，进军经济发达或雇佣规制严格的国家的企业会加大人力资源管理投入；管理经验丰富、比较关注国际标准的CEO更加重视对人力资源管理的投入；拥有大量国际合作伙伴的企业也会加大对人力资源管理的投入。

有学者对人力资源管理系统对新创企业生存与发展的影响进行了研究。例如，Hill和Hlavacek（1972）[①]考察100个成功的创业团队，结果发现：这些创业团队的人力资源管理实践呈现如下特征：重视工作自主权、知识多元化，不施加时间压力，没有工作描述，实行风险共担、收益共享等。这些特征强调人力资源管理应该通过营造非正式、自由、自主的学习氛围来正面影响创业团队的工作绩效。Burton和O'Reilly（2000）[②]以硅谷新创企业为样本研究发现，高承诺工作系统与企业具备IPO条件的可能性正相关；高承诺工作系统有利于企业求得生存。Messersmith和Guthrie（2010）[③]基于资源基础观和动态能力观，以高科技新创企业为样本对高绩效工作系统和新创企业绩效之间的关系进行了研究，结果表明，高绩效工作系统与销售增长和创新呈正相关关系，而员工主动离职的中介作用则没有得到验证。

但是，上述学者对新创企业高绩效工作系统的测量仅参考已有文献中的既有企业高绩效工作系统量表，而没有根据新创企业的特点（如"新进入缺陷"和"小企业缺陷"等）进行相应的调整。Patel和Cardon（2010）[④]运用145家英国中小微企业的数据研究发现，在竞争激烈的产品市场上，群体文化是影响人力资源管理实践的关键因素，而且进一步强化了人力资源管理实践对劳动生产率的影响。

在人力资源管理系统与公司创业关系方面，相关研究认为，人力资源管理系统对公司创业的贡献主要在于鼓励和强化创业成功所必需的员

---

① Hill, R. M. and Hlavacek, J. D., "The venture team: A new concept in marketing organization", *The Journal of Marketing*, Vol. 26, No. 3, 1972.

② Burton, M. D. and O'Reilly, C., "The impact of high commitment values and practices on technology start-ups", *Working Paper*, 2000, pp. 1-35.

③ Messersmith, J. G. and Guthrie, J. P., "High performance work systems in emergent organizations: Implications for firm performance", *Human Resource Management*, Vol. 49, No. 2, 2010.

④ Patel, P. C. and Cardon, M. S., "Adopting HRM practices and their effectiveness in small firms facing product-market competition", *Human Resource Management*, Vol. 49, No. 2, 2010.

工特征，如创造力与创新行为、风险承担、长期导向、聚焦结果、变革灵活性、合作、不确定性容忍度及责任承担、支持非正式的员工贡献以及避免制度过度约束员工行为等方面。[①] Schuler（1986）[②] 认为，规划（包括战略规划与工作分析）、人员配置、绩效考核、薪酬管理、培训与发展五项人力资源管理实践能有效促进公司创业。在此基础上，学者们纷纷对人力资源管理系统与公司创业的关系进行了实证检验。例如，Morris 和 Jones（1993）[③] 以美国为例，研究发现：绩效考核、薪酬管理、培训、招聘与职业发展以及工作设计对公司创业产生显著的影响，并指出，容忍失败的结果导向型绩效考核、注重外部公平性的高风险薪酬管理、团队导向型培训、多路径职业生涯管理、强调自主权的工作设计等都能有效地促进公司创业。但是，他们没有检验这些人力资源管理实践的综合效应。Hornsby 等（1999）[④] 通过对加拿大和美国管理者的对比分析发现，影响公司创业成功的组织内部因素包括合理的奖励制度、管理层对创新的支持、创新资源供给、鼓励学习与合作的组织结构以及员工承担风险的意愿。但是，他们同样没有检验这些因素的交互效应和综合效应。Hayton（2004）[⑤] 运用美国 99 家中小微企业的数据进行了实证研究，结果显示，鼓励员工采取组织公民行为、促进知识共享以及组织学习的人力资源管理系统与公司创业呈正相关关系，且尤其是高科技中小微企业的这种相关关系最为显著。基于社会交换理论，Zhang 和 Jia（2010）[⑥] 利

---

① Hayton, J. C., "Promoting corporate entrepreneurship through human resource management practices: A review of empirical research", *Human Resource Management Review*, Vol. 15, No. 1, 2005.

② Schuler, R. S., "Fostering and facilitating entrepreneurship in organizations: Implications for organization structure and human resource management practices", *Human Resource Management*, Vol. 25, No. 4, 1986.

③ Morris, M. H. and Jones, F. F., "Human resource management practices and corporate entrepreneurship: an empirical assessment from the USA", *The International Journal of Human Resource Management*, Vol. 4, No. 4, 1993.

④ Hornsby, J. S., Kuratko, D. F. and Montagno, R. V., "Perception of internal factors for corporate entrepreneurship: A comparison of Canadian and US managers", *Entrepreneurship: Theory and Practice*, Vol. 24, No. 2, 1999.

⑤ Hayton, J. C., "Strategic human capital management in SMEs: An empirical study of entrepreneurial performance", *Human Resource Management*, Vol. 42, No. 4, 2004.

⑥ Zhang, Z. and Jia, M., "Using social exchange theory to predict the effects of high - performance human resource practices on Corporate Entrepreneurship: Evidence from China", *Human Resource Management*, Vol. 49, No. 4, 2010.

用中国生物医药企业 139 位企业家或人力资源管理经理以及 695 位员工的数据，对高绩效人力资源管理实践和公司创业的关系进行了研究，结果表明，员工组织支持感在高绩效人力资源管理实践与公司创业之间起中介作用，而组织文化在高绩效人力资源管理实践和员工组织支持感之间具有调节效应。Castrogiovanni 等（2011）[①] 基于资源基础理论研究发现，人力资源管理能够有效地促进创业成功，创业企业应该重视能够激励员工态度行为的人力资源管理实践。Guiyao Tang 等（2015）[②] 以 201 家中国制造企业为样本，实证检验发现，战略人力资源管理与企业创业显著相关，并且下放的管理风格在其间起中介作用。

近年来，学者们在对人力资源管理系统与公司创业的关系进行实证检验时，更加注重对创业因素的多维度考察。例如，Wang 和 Zang（2005）[③] 首先基于 75 家企业 358 名管理者的数据研究发现，大多数中国企业的人力资源管理实践可分为职能性与战略性人力资源管理实践两个维度。其中，职能性人力资源管理实践包括人力资源甄选与配置、绩效考核、薪酬体系、培训与发展；而战略性人力资源管理实践则包括职业发展与晋升、员工参与、质量控制计划、目标管理、团队管理与公司文化。战略性人力资源管理实践对创新绩效产生显著的正向影响。随后，他们把创业分为个体创业和集体创业两个维度，通过深度案例分析提出了一个中国企业创业与人力资源管理关系模型。案例分析结果显示：集体创业模式下的战略性人力资源管理实践对企业绩效的影响更加显著；而个体创业模式下的职能性人力资源管理实践则对员工工作绩效的影响更加显著，成功的中国创业型企业大多是那些崇尚集体主义的全球导向型企业。Schmelter 等（2010）[④] 利用 214 家德国知识密集型中小微企业的

---

① Castrogiovanni, G. J., Urbano, D. and Loras, J., "Linking corporate entrepreneurship and human resource management in SMEs", *International Journal of Manpower*, Vol. 32, No. 1, 2011.

② Tang, G., Wei, L. Q. and Snape, E. et al., "How effective human resource management promotes corporate entrepreneurship: evidence from China", *The International Journal of Human Resource Management*, Vol. 26, No. 12, 2015.

③ Wang, Z. and Zang, Z., "Strategic human resources, innovation and entrepreneurship fit: A cross - regional comparative model", *International Journal of Manpower*, Vol. 26, No. 6, 2005.

④ Schmelter, R., Mauer, R. and Börsch, C. et al., "Boosting corporate entrepreneurship through HRM practices: Evidence from German SMEs", *Human Resource Management*, Vol. 49, No. 4, 2010.

横截面数据，对人力资源管理系统（包括甄选、员工发展和培训、薪酬管理、专才配置）和公司创业（包括创新、风险感知、前瞻性、创建新企业、自我更新）的关系进行了检验，结果发现，甄选、员工发展和培训以及薪酬管理对公司创业产生显著的正向影响。因此，中小微企业应通过人力资源管理实践来促进公司创业活动。

在对西方国家的一些研究中也可以找到对我国中小微企业发展的启示，郭达和许艳丽（2015）[①] 发现，美国创业政策模式主要由市场驱动，欧洲的创业政策更倾向于政府在创业活动中发挥主导性，宏观调控作用更明显。而我国属于典型的由政府主导创业政策制定与实施的国家，因此，研究欧洲创业政策对我国中小微企业创业有积极指导作用。其中欧盟的《2020 创业行动计划》具体提出三项措施，以推动欧洲创业开展：（1）开展创业教育与培训，重点强调扩大创业教育外延，提高创业教育质量，将创业教育延伸至高等教育领域进而融入整个教育体系之中，且要求各成员国至 2015 年，将创业教育纳入整个小学、中学、职业教育、高等教育和成人教育体系。（2）营造良好的创业环境，为中小微企业融资提供有利条件，减轻中小微企业监管负担，支持初创企业初期发展，保证企业转让顺利进行，赋予诚实破产者二次创业机会，发掘数字化时代新的商业机会。（3）充分开发与利用边缘化群体的创业潜力，包括女性创业者、老年创业者、移民创业者、青年失业者。课题组认为，《2020 创业行动计划》对我国扶持中小微企业创业有以下三点启示：一是开展创业教育和培训，创造就业机会和促进经济发展；二是消除创业障碍，在整个创业周期各关键阶段支持创业者，为其营造良好的创业环境；三是激活创业文化，树立创业榜样，关注特殊创业群体，培育新一代创业者。

陈莉和李东福（2009）[②] 指出，创业期科技型中小微企业由于规模小、进入市场时间短，对如何充分发挥人力资源的作用缺乏研究和认识，造成人员大量地、频繁地流动，使企业在管理、研发、创新等方面缺乏

---

① 郭达、许艳丽：《〈2020 创业行动计划——重燃欧洲创业精神〉述评》，《科技进步与对策》2015 年第 5 期。

② 陈莉、李东福：《创业期科技型中小企业人力资源管理困境分析》，《人口学刊》2009 年第 6 期。

持续的人力资源来源。创业期科技型中小微企业的人力资源管理问题已经越来越成为制约其发展的“瓶颈”，因此创业企业应该采取转变人力资源管理观念；有意识地培养企业文化和团队精神；灵活运用物质激励与精神激励措施；形成切实可行的培训体系等对策。

从以上文献分析可以看出，人力资源管理对于创业至关重要，创业企业应该重视人力资源管理，科学运用人力资源管理实践，激发员工的创造力，促进创业成功，进而促进中小微企业的健康发展。

二　“数字鸿沟”人力资源问题研究

Matlay 和 Weathead（2005）① 的研究发现，“中小微企业是现代市场经济的中坚力量”的观点已被人们广泛接受，对国民经济的发展起着非常特殊的作用。在众多国家里，中小微企业是商业组织的主要形式，占总商业人数的90%，同时他们也在驱动经济可持续性发展和创造工作岗位中发挥着关键作用。② Bates（1995）③ 研究发现，与大企业和国有企业相比，中小微企业的社会贡献占据了大多数。但是，数字时代背景下，中小微企业不充分利用好信息和通信技术就难以获得更好的发展。Kozak（2007）④ 认为，当中小微企业在管理中运用信息技术后，企业成长速度会增快2—3 倍。他还认为，信息和通信技术不单单是一个政策的口号，而是作为一个对不管企业规模大小都能极大提升企业的管理能力的工具，在其中使用社会网络、云技术服务和数据分析时，中小微企业能够扩大他们接触新客户和新市场的渠道。

然而，目前大企业和中小微企业间却面临着日益扩大的“数字鸿沟”。“数字鸿沟”是一个多维的现象，是信息社会概念的结果，横跨多个学科，如社会学、哲学、政治学和经济学以及管理和信息系统。⑤ 一些

---

① Matlay, H., Westhead, P., “Virtual teams and the rise of e – entrepreneurship in Europe”, *International Small Business Journal*, Vol. 23, No. 3, 2005.

② Reynolds, W., Savage, W. and Williams, A. J. et al., *Your own business: A practical guide to success*, Cengage Learning Australia, 2000, pp. 143 – 161.

③ Bates, T., “Analysis of survival rates among franchise and independent small business startups”, *Journal of Small Business Management*, Vol. 33, No. 2, 1995.

④ Kozak, R. A., *Small and medium forest enterprises: Instruments of change in the developing world*, Washington D. C., USA: Rights and Resources Initiative, 2007, pp. 131 – 156.

⑤ Martin, B., “Information society revisited: from vision to reality”, *Journal of Information Science*, Vol. 31, No. 1, 2005.

学者甚至认为，正是因为它的多维度，不同国家之间的“数字鸿沟”才不一样，发展中国家和发达国家的“数字鸿沟”组成也存在着差异。[①] 从最广泛的意义出发，数字鸿沟可以理解为存在于个人、家庭、企业和地域之间获取通信和信息技术及运用互联网技术之间的鸿沟。

Arbore 和 Ordanini（2006）[②] 发现，在大企业和中小微企业之间的“数字鸿沟”是一个非常显而易见的现象，但是，对于这个值得关注的现象的研究却很匮乏。现有研究已经发现了阻碍中小微企业获取通信与信息技术的因素[③]，主要可以分为以下四种：由于缺乏兴趣、缺乏电脑的好奇心和新技术的追求所导致的基本技术经历缺失，缺乏电脑和网络连接，由于用户友善度缺乏和教育或知识缺乏所导致的相关技能缺失，缺乏有意义的使用机会，这也就是 Castells（2002）[④] 所称的“知识鸿沟”或者 Hargittai（2002）[⑤] 所声称的“第二个层面的数字鸿沟”。

从 21 世纪伊始，信息和通信技术已经迅速被各种组织运用，Fink 和 Disterer（2006）[⑥] 发现，为了评价其公司的效能，政府和各种大型企业都对信息和通信技术进行了大量的投资。就影响信息和通信技术的主要因素而言，Chong 等（2001）[⑦] 对澳大利亚的研究表明，运用信息和通信技术所面对的困难主要是兼容问题以及信息技术其本身的复杂性。胡鞍钢等（2002）[⑧] 从实证角度分析了影响中国地区因特网发展差异的因素，其

---

① Chen, W. and Wellman, B., *Charting Digital Divides: Comparing Socioeconomic, Gender, Life Stage, and Rural – urban Internet access and Use in Five Countries, Cambridge*, MA: MIT Press, 2005, pp. 467 – 97.

② Arbore, A. and Ordanini, A., “Broadband Divide among SMEs The Role of Size, Location and Outsourcing Strategies”, *International Small Business Journal*, Vol. 24, No. 1, 2006.

③ Van, Dijk J., *The Deepening Divide: Inequality in the Information*, Sage Publications Inc., 2005, pp. 34 – 45.

④ Castells, M., *The Internet Galaxy: Reflections on the Internet, Business, and Society*, Oxford University Press, 2002, pp. 182 – 209.

⑤ Hargittai, E., “Second – Level Digital Divide: Differences in People's Online Skills”, *First Monday*, Vol. 7, No. 4, 2002.

⑥ Fink, D. and Disterer, G., “International case studies: To what extent is ICT infused into the operations of SMEs?”, *Journal of Enterprise Information Management*, Vol. 19, No. 6, 2006.

⑦ Chong, S., Pervan, G. and Bauer, C., “Implementation success of internet – based electronic commerce for small – and medium – sized enterprises in Australia”, paper delivered to 14th International Bled Electronic Commerce Conference, 2001.

⑧ 胡鞍钢、周绍杰：《新的全球贫富差距——日益扩大的数字鸿沟》，《中国社会科学》2002 年第 3 期。

选取经济发展水平变量、知识发展水平变量以及区位虚拟变量对中国31个地区进行横断面回归分析。研究发现，我国因特网普及具有明显的区位特征，经济发展水平是影响中国各个地区因特网发展水平的首要原因，知识发展水平是影响因特网普及水平的另一重要因素。Kubicek（2004）① 通过研究德国各州网民上网的过程，归纳出网民上网的“学习曲线”，该曲线分为初级阶段、提高阶段、专业阶段和整合阶段，其根据这四个阶段从个人角度分析了各州之间存在的“数字鸿沟”，并指出该问题的形成仅仅是由于人与人之间在互联网使用上的差距。燕金武（2004）② 认为，不同国家、地区间经济水平的差异是造成“数字鸿沟”的重要原因，而信息基础设施和收入水平是造成城乡间“数字鸿沟”的基本原因。Lim（2006）③ 针对马来西亚的中小微企业的“数字鸿沟”研究显示，其中的主要困难是相关信息和通信技术管理专业知识以及人员素质缺乏。Nurmela 和 Vihera（2004）④ 研究了信息通信技术在芬兰的普及情况，并在文章中指出，芬兰国内“数字鸿沟”的形成仅仅来自各地区居民对 IT 技术需求的差距。Alam 和 Ahsan（2007）⑤ 的研究也证实了马来西亚“数字鸿沟”主要来源于管理信息和通信技术知识与技能水平的落后。张新红（2008）⑥ 将“数字鸿沟”形成的主要原因归纳为六点：经济发展或收入水平、教育水平和知识能力、政策环境、个人习惯、年龄、体能等生理因素。徐盈之和赵明（2009）⑦ 通过实证研究发现，经济发展水平、教育投入、人力资本和工业化水平能够显著地提高信息化发展水平。Albrechtsen（2009）⑧ 认为，自我效能的产品差异、个人技能和感知、文化因素

---

① Kubicek, H., “Fighting a Moving Target: Hard Lessons from Germany's Digital Divide Programs”, *IT & Society*, Vol. 4, No. 6, 2004.

② 燕金武：《我国“数字鸿沟”问题研究》，《图书馆建设》2004 年第 4 期。

③ Lim, T. M., “Outsorucing to Ensure Successful ICT Systems Implementation and Maintenance”, available at http: //z/lwww. infotechmonashedu, 2006.

④ Nurmela, J. and Vihera, M. L., “Patterns of IT Diffusion in Finland: 1996 - 2002”, *IT & Society*, No. 6, 2004, pp. 20 - 35.

⑤ Alam, S. S. and Ahsan, N., “ICT Adoption in Malaysian SMEs from services sector: Preliminary findings”, *Journal of Internet Banking and Cermerce*, Vol. 12, No. 3, 2007.

⑥ 张新红：《什么是数字鸿沟?》，《电子政务》2008 年第 11 期。

⑦ 徐盈之、赵明：《中国区域数字鸿沟的经验分析——基于非平稳面板数据模型》，《情报杂志》2009 年第 28 期。

⑧ Albrechtsen, H. and Hovden, J., “The information security digital divide between information security managers and users”, *Computer & Security*, Vol. 28, No. 6, 2009.

和内部人际关系会扩大信息系统间的差距。

此外，Warschauer（2003）[①] 认为，“数字鸿沟”不仅仅是获得电脑和连接，同时也是人们能够充分使用这个系统的能力。因此，“数字鸿沟”在那些仅仅拥有信息和通信技术的公司与有效使用者之间的效用是不同的。尽管在信息和通信技术领域已经存在着众多的研究，如如何提升技术运用等[②]，但是在中小微企业这一特殊情境下，我们还需要进一步了解影响运用信息和通信技术的主要因素。[③]

Chang 等（2011）[④] 认为，帮助中小微企业理解“数字鸿沟”非常重要，他们应该懂得从哪里开始改进，然而现实是目前还没有一个完整的系统和机制能够对信息和通信技术的使用程度进行评价。该研究基于中国台湾制造业的中小微企业开发了“数字鸿沟”的评价机制，运用扎根理论的方法开发出了关键的概念因素（见表 2－1），以便更好地理解存在于中小微企业的“数字鸿沟”并提高信息和通信技术投资与信息投资技术利用效率。Chang 引用了 SEMA（2006）的调查发现，中小微企业对信息和通信技术的投资与预算分配是不足的，近半的企业对信息技术的花费少于 50 万新台币。同时认为，中小微企业在整合信息和通信投资技术时主要面对着以下五种共同的困难：资金缺乏、雇员间缺乏合作以及抗拒变革、企业内部信息人员缺乏、计划缺乏或者沟通达不到预期效果、多部门意见整合低效等。Morawczynski（2009）[⑤] 指出，对于供应商或顾客的依赖都会影响中小微企业运用通信和信息技术的水平。Barua 等（1995）[⑥] 认为，缺乏技术环境或电子商务基础设施等因素是影响中小微

① Warschauer, M., *Technology and Social Inclusion: Rethinking the Digital Divide*, The MIT Press, 2003, pp. 31－49.

② Green, N., “Personas of E－commerce adoption in small businesses in New Zealand”, *Journal of Electronic Commerce in Organizations*, Vol. 4, No. 3, 2011.

③ Sakai, K., “Enhancing Manufacturing Performance with ERP Systems”, *Information Systems Management*, Vol. 17, No. 3, 2012.

④ Chang, S. I., Wu, H. C. and Cho, C. M., “The development of digital divide assessment mechanism for SMEs: A perspective from the Taiwan manufacturing industry”, *Journal of Global Information Technology Management*, Vol. 14, No. 1, 2011.

⑤ Morawczynski, O., “Exploring the usage and impact of ‘transformational’ mobile financial services: the case of M－PESA in Kenya”, *Journal of Eastern African Studies*, Vol. 3, No. 3, 2009.

⑥ Barua, A. and Kriebel, C. H., “Mukhopadhyay T. Information technologies and business value: An analytic and empirical investigation”, *Information Systems Research*, Vol. 6, No. 1, 1995.

企业运用信息技术的内部因素。Mingaine (2013)① 的研究表明，来自其他交易伙伴的外部压力对于中小微企业运用通信和信息技术有显著的影响作用。Vilaseca (2003)② 认为，缺乏信息和通信技术意识及成本意识是中小微企业在运用信息和通信技术过程中的主要因素。Fulantelli 和 Allegra (2003)③ 也认为，与信息技术相关的培训、维护成本、信息系统和软件等成本是运用信息和通信技术的主要影响因素。Paul 和 Pascale (2013)④ 对文莱中小微企业的研究表明，影响其中小微企业采纳与运用通信和信息技术的主要影响因素包括相对优势的感知、企业 CEO 的感知、企业 CEO 的性格特征、复杂程度、兼容性和企业规模。Matlay 和 Weathead (2005)⑤ 发现，南非的中小微企业在外包中受限于公司财务的支持，因此采纳和使用信息与通信技术对于他们而言就变得极其昂贵、难以负担。Paul 和 Pascale (2013)⑥ 对南非中小微企业的研究表明，南非中小微企业的技术能力不足及有限的财务资源都限制其采纳与使用通信和信息技术。Sakai (2012)⑦ 对中国台湾中小微企业的研究表明，技术背景和计算机技能是“数字鸿沟”产生的两个重要的因素。Thong 和 Yap (2011)⑧ 对中国台湾中小微企业的进一步研究表明，企业采纳与运用通信和信息技术受到创新因素的影响。

---

① Mingaine, L., “Challenges encountered by Principals during implementation of ICT in public secondary schools, Kenya”, *Journal of Sociological Research*, Vol. 4, No. 2, 2013.

② Vilaseca, J., Torrent, J. and Las, T. I. C. Y., “las Transformaciones de la Empresa Catalana”, *Universidad Oberta de Catalunya*, No. 2, 2003, pp. 33 – 42.

③ Fulantelli, G. and Allegra, M., “Small company attitude towards ICT based solutions: some key – elements to improve it”, *Journal of Educational Technology & Society*, Vol. 6, No. 1, 2003.

④ Paul, D. and Pascale, D., *Information Technology and Economic Development: An Introduction to the Research Issues*, CA: Sage, 2013.

⑤ Matlay, H., Westhead, P., “Virtual teams and the rise of e – entrepreneurship in Europe”, *International Small Business Journal*, Vol. 23, No. 3, 2005.

⑥ Paul, D. and Pascale, D., *Information Technology and Economic Development: An Introduction to the Research Issues*, CA: Sage, 2013.

⑦ Sakai, K., “Enhancing Manufacturing Performance with ERP Systems”, *Information Systems Management*, Vol. 17, No. 3, 2012.

⑧ Thong, J. and Yap, C., “CEO characteristics, organizational characteristics and information technology adoption in small business”, *International Journal of Management Science*, Vol. 23, No. 4, 2011.

表 2－1　　影响中小微企业运用信息和通信技术的主要影响因素

方面	项目
组织因素	上级领导的支持、对信息系统的经验、用户参与度、财务资源、公司范围、信息强度、内部技术专家支持、相对利润
环境方面	顾问支持和效能、供应商支持、竞争压力、来自合作者的压力、顾客支持
技术创新因素方面	IT 技术的兼容性、复杂程度、优势、成本及管理应用系统的数目
公司管理方面	经理的创新精神、经理的 IT 技术知识

资料来源：Chang，he－I；Wu，Hsu－Che；Cho，Chih－Ming，2011。

为了能够缩小中小微企业和大企业间的“数字鸿沟”，促进中小微企业对信息和通信技术的运用，帮助中小微企业更好地解决自身的人力资源问题，实现健康发展，政府应当充分提供相关的政策支持。杨琳和李明志（2002）[①] 通过比较我国各地区间信息化差距发现，我国中西部内陆地区与东部沿海地区之间产生巨大“数字鸿沟”的主要原因就是各地区社会经济发展不平衡。其中，政府应从以下两个方面促进信息技术的使用：

第一，国家立法促进信息化建设。由于信息软硬件资源建设投资成本高、周期长、技术要求高，往往不能由市场自发地解决，而需要政府的参与。因此，政府相关政策对于信息资源建设起着关键作用。如果政府采取的相关政策有利于信息资源建设，就会使信息资源得以丰富；反之，则会使信息资源变得匮乏。美国政府早在 1998 年发布的报告 *Falling Through the Net* Ⅱ：*New Data on the Digital Divide*[②] 中就提出，政府应采取政策措施加快信息资源建设，使所有美国人都能连入“信息高速公路”；韩国于 1999 年推出“计算机韩国”国家计划，计划在 2005 年完成超高速通信网的建设；英国政府在 2000 年颁布了《电子通信法》；丹麦政府也于 2000 年实施了《电子签名法》；其他一些欧洲国家也相继制定了有关社会信息化发展的法律法规。[③] 这些政策措施和法律法规对于建立良好的“信息化环境”有着重要的作用。但是，如果政府对信息技术使用技

① 杨琳、李明志：《中国地区间数字鸿沟的现状与对策》，《软科学》2002 年第 4 期。

② National Telecommunications and Information Administration，Falling Through the Net Ⅱ：New Data on the Digital Divide，U S A：NTIA，November 11，1998.

③ http：//www. internetworld stats. com，2010 年 7 月 5 日。

能的普及和提高不够重视，缺乏建设良好“信息化环境”的政策支持，就会引发“信息技术使用技能的差距”，间接导致“数字鸿沟”的形成。

第二，政府提供政策支持。政府相关政策对于信息技术使用技能的普及和提高起着重要的作用。政府是否鼓励人们掌握现代信息技术使用技能、是否普及信息化教育都会引起区域间“信息技术使用技能的差距”。例如，美国政府在2000年颁布的《从“数字鸿沟”走向数字化机遇》中就提出了提高信息教育水平、创建社区信息技术培训中心等倡议和措施。韩国政府十分重视信息化教育的普及，于2000年起实施“韩国1000万人信息技术教育计划”，培训了包括教师、学生、农民、家庭主妇、残疾人等在内的1380万人（占韩国总人口的近1/3）。①

三　企业社会责任与人力资源问题研究

改革开放以来，我国经济快速发展，但经济发展与社会发展不平衡的矛盾日益凸显，企业利益与社会利益之间的矛盾日渐突出，企业社会责任问题成为社会关注的焦点。近年来，国内对于企业社会责任的观念也开始发生了重要转变，开始从单一的企业社会责任向全面企业社会责任发展，从沿海城市向内陆地区发展，从以国有企业及大企业为主向中小微企业发展。

相关研究发现，企业社会责任能够提高企业声誉，良好的声誉能够提高利益相关者之间的信任，降低成本和提高效率，更重要的是对员工态度和行为也能产生重要影响。根据利益相关者理论，企业履行社会责任能够为利益相关方带来好处，通过企业社会责任实践，有助于改善企业与利益相关方的关系。而员工作为企业核心利益相关方，企业社会责任必然能对其产生影响。Glavas 和 Kelley（2014）② 通过对 18 家企业的 827 名员工的研究发现，员工感知的企业社会责任对员工满意度有积极影响，工作意义在两者之间起中介作用。Roeck 等（2014）③ 通过对 181 名医院员工的研究发现，员工感知的企业社会责任对员工满意度有积极影

① 任贵生：《韩国缩小数字鸿沟的举措及启示》，《管理世界》2006 年第 7 期。

② Glavas, A. and Kelley, K., "The Effects of Perceived Corporate Social Responsibility on Employee Attitudes", *Business Ethics Quarterly*, Vol. 24, No. 2, 2014.

③ De Roeck, K., Marique, G. and Stinglhamber, F. et al., "Understanding Employees' Responses to Corporate Social Responsibility: Mediating Roles of Overall Justice and Organizational Identification", *International Journal of Human Resource Management*, Vol. 25, No. 1, 2014.

响，综合公平和组织认同在两者之间起中介作用，这些研究都证实了员工感知的企业社会责任能够增强员工的满意度。另外，Glavas 和 Kelly（2014）的研究还发现，员工感知的企业社会责任对员工组织承诺有积极影响，组织支持感和工作意义在两者之间起中介作用。Dogl 等（2014）[①]通过对中国、德国、印度以及美国的215 家企业的研究发现，企业的环境责任能够促进员工组织承诺，企业声誉在两者之间起中介作用。Farooq 等（2014）[②] 通过对南亚 378 名当地和跨国企业的员工的研究发现，员工感知的企业社会责任对组织情感承诺有积极影响，组织信任和组织认同在两者之间起中介作用。Brammer 等（2007）[③] 的研究表明，企业社会责任行为对员工的组织承诺有正相关关系，并且企业对外部利益相关者的责任行为与员工的组织承诺也存在正相关关系，上述研究也表明员工感知的企业社会责任对员工的组织承诺有着正向影响。Tett 和 Meyer（1993）[④] 利用元分析的方法，对工作满意度、组织承诺与离职倾向和离职行为进行了研究后发现，工作满意度和组织承诺与员工离职行为显著负相关，其中员工满意度对员工离职意向具有更强的影响。Jiang 等（2009）[⑤] 通过对中国珠三角地区的农民工的调研，结果表明，企业对员工的社会责任行为有助于改善企业的人力资源管理状况，降低农民工的离职倾向。由此可以发现，企业承担社会责任能够影响员工表现出积极的行为和态度，在一定程度上能够降低员工的离职倾向，缓解企业的劳动力短缺问题。

---

① Dogl, C. and Holtbrugge, D., "Corporate Environmental Responsibility, Employer Reputation and Employee Commitment: An Empirical Study in Developed and Emerging Economies", *International Journal of Human Resource Management*, Vol. 25, No. 12, 2014.

② Farooq, O., Payaud, M. and Merunka, D. et al., "The Impact of Corporate Social Responsibility on Organizational Commitment: Exploring Multiple Mediation Mechanisms", *Journal of Business Ethics*, Vol. 4, No. 125, 2014.

③ Brammer, S., Millington, A. I. and Rayton, B., "The Contribution of Corporate Social Responsibility to Organisational Commitment", *International Journal of Human Resource Management*, Vol. 18, No. 10, 2007.

④ Tett, R. P. and J. P. Meyer, "Job – satisfaction, Organizational Commitment, Turnover Intention, and Turnover – Path Analyses Based on Metaanalytic Findings", *Personnel Psychology*, Vol. 46, No. 2, 1993.

⑤ Jiang, B., Baker, R. C. and Frazier, G. V., "An Analysis of Job Dissatisfaction and Turnover to Reduce Global Supply Chain Risk: Evidence from China", *Journal of Operations Management*, Vol. 27, No. 2, 2009.

表 2－2　　大公司与中小微公司企业社会责任的区别

小企业	大企业
管理等于所有权	管理不等于所有权
权力集中	权力分散
控制机制不足	受市场控制
非正式控制机制	正式控制机制
与合作伙伴近距离接触	从代理处遭受强大的压力
本地非常关键	代理人之间多样化的关系
快速反应	刚性、缓慢的反应
企业家价值观之间影响企业文化	复杂的商业文化

资料来源：Sánchez 等，2015 年。

中小微企业实施企业社会责任有其一定的优势和劣势，并且相较大企业而言，中小微企业实施企业社会责任对它的绩效和利益相关者都有较大的区别。表 2－2 和表 2－3 列出了大公司与中小微公司在企业社会责任方面存在的差别以及中小微企业实施企业社会责任存在的优劣势。[①]

表 2－3　　中小微企业发展企业社会责任的优势劣势

优势	劣势
极为灵活的响应速度	财政资源、人力资源的有效性减少
对代理商的需求具有更好的了解	集中于短期的行为和任务，没有时间用于长期目标
更多私下接触	低议价能力
不那么正式的控制代理	比大企业的影响和可见性更低
受企业家对 CSR 价值观的直接影响	

资料来源：Sánchez 等，2015 年。

从表 2－3 中可以看出大公司与小公司在企业社会责任方面存在差别，但林艳琴和王晓东（2015）[②] 认为，就中小微企业来讲，其社会责任

① Sánchez, P. E. and Benito－Hernández, S., "CSR Policies: Effects on Labour Productivity in Spanish Micro and Small Manufacturing Companies", *Journal of Business Ethics*, Vol. 128, No. 4, 2015.

② 林艳琴、王晓东：《我国中小企业社会责任法律规制的路径选择刍议》，《湖南大学学报》（社会科学版）2015 年第 3 期。

的承担与一般企业没有本质的不同，只是鉴于中小微企业自身的特殊性，中小微企业社会责任的问题较为复杂。就中小微企业群体而言，在创造就业机会、丰富市场产品、保护环境等方面承载着广泛的社会责任期待；就中小微企业个体而言，由于其社会影响面小，企业社会责任行动不仅获得社会的关注度较小，而且产生的社会影响及实现的经济回报也较小。林艳琴和王晓东认为，中小微企业的社会责任可以分为两类：一是中小微企业对社会所造成负外部性影响的责任。中小微企业在生产某种产品或提供某项服务时，可能产生某些副产品，污染社会环境，降低人们的生活质量，对社会造成影响。对于这类社会责任，中小微企业理所应当承担。二是中小微企业对社会问题的责任。中小微企业与社会发展息息相关，努力解决社会问题也应该是中小微企业承担的社会责任。他们发现，中小微企业的社会责任具有如下特点：从内容上看，中小微企业社会责任行动具有明显的核心利益相关者导向；从范围上看，中小微企业面临着履行社会责任的资源约束；从评价指标上看，中小微企业群体的内在差异性较大，彼此之间的产业领域、规模大小、治理方式等都存在差异；从履行社会责任的机制上看，大多数中小微企业并没有建立规范的现代企业治理结构。

在经济转型过程中，融资成本高、税负重困扰着中小微企业的发展。中小微企业为应对经营成本上升的困境，社会责任缺失的问题日益突出，尤其是中小微企业对员工的社会责任问题。中小微企业承担企业社会责任的能力较弱，企业通过承担社会责任赢得的声誉和组织认同以及经济绩效回报远低于大型企业，也构成了中小微企业承担社会责任动力不足的重要原因。中小微企业想要谋求生存和发展契机，实现转型升级，就必须提升承担企业社会责任的能力，进而帮助其突破面临的人力资源困境，以实现自身的可持续发展。

虽然研究的热度以及关注度不断上升，但是中小微企业社会责任依旧存在很多问题，中小微企业并非大型企业的缩小版，很多企业的 CEO 将员工看成是对社会负责任行为施加压力以及提供诱因的重要利益相关者，员工对于公司的运行、效率以及生存有着直接的贡献。因此，对于企业社会责任战略的日常应用最终是对员工的责任，而员工对于企业社会实践的感知能对其与企业之间的关系、情感触发、态度以及行为回应产生影响。然而，目前我国中小微企业的社会责任意识非常淡薄。刘颖(2007)① 指出，中小微企业由于在思想意识方面、劳动合同、工时工资、劳动安全等方面存在问题，对于企业社会责任并没有清晰的概念以及认识。邓泽宏和杜姮（2014)② 研究发现，目前中小企业在社会责任的承担上存在认知程度低、部分员工权益受到损害、环保意识淡薄、社区履行不到位、管理体系不健全等问题。邓泽宏和刘文波（2013)③ 指出，不同性别、不同学历层次、不同管理层次的员工对于中小企业社会责任的认知存在差异。学术界对中小微企业社会责任的概念也没有达成一致，很少有学者用实证研究的方法进行分析。陈承等（2015)④ 运用实证研究的方法，对中小（微）企业的概念、维度及测量进行界定和阐述，并且构建了一个包括核心利益相关者责任、社会公众责任和管理过程责任的三维度模型，这表明对中小（微）企业社会责任的研究更加规范。中小微企业对员工的社会责任的缺失，不仅会影响中小微企业的声誉，还不利于中小微企业引进优秀的人才。因此，中小微企业的社会责任意识淡薄，特别是对员工的企业社会责任，也是影响中小微企业“招工难”的一个重要因素。

为此，政府应当积极引导中小微企业承担社会责任。郭毅（2011)⑤ 通过对意大利中小企业社会责任的分析得出中国中小企业社会责任的推行模式，即在尊重中小企业群体内在差异性的基础上，充分发挥中小企业的集群优势，以及发挥政府的主导作用，引导中小企业社会责任的履行。李健和徐世刚（2013)⑥ 认为，政府应区分不同企业的情况，规范和引导中小企业，把企业实现自身发展战略与履行社会责任有机结合起来，通过提高企业家素质、分摊和消化企业承担社会责任的成本、发挥典型示范作用等措施，促进中小企业承担社会责任能力和水平的提高。

---

① 刘颖：《中小企业社会责任现状及对策研究》，《经济纵横》2007 年第 22 期。

② 邓泽宏、杜姮：《我国中部地区中小企业社会责任的现状与对策研究——基于对河南、湖北两地中小企业的调查》，《湖北社会科学》2014 年第 3 期。

③ 邓泽宏、刘文波：《基于员工视角的中小企业社会责任及差异比较研究》，《国家行政学院学报》2013 年第 4 期。

④ 陈承、张俊瑞、李鸣等：《中小企业社会责任的概念、维度及测量研究》，《管理学报》2015 年第 12 期。

⑤ 郭毅：《中国中小企业社会责任推行模式研究》，《求索》2011 年第 5 期。

⑥ 李健、徐世刚：《破解中小企业难以承担社会责任问题的对策思路》，《经济纵横》2013 年第 7 期。

第三章　中国中西部中小微企业人力资源现状分析

近几年，我国中西部经济取得了较快的发展，国务院发展研究中心发展战略和区域经济研究部研究员刘勇分析，我国经济发展近些年形成的总体格局是：中西部经济增速普遍比东部地区快，中西部地区工业化已步入中期阶段，经济列车驶入快车道，“两型”建设展现新风貌，其中中小微企业起到了至关重要的作用。① 截至 2014 年，中西部企业 99% 以上为中小微企业，对 GDP 的贡献率接近 50%，支撑着整个地区 80% 以上的就业率。② 此外，国家相继出台了《进一步支持中小企业发展的实施意见》等一系列扶持中小微企业发展的政策措施，中小微企业的发展环境进一步得到完善，开始迈入蓬勃发展的战略机遇期，中小微企业已成为调整经济结构、增加就业、促进国民经济和社会持续稳定发展的重要力量。因此，课题组立足全国专题解析中西部中小微企业人力资源现状，并在此基础上剖析我国中小微企业人力资源状况，提出有针对性的对策。

第一节　中国中西部中小微企业人力资源状况调研总体设计

课题组选取中西部地区三个有代表性的省份——湖南省、江西省和广西壮族自治区进行中小微企业人力资源状况调研，并选择东部发达地区代表性省份——广东省进行调研和比对研究。调研分成三个阶段：

---

① 徐洪才：《中国 2015：经济形势分析、展望与建议》，《光明日报》2015 年 3 月 11 日第 15 版。

② http://news.xinhuanet.com/politics/2015-08/03/c_128085141.htm，2015 年 8 月 3 日。

2013 年 7 月，课题组首先选择在湖南省开展预调研，旨在形成成熟规范的正式调研方案；2013 年 9—12 月，第二阶段是根据地区和企业类别针对湖南省所有中小微企业开展大样本的典型调研；第三阶段是在完成第二阶段调研并进行阶段性研究整理、形成阶段性研究成果后重新启动，时间是 2015 年 7—10 月。课题组针对典型调研进行数据处理和理论分析后，形成了以湖南省为样本的中小微企业的综合人力资源状况报告，该报告作为阶段性的成果提交给湖南省人民政府及湖南省经信委等职能部门，作为湖南省改善中小微企业经营环境、政策设计的重要参考依据。该报告完成后，课题组组织中小微企业业主代表、经营管理者代表、省政府中小微企业管理部门负责人、省人社厅有关职能部门负责人与人力资源管理和劳动法法律专家等对该研究报告进行了评估，尤其是对前阶段的调研方法和问卷中设计的问题进行了讨论和完善，在此基础上形成了针对广西、江西、广东的新的调研方案和调研问卷。2015 年 7—10 月，课题组进行了广西等三地的拓展调研，该阶段的调研一方面将针对湖南省的有关调研成果拓展到广西、江西等地，完成有关结论的印证和确认；另一方面旨在弥补第二阶段调研的不足，挖掘新的调研成果；同时将三地的调研结果进行整合后与广东的调研数据进行比对分析，以期找到相对东部而言中西部特有的人力资源问题特征和解决方案。整个调研过程于 2013 年 7 月启动，到 2015 年 10 月完成，期间穿插了部分访谈和研讨以及少量的补充调研，调研的整体方案和流程见图 3－1。

一　预调研阶段

该阶段的主要目的是形成规范的调研方案，设计科学的调研问卷，为第二阶段的典型调研创造条件。

课题组首先通过对有关中小微企业人力资源问题文献的广泛研究，遴选出 20 多个中小微企业面临的人力资源代表性问题，组织由中小微企业业主、政府主管部门负责人、人力资源专家等各方面代表参加的小型座谈会，运用德尔菲技术选出 5 个重点访谈的中小微企业人力资源问题：核心人才短缺及用工难问题、劳资纠纷及社会保障问题、核心人才（含业主）培训和创业扶持问题、人才引进和用人环境问题、社会舆论和政策导向问题，并在此基础上形成了专业的访谈工作方案和访谈提纲（见附录）。为了防止遗漏，我们在访谈中特意增加了一个开放式访谈问题，即在访谈完上述 5 个问题后，增加一个“请问除了上述 5 个问题外，你

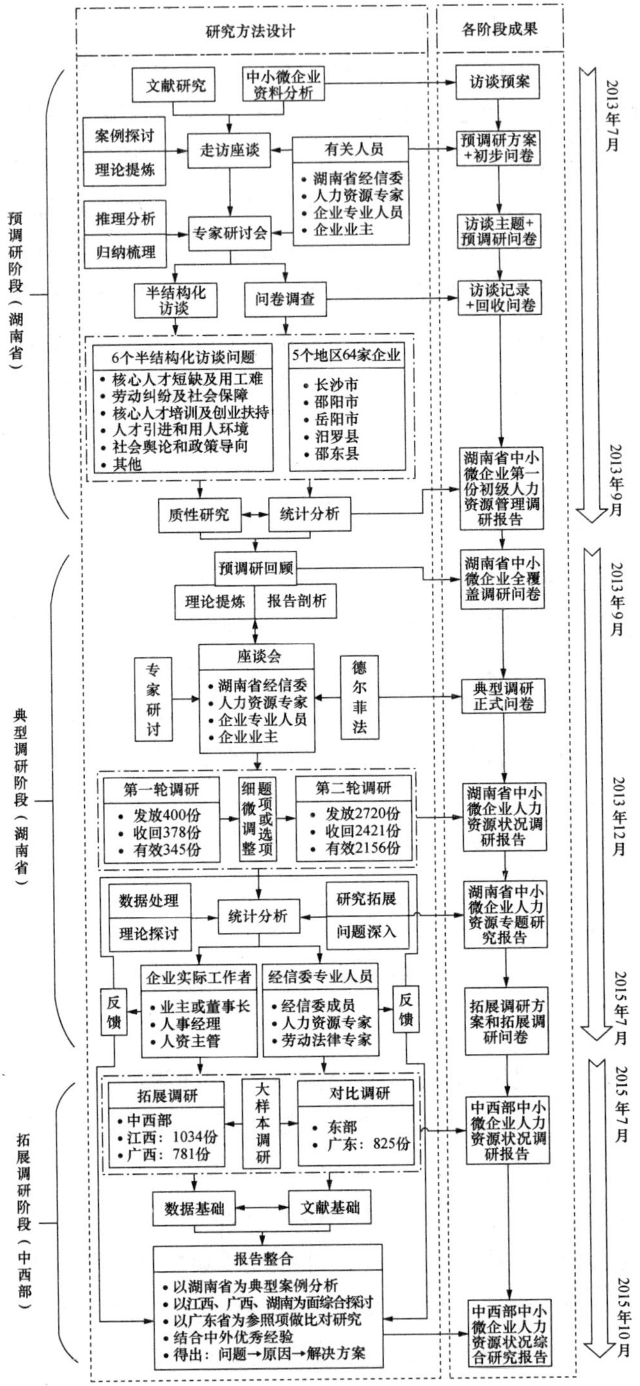

图3－1 中国中西部中小微企业人力资源状况调研总体方案及流程

是否还有认为同等重要的或更重要的其他问题”。为了保证访谈的科学性和有效性，降低操作误差，我们不仅设计了严格规范的访谈程序，包括先20分钟的介绍导入、说明访谈的目标和意义、说明访谈内容仅作为研究使用等，再对5个问题逐个进行访谈，每个问题访谈10—20分钟，访谈全过程进行录音，便于事后质性研究和分析；整个访谈过程不进行分组，由项目负责人亲自带队，全过程主持访谈，尽可能降低人为误差。

在访谈样本的选择上，课题组专家与湖南省经信委中小微企业管理者仔细研讨，根据湖南省中小微企业的地区分布、经济水平和区域特质选择了有代表性的长沙（发达地区代表）、岳阳市经开区、邵阳市经开区、汨罗县（县域经济代表）、邵东县（县域经济代表）5个地区共64家企业进行访谈，由于访谈的5个方面问题是预先研究确认的，增加了一个开放式问题，我们将该访谈视为半结构化访谈。

为了便于访谈后针对每个企业进行有效的分析，也为了尽可能实现调研的多源数据获取，提高研究的信效度，增大信息的精准程度，我们在访谈的同时也针对访谈对象设置了配套的问卷调查，获得了64份有效的配套调查问卷。

针对访谈的记录和回收的问卷，课题组利用质性研究和统计分析的方法，形成了湖南省中小微企业第一份初级的人力资源调研报告。

二　典型调研阶段

根据预调研报告，针对企业业主、人力资源供需、招工成本、市场机制、企业社会形象等方面，课题组形成了针对湖南省全覆盖的中小微企业调研问卷（见附录），该问卷形成后，由人力资源管理专家、政府中小企业管理人员、中小微企业业主和人力资源管理专业人员共同组成的专家组运用德尔菲方法对问卷进行了修正和完善，并按照约定程序交由湖南省经信委面向全省范围随机抽样选择企业填答问卷，共回收问卷3120份，剔除无效问卷后，得到有效问卷2501份。课题组通过对问卷进行系统的分析，并结合预调研的访谈结论和从政府、企业获取的相关资料，形成了针对湖南省中小微企业的人力资源专题报告初稿，该报告出炉后由经信委组织有关专业人员和实际工作者对报告进行了专题研讨，提出了诸多完善意见。根据这些意见，课题组对报告进行了修正和完善，并正式提交给湖南省政府和湖南省经信委，同时课题组根据该报告形成了拓展调研方案和相应的拓展调研问卷。

三 拓展调研阶段

为了将预调研和典型调研获得相关结论拓展至中西部地区，课题组在之前的研究结论中梳理了中小微企业人力资源基本特征和遭遇的困境，提取出典型问题和价值点，并对之前未涉及或较少涉及的问题进行了补充和拆分，重新设计了调查问卷（见附录）。根据中西部地区的经济特质，课题组选定了江西省和广西壮族自治区作为拓展调研省份，同时选定广东省作为参照调研对象，通过相关的地区中小微企业服务机构各随机抽取不同行业地区的100家企业做拓展调研。该阶段主要目的有两个方面：一是在中西部地区验证和延伸湖南省的相关研究结论和假设，并找出相关问题背后的原因，以全面分析我国中西部地区中小微企业人力资源状况；二是利用广东省的调研数据为对照项，对比分析中西部中小微企业人力资源问题出现的本质，细分出地域因素和非地域因素对企业发展的影响，以帮助政府制定相应的决策。本阶段通过湖南省经信委等有关机构协调、邀请得到了江西省、广西壮族自治区和广东省经信委或其他有关部门的大力支持和配合，拓展调研共收回有效问卷2640份，其中江西省1034份，广西壮族自治区781份，广东省825份。

第二节 中国中西部中小微企业人力资源状况调研报告

一 预调研

预调研阶段我们主要采用访谈和问卷调查相结合的方法获取信息，旨在确定我国中小微企业人力资源主要问题类别、问题产生原因以及各自所包含的更深层面的概念类别，为规范的中小微企业人力资源研究奠定基础。在访谈中增加配套的问卷调查，是为了拓宽数据来源，提升调研的信效度水平。

（一）样本选择

为了保证访谈样本的代表性，课题组在选取样本企业时，考虑了地理位置、企业规模以及行业的多样性后，最终选取湖南省的长沙市区（中西部发达地区代表）、宁乡县（中西部发达地区县域经济代表）、岳阳市区（中西部较发达地区代表）、汨罗市（中西部较发达地区县域经济代表）、邵阳市（中西部欠发达地区代表）5个地区为主要访谈样本地点，我们分别到这五个地方举行座谈会，邀请该地区有代表性的企业进行访谈，涉及汽车零部件制造、机械制造、制药业、食品生产等行业的59家企业。为了拓展样本的适用性，我们又分别从湘潭市、怀化市、衡阳市、娄底市选择5家企业代表作为另外一个小组进行访谈。列入本次调研访谈的企业见表3-1。访谈对象为上述企业的业主（董事长）、总经理或高管（由业主授权代表业主出席）以及当地政府中小企业管理人员（当地政府中小企业局主要负责人或经信局分管中小企业的领导），共82人，其中业主（董事长）42人、总经理或高管31人、中小企业管理人员9人，可以看出样本具有广泛的代表性。为保证信息的精准性，同时为了便于针对每个企业特征做更细致的研究和分析，我们在访谈结束后还针对每个企业发放了调查问卷，共收回有效问卷64份。

表3-1　　预调研访谈样本（64家企业）

企业名称	行业类型	所在地
湘潭高工科技有限公司	汽车零部件制造	湘潭市
湖南经济网	信息服务	长沙市区
湖南创能电力工程有限公司	建筑工程	长沙市区
湖南恒光化工有限公司	化工业	衡阳市
衡阳市金则利特种合金有限公司	金属材料制造	衡阳市
湖南正清制药集团股份有限公司	制药业	怀化市
湖南瑞奇电器有限公司	电器制造	娄底市
湖南华良电器实业有限公司	电器制造	宁乡县
宁乡县加加酱油长沙有限公司	食品生产	宁乡县
湖南宁乡三星机床工具有限公司	机械制造	宁乡县
湖南中好科技有限公司	材料制造	宁乡县
湖南省忘不了服饰有限公司	服装生产	宁乡县
湖南先导电子陶瓷科技产业园发展有限公司	陶瓷业	宁乡县
湖南银太集团有限公司	纺织业	宁乡县

续表

企业名称	行业类型	所在地
长沙天宁热电有限公司	电器制造	宁乡县
湖南精量重工科技有限公司	量具制造	宁乡县
楚天科技股份有限公司	医疗机械	宁乡县
飞翼股份有限公司	工程机械	宁乡县
长沙盛泓机械有限公司	工程机械	宁乡县
松井新材料有限公司	新材料	宁乡县
长沙建益新材料有限公司	新材料	宁乡县
岳阳中展科技有限公司	化工业	岳阳市区
岳阳市云溪区湘粤金鑫化工厂	化工业	岳阳市区
湖南洞庭山科技发展有限公司	茶叶生产	岳阳市区
湖南省华文食品有限公司	食品生产	岳阳市区
宏岳科技股份有限公司	饲料业	岳阳市区
湖南劲阳电子有限公司	电子	岳阳市区
湖南国泰食品有限公司	食品生产	岳阳市区
岳阳潘安服饰有限公司	服饰生产	岳阳市区
湖南湘岳食品有限公司	食品生产	岳阳市区
湖南科美达电气股份有限公司	电器制造	岳阳市区
岳阳鸿升电磁科技有限公司	电器制造	岳阳市区
岳阳金寿印务有限公司	印刷	岳阳市区
湖南鱼米之湘食品有限公司	食品生产	岳阳市区
湖南巴陵油脂有限公司	化工业	岳阳市区
岳阳智海投资咨询有限公司	咨询服务	岳阳市区
湖南海凌科技企业孵化器有限公司	房地产	岳阳市区
汨罗市金丰铜材有限公司	金属加工	汨罗市
汨罗市联创铝业科技有限公司	金属加工	汨罗市
汨罗大利铜业	金属加工	汨罗市
汨罗市联达铜铝材有限公司	金属加工	汨罗市
汨罗市金龙铜业有限公司	金属加工	汨罗市
汇源科技	金属加工	汨罗市
汨罗市长青铜业有限公司	金属加工	汨罗市
湖南汨特科技新材料股份有限公司	新材料	汨罗市
汨罗市飘峰电气有限公司	金属加工	汨罗市

续表

企业名称	行业类型	所在地
湖南省同力网络信息有限公司	信息服务	汨罗市
汨罗市钱江铜业有限公司	金属加工	汨罗市
湖南忠悦铄塑业有限公司	建材	汨罗市
湖南省银宝科技发展有限公司	安防产品	汨罗市
汨罗华先碳素有限公司	碳素	汨罗市
汨罗市鑫祥碳素制品有限公司	碳素	汨罗市
湖南汉龙水电设备股份有限公司	电器制造	长沙市区
邵阳市通达汽车零部件制造有限公司	汽车零部件	邵阳市
湖南奇力工具有限公司	工具制造	邵阳市
湖南省湘中制药有限公司	制药业	邵阳市
湖南立得皮革有限公司	皮革生产	邵阳市
湖南浩天米业集团公司	食品生产	邵阳市
邵阳市三良泵业有限公司	机械制造	邵阳市
邵阳市北塔区中南电源有限公司	电池生产	邵阳市
湖南玉新药业有限公司	制药业	邵阳市
邵阳神风动力制造有限责任公司	机械制造	邵阳市
湖南省邵阳宝兴科肥有限公司	化肥	邵阳市
邵阳市彩虹包装印务有限公司	塑料制品	邵阳市

（二）调研过程说明

预调研阶段采用半结构化访谈方法，访谈的5个方面问题经过两个程序获得，首先，通过前期的文献研究将现有研究中涉及的中国中小微企业人力资源管理的问题进行归类整理，形成12个方面的主要问题，然后组织人力资源管理专家、中小微企业业主、省市两级中小微企业管理人员组成的德尔菲研讨小组，应用德尔菲原理对上述12个问题进行研讨，确定了结构化访谈的5个中小微企业人力资源问题类型，它们是：核心人才短缺及用工难问题、劳资纠纷及社会保障问题、核心人才（含业主）培训和创业扶持问题、人才引进和用人环境问题、社会舆论和政策导向问题等，根据这些问题形成了预调研方案和调研提纲（见附录）。为了研究的科学性和严谨性，课题组将此次调研设计成半结构化访谈方式，即在上述5个结构化访谈问题的基础上增加了一项开放性访谈问题。同时，为了获取更精准的资料信息，提高信效度，按多源数据的调研思路，我们在访谈调研结束后，针对每个企业发放了调查问卷，该问卷针对访谈所关注的5大问题进行深度的调研，为后阶段设计大样本调研问卷提供依据，同时也为访谈阶段的质性研究提供佐证。问卷针对以上5个问题进行的深度调研，问题主要集中在中小微企业政策和市场环境的需求以及现有政策市场环境优劣的感知方面，其中要求参加座谈会的成员企业就“中小微企业人力资源主要问题”进行选择，并设置了开放式补充问题栏目在调查问卷中（64家企业的专项问卷）。数据显示，64家企业对这5个问题的认同比例均超过50%，其中核心人才短缺及用工难问题认同比率高达81.25%，其他四大类问题认同比率分别为劳资纠纷及社会保障问题（65.62%）、核心人才（含业主）培训和创业扶持（60.93%）、人才引进及用人环境（73.44%）、社会舆论与政策导向问题（59.38%）；而针对64家企业发放问卷的所收集的开放式补充问题集中度很低，均低于10%，全部被剔除。通过该问卷开放式问题的处理完成了半结构化访谈向结构化访谈的转化。问卷结论说明通过文献研究及德尔菲专家研讨得出的我国中小微企业5个主要问题类别基本上能够涵盖所研究的主体内容，访谈调研所涉及的问题类型可以达到结构性访谈的效果，我们只需要针对访谈收集的5个问题进行处理就能获得满足结构化访谈要求的内容，据此我们对5个问题以外的其他开放式问题得到的数据资料进行了忽略处理，即不进入下阶段编码等质性研究程序，以降低工作量。

（三）数据处理

我们采用扎根理论研究的方法处理预调研访谈获取的信息。扎根理论是带着研究问题直接从实际调研着手，通过对相关资料进行分析来提炼概念与范畴，从而上升到理论层面的一种自下而上的质性研究方法，其数据收集与分析同步进行，并不断对理论进行归纳与修正，把新的范畴纳入理论，直至达到理论饱和，形成一个能够反映现象本质和意义的理论结果。本书试图通过结构化访谈获得翔实的一手数据，着重对我国中小微企业存在的人力资源问题进行逐层提炼，探索中小微企业人力资源主要问题、问题的产生原因及它们的主要类别和所包含的概念类别。扎根理论的研究是一个动态的研究过程，有着非常规范的研究步骤和方法。我们遵循扎根理论研究产生研究问题、数据收集、数据处理和理论构建的经典研究步骤，按照我们的实际需要通过“访谈—初始编码提供概念与类—关联编码发现并建立概念与类属间关联—核心编码确定核心概念与类属”等程序，完成整个数据处理过程。

1. *初始编码*

初始编码是逐行对数据进行编码并将其逐层概念化和抽象化的过程。课题组运用扎根理论编码的原理，在访谈前得到的5个问题的基础上，对访谈的数据进行了概念化。编码人员先将文本中体现中小微企业人力资源问题的语句用下横线标出，然后再进行编码，由于文本量较大，编码人员尽量用与问题特征相关的词语来进行编码，而非直接从文本中进行提取。在初始编码中，研究人员对获取的数据进行不断的概念化和抽象化，产生一个较广泛的类属，得到初步的类别。

2. *关联编码和核心编码*

在初始编码的基础上，关联编码是为了建立各类属之间的各种关系，确定主要的类属，围绕该主要类属对数据进行整理。课题组对初始编码的各种类属之间的关系进行了仔细的比较和分析，将部分进行了归类和调整，形成了比较清晰的类属，并将需要做较大调整的类属甄别出来，进行专门研究和处理，进入核心编码阶段。核心编码是编码过程中最为精练的环节，需要对关联编码中出现的概念进行重新编码，剔除与主题不相关的类属。通过关联编码和核心编码，我们得到中国中小微企业人力资源问题的类属和结构如表3-2所示，简要解析说明如下：

（1）针对结构化访谈5个问题中的核心人才短缺及用工难问题，课题组发现随着劳动力要素成本上升，目前湖南省中小微企业普遍存在招工难、用工难、留工难的“三难”现象，特别是高端人才难求，普工离职率高。究其原因，湖南省中小微企业加工制造业居多，这类行业对工种技术要求高，劳动强度大，收入却不高，从而容易导致中小微企业员工流动性大，形成“用工荒，招工难”局面。根据分析，我们在核心人才短缺及用工难问题中得出了用工难、新生代员工问题、招工难、员工结构失衡、留人难、普工用工难6项主要类别。

（2）在劳资纠纷及社会保障问题中，中小微企业不仅规模小，而且大多处于产业链的价值低端。随着竞争日趋激烈，这些企业往往通过降低成本来扩展生存空间，甚至部分企业主通过拖欠员工工资、超时加班加点、逃避为劳动者缴纳社会保险费等方式来压低成本，这些做法必然加剧劳资双方的利益冲突。近些年来，我国为构建新型劳动关系和完善社保体系付出了巨大的努力，加大了完善中小微企业社保政策的力度，但仍存在小微企业员工参保率低、各险种发展参差不齐、社保费率较高等问题，制约了中小微企业的成长。我们针对这一问题总结了两项概念类别：劳资纠纷和社会保障。

（3）在核心人才（含业主）培训和创业扶持问题方面，课题组发现：核心人才在企业的发展中不仅发挥着战略性和关键性作用，更成为决定企业竞争能力和可持续发展的关键因素。核心人才培训是落实“人才强企”战略的重要环节，提升企业核心竞争力的重要手段，以及促进人才成长的重要途径。中小微企业解决了我国75%以上的城镇就业和80%以上的国有企业下岗人员的再就业，其创业扶持体系的提出是对我国现实国情的深度剖析，构建中小微企业创业扶持体系已成为现阶段我国中小微企业发展的重要任务。我们根据访谈数据得到了如下的类别：核心人才（含业主）培训、创业扶持。

（4）在人才引进及用人环境问题中，课题组发现：综观湖南省中小微企业近年来的发展，其在人才引进及用人环境上存在若干问题，值得我们深入探讨。湖南省中小微企业大多位于二线、三线城市，地处偏远、交通不便、配套设施简陋、生活环境差，导致对人才的吸引力不足，特别是对外地员工的引进存在极大困难。此外，目前湖南省多地的人才信息平台建设不完善，企业无法在人才市场找到适合企业的员工信息，而中小微企业市场知名度差，发布的招聘信息更不被接受。且当众多中小微企业引进人才之后，受当地经济环境和企业发展前景等影响，人才流失严重。我们根据访谈结果分析得到以下类别：人才引进困难、用人环境差和人才流失严重。

（5）课题组在社会舆论与政策导向问题中发现，由于我国中小微企业发展的历史性原因，中小微企业在社会上的总体形象较差、社会地位低，不被社会所认可；在电视、电影等一些媒体中存在丑化、贬低中小微企业形象的行为，导致许多社会人才包括高校毕业生、海外留学生、中高端技术人才等不愿意进入中小微企业，中小微企业发展面临了许多问题。同时，由于在政策、法律、市场权益、社会观念等方面受到诸多歧视，当前中小微企业依旧很难争得一个平等发展的机会，中小微企业的生存空间和可持续发展仍不乐观。由此可见，中小微企业发展的关键在于有利于企业发展的政策环境和正确的舆论导向。根据访谈分析结果，我们得到了如下的主要类别：社会舆论和政策导向。

表3－2　　中小微企业人力资源问题、主要类别及所包含概念类别

问题	概念类别	
核心人才短缺和用工难	用工难	高端人才短缺；技术骨干短缺；管理人才短缺；用工成本高
	新生代员工问题	管理难度大；缺乏责任感；不愿下车间；不愿加班；对工作期望高
	招工难	专业性要求高；企业和员工对很多招聘渠道不了解；招聘平台建设不完善，招聘渠道少，招聘次数少，招聘信息流通不畅；人才市场发展落后，人才市场招聘的质量不高；求职者与企业的需求不匹配；退休后的员工返聘存在障碍；地域限制和配套设施不完善；院校培养的人才与企业需求不匹配
	员工结构失衡	员工性别结构失衡，老龄化现象严重；体能劳动者、技能劳动者、智能劳动者的结构不合理
	留人难	管理水平滞后、配套设施不完善、待遇低、工作生活环境差、劳动强度大、用工方式粗放
	普工用工难	岗位技术性要求高；工资福利待遇低，吸引力不强；劳动强度大，工作环境差；年轻人外出务工；地域限制；招聘平台建设不完善；政府公共服务配套设施不完善
劳资纠纷及社会保障	劳资纠纷	部分企业、劳动者缺乏法律意识；相关法律对企业不利；劳资关系紧张；劳资纠纷处理效率低；现有人才市场存在欺诈行为
	社会保障问题	部分企业并没有按照《劳动法》的规定购买“五险一金”；员工入保的自愿性与法律及企业制度存在冲突；缴纳社保等费用压力大
核心人才（含业主）培训及创业支持	核心人才（含业主）培训	相关培训课程设置重复性大、时间短；培训方式单一、周期短、没有整合培训资源；核心人才（含业主）素质较低，观念难以更新，自闭性强，不愿意参与培训计划，没有意识到人力资源管理等企业管理培训的重要性；企业主培训实施计划不强，参与培训的对象不一定是企业主；教育培训机构费用较高；企业对基层员工培训开发力量有限
	创业扶持	创业基地力量薄弱；政策落实性难，政府扶持力度低

续表

问题	概念类别	
人才引进及用人环境问题	人才引进困难	地域条件限制，地处偏远，交通不便，生活环境差；工资待遇差，配套设施不完善，娱乐设施不齐全；人才市场信息缺乏，招聘平台作用有限，人才市场不规范；人才引进成本高；网络招聘对于很多底层劳动者存在困难；职业技术教育学院及高等院校专业设置与企业用人需求不匹配；人才结构两极分化严重，从外面引进骨干人才困难，引入的人才不符合企业的要求，与企业的文化价值观存在冲突，处理事务能力差；“返乡潮”人才信息采集力度差，信息不全面，且“返乡潮”人才不适应本地企业制度环境，存在文化冲突和“水土不服”问题
	用人环境差，人才流失严重	生活、工作条件差；工资待遇缺乏竞争力；职业发展空间小；中小微企业管理水平差，制度不健全；具有季节生产阶段性的中小微企业，生产间歇期员工流失严重；中小微企业技术进步小，创新能力不够
社会舆论与政策导向问题	社会舆论	中小微企业业主与员工关系紧张；中小微企业宣传少，树立榜样少；中小微企业员工参与各类技能比赛次数少，获得荣誉少；社会普遍认为作为工人是一件没有面子的事情
	政策导向	政策扶持倾向使中小民营企业老板压力大；政府荣誉更倾向授予地区大型国有企业具有高职称、高学历的人才，对中小微企业的人才关注度低，且政府对人才的评定与企业对人才的评定不一致

二　典型调研：湖南省中小微企业人力资源状况大样本问卷调研

在预调研及质性研究的基础上，课题组重新设计了调查问卷。选择湖南省作为中西部地区区域代表，进行典型调研。调研工作由中南大学人力资源研究中心和湖南省经济和信息化委员会合作进行，由中南大学人力资源研究中心负责问卷制作、方案设计和数据处理，由省经信委中小企业局负责配合选择调研样本、实施调研，调研工作于2013年9—12月进行。

（一）样本选择

典型调研阶段又分成两轮进行：第一轮主要完成基本调研，同时获取部分主要问题，为第二轮调研问卷的完善和深化奠定基础；第二轮是在第一轮调研的基础上对问卷进行整合，不仅涵盖第一轮调研的问题，而且根据第一轮发现的重点问题设计问卷进行深度原因调研。预调研阶段后期，人力资源专家运用德尔菲法对预调研访谈和问卷结论进行分析，整理出典型调研所采用的问卷。在正式进行典型调研之前，为检验问卷中各题项含义是否清楚、措辞是否准确、调查范围是否准确涵盖所需研究内容以及题项所能有效测量研究内容的程度，课题组随机抽取了湖南省内400家中小微企业为样本进行了第一轮调研，第一轮抽取的样本企业主要选取了湖南省的益阳市、郴州市、娄底市、株洲市、常德市、东安县、桃源县、安仁县、汉寿县等多个县市的企业，这些企业主要涉及机械制造、食品、建材、纺织、金属等多个行业，相比预调研阶段的样本来说，该阶段的样本选择涉及的区域和行业更加广泛，使得样本结果更具可靠性，也能为第二轮问卷设计奠定基础。第一轮问卷主要涉及企业概况、企业发展政策环境（侧重人力资源政策）、企业人力资源概况、企业绩效概况（近三年）、企业家概况、企业核心管理团队状况6个方面的内容。该阶段问卷发放对象涉及400家企业，共收回有效问卷345份，回收有效率86.25%。第一轮调研收回的有效问卷分析显示：调研样本以小型企业和“小巨人计划”企业数量居多，其中小型企业占34.0%、小巨人计划企业占26.2%；样本企业的发展阶段大部分处于成长期（产品服务基本稳定，收益快速提高），该阶段的企业占总数的60.1%，处于初创期（企业成立或创立初期，收益不稳定）的企业占9.9%，处于成熟期（产品或服务成熟，收益稳定）的占20.1%，处于转型期（企业市场份额下降，收益减少，面临变革）的占9.9%；受调研企业成立年限大多为6—10年，占样本数的38.9%，而企业成立年限是1—5年的企业占30.5%，11—20年的企业占22.7%，其他为7.9%；样本企业以私营或私营控股为主，占81.3%，国有及国有控股的企业占2.0%，外资或外资控股企业占3.4%，其他类型的企业占13.3%；样本企业员工总数基本上处于20—300人的范围，占样本数的81.3%。从中可以看出，湖南省近年来中小微企业发展迅速且规模相对较大，湖南省对中小微企业实施的扶持政策逐步起到了显著效果。

我们基于第一轮调研的结论和反馈问题对问卷进行了题项内容和语句的修改、选项的微调以及增加了部分更为深入的问题后，形成了典型调研的正式问卷，并以湖南省各地区中小微企业为样本开展了第二轮大样本调研。为保证调查结论能够全面反映湖南省中小微企业人力资源发展状况，第二轮调研采用随机抽样办法，以湖南省经信委中小企业局所掌握的中小微企业库为抽样池，根据14个州、市划分抽样边界，在不同行业中按比例随机抽取出被调研企业，用电话联系、电子邮件等方式共发放问卷2720份，收回2421份，其中有效问卷2156份，有效率89.1%。同时，考虑到受访者需要对企业近年来人力资源状况有比较清晰的了解，我们在问卷中明确提出希望企业的业主（董事长）、总经理或人力资源部门主管协助完成。在有效样本中，中型企业占25.7%、小型企业占54.1%、微型企业占20.2%，可以看出小企业依旧占据了中小微企业数量的绝大多数。此外，从图3－2中可以看出，受调研企业成立年限最大的已经超过了20年，且占5.2%，成立了不到10年的中小微企业最多，占总受调研企业数的82.4%。且调研中还发现受调研企业中成长型企业数量最大，占受调研企业总数的50.3%，初创企业排名第二位，占总数的22.8%，紧接着排在第三位的是成熟企业，占总数的20.2%，而处于转型期或衰落期的企业仅占受调研企业总数的6.7%，表明湖南省中小微企业中半数以上属于成长型企业，湖南省中小微企业整体发展欣欣向荣。由于样本选择的随机性，受调研企业覆盖了不同行业，包括畜牧业、渔业、制造业、服务业、高新技术企业等，为本项研究的信效度奠定了坚实的基础，如表3－3所示，工业企业数量最多，占总调研样本数的65.3%，基于抽样调查的理论基础可以大致推断出湖南省工业类中小微企业占中小微企业总数的65.3%左右。此外，我们发现，随机抽取的受调研企业中业主性别比例严重失调，其中男性业主占87.3%，是女性业主数的7倍，不难看出女性创业者依旧是市场的弱势群体。

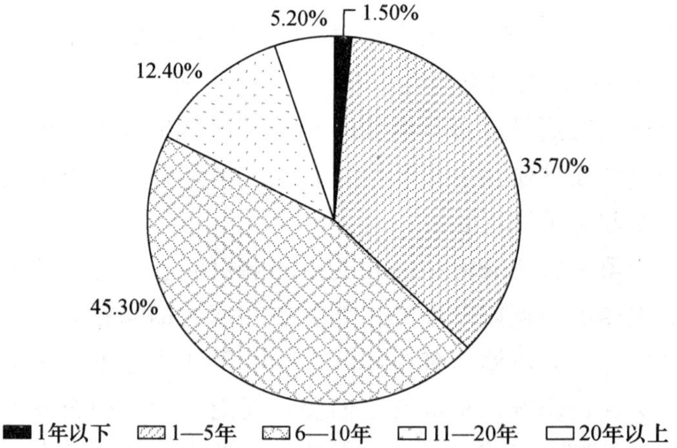

图3－2　典型调研第二轮受调研企业成立年限情况

表 3-3　　典型调研第二轮受调研企业分布行业情况

行业类型	频率	百分比（%）
农、林、牧、渔业	323	15.0
工业（包括采矿业，制造业，电力、热力、燃气及水生产和供应业）	1410	65.3
建筑业	69	3.2
批发业	93	4.3
零售业	52	2.4
交通运输业（不含铁路运输业）	30	1.4
仓储业	24	1.1
邮政业	6	0.3
餐饮业	15	0.7
信息传输业（电信、互联网和相关服务）	24	1.1
软件和信息技术服务业	54	2.5
房地产开发经营业	19	0.9
物业管理	11	0.5
租赁和商务服务业	28	1.3
合计	2158	100.0

（二）调研过程说明

典型调研相关问卷主要来自预调研的两大研究结论：

首先是预调研的访谈结论。根据预调研访谈所列出的 5 个问题提纲，我们收集了 64 家中小微企业对各个问题的回答和拓展结论，再利用专家访谈、德尔菲法和扎根理论对访谈结论进行了详细的编码，梳理出当前湖南省中小微企业面临的人力资源 5 个层面的相关问题、主要类别及所包含概念类别，并在此基础上整理出典型调研的基础问卷。

其次是预调研的问卷。我们分析了预调研 64 家企业填写的问卷，对其中大家普遍关注的招工难、用工难、社保严重、人才引进困难、政策扶持力度不够等问题开展了专家探讨，并结合访谈结论研究成果罗列出 41 个调查题项，旨在剖析湖南省中小微企业人力资源发展状况。为保证调查问卷的信效度，我们在正式开展大样本调研前进行了第一阶段的小样本试调研，由于需要了解受调研企业对调查问卷的反馈，因此试调研通过湖南省经信委中小企业局发放。该阶段选取了中小企业局容易接触的400家企业，共计回收有效问卷345份，并得到了大部分受调研企业对该问卷的反馈结论。我们通过分析试调研结论的数据和受调研企业反馈的内容，对基础问卷进行了修订，除修改了部分问题的表述方式和题项外，还对几个重点关注领域（如人才引进、人才流失等）增加了若干问题，将问卷的题项扩充至47个，并通过人力资源专家和中小企业局专员的研讨和完善，最终形成了典型调研的正式问卷。

为保证样本对湖南省整体情况的合理覆盖，我们采用分组随机抽样的办法进行了第二轮大样本调研，共计发放问卷2720份，收回有效问卷2156份，得到的结论为本次研究提供了充分的数据基础。

（三）数据处理

课题组针对调研回收的问卷进行了多角度的数据处理和比对分析，得出如下综合性研究结论。①

1. 中小微企业人力资源问题已成为制约企业发展的主要障碍

中小微企业普遍感受到人才短缺成为制约企业发展的主要因素，在试调研中，课题组列出了“成本高”“市场拓展难”“税负重”“融资难”“人才制约”“政策环境支持”6个选项，49.8%的受调研企业认为人才是制约企业发展的重要因素，接近于融资难（58.2%）的水平，说明人力资源问题已成为制约中小微企业发展的主要问题之一。为了进一步确认人力资源对企业形成的影响程度，正式调研时，课题组重新设置问题，将“成本高”“税负重”等相关性强的问题剔除，将“人力资源因素”“生产制造水平和能力”“经营政策和融资”“企业研发和技术能力”等影响企业发展的主要平行因素列在一起，再加上访谈调研时反映强烈的“地域局限性”因素进行大样本调研。人力资源因素被列为制约企业发展的首要因素，占57.4%（生产制造水平和能力为35.1%，经营政策和融资为46.8%，企业研发和技术能力为41.0%，地域局限性为32%），证明了人力资源因素已经上升为制约中小微企业发展的主要问题，这和2011年亚布力（中国）企业家论坛发展研究基金会委托零点研究咨询集团进行专项调研得出的结论相一致，该调研得出中小微企业人力资源状况是影响企业内部管理的重要因素（得分值为51.31，低于融资难的得分

① 李歌、颜爱民、黄东红：《中小微企业人力资源困境及化解路径》，《求索》2016年第4期。

52.86）。

2. 企业业主状况欠佳，亟须系统化和专业化强制培训

为了进一步辨析是哪些人力资源及其管理因素制约企业发展，课题组在正式调研中设计了更多的专项调查问题，调研结果显示：75.6%的企业感觉到企业的核心管理和技术团队构建是其主要人力资源难题，还有23.5%的企业认为董事长（业主）的经营管理理念和管理模式才是阻碍企业发展的主要难题。课题组研究认为，这两个问题实际上有一定的相关性，团队建设受到董事长（业主）的经营理念的影响，董事长（业主）的经营理念会带来核心团队建设的困难。鉴于此，课题组提出，提升优化企业董事长（业主）经营理念，打造企业核心团队是中小微企业发展的重要人力资源课题。

考虑到中小微企业的管理和发展最核心的人力资源就是企业董事长（业主），课题组在第二轮调研中特别设置了专项内容进行研究，发现：董事长（业主）40岁以上的占78.4%，年龄结构不平衡，从中小微企业的发展后劲来看，年龄偏大意味着创新和创造力偏弱，对中小微企业的成长后劲不利；董事长（业主）大专以下学历占54.7%，其中23.2%是高中以下学历，国民教育背景欠佳，只有18.9%的人参加了MBA/EMBA的课程学习，正规的管理专业化训练覆盖面偏低。课题组测度了董事长（业主）的职业背景，以便分析其带领企业走向规范化发展壮大的经验和背景支持状况，发现43.3%的董事长（业主）属于通过自我资本积累型完成创业和发展的，而通过国有企业改制转型、机关公务员或事业单位职工下海、乡镇企业管理者转型的企业家只有17.5%、13.6%和8.3%。此外，企业董事长（业主）每年外出听课学习的时间在10场以下的为48.8%，20场以下的达到81%（半天或一晚上为一场），说明中小微企业董事长（业主）学习的频率不高，远低于国有企业的董事长或总经理的学习频度，调研企业普遍认为，需要为中小微企业董事长（业主）提供针对性的培训学习（88.1%）。综合看来，湖南省中小微企业董事长（业主）的年龄结构、教育背景和职业背景都不是很优良，自主学习状态不佳，内在需求还是很强烈，由于该群体事务性工作繁忙，自觉自主的系统性学习很难实现，建议借鉴国际经验，参照党政干部和国有企业高管制度化强制性的培训学习方法，由政府组织针对这一类中小微企业发展的核心领军人才群体定期进行强制性的专业化培训和职业化提升。

3. 企业人力资源短缺问题突出

为了客观地评估中小微企业人力资源状况，课题组从多个维度设置了调研问题，调研结果显示：75.0%的受调研企业感觉到企业用工紧缺，其中操作技能人才紧缺位居榜首，达42.7%，其次紧缺中高级管理人才（40.5%），还有14.4%的企业表示普通用工也紧缺。在课题组进行深度调研探究构成人才紧缺原因时，发现：构成企业中高级管理人才及操作技能人才紧缺的首要原因为“企业成本压力大，工资福利待遇吸引力不强”（73.8%），其他原因按重要程度依次为“地域限制”（45.6%）“高校和职校培养的人才与企业的需求不匹配”（31.0%）“招聘平台建设不完善，招聘信息不畅”（24.5%）“企业内部人才培训体系不健全”（22.7%）“企业社会声誉及社会形象欠佳”（17.6%）“政府公共设施配套不完善”（17.2%）等。在调查中小微企业普工紧缺的原因时，“新生代员工（‘80后’‘90后’）期望高”被视为首要原因（49.1%），这是一个有点出人意料的结果，看来新生代员工问题在中小微企业人力资源管理中已成为突出问题；“本地大量年轻人外出务工、不愿留在本地工作”位居第二位重要因素（47.2%），这应该是中小微企业尤其是中心城市之外的偏远地区中小微企业人力资源的特色性难题；“工资待遇低，吸引力不强”下降为第三位影响因素（46.9%）；其他影响因素重要程度排序依次为“岗位技术性要求高，难以找到合适工人”（37.3%）“地域限制”（21.4%）“劳动强度大，工作环境差”（19.5%）“平台建设不完善，招聘不畅”（11.9%）“政府公共服务配套设施不完善”（9.8%）等。

4. 用工成本高、招工难及员工流失问题突出

在试调研时，59.6%的受调研企业视“用工成本高”为制约企业发展的主要人力资源问题，位居首位；44.8%的企业将“招工难”列为制约企业发展的主要人力资源问题；72.4%的被调研企业感觉到近期（2013年11月）用工紧缺，23.2%的企业感受到用工出现严重紧缺，8.4%的企业认为他们用工常年紧缺。显然，近年劳动力价格上涨对湖南中小微企业影响颇大，劳动力的供给相对许多中小微企业呈现偏紧态势，这和全国的走势相一致，但相对中小微企业而言，其压力感觉更明显，考虑到本次调研样本是源自湖南这一中部地区，其“招工难”的问题相对于沿海发达地区而言应该不属于最严重的区域，因其中小微企业的发展程度不是很高。“用工成本高”的问题被确定为课题组深入调研的主要

问题，在正式调研中，课题组针对“用工成本高”这一问题设计了专项原因分析问题，高达92.6%的受调研企业认为“劳动力价格上升”是导致用工成本高的主要因素，被列入主要影响因素依次为“社保负担重”（71.0%）“培训成本上升”（47.0%）“劳动安全卫生增加”（37.7%），显然企业普遍认为用工成本增加的主要原因是劳动力价格、社保负担等市场价格因素的影响。课题组在试调研中，调研企业面临的人力资源管理难题时，45.3%的企业将“员工流失率过大”列为主要难题，据此课题组在正式调研中，对员工流失进行了专项调研：66.2%的企业近年面临较为严重的员工流失问题，其中11.5%的企业员工流失严重。在考究“员工流失类型对企业影响严重性”这一问题时，“操作技术性人才”流失位居榜首，占调研企业的48.7%；“普工”流失占27.1%；“中高层管理和技术人才”流失仅占24.2%。这一调研结论很可能是中小微企业的重要特征，因为它们的发展对操作技术性人才的依赖性很强，而该类人才的市场供求矛盾越来越突出，这使课题组开始关注人力资源市场的整体供给及供求平衡问题；在调研员工流失主要原因时，“工资福利待遇缺乏竞争力”被列为最主要原因（56.5%），其他被认为构成员工流失主要原因依次为“地域环境差”（38.8%）“基础设施配套差”（33.5%）“员工对企业缺乏归属感”（29.6%）“缺乏有效激励机制”（8.2%）等，显然，上述原因都和中小微企业规模小、“竞争力弱”等天然弱势密切相关，这正是需要政府给予扶持的根源所在。

5. 企业所需人力资源的市场供给缺乏问题

在试调研时，课题组监测到中小微企业的市场供给存在许多问题，如前文分析，75%的企业都出现用工紧缺现象，影响企业发展的关键技术、管理及技能性人才普遍紧缺，课题组针对中小微企业所需人才的市场供给状况进行了系统调研。试调研中，“高校和职业技术学校毕业生就业期望过高”被大多数企业（65.2%）视为人才供给存在的最大问题，其他被认为是人才供给存在的最大问题依次为“高校和职业技术学校毕业生实际能力不高”（48.8%）“高校专业结构设置不合理”（17.4%）等。从结果中可以看出问题主要聚焦于高校和职业技术学校的人才培养和市场供给方向上，为此，课题组在正式调研中，针对性调查了企业对人才供给方面的看法和要求，调研显示：74.6%的企业认为“高校、职校符合企业需求的实用技能人才对口不足”，55.7%的企业认为“高校、职校相关专业设置与企业需求不符”，51.3%的企业认为“高校、职校实用技能人才培养质量差”，有67.6%的企业认为职业技术学校（院）取消了部分传统专业（如铸造等）影响了企业所需人才的供给。看来面对中小微企业的人才需求，政府应该对高校和职业技术院校的专业设置、培养模式等有所作为。

6. 人力资源市场机制和环境欠佳

课题组为了深入了解中小微企业的人力资源市场环境和市场机制的有效性，首先针对各级政府对“人才引进”所设置的各种政策效果进行了调研评价，79.2%的受调研企业认为“政策的扶持与优惠的幅度不够、吸引力不强”，还有41.1%的企业认为当地政府“政策的宣传不到位”，32.5%的企业认为“政策落实力度不足”，看来企业对政府在“人才引进”上作为期待颇厚，而意见也不少；针对政府在就业促进职能上所做的市场平台搭建效果，课题组重点针对企业较为容易感知的政府组织的招聘会（人才交流会）进行调研，63.1%的企业认为“信息发布渠道少”，而且“组织次数少”（46.5%），“组织规模小”（42.9%）；课题组针对政府过去一段时期内在人力资源市场上重点作为的“培训支持”“社会保障扶持”“人才引进”和“人工成本直接补贴”的落实状况进行了追踪调查，57.0%的受调研企业享受到了“社会保障扶持”，53.4%的企业得到了“培训支持”，而得到“人才引进”和“人工成本直接补贴”分别为35.2%和19.7%。为了降低敏感性，保证调研的信效度，课题组针对政府作为方面的调研，在设计了一些直接问题的同时运用“希望政府如何改善”的方法来设计一些间接问题，调研结果显示：64.5%的企业感觉到“社会保障负担过重”，50.2%的企业认为“企业社会福利和保障制度改革滞后”，50.0%的企业认为政府“处理劳资纠纷不够及时”，35.9%的企业认为政府“人才评价和职业资格认证公信力不强”；而80.3%的企业希望政府协助企业加大“支持企业培训”的力度，68.0%的企业希望政府提升“人才培训服务平台”建设水平。针对部分中小微企业中来自农村的员工缴纳社保和家乡“新农合、新农保”重叠的问题，课题组进行了专项调研，发现：72.4%的企业存在“员工不愿意接受‘五险一金’保险”的问题，究其原因，56.5%的企业认为是因为“员工已经在农村缴纳了‘新农合、新农保’”。看来针对这两个保险体系，政府必须尽快出台相关政策，实现政策的无缝对接。在调研政府提供的各种服务平台对企业的有效作用时，认可度最高的是“融资服务平台”（56.6%）和“信息服务平台”（53.5%），而“创业辅导平台”“人才培训平台”“管理咨询平台”的认可度较低，分别为32.3%、31.1%、25.6%，从侧面反映出政府在这些平台的建设上存在着很大的改进空间，课题组针对该问题进一步（第二轮）调研了企业对公共服务平台改进的期望状况，以重要性和优先程度来排序，希望改进“融资服务平台”需求最强烈（63.4%的企业将其列为最重要），其次是“信息服务平台”（51.1%），“创业辅导平台”“人才培训平台”“管理咨询平台”分别为29.9%、36.8%、26.1%。课题组分析这两次调研结果认为：一方面中小微企业对“融资服务平台”和“信息服务平台”的认可度高，另一方面又对这两个服务平台的改进期望也最大，说明企业对这两项服务平台的需求最强烈，服务质量的感知敏感度高，50%以上的认可度实际上是远远不够的，另外的服务平台的认可度过低，说明政府在市场环境构造、市场运行机制维护等方面，得到中小微企业的总认可度不高，政府需要作为和改善的空间很大（考虑到调研过程是通过省经信委领导，由市州县各级政府职能部门组织进行的，数据结果还可能存在偏好误差）。政府应该从就业促进体系、社会保障体系、监管调控体系以及市场运行机制各个方面系统构建和优化中小微企业人力资源市场环境，从调研评估的结果来看，这方面的问题和矛盾需引起政府有关部门的关注。

7. 企业社会地位和社会形象亟待优化

在试调研中，许多企业都反映招工难、留人难等重要原因之一是中小微企业社会形象差、社会声誉低，即便是同样的工资条件，员工也愿意到其他大型企业工作。为此，在正式调研时，课题组针对该类问题进行专门调研，结果显示：44.6%的受调研企业没有得到过任何省级（省政府或政府组成部门发文）及以上的表彰；76.9%的受调研企业近五年来很少受到地市及以上媒体的正面报道。在探究“导致中小微企业社会地位和形象偏低的原因”时，43.4%的受调研企业认为源于“所有制观念带来的歧视”，38.8%的企业认为是由于“政府或社会正面舆论宣传少”，还有46.2%的企业将“地理位置差引起生活水平低、交通不便”列为重要原因，22.7%的企业认为是“政府不重视中小微企业”所致，22.0%的企业认为是“企业自身产品服务质量差”影响其地位和形象。课题组研究认为：中小微企业的社会形象和社会地位偏低是制约其人力资源聚集和使用的重要因素，其中有企业自身的原因，但是政府的舆论导向和对中小微企业的价值贡献认同也是重要原因，中小微企业的社会形象和它对经济社会发展的战略贡献作用严重不匹配是不争的现实，各级部门都应该对此予以高度重视，并做出应有的努力。

三 拓展调研：中西部中小微企业人力资源状况大样本问卷调研

在针对湖南省的预调研和典型调研的基础上，课题组梳理了我国中小微企业发展全貌，深入探讨了人力资源状况成因及解决措施，重新设计开发问卷，于2015年7—9月将整体研究拓展至我国中西部地区的中小微企业，以期获得更加准确、可靠的结果。

（一）样本选择

为了将研究结论覆盖到全国范围内，深入探究东部、中部、西部中小微企业的人力资源发展状况，对比研究中西部中小微企业的问题根源所在，课题组在预调研和典型调研之后又将研究样本的选择拓展至全国范围的东部重点省份广东省、中部重点省份江西省和西部重点省份广西壮族自治区，以中小微企业管理和服务机构协助的模式随机向3100家企业发放了调研问卷，共计回收问卷2959份，有效问卷2640份，有效率89.2%，其中江西省1034份、广西壮族自治区781份、广东省825份。

在该阶段，课题组通过各相关机构提供的中小微企业名单和各省份的市、县等行政区域划分，随机抽取了等比例的样本企业数目，具体分布情况如下：本阶段的样本企业中55%来自制造业，28.3%来自服务业，其他行业仅占16.7%，基于随机性原理可以看出我国中小微企业基本分布在制造业和服务业，其中制造业依旧是中小微企业的主要产业方向。图3－3展示了该调研样本受调研企业分布行业情况，可以看出广东省制造业企业所占比重最大，达70.7%，广西壮族自治区服务业企业比重明显高于其他两省，达54.9%，呈现出我国产业分布巨大的地区性差异。此外，样本统计还显示，广东省、广西壮族自治区中小微企业更多聚集在非省会城市，如深圳、东莞、桂林、柳州等，这部分占90%以上，而江西省中小微企业行政区域分布则较为均匀。最后，从企业类型来看，私营或私营控股企业占受调研企业的77%，接下来外资或外资控股企业占10.9%，而国有及国有控股中小微企业仅占据了企业总数的7.5%。

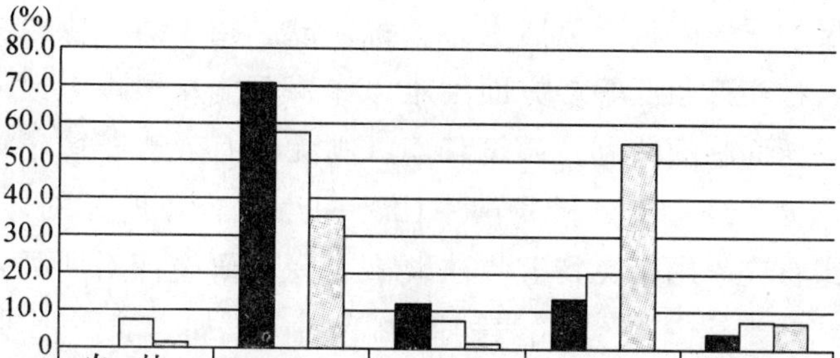

	农、林、牧、渔业	制造业	信息产业	服务业	其他
■广东省	0.0	70.7	12.0	13.3	4.0
□江西省	7.4	57.4	7.4	20.2	7.4
□广西壮族自治区	1.4	35.2	1.4	54.9	7.0

图3-3　拓展调研阶段受调研企业所处行业情况

（二）调研过程说明

本阶段首先整理了预调研阶段的访谈提纲、访谈结果以及典型调研阶段两轮的调研设计，深入分析了预调研阶段以及典型调研阶段的问卷结果，梳理出我国中西部中小微企业人力资源发展所面临的七大典型问题，包括政策支持体系障碍、人力资源市场发展困境、人力资源供给不均、人力资源开发程度较低、社会服务体系欠缺、创业支持体系不足和舆论环境欠佳等，最终形成本次拓展调研的调研问卷。问卷设计的具体内容包含两个部分：一部分是在预调研和典型调研阶段中出现的问题的基础上进行深入挖掘所形成的问题，另一部分是在湖南省调研的基础上针对拓展至我国中西部地区中小微企业所设计的问题。接着，我们通过中南大学人力资源研究中心在MBA、人力资源学者中进行了一次测试，根据反馈意见修改了问卷的语义和表达方式，并梳理了若干不明确的题项，最终形成正式的问卷。最后，课题组通过相关渠道联系了广东省、江西省和广西壮族自治区的中小微企业协会、管理机构、高校等组织，在其协助下，顺利完成了样本随机选取和问卷发放工作，并最终收回问卷2959份。

（三）数据处理

课题组针对调研收回的问卷进行了分析，得出了如下结论。

1. 中小微企业发展的体制及政策环境堪忧

从典型调研中我们已经发现，人力资源问题作为制约我国中小微企业发展的重要因素，包括人力资源短缺、招工难、供给失衡、市场机制欠缺、社会形象低等多方面困难，如果不能从根本上改变目前中小微企业发展所面临的体制及政策环境，则无法有效改善中小微企业人力资源状况。为了进一步分析我国中西部中小微企业所处的体制及政策环境，课题组首先采用李克特五点法调查了受调研企业对所处地区政府重视程度的感知，其中1—5代表程度由低到高，如1表示“非常低”，5表示“非常高”。结果显示：中西部地区政府对中小微企业的重视程度一般，重视水平仅达3.17，其中以广西壮族自治区最低，平均得分只有2.79。而从企业感知到的政府所有制和规模歧视程度来看，东部中小微企业感知到的歧视程度最低，分别为2.16和2.26，中西部的平均水平在2.57和2.67左右。以上结果表明，中西部地区中小微企业所处的发展环境有所好转，政府及有关部门也开始将中小微企业纳入地方发展的关注点，与国有企业、大型企业等的地位不断拉近，但事实数据也证实目前中小微企业的发展仍然处于一个尴尬的地位，政府虽然有所重视，但无法改变一般水平的处境，部分企业依旧认为存在一定程度的歧视现象，当地政府并没有真正重视中小微企业，我国中小微企业所面临的体制机制环境改善依旧任重道远。

接着，课题组从受调研企业享受到的人力资源支持政策的调研结论中发现，只有“企业招聘支持政策”的受惠面超过30%，但也只到了34.1%，而“人才引进的支持政策”、“企业家培训支持政策”、“员工培训支持政策”三项政府支持政策惠及面仅超过25%，其余如“员工福利待遇等补贴政策”、“员工的社保补贴政策”、“劳动仲裁帮扶政策”等对中小微企业人力资源生态帮助较大的政策惠及面还不到20%，甚至有些连10%都不到，这表明我国每10家中小微企业中仅有1—2家企业享受到了政府提供的人力资源支持政策，整体情况堪忧。其中东部情况稍好于中西部，“人才引进的支持政策”、“企业招聘支持政策”以及“员工培训支持政策”都有35%的惠及面，而中西部地区只“企业招聘支持政策”一项到了33.6%，亟待重推。为了深入了解中西部地区人力资源政策设计、实施、执行状况，课题组设计了政策执行力量表，从公平透明程度、宣传力度、清晰详细程度、惠及面、扶持力度和落实力度六个方面分析当前我国中小微企业人力资源政策执行力。结果显示，受调研企业普遍认为我国中小微企业政策整体执行不力，仅公平透明程度和宣传力度达到了公认的一般水平，分别为3.15和3，其他四项跌破3点，不受认可。其中中西部状况堪忧，政策的惠及面、扶持力度以及落实力度已经跌至2.7，尤以落实力度最差，仅为2.73；相较而言，东部地区的政策执行更为有力，6项指标都超过了一般水平，落实力度也达到了3.28，比中西部高出了20%，说明无论是中小微企业人力资源相关政策数量还是政策质量、执行状况，中西部地区都与东部地区有较大差距，而整体情况更是凸显了我国中小微企业政策体系的薄弱和欠缺，体制和政策环境改善已迫在眉睫。

2. 中小微企业人力资源生态失衡

典型调研已然发现，湖南省中小微企业存在较为严重的“用工荒”问题，主要包括用工紧缺、员工流失严重等现象，为了将结论延伸至全国及东中西部地区，课题组从用工紧缺、员工流失、招聘、校企合作等方面对我国东中西部主要三个省份进行了拓展调研，并以此为基础分析了中小微企业人力资源生态的基本状况。从调研结果来看，受调研企业中不存在用工紧缺现象的企业仅占企业总数的20.5%，其他80%左右的企业或多或少都存在用工紧缺问题，而严重紧缺的企业数甚至多于不紧缺的企业，达到20.9%，东部地区情况稍好，不存在用工紧缺的企业数较中西部多了3.6个百分点，为23%，严重紧缺的企业数比中西部的25%少了12.8个点，而中西部地区的广西壮族自治区较江西省更为严重，看来由于区域限制的原因，西部地区用工紧缺问题尤为突出。进一步调研紧缺情况，我们发现：我国中西部中小微企业最为紧缺高级管理人才和技工，覆盖了超过50%的企业，而东部中小微企业则对技工和普工需求缺口更大。课题组分析其原因认为，随着东部沿海城市的飞速发展，地域优势和待遇优势的双重吸引，包括高级管理人才、高级技工等一大批高素质人才持续向东部地区转移，造成中西部地区极为缺乏高端人才，而由于东部地区各行业中小微企业的快速兴起，需求大量的劳动力，同时造成了对技工和普工的需求大缺口。

除了用工紧缺，员工流失也成为我国中小微企业人力资源生态中的又一大问题。据调研数据显示，我国中小微企业近年来存在较为严重的员工流失问题，其中中西部地区仅有29.3%的企业存在轻微的员工流失问题，没有员工流失的企业为0，而在流失的员工中技工和普工最多，高级管理人才反而流失较少，仅占29.5%，同样的现象也出现在东部地区，受调研企业中只有20.3%存在高级管理人才的流失，技工和普工的流失却超过了50%。课题组根据流失原因的调查和分析发现，“企业工资福利待遇缺乏竞争力”“企业缺乏有效的管理激励机制”以及“员工在企业中职业发展空间小”是员工流失的最主要原因，无论对于中西部还是东部地区，由于高级管理人才等高素质人才稀缺且难以获取，许多企业为了吸引他们的加入，专门设计了相适应的福利待遇体系和发展机制，给予高级管理人才远超技工和普工的薪资水平与晋升前景，再加上政府对人才的重视与支持，已经加入中小微企业的高级管理人才一般愿意留在企业，流失率相对较低；而对数量庞大的技工和普工来说，由于企业无法提供相应的福利待遇和重视程度，较低保障的工作环境和难以看到未来的发展空间让他们对企业缺乏足够的忠诚度，进而导致离职率居高不下，员工流失问题严重。

除企业情况以外，中小微企业人力资源生态还包括了政府和学校两大主体。关于政府对企业人才引进和招聘的支持情况，课题组调研发现，54.3%的中西部中小微企业和42.3%的东部中小微企业享受到了政府帮助开展的专业对口的招聘会，37.7%的中西部企业和57.7%的东部企业享受到了政府提供的人才信息服务，而其他诸如“人才引进的补贴”、“绿色通道”、“基础设施和配套设施建设”等都只有不到30%的企业有所接触。课题组进一步分析政府组织招聘会的相关情况后发现了比较严重的问题，“招聘次数少”“招聘规模小”“招聘缺乏针对性”“招聘宣传力度不够”都得到了超过50%，甚至75%的受调研企业反映，这说明政府在中小微企业招聘会组织上存在较大不足，无论是组织还是宣传，都未能有效达成帮助扶持企业的目的，引发生态失衡。

最后，课题组将学校纳入了人力资源生态的研究范畴，以此作为一大主体深入调研了校企合作的现状和中小微企业对校企合作的看法。数据分析显示，91.3%的中小微企业都认为企业与职业技校开展校企合作的重要性不容忽视，这个结论在中西部更受企业支持。中西部66%的受调研中小微企业和东部68%的受调研中小微企业都将“缺乏学校企业双方的交流平台”列为制约校企合作的首要因素，第二大因素是“政府缺少有关鼓励优惠政策”，分别占中西部和东部受调研企业的58.7%和63.5%。而东部和中西部中小微企业在职业院校是否满足企业人才需求方面存在差异，中西部企业认为“毕业生不愿去中小微企业工作”是首要矛盾，而东部中小微企业认为“培养技能与企业岗位能力要求不匹配”是主要矛盾，产生这种分歧的主要原因是东部与中西部地区的地域差异导致毕业生更愿意选择东部城市的企业，即使去到中小微企业，在毕业生心目中依旧存在可以预知的发展前景，因此能力不匹配就成了东部的首要矛盾。

3. 中小微企业普及社会保障困难突出

社会保障一直是政府最关注的问题，也是中小微企业人力资源生态中最突出的问题，典型调研已经显示，目前中小微企业社会保障体系存在严重的衔接困难，两类社保体系难以合理统一，企业负担重。拓展调研从更为细致的角度分析中小微企业社会保障体系的相关状况，结果显示，受调研企业对社保衔接政策都有了比较高的了解，并且了解得越多，越赞同社保衔接政策对员工参保意愿的积极影响，说明社保制度宣传的必要性。然而，目前超过80%的中小微企业只为员工缴纳了“养老保险”“医疗保险”和“工伤保险”三大保险，其中中西部地区的状况更为严重，只有“医疗保险”和“工伤保险”的缴纳企业超过了80%，“养老保险”的缴纳比例才77.9%，缴纳企业数最低的是“住房公积金”，仅占中西部企业总数的31.3%，即使是东部地区也仅41.3%的中小微企业为员工缴纳了“住房公积金”。除此之外，即使是为员工提供社会保障的中小微企业也无法为所有员工缴纳社保，中西部地区社保员工比例超过80%的受调研企业只占企业总数的39.3%，社保员工数在30%以下的还有28.8%，与东部地区相比有着较大差距，东部受调研企业中有71.2%的企业为超过80%的员工缴纳了社会保险，仅不到10%的企业社保员工数在30%以下，从中可以看出中西部地区中小微企业社会保障体系建设之薄弱。课题组探讨其中的原因发现，55%中西部中小微企业缴纳的社保资金超过了员工工资总额的20%，意味着目前中西部地区的大多数中小微企业为了给员工提供三大主要保险都已经负担了员工工资总额20%以上的开支，由此可见，社保负担已经成为中小微企业用工成本中的一大块，使得企业不堪重负，更无力为所有员工缴纳所有“五险一金”。

4. 中小微企业人力资源信息化的阻碍

在典型调研中，课题组发现：中小微企业存在较为严重的“数字鸿沟”问题，为了深入分析“数字鸿沟”以及信息技术对中小微企业人力资源状况的影响，课题组重新设计了一组问题，对中东部和西部地区中小微企业展开了拓展调研。调研数据显示，受调研企业普遍认为实行信息技术对企业人力资源具有较大的影响，作用水平为 3. 34，其中超过 50% 的中西部中小微企业认为信息技术会影响企业的“招聘渠道、信息”和“人才吸引、留用”，40. 1% 的企业认为“培训方式和效果”也受到了影响。相比于中西部企业对信息技术的了解（2. 93）和在人力资源管理中运用（2. 88）的程度偏低，东部企业则更加重视信息技术并开始广泛采用，受调研企业的评价水平达到了 3. 31。进一步考察导致中西部中小微企业运用信息技术的阻碍后发现，“自身专业技术人员短缺，技术力量薄弱”“信息化投入成本过高，投入时间过长”以及“缺乏相关的政策支持和指导”分别以 62. 3% 、60. 4% 和 57. 2% 的企业认同比例位列前三，类似的比例也出现在东部地区的调查结果中，说明无论是经济发达、地域优势明显、政府更为支持的东部还是正在崛起发展的中西部，中小微企业人力资源信息化面临着相同的问题和困境，这是一个全国性的问题，需要获得全国性的关注。

5. 中小微企业政府职能及社会化服务体系欠缺

中小微企业政府职能及社会化服务体系一直是中小微企业发展的强大支柱，然而典型调研的访谈和问卷暴露出目前这个体系并不能有效地支撑我国中小微企业的健康成长。因此，在拓展调研设计中，课题组直接针对暴露出的问题进行详细剖析，探讨政府职能与社会化服务体系完善的方向。从调研数据来看，中西部 34. 6% 的受调研企业认为“中小微企业服务中心发展不足”是政府职能与社会化服务体系中最突出的问题，29. 6% 的企业认为“市场服务组织发育不充分”是首要问题，17% 的企业选择了“政府管理体制不顺”，排名第三，东部地区的情况与此基本一致，说明这三大问题已在我国中小微企业受调研者中饱受诟病。以公共服务平台为例，目前国内已有的“信息服务平台”“投融资服务平台”“创业辅导平台”“管理咨询平台”“人才与培训平台”等九大平台都收到了超过 1/3 受调研企业的不满，具体情况东中西部地区基本一致。首先“人才与培训平台”被 77. 5% 的西部企业和 71. 2% 的东部企业列为最亟待完善的平台，而对 74. 7% 的中部企业来说，虽然“投融资服务平台”是最迫切需要解决的，但“人才与培训平台”也以 59. 3% 的企业数紧随其后，这与国家的扶持政策和地方政府的重视程度密切相关，也体现出人力资源对中小微企业发展的重要性不容忽视。其次，东部、中部、西部三地的企业又分别以58.9%、59.3%和60.6%的比率一致认可了“信息服务平台”的重要性，信息化已成趋势。从平台的建设中课题组发现，我国中小微企业公共服务平台存在的问题主要集中在“信息质量低”“需求不对等”以及“装点门面”三个方面，从而要求政府加大公共服务平台建设投入，详细调研了解中小微企业的真实需求，杜绝“面子工程”，将“做实事”落于实处。

政府作为社会化服务体系的核心主体，对中小微企业的管理对企业的成长有着举足轻重的作用。根据数据显示，中西部主要省份政府部门对中小微企业的管理和服务存在诸多问题，其中“部门职能分散，职责不明”、“服务方式不够灵活”以及“工作效率和服务质量有待提高”分别以55.9%、47.8%和46.0%位列前三，剩下的“存在多头管理现象”、“服务项目与企业需求不匹配”、“不同部门服务力度差异较大”等也得到了超过1/3企业的反映，东部地区与此类似。此外，由政府主导的中小微企业服务机构也存在“行政色彩浓厚效率低”“服务形式单一”“各机构间缺乏合理协调”“服务机构组成单一”等多重问题，说明有关中小微企业管理和服务的政府职能体系早已无法适应企业发展的需求，需要重新设计职责，合理配置资源，转管理为服务，推动“服务型政府”建设。

6. 中小微企业对企业社会责任的认识不足

无论是典型调研的访谈还是问卷，中小微企业社会形象地位差已经成为受调研企业最大的抱怨，以此引发的不良反应波及多个方面，影响深远。企业社会责任（CSR）作为企业回馈社会，提升形象和认可度的最佳途径，得到了理论界和实践界的关注，却极少受到中小微企业的重视。课题组以企业社会责任为切入点，在拓展调研中检验中小微企业对企业社会责任的认可及实施情况。我国中小微企业对企业社会责任有一定的了解和认识，但普遍停留在一般水平，仅21.6%的受调研企业能够非常清楚企业社会责任的内容和价值，东部地区几乎不存在未听说过企业社会责任的企业，而中西部地区还有少许，大约占1.9%。中小微企业对企业社会责任90%以上的了解来源于电视、广播、报纸、杂志以及政府部门和行业协会的宣传。据了解，受调研企业认为企业社会责任对中小微企业具有比较高的重要性，而东部中小微企业认为重要程度达到了36.2%，超过了中西部企业认知的15.7%。东部企业对企业社会责任的高度重视与其接触更广、了解更深有着直接关系，说明中西部省份各政府部门应加大企业社会责任的宣传力度，帮助中小微企业树立企业社会责任意识，实施企业社会责任行为，以此提升中小微企业的社会形象，调查显示，无论是中西部还是东部，政府部门都是中小微企业获得企业社会责任相关信息的重要途径。调研中，中小微企业认为政府应当从以下四个方面帮助企业社会责任的建设，包括“颁布企业社会责任相关法律法规”、“实施科学的引导措施（包括舆论、激励政策等）”、“建立企业社会责任政府评价、认证和预警体系，并定期发布报告”以及“建立专门的企业社会责任培训机制”，其中“实施科学的引导措施（包括舆论、激励政策等）”被54%的中西部受调研企业和38.9%的东部受调研企业共同列为最重要也是最迫切的政策举措。

第三节　中国中西部中小微企业人力资源状况改善建议思路

根据三次调研的数据和结论，课题组选择政策障碍及消解对策、市场培育及机制优化、人力资源供给问题及改善、政府人力资源开发与知识流动、政府管理功能障碍及优化、创业就业和舆论宣传七个方面内容进行探讨，详细论述见本书第四章至第十章。

一　消解体制机制弊端，优化政策支持体系

我国各级政府已经意识到中小微企业的重要性，相继出台了一系列措施扶持中小微企业。毋庸置疑，政府的正确指引对中小微企业的发展具有重要意义，就中小微企业现存人力资源问题，政府所颁布的政策解决了或在一定程度上缓解了中小微企业亟须面对的难题。然而，中小微企业发展过程中，依然存在各方面的体制机制弊端，在政府的政策层面存在障碍。课题组在第四章中建议各级政府：一是转变观念偏好，破除“所有制歧视”，变发展型政府为服务型政府，切实重视中小微企业健康成长；二是提高设计水平，优化激励方案，改善落实力度，提高中小微企业相关政策执行力；三是打造城乡一体化的社会保障体系，推动中西部中小微企业社保全面覆盖；四是消除人力资源政策歧视，合理分析中小微企业人力资源需求，制定有针对性的政策支持体系；五是消除人力

资源市场歧视，转变舆论导向，提升中小微企业形象和社会地位。

二　培育人力资源市场，推动相关机制优化

人力资源市场已逐渐成为配置就业机会和工资福利的主要机制，但目前我国中小微企业人力资源市场仍然存在结构性短缺、员工流动频繁、企业负担过重、服务平台不完善等问题。为使就业者和企业各取所需，形成和谐的双向选择，课题组在第五章中建议政府首先需要建立统一、开放的人力资源市场，并促进中小微企业人力资源市场培育和机制优化：一是要健全中小微企业信息流动机制，包括建立人才市场信息网络和完善信息交流的基础设施建设等内容；二是要消除劳动力二元分割的影响，构建广覆盖的社会保障体系；三是要完善中小微企业人力资源市场法律保障体系建设；四是要改善和加强对中小微企业人力资源市场的具体管理和监督；五是要大力发展中小微企业中介机构；六是要加强政府公共服务平台建设。

三　改善人力资源供给，实现中小微企业可持续发展

现阶段，我国人力资源成本上涨已是大势所趋，由于高端人才的流向以及自身经营风险和不稳定性偏高等因素，中小微企业持续出现了人才短缺和“招工难”“用工荒”等现象，其中的主要原因有地区中小微企业产业结构失衡、职业教育与地区中小微企业转型升级的发展需求不匹配、中小微企业人力资源生态环境欠佳、学生就业观念偏差等，进而在很大程度上制约着企业的可持续发展。为改善人力资源供给，实现中小微企业可持续发展，本书第六章建议：一是要提高中小微企业产业转型升级与职业教育的动态适应性，加快中小微企业产业结构的转型升级，构建适应中小微企业转型升级发展需求的职业教育体系；二是要优化地区中小微企业人力资源生态环境，完善中小微企业人才引进机制，建立健全中小微企业人力资源中介市场，完善中小微企业人力资源培训服务体系，引导中小微企业提高人力资源管理水平，完善退休人员返聘的法律体系。

四　推动知识流动，助力中小微企业人力资源开发

本书第七章认为，中小微企业成长过程中会遇到“数字鸿沟”、区域人力资源流动及其配置的不合理、高校毕业生就业导向不合理、中小微产业结构的不合理及其知识流动的阻碍等一系列问题，而政府在这些方面存在大有可为的空间。因此，在人力资源开发方面，政府：一是要削

减“数字鸿沟”，助推中小微企业信息技术水平提升。政府首先要宏观引导，缩小地区区域间“数字鸿沟”；其次采取信息扶贫措施，提升中小微企业信息化水平。二是要疏通知识流动渠道，引导知识和技术流向中小微企业。其中政府首先要通过高校和职业院校改革引导学校培养与企业需求相适应的人才，接着引导高校和职业院校毕业生到中小微企业就业，其次应当努力促进科研院所和中小微企业的合作，最后推动大企业对中小微企业的帮扶。三是要发展边界组织，促进边界跨越和人才知识扩散。边界组织可以利用其接近知识源的特殊优势，沟通知识生产者与使用者，有利于科研院所和中小微企业的有效协作。

五 完善社会化服务体系，促进中小微企业发展

正像市场失灵一样，政府也有失灵的表现。第八章从政府职能和社会化服务体系的发展现状出发，提出政府部门应把握市场手段与政府手段各自的优势及局限性，依据中小微企业的特点及发展目标，科学合理地界定政府管理的范围。政府一是要向更加完善的政府职能体系迈进。着力推动从“发展型政府”向“服务型政府”转变，明晰政府在中小微企业发展中的职能定位；二是要根据政府职能体系建设深化社会化服务体系改革。如确定政府作为“推动者”，强化服务职能；引入公共服务中介机构，明确主体地位；支持中小企业行业协会，搭建调节机制；引导中小微企业认知，形成企业间互助机制。

六 破解创业人力资源困境，培育优质中小微企业

创业是中小微企业诞生的过程，关系到中小微企业的人力资源管理水平，也是发挥中小微企业解决我国就业问题的重要载体。然而目前我国创业面临了诸多人力资源问题，主要包括人才获取和流失、创业者管理能力不足、管理团队缺失等。为能化解创业的人力资源困境，促进中小微企业健康成长，本书第九章建议政府：一是要加强完善创业人力资源专项政策扶持，建立健全创业者进入和退出保障机制，制定系统的创业人力资源专项扶持政策；二是要大力发展创业教育，提高创业者的创业意识；三是要提高创业培训的有效性，增强创业者的创业能力；四是要加强创业公共服务平台的人力资源服务水平建设，引导创业企业重视自身的人力资源管理，为创业企业提供有效的人力资源管理指导和人力资源信息服务；五是要制订有差异的专项创业人力资源计划和措施，继续深入实施大学生创业引领计划，加大促进返乡农民工创业力度。

七　改善舆论环境，提高中小微企业社会地位及形象

调研发现，中小微企业的社会形象和社会地位偏低是制约其人力资源聚集和使用的重要因素，在同等待遇条件下，求职者更愿意选择去大型或国有企业，这其中除了地域因素的影响外，更重要的是中小微企业的舆论环境堪忧。中国大部分企业是以廉价劳动力来获得更多利润、占据市场份额的，而中国的"人口红利"已经消失，有效劳动力的供给已经过了顶峰，并呈现逐渐下滑的趋势。在这种时代背景下，一个企业人力资源的供给在很大程度上决定着企业的兴衰。中小微企业要想在激烈的人才市场竞争中占据有利位置、弥补人力资源供给缺陷，就必须提升企业社会形象和社会地位，而良好的舆论宣传环境是提升企业社会形象和社会地位的重要前提。因此第十章建议：一是政府要消除对中小微企业的所有制观念歧视，从根本上公平对待中小微企业；二是发挥政府带头作用，引导舆论导向，助推良好舆论宣传环境的营造；推行政策宣传，使中小微企业了解并用好政策；助推品牌建设，使中小微企业通过品牌打造实现自身发展，促进中小微企业信息化建设；三是政府有责任通过引导方法，督导或引领中小微企业提高履行企业社会责任水平，提升对优秀人才的吸引和留用能力，进而提升社会地位和竞争力。

第四章　消解体制机制弊端，优化政策支持体系

中小微企业的发展对推动我国经济健康可持续发展、带动就业、跨越“中等收入陷阱”、推进和谐社会建设和新型城镇化有着不可替代的作用。我国公有制经济与非公有制经济相互促进、共同发展的基本格局已经形成，以中小微企业为主的非公有制经济在我国经济持续增长中，既是生力军，也是主力军之一。在世纪交替伊始，政府便开始从战略高度系统地关注和研究中小微企业，1998 年前后，国务院发展研究中心开始为决策部门提供系统的中小微企业发展战略研究建议；2003 年 1 月 1 日，《中小企业促进法》的实施标志着政府开始从战略层面扶持中小微企业的发展；2014 年 4 月 1 日，国务院促进中小企业发展工作领导小组办公室推行了《关于进一步支持小型微型企业发展 2014 年重点工作》。然而，课题组经研究发现，中小微企业发展过程中依然存在各方面的体制机制弊端，机制体制创新和政策优化空间依然很大。

第一节　中小微企业成长发展过程中的体制机制障碍

虽然中小微企业在我国国民经济中的地位快速提升，从“补充”走向“不可或缺”，在经济增长中逐步占据重要地位，但是中小微企业的发展仍面临着一系列的挑战，包括政府观念上忽视中小微企业发展、人力引进与留任困难、配套基础设施不完善、社会媒体导向失范、中小微企业内部管理混乱、规章制度欠缺等。袁红林和陈小锋（2012）[①] 实证研究

① 袁红林、陈小锋：《我国中小企业政策与中小企业成长环境的相关性——基于 384 家中小企业的实证》，《企业经济》2012 年第 2 期。

发现，中小企业对自身发展环境秩序评价较低，其中中介服务、财税环境、政务环境、环境秩序、管理机构、信息环境和融资环境平均得分都在“一般”以下，只有激励机制的平均得分超过了“一般”。课题组从政府宏观调控视角出发，分析我国中西部所有制改革历程，全面评价中小微企业成长过程中人力资源相关的政策历程。

一　由所有制引起的意识形态障碍

1981年6月，十一届六中全会通过的《关于建国以来党的若干历史问题的决议》中指出：“一定范围内的劳动者个体经济是公有制经济的必要补充”。几个月后，在中共中央、国务院下发的一份文件中，第一次提出对个体经济要“引导、鼓励、促进、扶持”的八字方针。1982年中共十二大期间，出现了个体私营经济“作为公有制经济必要的、有益的补充”这一全新提法，新的《宪法》中规定，“国家保护个体经济的合法权利和利益”，明确了对个体经济“指导、帮助、监督”的方针。1992年，邓小平借南方之行发表一系列重要讲话，并着重提出了“三个有利于”的标准，将“多种经济成分共同发展”的概念写进了中共十四大的报告，“国家实行社会主义市场经济”成为《宪法》修正案的重要内容。1997年中共十五大第一次提出“非公有制经济是社会主义市场经济的重要组成部分”。2002年中共十六大上，确立了“两个毫不动摇”的基本经济制度，确认个体户、私营企业主也是中国特色社会主义事业的建设者，鼓励努力创造财富，提出包括资本在内的多种要素“按贡献”分配的新分配制度概念。2004年十届人大二次会议通过的《宪法修正案》明确规定，“国家保护个体经济、私营经济等非公有制经济的合法权利和利益”、保护“公民的合法的私有财产权和继承权”。

纵观我国非公有制经济发展历程，中小微企业（绝大部分是民营企业、非公有制经济）的发展经历了从“资本主义尾巴”、“有益补充”到“毫不动摇地鼓励支持引导非公有制经济的发展”，最终从政治、经济和法律上确立了广大民营中小微企业发展的合法地位。2003年1月，《中小企业促进法》的实施标志着政府开始从战略层面扶持中小微企业的发展。随后国家和各地方出台了一系列的政策法规，并相继成立“中小企业司”等相关机构，对我国中小微企业乃至国家的经济社会快速健康发展发挥了重要作用。在此大环境作用下，江西省、湖南省陆续开始挂牌成立省中小企业局，并设立中小企业服务中心、中小企业协会，开办中小企业服务网等，致力助推中小微企业发展。

经过十年的发展历程，国内权威机构评估研究表明：我国中小微企业还处在极不平等的竞争和发展环境之下，许多束缚并未真正消除，在政策环境、竞争秩序等方面还处于明显劣势，尤其是存在一些制约中小微企业发展的观念障碍，国有经济优越于集体经济、集体经济优越于个体私营经济的“排座次论”和“所有制鸿沟”还客观存在。舆论、政府管理和涉及企业的许多政策还有“所有制烙印”，包括已经上市的股权多元化的公司，每家企业都有一个“所有制标签”，在市场中形成了一条很深的“所有制鸿沟”，分作“体制内”和“体制外”，政府对其有亲有疏，各类企业实质上处于不平等的地位。[①] 这些现象导致国家和各地方政府在面对国有企业和民营企业时，政策制度总是会偏向于国有企业，存在优先扶持国有企业的行为，各类资源也会优先提供给国有企业，而采用“次国民待遇”对待以中小微企业为主的民营企业。一些地方的金融机构对不同所有制（不同规模）的企业实行不同的贷款条件，非国有、非集体企业的贷款条件要比国有（或集体）企业的贷款条件严格得多，中小微企业的贷款条件要比大企业严格得多，一些个体私营的中小微企业甚至没有资格得到金融机构的贷款；一些地方的政府对个体私营中小微企业的发展漠不关心，而热衷于公有性质的企业的发展。[②]

经典观点认为，制度实质上就是个人或社会对有关某些关系或某些作用的一般的、确定的思想习惯。而最新的博弈论制度理论则强调，制度实际上是一个共享信念体系，或者基于共享信念的规则和组织。因此，政府在经济发展过程中所持有的“所有制歧视”实际上是意识形态偏好的差异。张宝凤（2008）[③] 认为，意识形态偏好等行政文化影响政府执行力，进而影响政府决策目标的实现，包括行政文化对政府的组织结构及执行功能、政府执行态度、执行效能和执行方式等的影响。

---

① 陈清泰：《突破“姓国姓民”将是生产力的又一次解放》，《四川党的建设》（城市版）2012 年第 7 期。

② 国务院发展研究中心“促进中小企业发展”课题组：《必须从战略高度重视中小企业的发展——中小企业的健康发展是发展与改革目标实现的根本保证》，《管理世界》1998 年第 5 期。

③ 张宝凤：《行政文化对政府执行力的制约》，《中共山西省直机关党校学报》2008 年第 2 期。

例如，在浙江地区，由于国有经济比重的相对弱小，该地区以中小微企业为主体的民营经济的发展过程中所形成的一条由自发到自觉的制度创新轨迹是地方政府理性无为与求实创新相结合的结果。地方政府政治域的规则设定与以中小微企业为主体的民营经济发展的现实需求相互作用，实现了较大程度的耦合和关联，从而使得有关以中小微企业为主体的民营经济发展的新制度安排逐步得到确立。这一点"温州模式"最为典型，在面对财政压力与政治压力的两难困境中，温州地方政府不得不选择"无为"这一折中的行为方式，这使温州以中小微企业为主体的民营经济获得了可接受的制度环境来发展家庭工商业和专业市场。随着民营经济（以中小微企业为主体）的发展，它一方面对地方政府的计划干预行为构成了进一步的现实约束，另一方面也促使地方政府逐步从放任民营经济发展的自发性战略转向积极扶持和推动民营经济发展，这种地方政府对民营经济发展的"无为"式的意识形态偏好最终使得以中小微企业为主体的民营经济成为该地区经济快速发展的主力军。

而对于经济相对落后且思想较为保守的中西部地区，课题组通过2013年对湖南省中小微企业发展的体制环境的典型调研发现：湖南省目前处于经济转型期，政府职能、决策思维和管理逻辑很多还沿用了过去的"重国轻民"思想，国有经济依旧占据经济比重的主导地位，要素市场的行政性垄断和地区性屏障依旧存在，市场的主导地位不够鲜明，政府的服务体系并没有有效地对民营企业、中小微企业开放，更多的是偏向于国有企业、大型企业。而且这种多年形成的体制弊端短时间内难以消除，政府的思维方式和行为规则依旧受到大型企业和国有企业垄断地位、高额经济产出的束缚，意识形态偏好转变较缓慢。但是，作为一个微观经济市场主体的中小微企业、民营企业有追求自身利益最大化的内在冲动，它们寻求潜在收益的行为正好迎合了推动制度变迁所需要的动力要求，从而产生了强大的创新动力，并提升了资源使用效率，这会对地方政府的原有意识形态偏好产生巨大冲击，并进一步促进地方政府调整意识形态偏好，不断趋近于自身利益最大化。

以上对比表明，意识形态偏好决定政府的政策偏好，进而影响经济制度和政策的变迁路径[①]；东南沿海地区政府受中小微企业贡献率和贡献量的牵引，能较快地修正和调整其意识形态偏好，比较快速地推进“制度改革”，主动积极地选择效率更高的优先发展中小微企业的政策和制度，形成良性循环。反之，以湖南、江西、广西等为代表的中西部地区由于中小微企业发展带来的效率提升刺激力度偏弱，出现“意识形态偏好时滞”，导致制度变革和优化滞后，阻碍了中小微企业的发展，政府因此更进一步依赖资本密集型的大企业和投资拉动，形成“路径依赖”，可能出现类似于“拉美陷阱”的发展障碍，使整个区域经济发展陷入不可持续的困局。因此，为了消除制约中小微企业政策执行体系健康成长的所有制弊端，中西部地方政府乃至国家层面应当努力主动调整意识形态偏好，扭转对中小微企业的偏见，对以大型企业为主的国有企业和以中小微企业为主的民营企业一视同仁，快速稳定地推进所有制变革，优化和完善中小微企业相关政策执行体系。

二 错解“抓大放小”导致的观念障碍

1993 年 11 月，中共十四届三中全会通过的《关于建立社会主义市场经济体制若干问题的决定》指出：“一般小型国有企业，有的可以实行承包经营、租赁经营，有的可以改组为股份合作制，也可以出售给集体或者个人。出售企业和股权的收入，由国家转投于急需发展的产业。”这就是后来被形象化地称作“抓大放小”的国有企业改革思路的基础[②]，其内涵是集中精力把大企业抓好、管好，把中小微型企业放开、放活。在操作上，放活的过程实际上是走的国有企业民营化道路，这在客观上催生和发展了一大批民营中小微企业。湖南省在 1996 年就已经响应国家号召，出台了《湖南省“九五”时期经济体制改革纲要》，提出实施“抓大放小”战略，加大结构调整力度，深化国有企业改革，客观上大大推动了湖南中小微企业的诞生与成长。

“抓大放小”的概念随后被各级政府部门制定政策时不断借用，内涵也在不断扩大，逐步转为“集中精力抓大事、不被小事所周转”，成为一

---

① 邓宏图：《转轨期中国制度变迁的演进论解释——以民营经济的演化过程为例》，《中国社会科学》2005 年第 5 期。

② 郑红亮、吕建云：《中国私营经济发展 30 年：理论争鸣和改革探索》，《管理世界》2009 年第 10 期。

种颇有影响的新时期治政策略。然而，基于我国各级政府官员的任期制和以经济增长指标（GDP）等为主的政绩考核体系影响，各级政府官员常常热衷于抓大项目、抓大企业，因其见效快、影响大，在精力上“投入产出率高”，而实质上这有悖于科学发展思想。从1996年到2000年，湖南省意识到所有制改革的重要性，陆续出台了《关于放开搞活国有小型企业的意见》（1996）《1997年经济体制改革实施要点》和《关于进一步放开搞活国有中小企业的意见》（2000）等政策意见，大力推进国有中小企业改革和资产重组，鼓励中小企业创新成长和发展。这些举动促进了湖南省民营中小微企业的蓬勃发展。相关数据显示，到2002年，湖南省中小工业企业单位已达44.02万家（主要是民营企业），已经占工业企业总数的99.9%。课题组调查发现：原有的“抓大放小”理念至今对中西部地区基层政府的影响仍然很大，并在客观上已成为地方基层政府官员忽视中小微企业发展的重要思想障碍，这导致了中小微企业在发展和成长过程中依旧存在诸多重要问题和障碍。究其原因，是因为中央政府提出“抓大放小”的政策思想旨在主抓中石油、中移动这样的大型国有企业，将众多中小微型企业放归地方政府管理，而地方政府却错误理解了该思想，只是将国有中小微企业卖掉或改制重组，一级又一级政府的“抓大放小”实质上演变成为各层政府瓜分管理权限，将中小微企业抛给社会，任其自生自灭，此阶段是政府实质上不太管也不想管中小微企业的时期，制约了中小微企业的资源获取和健康成长。①②

由于大企业上缴的税收多，对经济发展和财政增长的贡献较大。因此，各级地方政府在对“抓大放小”政策的片面理解下，根据本地实际发展情况制定了扶持当地龙头企业发展的政策，在客观上形成了对各地中小微企业的歧视性政策环境。从典型调研来看，湖南省各地区政府均有大企业偏好，大企业也乐于向政府靠拢。大企业依靠政府提供的价格较为低廉或垄断性的资源取得竞争优势。由于政府资源集中投向了大企业，客观上损害到中小微企业的发展，尤其是那些具有很好市场前景、产品技术含量高、具有较强发展潜力和竞争力的中小微企业。大企业利

---

① 敬一竹：《论西部中小企业发展中的政府行为》，《理论与改革》2001年第6期。

② 郑红亮、吕建云：《中国私营经济发展30年：理论争鸣和改革探索》，《管理世界》2009年第10期。

用自己的经济和政治优势，从政府那里获得了价格低廉的优势资源和有利于自己的政策，中小微企业被排除在此类扶持和优待性政策之外，大企业的“寻租”行为必然损害中小微企业的竞争力，制约了中小微企业发展。

回想最初，国家实行“抓大放小”战略，初衷是一方面想卸下国有企业因效率低下亏损严重的负担，另一方面是打算集中优势打造几个航母企业代表国家参与国际竞争。十几年过去了，这些处于垄断地位的庞大企业控制着大量的经济资源、人力资源、信息资源，扭曲了自由市场机制，对中小微企业造成了事实上的隐性掠夺。① 从企业人力资源积累角度来看，正是由于地方政府的“抓大放小”思想和大企业的隐性掠夺，政府的人才保障计划极度偏向大企业，社会上优秀的人力资源大量流入大企业，导致中小微企业的发展遭遇了严重的人力资源“瓶颈”。为此，国家和地方政府必须逐渐打破国有企业的垄断地位，还中小微企业公平合理的发展和竞争空间。

三　人力资源政策实施和执行障碍

美国学者艾莉森发现，在达到政府目标的过程中，方案确定的功能只占10%，而其余90%取决于有效的执行。世界银行在《2020年的中国》的报告中对我国的制度执行情况表示了担忧，认为中国当前的情况不是缺少制度和法律，而是执行不力，“在一些关键领域，纸上的法规远不同于具体实施的法规”。② 随着社会主义市场经济的自由化进展和政府权力的分化，上级政府—下级政府—企业之间的关系愈加复杂和矛盾。伴随着其间关系的多样化发展，上级政府、下级政府以及企业开始为自身的利益“寻租”，政策的执行从原先的“命令—执行”逐步转向“谈判—讨价—还价”模式。课题组调研认为，中小微企业的政策需求和现有的政府政策供给之间存在较大的矛盾，中小微企业人力资源“瓶颈”的打破不是主要依赖于出台政策的多少，而是需要提高相关政策的执行力。中小微企业人力资源相关政策执行力上存在的问题亟待

① 梅伟霞：《我国陷入“中等收入陷阱”的风险分析及战略应对》，《求索》2011年第10期。

② 莫勇波、张定安：《制度执行力：概念辨析及构建要素》，《中国行政管理》2011年第11期。

解决。

课题组在湖南省预调研访谈时发现：湖南省各级政府及相关部门对中小微企业人力资源相关政策的执行效果欠佳，企业满意度不够高。说明在有关政策的实施和执行过程中存在障碍，政策执行力偏低。根据这一现象，课题组对中西部的广西壮族自治区、江西省、湖南省以及东部的广东省进行了拓展调研，得到结果见表4－1和图4－1。从调研结果来看，东部地区的人力资源相关政策执行情况普遍要好于中西部地区，并且相关的指标全部超过了一般水平，趋近较高水平，其中“政策实施的公平透明程度”评分最高，为3.46分，“政策清晰详细程度”评分最低，只有3.12分。中西部地区中小微企业人力资源相关政策执行情况除“政策实施的公平透明程度”达到了一般水平外，“政策的宣传力度”、“政策清晰详细程度”、“政策的惠及面”、“政策的扶持力度”等指标都低于一般水平，尤其是“政策的落实力度”，评分只有2.73分。由上可知，中西部省份的政府部门应当提高人力资源相关政策拟定的清晰详细程度，加强宣传力度，提高政策惠及面和扶持力度，尤其应当重视政策落实情况，避免其成为“一纸空谈”。

表4－1　东部和中西部中小微企业人力资源相关政策执行情况对比　单位：分

政策执行情况类别	不同地区被调研企业认为人力资源政策执行程度	
	东部（广东）	中西部（江西、广西）
贵企业感知到的中小微企业人力资源政策实施的公平透明程度	3.46	3.01
贵企业感知到的中小微企业人力资源政策的宣传力度	3.22	2.90
贵企业感知到的中小微企业人力资源政策清晰详细程度	3.12	2.84
贵企业感知到的中小微企业人力资源政策的惠及面	3.32	2.75
贵企业感知到的中小微企业人力资源政策的扶持力度	3.21	2.77
贵企业感知到的中小微企业人力资源政策的落实力度	3.28	2.73

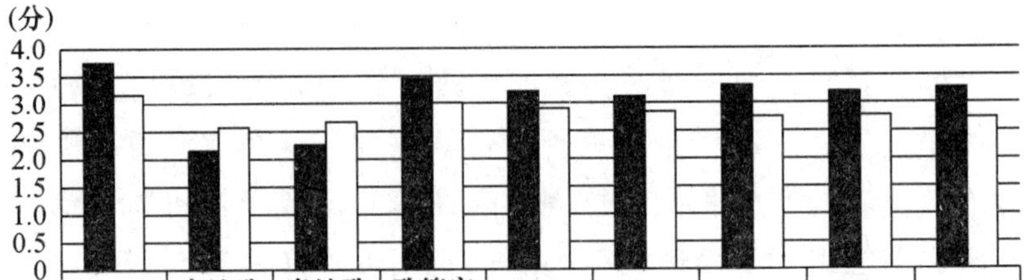

	当地政府重视程度	当地政府的所有制歧视程度	当地政府的规模歧视程度	政策实施的公平透明程度	政策的宣传力度	政策清晰详细程度	政策的惠及面	政策的扶持力度	政策的落实力度
■东部	3.75	2.15	2.26	3.46	3.22	3.12	3.32	3.21	3.28
□中西部	3.17	2.57	2.67	3.01	2.9	2.84	2.75	2.77	2.73

图4－1 东部和中西部中小微企业人力资源相关政策执行情况对比

接下来，对比分析东部和中西部的中小微企业人力资源相关政策执行情况，在政策的惠及面上，东部与中西部的差距最大，达到了0.57，大约有11个百分点，说明中西部省份的中小微企业政策惠及面远不及东部省份，相当一部分中小微企业并没有享受到政府给予的人力资源政策。而单独对比各人力资源相关政策的惠及力度（见图4－2）可以看出，除企业家培训扶持政策及企业管理诊断帮扶政策外，中西部的其他人力资源相关政策的惠及面都低于东部，尤其是人才引进、员工培训、人才培养、社保补贴及劳动仲裁相关的政策，其中，人才引进政策和员工培训政策的惠及力度差距达到10个百分点以上，说明中西部省份中小微企业人力资源相关政策的普及程度亟待提高，各省份的相关部门在制定和执行政策时应当将绝大多数中小微企业纳入政策帮扶对象中，再针对不同规模、不同地区的企业做出相应的调整。其次，东部和中西部差距最大的是政策的落实力度，同样超过10个百分点，中西部的政策落实情况与东部相比还是存在较大差距，除因地域差异带来的信息传递、人员素质等不同外，政策的制定情况、政府部门的工作效率、工作方法、激励手段等都是导致政策落实不足的主要原因。

为了刻画和分析政策的实施效果，马特兰（Matland，1995）① 依据政策特性，建立了一个分析政策执行冲突性—明晰性的二维矩阵模型，该

① Matland，R. E.，"Synthesizing the implementation literature：The ambiguity－conflict model of policy implementation"，*Journal of Public Administration Research and Theory*，Vol. 4，No. 2，1995.

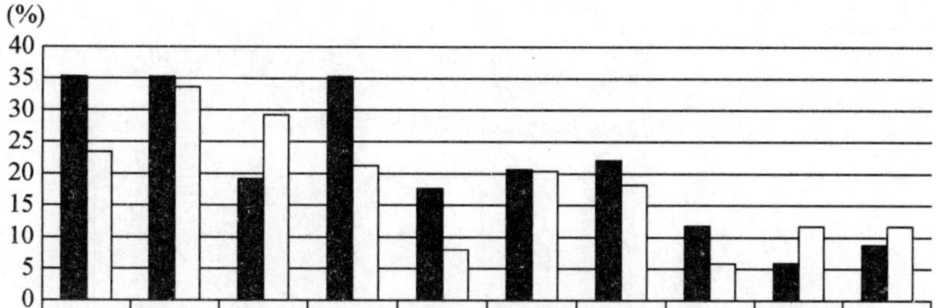

	人才引进的扶持政策	企业招聘扶持政策	企业家培训扶持政策	员工培训扶持政策	人才培养扶持政策	员工福利待遇等补贴政策	员工的社保补贴政策	劳动仲裁帮扶政策	企业管理诊断帮扶政策	其他
■东部	35.30	35.30	19.10	35.30	17.60	20.60	22.10	11.80	5.90	8.80
□中西部	23.40	33.60	29.20	21.20	8.00	20.40	18.20	5.80	11.70	11.70

图 4－2　东部和中西部中小微企业人力资源支持政策惠及力度对比

模型描述了四种政策执行策略：行政性执行（低冲突，高明晰）、政治性执行（高冲突，高明晰）、试验性执行（低冲突，低明晰）和象征性执行（高冲突，低明晰），并且整个政策执行过程是权变的。殷华方等（2007）①根据中国情境特征在马特兰二维模型的基础上增加关系维度，构建了不同关系主导下的执行力模型。

课题组借鉴该模型，融合中小微企业人力资源政策执行的现状和逻辑，重构了中小微企业政府政策上下级执行力三维模型（见图 4－3）。模型包括三个政策相关主体：上级政府、下级政府以及企业。通常情况下，在上级政府与下级政府间，上级政府制定政策，下级政府实施政策；在下级政府与企业之间，下级政府制定政策，企业实施政策。此外，与政策制定和实施有关的同一层次的上下级部门也属于该模型的讨论范围。因此，可以将上级视为政策制定者，下级视为政策执行者，上下级之间的关系规定了上级—下级的博弈规则，从而决定着上级对下级执行者授权的程度、奖惩方式、资源投入、行动限制以及监督等，进而影响到下级执行者的政策策略选择。

课题组运用殷华方修正后的上下级执行力模型来解析我国中西部地区中小微企业人力资源政策的执行问题，并提出相应的对策建议。

① 殷华方、潘镇、鲁明泓：《中央—地方政府关系和政策执行力：以外资产业政策为例》，《管理世界》2007 年第 7 期。

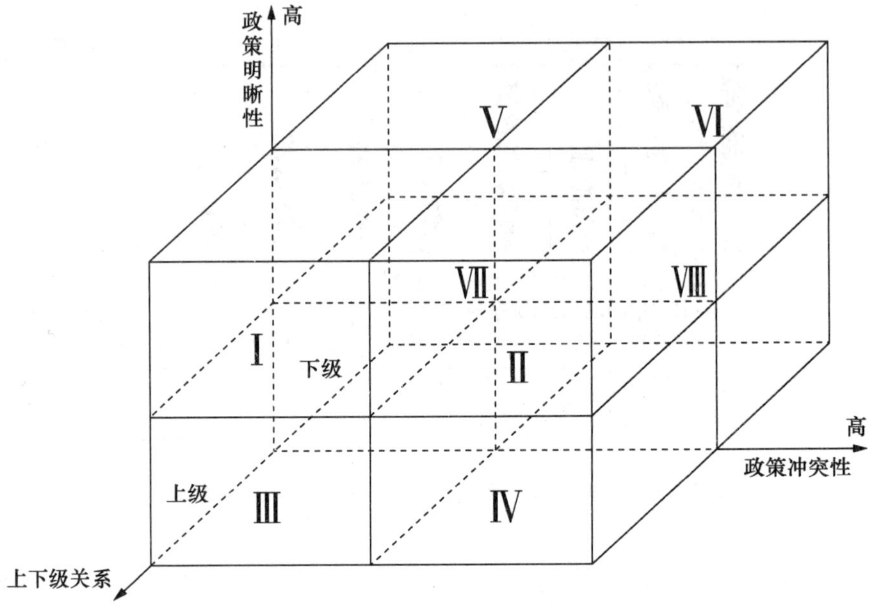

图4－3 政府政策上下级执行力三维模型

根据模型的运行原理，政策执行过程一般经历两个阶段：第一阶段是上下级关系选择阶段，该阶段博弈的结果决定上下级的主导地位。作为一个独立利益主体，下级会通过成本收益来决定自身的最优化选择，如果上级制定者的政策设计使得下级执行者违背执行政策的成本或者遵照执行政策的收益足够高，那么上下级之间的主导地位将偏向上级；反之，下级将偏向于采取主导地位来保证自身的利益。中央政府在制定中小微企业政策时和各地方政府之间、地方政府在制定政策时和中小微企业之间同样存在着上述的博弈过程。通常是某项扶持中小微企业的政策从中央政府发布下来，地方政府在执行时往往会要付出税收或者财务支出成本，站在地方政府的立场上，它会本能地抵制或者消极的态度来执行该项政策，以满足其自身利益最大化的内在需求。课题组研究了中小微企业的各项政策，大多是指导性和原则性意见，需要地方政府在执行过程中设置更详细的操作措施，这无疑给地方政府在政策博弈中以足够的主导权，在东部发达地区，如浙江、广东等地，由于“所有制歧视”形成的意识形态障碍对政府的影响较小，地方政府有内在驱动力支持中小微企业的发展，中央政策的实施和执行就会比较到位，而湖南、广西等中西部地区，如前所述由于意识形态构成的障碍较大，地方政府扶持中小微企业的内在驱动力不足，中央扶持中小微企业发展的有关政策执行效果就会差很多，这和课题组的调研结果完全一致。

从模型的原理来看，当一项政策的明晰性高、冲突性低时，政策执行者针对不同的主导局面将做出不同的选择，若上级主导，下级将选择行政性服从策略（Ⅰ象限）；若下级主导，下级将选择选择性服从策略（Ⅴ象限）。当一项政策的明晰性高、冲突性也高时，政策执行者在上、下级主导下做出的选择分别为政治性服从（Ⅱ象限）和政治性背离（Ⅵ象限）。政策的明晰性高说明政策的设计严谨、描述清晰、方向明确，也方便了上级制定者的监管和审查。然而，冲突性高的政策使得下级执行者产生强烈的违背动机，倾向于选择自己的利益。当一项政策的明晰性低、冲突性高时，下级政策执行者选择的政策执行策略分别是象征性服从（Ⅳ象限）和认知性背离（Ⅷ象限）。政策的冲突性高使得下级执行者有倾向违背上级制定者的要求，而且较低的明晰度使得政策的内容模糊、方向混淆，使得下级执行者更有理由背离政策的初衷。当一项政策的明晰性低、冲突性也低时，下级政策执行者选择的政策执行策略分别是强制性试验（Ⅲ象限）和诱导性背离（Ⅶ象限）。

课题组据此对我国中小微企业的有关政策进行了分析评估后发现：早期的中小微企业政策原则性的内容居多，即明晰性比较低，各个地方对政策的选择性空间较大，实际上政策的执行状况差异较大，东部沿海地区更多地选择实质性扶持中小微企业发展，而中西部地区政策的执行相对较差。2003 年 1 月 1 日，我国开始实施《中华人民共和国中小企业促进法》，中央政府出台了扶持性政策，政策的设计逐步趋向严谨，政策的明晰性逐步加强。可以明显看出，我国在中小微企业发展的战略思路上越来越明确，扶持发展的政策力度越来越大，决心越来越坚定，尤其是党的十八大以后，中央出台的一系列支持中小微企业发展的政策明晰性更高，设计更为严谨，地方政府在博弈中的政策选择余地越来越小，凸显了中央政府政策的主导性地位，各个地方尤其是中西部地区对中小微企业的扶持力度大大加强。据此，课题组建议：根据中小微企业的特征，中央政府在制定有关优化中小微企业发展环境的政策时，仔细考量地方政府在执行政策时可能出现的利益矛盾和冲突，通过加强政策的明晰性来保证政策的有效执行；同时建议尽量将有关中小微企业的扶持政策和大企业的扶持政策分别制定，尤其是需要下级政府投入大量时间和行政资源成本才能执行的政策，更建议把中小微企业单列出来，以免地方政府趋于自身利益驱动和成本规避导致将政策倾向于大型企业，而无法惠及中小微企业。

四 社会保障政策存在对接障碍

随着城市化进程的不断加快，城乡劳动力流动变得日趋频繁，进城务工的农民越来越多。在流动过程中农村居民会经常转换身份，但目前我国城乡实行两种不同的社会保障制度，即当农民在城镇企业就业时，实行城镇职工（或农民工）基本社会保障制度，当农民在农村务农时，实行新型农村社会保障制度。而这两种社会保障制度在诸多方面都存在不同。如何实现这两种制度间的转移融合关乎农民工社会保障权益的实现，也关乎着新型农村基本社会保障制度的可持续发展，更重要的是，以此来打破城乡制度的二元差异。同时，为机关事业人员与企业职工的并轨铺平道路、奠定基础。针对我国部分中小微企业中来自农村的员工缴纳社保和“新农合、新农保”重叠的问题，课题组进行了典型和拓展调研后发现：72.4%的企业存在“员工不愿意接受‘五险一金’保险”的问题，究其原因，56.5%的湖南企业是因为“员工已经在农村缴纳了‘新农合、新农保’”，同样的原因在江西的比率是64.5%，在广西则为38.5%。广西的比率低是因为广西中小微企业将“不愿意接受‘五险一金’保险”的首要原因归为“员工扣除社保后到手工资低”。由此看来，目前我国中小微企业员工的社会保障的对接和管理存在较为严重的问题。

我国社保制度的建立有着与其他国家不同的历史背景和社会背景，并分别受到城乡社会经济发展的影响和制约，从而在性质、模式以及具体内容规定上形成了两套截然不同的制度。两种制度最大的差异在于保障性质，城镇职工基本养老保险是按照社会保险的基本要求设立的，是真正意义的社会保险，新农保虽然由民政部主导，但对参保不作强制性要求，因而并不具备社会保险的基本特征，在性质上可以看作是政府主导的商业保险。显然，要将这两种性质截然不同的制度直接衔接具有相当大的难度。虽然国家及各地区已经陆续出台了一系列政策力促两种社会保障体系的衔接和并轨，但是，制度衔接中还存在诸多客观障碍，亟待解决（见表4-2）。

表 4－2　　当前城乡基本养老保险制度的差异性比较

差异内容/制度类型	城镇基本养老保险制度	农村基本养老保险制度
基本指导思想	效率与公平相结合	效率优先，兼顾公平
责任分担方式	政府、用人单位和个人三方分担	个人和集体分担，以个人为主
筹资模式	现收现付和完全积累的混合式	完全积累式
基金运行	社会统筹与个人账户相结合	个人账户
缴费模式	缴费确定型	缴费确定型
给付水平确定	基础养老金＋个人账户养老金	个人账户养老金
覆盖范围	各类企业职工、个体工商户、灵活就业人员	非城镇户口农村人口
缴费标准	上一年度职工月平均工资的60%—300%	2—20 元的 10 个等差定额
缴费办法	比率缴费，其中用人单位为20%，个人为 8%	定额缴费
领取年龄	男 60 岁，女 50（55）岁	男性和女性均为 60 岁
投保年限	15	无
基金管理	社会保险机构市级统筹	县农保险机构县级统筹

资料来源：刘苳玲、赵传芳：《我国基本养老保险制度城乡衔接研究》，第三届中国社会保障论坛文集，2008 年。

课题组通过调研发现：目前两种社会保障制度的统筹衔接依旧处于初期，大多数来自农村的中小微企业员工并没有享受到二者并轨带来的好处，重复缴费或者管理困难的现象依旧常见。中西部地区中小微企业对社保对接政策的了解程度仅为 3.24，只达到一般水平，比起东部地区少了 10 个百分点，说明中西部地区政府对社会对接政策的推行力度也存在较大的差异。

（一）两类养老保险制度存在较大差异

课题组首先分析两类养老保险制度存在的差异，探讨两项制度衔接存在的主要障碍，为有效衔接提出好的思路。

1. 责任分担结构不同

新农保制度的责任主体为个人、集体和国家，但基于我国很多地区尤其是中西部地区集体经济实力有限的现状，新农保责任主体实际上主要是国家和参保者个人，集体能承担的力量十分有限。城镇职工基本养老保险责任主体为国家、企业和个人，企业在养老保险中承担了重要责任，大大缓解了个体的缴费压力。新农保制度与城镇职工基本养老保险制度责任分担结构有差异，这为两种不同的社会保障体系的转移、并轨设置了障碍。

2. 管理统筹部分差异较大

城镇职工基本养老保险制度的统筹部分由企业缴费和财政补助积累而成。而新农保的统筹部分，中西部地区全部由中央财政负担，东部地区由中央财政负担50%，其余部分由地方财政负担。两种社会保障的筹资水平相差5—7倍，客观存在较大差距的受益。这种较大的保障差异直接强化了两类社保体系的管理分割，这样的管理分割导致经办机构重复建设且互不兼容，管理成本居高不下，信息沟通困难，严重制约了两类社保的衔接。

3. 缴费标准差异大

城镇职工基本养老保险制度中，企业每月按照企业工资总额的20%缴费，个人每月按上年度月平均工资的8%缴费（2009年《农民工参加基本养老保险办法》征询意见中规定，对于农民工，用人单位缴费比率为工资总额的12%，个人缴费比率为4%—8%）；新型农村基本养老保险制度实行个人缴费、集体补助、政府补贴的原则，参保居民每年按100元、200元、300元、400元、500元分5个档次缴费。城镇企业职工基本养老保险的缴费标准较高，具有强制性，积累额较高；新型农村基本养老保险的缴费形式灵活但缴费标准偏低，且为自愿性，积累额远低于城镇企业职工基本养老保险，这使两类保险制度在收费标准上存在着较大的落差，成为重要的并轨障碍。

（二）社会保障体系区域差异明显

课题组将以江西、广西、湖南为样本省份的中西部地区和以广东为样本省份的东部地区的调研数据进行了比对分析，发现各个地区社保覆盖率相差较大（见图4－4）。中西部地区社保整体覆盖率普遍偏低，社保员工占80%的企业仅占总数的39.3%，其中江西省最低，仅占25.8%，广西最高，达到了57.1%；中西部接近一半的企业中社保员工比率未超过50%，且社保资金短缺。在湖南省内部，又是长株潭等经济发展较好的市县中小微企业社保覆盖面较高，71.2%的企业社保员工比率达到

80%以上，仅有10%左右的企业社保员工比率在50%以下，社保资金充足。相对而言，东部地区社保整体覆盖面更广，普及情况也要好很多，社保员工占80%以上的中小微企业占总企业数的71.2%，仅11%的企业中社保员工的占比低于50%。

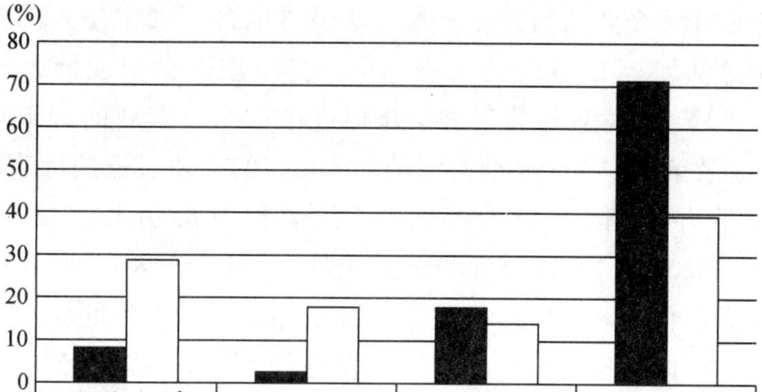

	30%以下（含30%）	30%—50%（含）	50%—80%（含）	80%以上
■东部	8.20	2.70	17.80	71.20
□中西部	28.80	17.80	14.10	39.30

图4－4　东部和中西部中小微企业缴纳了社保的员工占总员工数的比率

（三）两类社保制度衔接势在必行

针对以上社保体系衔接过程中的问题，我国政府开始从政策制定上重视起来，逐步颁布了相关的衔接方案。2014年2月7日，国务院总理李克强主持召开的国务院常务会议作出重要决定，在已基本实现新型农村社会养老保险、城镇居民社会养老保险全覆盖的基础上，依法将这两项制度合并实施，在全国范围内建立统一的城乡居民基本养老保险制度，并在制度模式、筹资方式、待遇支付等方面与合并前的新型农村社会养老保险和城镇居民社会养老保险保持基本一致。2014年7月1日，《城乡养老保险制度衔接暂行办法》开始实施，该办法填补了制度衔接的空白，解决了参保人员特别是农民工在城镇职工养老保险和城乡居民养老保险之间的制度衔接，对于现有的新农保和城镇职工保险之间的差异进行了统一协调。

然而，基于前文政策执行力研究的有关结论，课题组预期，在较长时期内中小微企业社保问题还会客观存在，中小微企业依旧会受制于社保压力的限制而招不到合适的人才的问题仍然会在较长时期内存在。

五 人力资源支持政策存在偏颇和执行不到位障碍

课题组研究当前国家以及各地方政府出台的有关人才引进政策可以发现，相关政策数量可观，力度也很大，但多偏向于大型企业。虽然国家针对中小微企业的用人环境和人才引进出台了《中华人民共和国中小企业促进法》《国务院关于进一步支持小型微型企业健康发展的意见（2012 年）》《国务院关于进一步促进中小企业发展的若干意见（2009 年）》等政策，但由于中西部省份制定相应的人才引进扶持政策，如湖南省的“千人计划”“百人计划”《湖南省中长期人才发展规划纲要（2010—2020 年）》；江西省“千人计划”“外专千人计划”；广西的《自治区党委、自治区人民政府关于进一步加强人才工作的决定》等，是针对也确是面向各省（区）所有事业单位的，似乎并未有何歧视，但引入的人才相对高端化，实际上并不适用于中小微企业。针对中小微企业专门制定的专门政策，如湖南省《关于鼓励支持劳动密集型企业和中小型企业吸纳就业的若干措施（2013 年）》出台较晚，落实效果不显著，对湖南省的典型调研数据显示：37.3%的被调研中小微企业认为“政府政策环境支持不力”制约了企业发展，41.1%的企业认为“政策宣传不到位”是政府在人才引进上存在的主要问题，而32.5%的企业认为“地方政府对政策落实力度不足”是中小微企业人才引进过程中遇到的另一大问题。从整个中西部地区来看，如图4－2和图4－5所示，政府对中小微企业的相关政策扶持力度有限，吸引力差，将近80%的中小微企业没有得到过政府人才引进扶持政策的支持，只有33.6%的企业享受过政府的招聘扶持政策，29.2%的中小微企业业主获得了企业家培训政策支持，21.2%的中小微企业员工在政府提供的员工培训政策中受益，而员工福利待遇等补贴政策和社保补贴政策的覆盖率分别仅为20.4%和18.2%，说明我国中西部地区各地方政府对中小微企业相关支持政策的覆盖面极为狭窄，相当大比率的中小微企业没有从中获益。

课题组对我国中西部中小微企业人力资源现状的调查数据进行整理分析，结果显示（见图4－6）：湖南省75.0%的企业感觉到企业用工紧缺，其中操作技能人才紧缺位居各类人才短缺榜首，达42.7%，其次是中高级管理人才短缺，占40.5%，还有14.4%的企业表示普通用工也紧

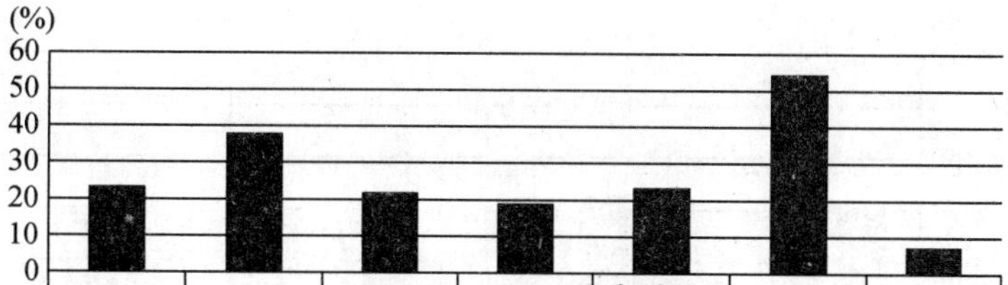

	人才引进的补贴	人才信息服务	精简人才引进步骤，实行绿色通道	提供基础设施和配套设施建设	解决人才的亲属就业子女入学住房等问题	提供专业对口的招聘会	其他
■中西部	23.20	37.70	21.70	18.80	23.20	54.30	7.20

图4-5　中西部中小微企业在人才引进方面得到的政府支持类型

缺。江西省用工紧缺的企业占77%，同样操作技能人才紧缺问题最普遍，占48.8%，其次是普工紧缺，占39.5%，认为中高级管理人才紧缺的企业也占33.7%。广西中小微企业用工紧缺情况最严重，存在紧缺的企业比率高达87.1%，其中操作技能人才紧缺的企业比率为60%，普工紧缺的企业比率为41.4%。而东部的广东省中小微企业用工紧缺现状相对较好，不存在用工紧缺的企业占比比中西部高近5个百分点，用工严重紧缺的企业占比比中西部低13个百分点，这表明由于地域、环境、制度等原因，中西部地区中小微企业用工紧缺问题较东部更为严重，其中又尤以中高级管理人才和技工的紧缺程度最为严重。

在调研中西部中小微企业用工紧缺原因时，70.6%的企业认为“企业成本压力大，工资福利待遇吸引力不强”是企业管理者、技工紧缺的最主要原因，而普通员工紧缺的最主要原因是“新生代员工期望高”。为了探讨相关政策对企业用工紧缺的影响，课题组对湖南省进行的典型调研结果显示：在人才引进方面，79.2%的企业认为“政策的扶持与优惠的幅度不够、吸引力不强”，32.5%的企业认为“政策落实力度不足”，看来企业对政府在“人才引进”上的作为方面期待颇厚，且意见也不少。课题组针对政府过去一段时期内在人力资源市场上重点作为的“培训支持”、“社会保障扶持”、“人才引进”和“人工成本直接补贴”的落实政策状况进行了追踪调查，57.0%的企业享受到了“社会保障扶持”，53.4%的企业得到了“培训支持”，而得到“人才引进”和“人工成本

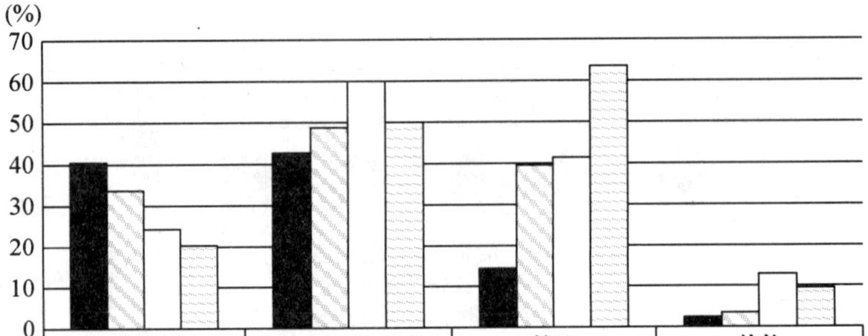

	中高级管理人才	操作技能人才	普工	其他
■湖南	40.50	42.70	14.40	2.40
□江西	33.70	48.80	39.50	3.50
□广西	24.30	60	41.40	12.90
□广东	20.30	50	63.50	9.50

图 4－6　东部和中西部中小微企业用工紧缺情况对比

直接补贴”的企业分别只占 35.2% 和 19.7%。从这些调查数据可以看出，中西部地区政府尽管给中小微企业提供了若干人力资源扶持政策，但企业的满意度欠佳，政策的覆盖面和执行到位状况均存在一些问题，这和课题组前面分析的中西部地区中小微企业政策执行的分析结果相一致，需要引起有关部门的关注。

由于中小微企业受制于自身的特性，在人力资源市场的竞争中先天性地处于劣势地位，其中包括企业社会知名度低、配套基础设施欠缺、人才培训能力薄弱、薪酬吸引力不足等。这些发育不足的特性导致中小微企业需要用超出自身承担能力的成本来吸引人才进入，并且需要采取比大企业更多的激励手段来保证人才留在企业。中小微企业的先天不足再加上政府在人力资源支持政策上存在的后天歧视，使得中小微企业根本无法与大企业开展人力资源的公平竞争，大大制约了中小微企业的发展。

六　社会舆论导向和评价存在的偏颇障碍

课题组针对诸多优秀人才和大学生不愿意到中小微企业就业的这一现实问题进行了专门调研和分析，在湖南省有 44.6% 的企业在过去五年中没有得到任何省级以上的表彰，76.9% 的企业没有得到地市级以上的媒体的正面报道，而人们对于中小微企业的负面报道则耳熟能详，中小微企业显然处于媒体和舆论宣传的弱势和不利状态。图 4－7 展示了中西部和东部地区中小微企业社会地位差的主要原因，从图中可以看出，不论是中西部还是东部地区，“政府或社会正面舆论宣传少”都是引发中小微企业在社会中形象差、地位低的最主要原因。长期以来，中小微企业在各种政府和社会荣誉评定中处于劣势，难以与大型企业竞争。王春福（2007）研究发现，执行者的价值取向和公共精神是影响政策执行力的关键因素。① 据此，课题组认为：社会公众对中小微企业的评价欠佳引起的公共精神缺失导致了中小微企业社会地位和形象受损，严重制约中小微企业的人才竞争能力。

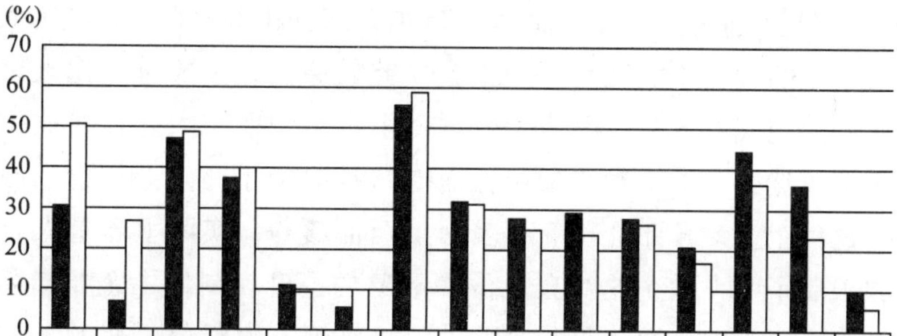

	所有制观念带来的歧视	董事长素质差、文化水平较低	地理位置差引起的生活环境水平低、交通不便等	因管理不善引起的产品服务质量差、生产事故多发等	造成环境污染	受到处罚较多	政府或社会正面舆论宣传少	受到社会表彰少	企业内部劳资关系矛盾突出	企业提供给员工的工资待遇差	员工整体素质低	社会对劳动或劳动者不尊重	企业内部用工不规范管理水平低	政府不重视中小企业发展、不公平对待中小企业	企业的信誉差
■东部	30.6	6.90	47.2	37.5	11.1	5.60	55.6	31.9	27.8	29.2	27.8	20.8	44.4	36.1	9.70
□中西部	50.6	26.9	48.8	40	9.40	10	58.8	31.3	25	23.8	26.3	16.9	36.3	23.1	5.60

图 4－7　东部和中西部中小微企业在社会中的地位较低、形象较差的原因对比

纵观我国现代社会的发展历程，“以实力论英雄”一直都是社会对企业评价的主流范式，其中实力更多集中在 GDP、利润、效益、贡献的税收等量化指标上，而对创新力、就业贡献、诚信水平、未来前景等企业

① 王春福：《公共精神与政府执行力》，《理论探讨》2007 年第 1 期。

软实力指标关注不足，从而导致越来越多尤其是大企业、垄断性企业占有大量的社会资源，不仅在市场竞争中挤压中小微企业的生存空间，还长期霸占新闻媒体的头版头条，在公众信息接收层面上占尽优势。“去大企业长面子，去小企业丢面子”成了众多家长教育子女、众多毕业生选择就业的指导思想，中小微企业社会形象和社会声誉处于明显劣势。

在人才评价方面，政府荣誉更倾向授予地区大型国有企业具有高职称、高学历的人才，对中小微企业的人才关注度低。例如，湖南省针对企业制定了关于“中国驰名商标企业”“体系认证优秀企业”“诚信纳税企业”“湖南创富大赛”等荣誉称号，针对企业家制定了“湖南优秀企业家”“明星企业家”等表彰政策，但绝大部分花落大企业，成为大企业以及大企业的董事长相互竞争的平台。究其原因，主要是评比政策基本依据企业的规模、效益、产值等数据，中小微企业与大企业在这样的评比规则下显然处于了不对称地位，而专门针对中小微企业评价的政策又太少，这种企业荣誉评价政策“表面上全面覆盖，实际上着重大企业”的现象限制了中小微企业社会地位和形象的提升，制约了企业知名度的宣传和推广，为中小微企业人才引进、留任等人力资源“瓶颈”的产生埋下了隐患。

第二节　削除观念障碍，优化体制机制环境

一　转变观念偏好，切实扶持中小微企业发展

政府是市场机制重要设计者和维护者，也是市场竞争的有效调控者。中小微企业因为先天性的不足，在发展中存在各种各样的问题，不仅与大企业难以竞争，而且遭受的来自外部环境的困难更多，必须得到更大的关注与扶持。作为公平和秩序维持者的政府，为了实施社会整体效益最大化，扶持中小微企业的发展成为其必须担当的社会责任。要想真正有效促进中小微企业的发展，政府首先必须转变自身观念偏好，将中小微企业的发展提上战略高度，作为政策制定和实施的核心。[①] 中小微企业

---

① 邓宏图：《转轨期中国制度变迁的演进论解释——以民营经济的演化过程为例》，《中国社会科学》2005 年第 5 期。

因其特有的顽强生命力和强大的适应能力的特性，往往政府给予少量的扶持就能创造较大的社会收益，不仅可以解决就业，带动经济的发展，而且能够促进创新变革，构建和谐社会，帮助我国跨越“中等收入陷阱”。我国“工业化”“信息化”“新型城镇化”和“农业现代化”的新四化发展目标，是基于“城镇化”发展这一核心的，其主要发展动力也是基于“城镇化”，而城镇化的根基在于城镇的产业基础，为了避免城镇化过程中出现产业“空心化”，必须加强“城镇化”过程中的产业基础发展，中小微企业便是城镇产业支撑中的主力军，只有大力发展中小微企业，才能夯实“城镇化”发展的产业基础，真正推动“新四化”目标的实现，只有对中小微企业发展形成如此的战略性共识，并将这种战略共识融汇运用于各级政府在制定和执行中小微企业各项具体政策之中，才能真正解决中小微企业发展过程中的各种体制机制障碍，中小微企业也才有可能归位于其应有的战略地位，获得真正强有力的政策扶持。

政府存在不利于中小微企业发展中的观念偏好主要存在两类：一类是规模偏好，另一类是意识形态偏好。从前文分析中看出，规模偏好是由于大企业相对于小企业的巨大经济产出和规模利益导致政府更乐意关注和扶持大企业以满足政府低行政成本实现高的政绩回报的需求；意识形态偏好是由于整个国家长期形成的“所有制鸿沟”观念惯性所形成的“支持国有企业安全、支持民营企业风险大”的政府行政理念和特质。这两类偏好都在客观上导致忽视或歧视中小微企业的政策或经营环境的形成，要想优化中小微企业政策环境，必须从消解两种观念偏好入手，从思想和理念层面上改善不利于中小微企业发展的政策环境土壤。

之所以说上述两种观念的偏好思维障碍应予突破，是因为这两种观念实际上是错误的，是一种认知偏差，应该通过理性分析予以纠正。

从政府偏爱扶持大型企业来看，虽然大企业能够给地方经济带来巨大的财政收入，拉动地方税收和发展，吸收社会劳动力。但是，中小微企业能够在与大企业激烈的竞争中存活下来，具有一些大企业无法企及的优势。首先，与大企业相比，中小微企业的小规模既是劣势，也是优势，正是由于中小微企业规模小、员工少、经营范围集中，从而使得其拥有经营决策权高度统一、应对市场变化灵活、生产运作效率高、创新创造成果多、管理弹性大、生命力顽强等优势，这些特点都保证了中小微企业在市场动荡时期依旧能够保持较大发展。其次，中小微企业虽然规模小，但是总数巨大，如湖南省 2014 年年底中小微企业总数达到了 20.22 万家，占全省企业的 99.8%，共创造国民生产总值（GDP）9357.91 亿元，税收 1311.43 亿元，中小微企业不仅企业总数居绝对地位，还创造了全省 45% 左右的 GDP、60% 以上的税收、2/3 以上的工业增加值和 80% 以上的城镇就业岗位。最后，中小微企业是大企业的孵化器，企业的成长具有生命周期，从诞生到壮大自有其规律，所有大企业都是由中小微企业慢慢成长而来的，因此，若是不重视中小微企业的发展，大企业又从何而来？扭转规模偏好，转变政策导向，推动中小微企业发展应当成为各地方政府当务之急的举措。课题组在对中西部地区中小微企业发展状况的调研中发现，79.2% 的企业认为“政府对中小微企业的政策的扶持与优惠的幅度不够、吸引力不强”，32.5% 的企业认为“目前已有政策落实力度不足”，超过一半的企业认为“针对中小微企业服务建设力度不够”、“服务平台的完善和优化需大力提高”。说明中西部地区政府对中小微企业的扶持力度和企业的需求愿望之间存在着很大的距离，也就是说政府在这方面需要和可为的空间很大。调查还发现，中西部地方政府对中小微企业的歧视程度比东部地区（以广东为参照标准）更严重，严重程度高出近 5 个百分点，说明中西部地区受到上述观念和偏差影响更大，观念更新应该更快、力度更大。

十八届三中全会公告已明确：“公有制和非公有制经济都是社会主义市场经济的重要组成部分，都是我国经济社会发展的重要基础”，建议将非公有制经济（主要是中小微企业）发展放到中西部各省最高战略层面（国务院发展研究中心和中央党校有关专家组已向中央进言：“将中小微企业发展上升到最高级别的国家战略”）。因为大企业的发展需要更高的资源投入，而所吸收的就业和产出的社会价值远低于中小微企业（美国小企业的人均专利产出是大企业的 16.5 倍，雇用了全美 43% 的高技术工人，创造了过去 17 年中新就业机会的 65%），根据我国中西部的资源状况和人口情况，课题组研究认为：选择优先发展中小微企业是符合中西部资源状况和经济特征的正确科学的战略选择。据此，破除“规模偏好”和“所有制鸿沟”，消解人力资源相关支持政策体系中存在的歧视和偏见，优化政策执行体系，在促进中西部各省结构优化、实现中部崛起、推动中西部经济可持续发展中具有重大战略意义。

课题组在研究发达国家中小微企业时发现，中小微企业具有顽强的生命力，不管人们是重视它还是轻视它，也不管人们给予它什么样的发展环境，作为一个整体，它都能坚韧地存在和发展着。由于中小微企业“灵活而顽强”的特点非常突出，因此政府需要改变在执行过程中事实上形成的“偏好大企业、歧视或忽视中小微企业”发展的观念和政策偏向，不仅要抓大企业的发展，更需要带活中小微企业；中西部地区尤其是其中的边远地区的各级政府更应将中小微企业的发展放在搞活地方经济的政策首位，为中西部经济发展注入顽强的生命力，以增强对当前变化复杂的经济环境的适应能力。此外，政府还应切实贯彻“平等准入、公平待遇”原则，排除市场准入歧视，放宽中小微企业进入条件和领域，完善市场准入配套机制，给中小微企业以真正的“国民待遇”；创造良好的税收环境，合法合理地对以非公有制经济为主的中小微企业征收税款；加强税收的监管，扩大税源，降低税率，从总量上减轻以中小微企业为主的非公有制企业的负担，并提供税收优惠；规范各类行政事业收费，坚决取缔重复的收费项目，加强治理向中小微企业的乱收费、乱罚款、乱摊派等现象，切实减轻企业负担。

二　完善法律政策体系，创建公平竞争环境

在中小微企业生存和发展的外部因素中，法律和政策是最基本的方面。在市场经济中，政府主要作为方式是制定法律政策，确定市场规则，创造健康的法律和政策环境，并保证和维持其有效实施。中小微企业自我生存能力弱，对法律法规体系依赖性更强，法律的健全、合理、稳定和有效的执行情况是中小微企业健康成长的重要条件。

以湖南省为例，在最近十年，湖南省逐步为中小微企业发展创建了一个较好的法律和政策环境。2006 年 10 月 1 日，湖南省正式实施的《湖南省实施〈中华人民共和国中小企业促进法〉办法》，首次以立法形式促进中小微企业发展，使中小微企业的发展和权益保障有法可依。2009 年 9 月 28 日，湖南省财政厅、统计局、经济委员会、发展和改革委员会等共同颁布了《湖南省中小企业划分标准暂行规定》，为湖南省中小企业的分类和管理奠定了基础。至此，中小企业成为一个正式的划分类别。同年 10 月，湖南省出台《湖南省人民政府关于进一步支持中小企业融资的意见》（〔2009〕10 号），将解决中小企业融资难问题纳入法规支持体系。2010 年 6 月，湖南省经济和信息化委员会印发了《湖南省中小企业核心服务机构管理办法》，开始规范中小企业服务机构的运营和管理。同年 12

月7日，湖南省财政厅、省经济和信息化委员会共同发布了《湖南省中小企业信用担保资金管理办法》，建立中小企业信用担保体系，帮助企业解决资金紧张和借贷难的问题。2013年1月1日，湖南省发布《湖南省税收保障办法》，立法保障了中小微企业税收帮扶情况，减轻企业运营负担。2014年2月，《湖南省财政厅关于缓解中小企业融资困难的若干意见》出台，标志着湖南省已在进一步深化解决中小微企业融资难题。

立法支持中小微企业成长的依据和目的是减少和消除中小微企业与大企业在竞争中的起点不平等和机会不平等状况。同时，与法律法规配套的有关经济政策也非常重要。2010年3月1日，湖南省政府颁布《湖南省人民政府办公厅关于开展中小企业统计工作的通知》，将中小微企业的数据统计、信息整理工作纳入湖南省发展规划中，建立企业信息库，帮助政府及有关部门及时掌握中小微企业情况，对症下药。2012年6月21日，湖南省下发《湖南省中小企业“百千万”成长工程实施方案》，旨在充分发挥中小微企业在增加就业、促进经济增长、科技创新与社会和谐稳定中的重要作用，推动湖南省中小微企业快速成长。2013年7月18日，《关于鼓励支持劳动密集型企业和中小微型企业吸纳就业的若干措施》出台，帮助湖南省中小微企业缓解人才引进和人员流失矛盾。2014年7月9日，湖南省人民政府办公厅颁布《湖南省人民政府办公厅关于进一步促进以高校毕业生为重点的青年创业就业的实施意见》，将创业带动就业纳入政策支持体系，推动湖南省中小微企业孵化和成长。

虽然目前中西部各地方政府出台的关于中小微企业法律法规及相关政策数量颇丰，但是相关的领域更多是关于中小微企业融资方面，极少涉及其他重要领域。尽管人力资源“瓶颈”是困扰中小微企业的顽症之一，是中小微企业面临的融资难之后的第二大问题，然而，针对中小微企业发展的人力资源问题相关的法律法规极少，扶持性政策也不多，且执行效果欠佳。课题组拓展调研结果显示（见表4-3）：中西部地区人力资源相关政策的惠及面较为狭窄，惠及面最广的“企业招聘扶持政策”仅占33.6%，“人才引进扶持政策”也只有23.4%的企业享受到了相关待遇，而“人才培养扶持政策”和“劳动仲裁帮扶政策”的惠及面还未到10%。由此可见，中西部中小微企业人力资源问题相关法律、政策的普及、推广、落实存在的问题较多，亟待改进。从调研情况来看，人力资源“瓶颈”的突破、保障人力资源生态环境的和谐发展、改善企业人才环境、加强企业人才培训等几方面立法、立策的工作尤为薄弱，应当重点关注。

表 4 - 3　中西部中小微企业已享受到政府提供的人力资源支持政策情况　单位:%

政策类别	中西部地区受调研企业享受到人力资源政策情况
人才引进扶持政策	23.4
企业招聘扶持政策	33.6
企业家培训扶持政策	29.2
员工培训扶持政策	21.2
人才培养扶持政策	8.0
员工福利待遇等补贴政策	20.4
员工的社保补贴政策	18.2
劳动仲裁帮扶政策	5.8
企业管理诊断帮扶政策	11.7
其他	11.7

课题组建议：中西部各地方政府应积极采取措施，系统专项梳理中小微企业的法律和政策环境。对不利于企业人才引进、不利于提升中小微企业人力资源竞争力的制度和政策障碍尽快坚决清除。加强对中小微企业人才引进、人才培训和社会保障等相关措施的指导与约束，依法保护企业的合法权益。营造和谐的法治环境，保障人力资源市场双方主体的合法权利。在执法领域，要求市场不准歧视或不公正对待中小微企业，大企业不得依靠其强大实力公然掠夺中小微企业引入的人才。在司法领域，政府应该广泛提供法律政策维权服务，帮助中小微企业公平公正处理劳动纠纷案件，依法严厉打击侵犯企业主人身和企业员工利益的犯罪活动，切实维护中小微企业、企业业主及员工的合法权益。

三　强化政府服务意识，提升政府服务质量

《中国统计年鉴》（2014）公布的数据显示，近年来，中国中央公共财政支出占国家财政总支出的比率越来越低，到 2013 年，该比率已经下降到 14.6%，而地方公共财政支出比率逐年上升。从相关财政支出结构来看，中央公共财政支出主要用于国防、科学技术等项目，地方公共财

政支出更多用于教育培训、社会保障和就业、一般公共服务、交通等履行政府服务职能的方面。然而，相关研究却发现，针对地方政府在经济发展中扮演的角色却有两种不同的评价：一方面，学者们认为地方政府在经济建设中的作用不容忽视，从2011年开始，地方财政收入已经超过中央财政收入成为国家财政收入最重要的来源，至2013年占53%；另一方面，地方政府在公共服务、政府职能投入方面的表现却饱受诟病，长久以来，地方政府公共财政支出所占总支出的比率不断上涨，至2013年该比率已达到85%，但是地方政府投入到社会保障与就业、住房保障支出、交通运输、教育等对企业有利的基础性支出并没有得到相应的提高。因此，基于地方政府的特性，推行服务型政府对国家的发展具有积极的作用。2007年，党的十七大正式提出“建设服务型政府”的目标，以计划和指令为核心的管制型政府、发展型政府开始向服务型政府转型。2012年，十八大再次将“服务型政府”的建设列入政府工作报告，提出：深入推进政企分开、政资分开、政事分开、政社分开，建设职能科学、结构优化、廉洁高效、人民满意的服务型政府。在转型过程中，政府职能必须实现两个转变：一是政府由“全能政府”向“有限政府”的转变；二是“管制政府”向“服务政府”的转变。服务型政府的建设，改变了发展型政府“唯GDP论”的指导思想，开始将就业创业、培训教育、公共服务等政府职能作为地方发展的核心。由于中小微企业的发展更加符合“服务政府”的主要职能要求，关注和重视中小微企业的发展势在必行。针对中小微企业而言，规范审批程序，最大限度地减少审批手续、审批环节，建立中小微企业成长“绿色通道”，着力推进中小微企业服务体系建设，培育、规范和发展各类市场中介组织，为中小微企业营造良好的发展环境等已纳入政府改革目标。①

课题组拓展调研结果（见表4-4）显示，针对目前政府部门对中小微企业管理和服务存在的问题，受调研的55.9%中西部地区中小微企业认为“部门职能分散、职责不明”，47.8%的企业认为“政府服务方式不够灵活”，46%的企业认为“工作效率和服务质量有待提高”，同样的问题在东部地区的比率分别为42.5%、41.4%和47.9%，说明政府针对中

① 陈玲、王晓丹、赵静：《发展型政府：地方政府转型的过渡态——基于沪、苏、锡的海归创业政策案例调研》，《公共管理学报》2010年第3期。

小微企业的服务意识和职能不到位、企业满意度不高是我国的普遍问题，“部门职能分散、职责不明”、“政府服务方式不够灵活”在西部地区尤为突出，中西部地区中小微企业认为“存在多头管理现象”的企业比率达44.1%，远高于东部地区的28.8%，总体来说，东部地区政府服务意识和职能履行水平相对高于西部地区，这和课题组前文政府执行力模型的分析结果是一致的。

表4－4　东部和中西部政府部门对中小微企业管理和服务中存在的问题对比

单位:%

问题类别	不同地区被调研企业认为各项问题的占比	
	东部	中西部
部门职能分散、职责不明	42.5	55.9
存在多头管理现象	28.8	44.1
政府服务方式不够灵活	41.1	47.8
服务项目与企业需求不匹配	47.9	33.5
工作效率和服务质量有待提高	47.9	46.0
不同部门服务力度差异较大	39.7	31.7
“三乱”（乱收费、乱罚款、乱摊派）现象严重	5.5	16.1
服务过程存在歧视现象	11.0	5.6
其他请说明	5.5	0

尽管政府正在努力朝着服务型政府转型，正在快速实现从行政型管控向服务型政府转变，也已取得了重要进展。如2011年10月1日，湖南省实施首部全面规范政府服务行为的省级规章制度——《湖南省政府服务规定》，开始通过法治手段建设服务型政府，该《规定》中明确要求政府应当转变政府职能，推进政企分开、政事分开、政资分开、政社分开，注重公共服务，改善经济调节，全面正确履行职能，推行审批制度改革，精简流程，创建服务型政府。但是，政府职能的转化是一个庞大的系统工程，绝不可能一蹴而就，从2013—2015年课题组的多次调研结果也可以看出，中小微企业在政府服务职能的落实和水平提升上还有很大的需求，强化政府服务意识，转换政府职能，提高服务水平仍然是优化中小微企业发展环境的重要组成内容。

第三节 优化政策支持体系，突破人力资源“瓶颈”

课题组通过上述研究认为：不平等的观念和与之相伴的所有制歧视更体现在操作层面和各种制度环节中，必须系统清理和逐一排除阻碍中小微企业发展的机制和制度性障碍，全面深入优化人力资源政策制度和执行体系。

一 提高中小微企业政策执行力

基于上下级执行力模型，通过对我国中小微企业人力资源相关政策执行情况的实证分析与比较，课题组提出，应当从以下几个方面来优化政策执行体系，提高中小微企业的政策执行力。

（一）提高政策设计水平

从上下级执行力模型的分析中，课题组发现，政策的明晰性和冲突性与政策执行力息息相关。当政策的明晰性较高时，政策的执行方向、执行目的、执行方法等都有比较详细和清晰的设计，下级执行者在执行政策时就有了比较明确的指导，想要背离政策要求也就更加困难；而当政策明晰性较低时，下级执行者完全可以按照自己的意愿来理解政策，将政策的方向和目的逐渐靠近自己的利益，上级的监督和考核也就越发困难。如果上级需要下级按照要求和设计实施政策，避免下级的自我实验，那么政策的设计就需要尽可能高的明晰性；如果上级需要下级作为试点实验一项政策的效果或者探索一种新的政策方向，那么低明晰的政策能够刺激下级执行者进行积极的探索。课题组建议，各级政府应该根据上述原理逐一分析每项有关中小微企业政策特征，对政策中关键的内容和环节尽量明确其执行方向、目的和方法，防止政策执行过程中走样。政府可以引入第三方或社会中介组织，定期监控中小微企业政策实施和执行状况，将问题及时反馈给政策制定部门，通过动态优化机制不断提高政府政策的设计水平。

（二）优化调整考核体系，明晰和强化相关政策在各级政府的执行责任

一项政策的重要程度体现了上级政策执行者对该政策的关注程度，

不同的关注程度决定了上级在政策执行过程中投入的资源、精力和监督的力度，而下级执行者就会从这些力度的差异中寻找可以进行背离的机会。上级投入的力度越大，下级可以背离的机会就越小，政策执行力就越强。从成本收益理论中可以看出，只有当下级违背政策的成本大于收益或遵循政策的收益足够大时，下级执行者才会愿意遵循上级的政策要求。由此，课题组在中小微企业政策的设计和执行过程中应该加大上级部门在政策执行过程中各种资源投入的力度，尽可能加大执行成员违背政策的成本和风险，促进相关政策的有效执行和落实。鉴于我国政策的设计和执行操作实践中，上一级政府（如中央政府）通常采用领导干部考核目标责任书来规范地方政府的政策执行水平，不同的目标任务体系就有不同的奖惩措施与之匹配，通过任务的权重系数体现出政策的重要性。课题组调研发现，许多重要的中小微企业政策落实和执行均未纳入到相关层级政府部门的领导干部目标考核体系中，或者将有关中小微企业的发展目标包含在整个经济发展目标之内，没有分离和明晰，导致中小微企业政策实施难以被有关政府领导给予应有的重视。课题组建议，政府应定期清查中小微企业有关政策的执行状况，按照上述要求优化调整考核体系，以强化其政策执行力。通常情况下，越是中西部地区、越是基层政府，即越是中小微企业量大、发展压力大、对区域经济发展和就业影响大的地方，政府的考核指标就更应凸显中小微企业的内容，加大其考核权重，明晰实施效果和相应的奖惩规则，这样才能促进中小微企业相关人力资源政策的有效执行。

（三）强化信息对称机制，削减政策执行中的偏离

由上级制定政策、下级执行政策的事实必将会导致上下级间存在一定程度的信息不对称。下级作为政策的执行者，能够第一时间获得来自政策执行的各种信息，而收集这些信息对上级来说，是比较困难并且耗费资源的一件事情。随着政策的执行，信息的不对称程度将会逐步扩大，下级的自利倾向就逐步凸显。因此，为了规避下级执行者在实施政策中的自利行为，上级就必须掌握足够的信息。调研显示，湖南省、广西壮族自治区、江西省都已经搭建了中小微企业公共服务平台网络，长沙市还落实了中小微企业竞争情报服务平台等，旨在加大对中小微企业发展状况的调研统计力度。课题组建议，应进一步强化针对中小微企业发展状况及政策实施效果的系统动态调研和动态监控平台建设，保证上级政

府能及时掌握最全、最优、最新的动态信息，为政策的正确制定与有效执行提供强有力的信息保障。

二 打造城乡一体化的社会保障体系

综前所述，中小微企业因为自身缘故已经在和大企业的竞争中处于劣势地位，对高级管理人才、技术骨干人才甚至于普工的吸引都严重不足，薪酬待遇低、配套设施差、所在地区教育水平落后、社会保障不力等成为严重制约中小微企业的人力资源有效聚集的主要障碍。

社会保障体系建设是政府人力资源市场环境优化保障的重要组成部分，也是调研中我国中小微企业迫切渴望优化改善的重要政策内容。课题组进行相应研究后发现，典型的发达国家或地区有着完善的城乡社会保障流动对接制度。例如，欧盟对不同国家之间的养老保险转移接续制定了不同规定，包括暂时冻结、分别支付、比例支付和最后接管四个部分。加拿大各省的养老保险制度有所不同，但处于平行结构，劳动者可以自由流动，且在迁移时可以在各省不同的养老保险制度间实现养老保险待遇接续，保证了各地养老保险待遇无差异。美国实行“401K”计划以劳动者自愿为前提，由劳动者和用人单位共同缴纳养老保险费，按照不同比例分别存入养老金个人账户，如果劳动者跨区域迁移，个人账户年金可以随劳动者转移，政府主要责任在于提供税收优惠和养老金账户管理。

各国成功的社会保障制度建设经验告诉我们，各国成功之道大同小异，共同之处就在于能够明确政府责任，在目标设定、制度构建、法律制定、对象界定时均明确认识到自身责任。课题组基于我国初级阶段经济发展现实情况，考虑到我国各地经济发展存在较严重的不平衡，考虑到客观存在的城乡二元经济现实，根据调研实际提出以下城乡一体化优化社会保障体系思路。

（一）完善立法是社会保障制度对接的前提条件

课题组拓展调研数据显示，我国社保对接政策对中小微企业员工参保意愿具有较高的影响水平（3.23）。只有提高员工的参保水平，加大员工社保力度，才能在基础面上提升中小微企业人力资源市场流动性，提高中小微企业人才市场竞争能力。消解城镇和农村两大社保体系的差异，实现两大体系的衔接和并轨是解决中小微企业员工参保意愿偏低问题的必要手段，而这一切必须建立在社保法律法规的进一步完善和规范的基础上。

截至2010年，我国有劳动和社会保障相关法律法规13807件，社会保障相关法律5764件，其中，社会保障综合规定1036件，养老保险类1275件，医疗保险类1430件，社会保险基金监督类325件。上述数据表明，我国已经出台了数量众多、较为完备的社会保障法律法规。但我国在社保衔接领域的法律法规却相对欠缺，目前社会衔接领域的法律法规只有《国务院机构改革和职能转变方案》（2013年3月14日）、《国务院关于建立统一的城乡居民基本养老保险制度的意见》（2014年2月21日）、《城乡养老保险制度衔接暂行办法》（2014年2月24日）等寥寥几件，而各省市也只有关于国家相关法律的宣传办法，缺乏具体的配套的实施办法。此外社保衔接方面的法律法规还存在统筹层次过低、政府责任缺失等问题，只有树立立法先行的理念，尽快完善政府针对社会保障法规融合衔接的立法，才能在法律基础层面保证城乡社会保障制度建立和顺利对接。

（二）分段进行，稳步推进

“新农保”建立于2009年，替代并覆盖了此前的“老农保”，参保的农民人数有4亿多；“城居保”建立于2011年，针对城市18—60岁处于工作年龄但没有工作的居民，该群体全国仅几千万人，参保人数就更少了。这两种养老保险制度很相似，都设立了个人账户，个人向账户里缴费，缴费公式也类似，其中新农保每人每年缴费从100—500元，共有5档选择；城居保每人每年从100—1000元共有10档选择。两种制度养老金发放公式也相似，都是到60岁就每人每月固定开始领取养老金，跟以前的缴费记录没太大关系。因此，国务院首先于2014年2月21日发布了《关于建立统一的城乡居民基本养老保险制度的意见》（国发〔2014〕8号），要求“十二五”末在全国基本实现新农保和城居保制度合并成为城乡居民基本养老保险，并与职工基本养老保险制度相衔接。建立于20世纪90年代的城镇职工基本养老保险制度与其他养老保险制度差别较大，衔接起来比较困难。紧接着，2014年2月24日人社部发布了《城乡养老保险制度衔接暂行办法》（人力资源和社会保障部令第13号），该《办法》于2014年7月1日正式实施，要求参加城镇职工养老保险和城乡居民养老保险人员达到城镇职工养老保险法定退休年龄后，城镇职工养老保险缴费年限满15年（含延长缴费至15年）的可以申请从城乡居民养老保险转入城镇职工养老保险，按照城镇职工养老保险办法计发相应待遇；城镇职工养老保险缴费年限不足 15 年的，可以申请从城镇职工养老保险转入城乡居民养老保险，待达到城乡居民养老保险规定的领取条件时，按照城乡居民养老保险办法计发相应待遇。上述两个文件开启了我国全面实施两大保险制度的并轨和衔接的进程。

和养老保险类似，在医疗保险方面，目前我国的基本医疗保障制度有新型农村合作医疗（新农合）、城镇居民基本医疗保险（城镇居民医疗保险）、城镇职工基本医疗保险（城镇职工医疗保险）三大类。其中新农合与城镇居民医疗保险存在诸多相似之处，与城镇职工医疗保险差异较大。因此，医疗保障制度的衔接也应该分段进行。第一阶段：2008 年全国新农合工作会议确定了新农合三大试点主题——地级市统筹、大病统筹与门诊统筹、新农合与城镇居民基本医疗保险相衔接（又称“两制衔接”）；第二阶段：2013 年 3 月 10 日，《国务院机构改革和职能转变方案》提出，整合城镇居民医疗保险、城镇职工医疗保险和新农合，并由一个部门统一监管。

课题组调研发现，各省市在社会保障的衔接问题上都有较快的反应，但具体政策的实施效果有待检验。例如，湖南省 2014 年 6 月 16 日下发了《湖南省贯彻落实人力资源社会保障部财政部〈城乡养老保险制度衔接暂行办法〉实施方案》（湘人社发〔2014〕30 号），出台相应实施措施保证湖南省社会保障体系的健全和完善。同年 7 月 29 日，湖南省人民政府再次下发《关于建立统一的城乡居民基本养老保险制度的实施意见》（湘政发〔2014〕24 号）通知，提出在总结湖南省新型农村社会养老保险（新农保）和城镇居民社会养老保险（城居保）工作经验的基础上，将新农保和城居保两项制度合并实施，建立统一的城乡居民基本养老保险制度。到 2014 年 8 月湖南省人力资源与社会保障厅在《意见》基础上进一步出台了《关于切实做好城乡居民基本养老保险合并实施业务经办工作的通知》，要求地方政府妥善做好城乡居民基本养老保险合并实施业务经办工作。2014 年 8 月广西出台了《广西壮族自治区城乡居民基本养老保险实施办法》，确定了社保对接方针。2014 年 11 月江西出台了《江西省城乡居民基本养老保险实施办法》，12 月，江西省人力资源和社会保障厅印发了《江西省城乡居民基本养老保险经办规程》，进一步确定了社保衔接的章程制度。从以上湖南、广西、江西对国家相关政策的积极响应可以看出，中西部社会保障衔接已进入了一个快速推动阶段。

（三）进一步支持和扶助社会补充保障体系发展

社会保障制度一般大致划分为核心（基本）保障与补充保障两大层次。社会保险是核心保障，因为社会保险覆盖了人口群体中最重要的部分——劳动者群体，因此在社会保障体系中居主导地位，是实现社会保障的基础。其他社会救助、社会福利、社会优抚、商业保险等保障项目为补充社会保障。补充保障是按照保护与激励相统一的原则，在符合国家有关政策规定的前提下由特定主体提供的，旨在为某些需要特殊帮助者分散社保风险，是处于补充地位的社会保障制度安排。我国在1991年提出企业补充养老保险制度，1994年提出补充医疗保险制度，用于补充基本社会保障制度的不足，2009年，国家财政部、税务总局出台的《关于补充养老保险费医疗保险费有关企业所得税政策问题的通知》进一步加大了对补充社会保障制度的支持和优惠力度。然而课题组调研发现，除了国家层面的相关指导外，各省份尚未出台针对补充社保制度的相关法律法规，中小微企业对补充社会保障制度的认识程度较浅，政府可以有效地利用补充社会保障体系来帮助中小微企业员工提高社会保障程度。补充社会保障制度中商业保险等项目因为存在由政府主导、商业介入等特点与基本社会保险互不冲突、互不干涉的特征，政府可以引导其在城乡社会保障对接过程中作为有效的补充机制，帮助中小微企业员工更好地得到转型期的有效社会保障。课题组在调研中还发现：有些中小微企业还有为员工建立除国家规定保障之外的其他保障意愿，课题组认为，这是一个值得支持，也应该予以扶持的好事。

（四）降低“五险一金”缴费水平，减轻企业负担

2015年全国“两会”上，多位企业家代表对我国企业“五险一金”的费率过高问题发表了意见，他们认为，企业员工社保五项（养老、医疗、失业、工伤、生育）的缴费大多为企业缴纳，占29.5%—32%（含养老占20%、医疗占6%—8%、失业占2%、工伤占1%、生育占0.5%—1%），如再加上住房公积金（企业和个人各缴纳10%左右），企业社会保险缴纳比率已超过40%，占工资一半以上的“五险一金”缴费率，已成为企业与职工的难以承受之重。课题组在针对中西部地区的湖南、广西、江西中小微企业调研时发现，目前我国中西部地区的中小微企业员工缴纳养老保险的比率为77.9%、缴纳医疗保险的比率为82.2%、

缴纳工伤保险的比率为81.6%、缴纳住房公积金的比率仅为31.3%。有超过一半的企业中缴纳社保的员工比率低于50%，尽管如此，55%的企业缴纳的社保资金已经占去了工资总额的20%以上，有1/5以上的企业缴纳社保资金负担水平超过了工资总额的30%，却只有18.2%的企业享受到了政府社保补贴政策。若想要中小微企业为所有员工缴纳全部“五险一金”，企业将真正不堪重负，可能有相当一部分企业面临关闭破产的困境，尤其是缺乏核心技术的劳动密集型企业（如餐饮服务业等），其用工人数多，人工成本占比大，面临问题更大，这类企业市场竞争激烈、利润空间狭小，而过高的“五险一金”缴纳比率却占了净利润的绝大部分，导致企业活力低、盈利能力差，难以维持。这些问题迫使部分中小微企业为了减轻缴费压力与部分职工（特别是农民工、临时性用工）达成口头协议，通过漏缴、少缴甚至是不缴等方式逃避缴纳社保之责。不执行《劳动合同法》、逃避或少缴“五险一金”已成为中小微企业求生存的重要手段，这必须引起深思。课题组认为，要从政策和法律层面削减中小微企业“五险一金”压力。

李克强总理在2015年政府工作报告中提出要“继续实行结构性减税和普遍性降费，进一步减轻企业特别是小微企业负担”。因此，一方面，人社部等相关部门应广集民智、集中攻关，尽快制定一个符合国情、统筹各方、切实可行的顶层设计，适当降低社会保险缴费比率，以减轻中小微企业负担；另一方面，中央和地方财政应适当安排资金，增加社保支出，补贴企业和个人养老保险缴费，并积极拓展社保基金的其他收入来源。此外，中央政府可以放开企业“五险一金”缴费政策的灵活性。允许地方政府和企业根据企业年平均工资与当地平均工资的差异实行两种社保费率标准，尤其对劳动密集型、服务型企业，更应着重其吸纳社会待就业人数的能力而适当降低社保费率。

课题组认为，劳动密集型中小微企业“存在即是社保”，它们的主要社会贡献就是促进就业，政府与其花钱去鼓励创业、就业，不如适当降低该类企业的缴费压力，维持其生存和发展，直接实现社保目标。

三 消除人力资源政策歧视

中国改革开放启动的大范围变迁，使人力资源市场逐渐成为配置就业机会和工资福利的主要机制，其运转的效率和公平性，日益成为影响社会和谐发展的关键。就业机会平等、同工同酬、政策共享，是市场经济对人力资源市场的基本要求，也符合十八届三中全会提出“建设统一开放、竞争有序的市场体系”的基本精神，更是消除中小微企业人力资源市场歧视之必需。

根据调研的有关情况，课题组提出了构建平等、公平的人力资源市场环境，消除政府人力资源政策歧视的基本思路。

（一）设立财政专项资金，帮助中小微企业解决人才不足问题

课题组拓展调研数据显示，目前中西部中小微企业享受到政府给予的人才引进、企业招聘、员工培训等扶持政策、员工福利待遇、员工社保补贴政策等一系列人才相关支持政策的不足30%，普遍惠及面在20%左右，绝大多数企业并没有真正在政府的支持政策、扶持资金中获益。中小微企业不同于大企业，人才（特别是高端人才）引进是一项高负担的工作，没有专门的资金支持、税负减免，绝大多数中小微企业无法承受引进人才带来的高额成本。湖南省2010年制定了《湖南省中长期人才发展规划纲要（2010—2020年）》，提出：实施人才投入优先保证政策，各级政府要建立人才发展专项资金，加大财政投入力度。但由于该规划面向全湖南省所有的企事业单位，中小微企业实质上很难获益。2013年，湖南省出台了《关于鼓励支持劳动密集型企业和中小微型企业吸纳就业的若干措施》，虽然首次提出要给予中小微企业人才引进的各项补贴，但该政策的宣传和执行措施有限，其实际的效果尚不明了。

课题组建议，我国各地方政府应设立专项基金，用于专门扶助中小微企业的人才引进。政府应制订专项基金实施计划，对引进不同层次、不同数量的人才设置不同的补贴标准，可在每年年初审核确认这一年度各个中小微企业的引进人才计划，根据审核通过的人才引进计划下拨人才引进支持资金。此外，政府应当做好相应的监督检查工作，不仅要在年中实现中期检查、年内实现突击检查等，还应当在企业引进相应的人才之后对其使用情况进行考核评估，对考核中发现存在虚报瞒报、挪用专项基金、基金使用效果差等情况的企业实施严格的处罚，并取消其下一年的人才引进指标，对合理使用基金且效果显著的企业实施奖励，提高其下一年的人才引进指标和支持力度。政府通过这一系列的政策将中小微企业人才引进资金用到实处，发挥实效，就一定能切实帮助中小微企业解决好核心人才短缺难题。

（二）强化政策针对性，设置专门的中小微企业人才扶助政策

课题组在对全国多个地方政府实行的人才引进政策研究后发现，目前出台的大多数人才引进政策缺乏专门针对中小微企业的内容和条款，而是将中小微企业与大企业摆在同一个水平上，以相同的政策支持企业引进人才。然而，因为没有大企业雄厚的资金、完善的管理机制、合理的晋升通道、齐全的基础设施等软硬件支持，在实际操作中，中小微企业很难吸引到高端人才，在人力资源市场上更无法与大企业展开竞争。

课题组建议，各级政府应当根据中小微企业的优势和劣势设计专门的人才引进政策，破解中小微企业与大企业同台竞争的局面。包括出台中小微企业专门针对退休返聘人员的人才引进、针对外乡务工人员回流、学徒制的人才培养等方面的扶助政策措施，切实将中小微企业作为政策的主体，实实在在为中小微企业服务。此外，政府应考虑中小微企业的实际情况，制订优惠程度高、减免幅度大的人才补贴计划，为中小微企业创造一个充满生命力的人力资源市场环境，助推中小微企业发展。

（三）加强人才信息工作，提升中小微企业人力资源公共服务水平

课题组认为：信息技术落后乃至“数字鸿沟”将是中小微企业不能平等竞争，甚至危及生存和发展的重大因素，而且随着互联网时代特征日益明显，该因素的作用和影响正日益增大，相对东部地区而言，中西部地区的中小微企业“数字鸿沟”的“沟”更大，给企业带来的问题更突出。中小微企业自身无力解决此难题，政府应责无旁贷地提供支持。中西部地区各级政府应当建立中小微企业人力资源信息库，整合中小微企业发展状况和人才需求情况，完善各类应聘者求职信息，建立本地、外地务工人员及失业人员的人才信息收集工作，完善人才信息库。同时，为求职者提供企业需求信息，免费帮助企业找员工，帮助员工找企业。地方政府要经常在本地员工多的发达省、市发布本地就业信息，宣传本地经济发展成果和就业、创业政策，鼓励和引导本土在外务工人员的返乡就业和创业。政府要为创业人员提供高效的服务、优惠的政策和全面的信息，在土地使用、设施建设、税费减免、资金扶持、社会保障、人才培养、舆论宣传等方面提供优惠和奖励政策。为就业人员提供免费的就业信息查询、免费职业介绍、免费远程面试，搭建求职就业人员与企业的交流桥梁，在生活补贴、住房保障、学习培训、社保缴纳、子女入学等方面提供配套支持。地方政府要做好人才的引与留，主动为本土在

外务工人员和返乡创业就业人员提供服务，为人才引进工作做出保障。

四　优化中小微企业社会荣誉评价体系建设

中小微企业社会荣誉评价体系影响中小微企业的社会声誉和社会地位及社会信用水平，进而影响其人力资源市场竞争能力，关系到中小微企业人力资源问题的方方面面。

（一）理念上重视中小微企业社会荣誉体系建设

中小微企业具有解决就业、推动经济发展等政府重要发展战略功能，在舆论上也应赋予其应有的战略地位和重视程度。各级政府必须克服“所有制鸿沟”“规模偏好”等观念障碍，从制度和政策层面明确要求各大媒体为中小微企业承担必要的宣传和传播责任。中小微企业从个体来看处于弱势，在和大企业的舆论竞争方面处于劣势，而受市场经济影响下的我国媒体行业趋于利益驱动容易产生歧视中小微企业行为，政府更应该有意识加强对中小微企业的舆论保护，防止在舆论政策的执行过程中出现偏差，基于前文所分析的政策执行力问题，政府对中小微企业舆论扶持的政策和要求应该尽可能明晰，并加强执行过程中的效果评估和监控，为中小微企业的发展创造良好的社会和舆论环境。

各级政府应该制定政策帮助媒体改变观念、调整行为，要求各媒体调整报道思路，“眼睛向下”，理解中小微企业特别是民营中小微企业发展的特点、发展的需求和面临的困难，“心贴心”地为中小微企业的发展挖掘好新闻、传播正能量，做好舆论引导和服务工作。在舆论监督和批评报道方面，要平等对待民营企业特别是中小微企业，一视同仁，不能因为是中小微企业就在批评性报道方面“任性”，更不能将个别企业、个别问题通过媒体过分夸大，造成严重的负面影响。建议政府对中小微企业的负面报道也应设置必要的管控机制，而这一切都必须基于政府的高度重视和观念更新。

（二）针对中小微企业设置独立的荣誉评价政策体系

为了防止弱小的中小微企业和大型企业同台竞争时社会舆论的关注焦点总是被大企业垄断，课题组建议：在荣誉表彰的政策方面，各级政府将中小微企业与大企业分开，建立独立于大企业的表彰体系，专门针对中小微企业设立“优秀就业促进企业”“最佳劳动实践”“杰出创业家”“优秀中小微企业家”等荣誉体系，开展中小微企业间的员工技能大赛，通过配套的媒体宣传引导，提升中小微企业、业主以及员工的社会地位和影响力。可建立职业技能带头人制度，每年对知识、技能水平处于区域领先地位卓有成效的优秀技能人才组织评选表彰，并设立相应的职业技能带头人特别津贴。上述荣誉体系和媒体宣传活动可分成国家级、省（市）级、地市级直至县区级，如果各级政府都能有所作为，那么针对中小微企业的荣誉评价和社会舆论宣传就会形成气候，中小微企业的社会形象将会大大改观，也会形成有利于中小微企业发展的正向舆论导向和氛围。

（三）重视和强化中小微企业社会责任行为

大量的研究表明，企业通过履行社会责任，可以赢得良好的社会荣誉评价、提高企业品牌知名度、增加员工忠诚度、提升对优秀人才的吸引力。[①] 中小微企业在人才引进和留用方面本身就处于劣势，地方政府必须发挥外力核心作用增强中小微企业社会责任意识、优化企业社会责任评价体系建设。

政府可以通过将“提供就业岗位”、“治污减排”等社会责任指标加入到中小微企业绩效考核的范畴，以引起中小微企业业主的重视，或出台系统的法律法规明确界定企业社会责任的范围、内容、履行要求及相应的法律制裁，如将企业社会责任写入《公司法》，加快企业社会责任法制化进程。政府可以通过社会信用体系的构建和评价，再加上配套的舆论宣传引导中小微企业强化其社会责任行为，从企业自身方面为中小微企业社会声誉的提升奠定基础。建议政府设立专管机构，负责信用征集、评价，建立中小微企业信用档案库，收集企业信用信息，监控企业信用状况，通过信用评价和宣传形成中小微企业的信用标杆，引导中小微企业提高信誉水平。政府也可以参照国际经验，在中小微企业中推行社会责任评价和发布制度，鼓励中小微企业的社会责任行为，引导他们为社会尽到更多的职责，进而提升其社会形象和地位。

① Barnett, M. L.,“Stakeholders Influence Capacity and the Variability of Financial Returns to Corporate Social Responsibility”, *Academy of Management Review*, Vol. 32, No. 3, 2007.

第五章　中小微企业人力资源市场培育和机制优化

第一节　中小微企业人力资源市场现状及主要问题

一　中小微企业人力资源结构性短缺问题突出

课题组针对湖南、广西、江西等中西部地区代表省份的中小微企业的调研结果显示，我国中西部地区中小微企业目前普遍存在用工短缺的问题。从全国的人才市场角度来看，中国企业在整个市场却普遍呈现人才供过于求的局面，河北、内蒙古、上海、安徽、福建、江西、河南、湖北、广东、广西、重庆、贵州、云南、陕西、青海、新疆16个省份和太原、呼和浩特、抚顺、鞍山、锦州、哈尔滨、齐齐哈尔、无锡、苏州、常州、昆山、泰州、淮安、合肥、芜湖、福州、新余、洛阳、郑州、安阳、武汉、深圳、桂林、海口、成都、西安、宝鸡、乌鲁木齐28个重点经济城市2015年第一季度人才服务机构市场供求分析数据显示：2015年第一季度进入人才服务机构市场招聘的单位共17.8万家，提供招聘职位数347.4万个，登记求职人数684.4万人，岗位供求比为1∶1.98（即岗位数为1时，求职人数为1.98），显示出我国现阶段人力资源市场整体上呈现供大于求的状况。课题组将上述省市和地区2013—2015年第一季度的统计数据进行比对，我国的人力资源市场总体上也是供大于求（见表5－1）。可见，课题组调研得到的中小微企业人力资源市场存在的人员短缺问题并不是简单的“用工荒”问题，而是典型的结构性短缺问题，即一方面，我国现阶段普遍存在着大量劳动力找不到工作，市场呈现出整体上的人力资源供过于求状态；另一方面，很多地区，尤其是处于县城或偏远地区的中小微企业，招不到所需要的人才，特别是优秀人才。

表 5－1　2013—2015 年第一季度我国人力资源市场供求总体状况

季度	用人单位（万家）	提供岗位（万个）	求职人数（万人）	人才供求比
2015 年第一季度	17.8	347.4	684.4	1.98
2014 年第四季度	15.9	269.0	532.4	1.98
2014 年第三季度	18.4	319.0	638.0	2.00
2014 年第二季度	19.0	372.5	747.6	2.01
2014 年第一季度	19.2	409.7	818.0	2.00
2013 年第四季度	17.5	358.7	712.3	1.99
2013 年第三季度	20.6	361.2	720.6	2.00
2013 年第二季度	21.6	418.4	840.3	2.01
2013 年第一季度	23.9	417.0	828.4	1.99

资料来源：雷俐萍：《2015 年第一季度全国部分省市人才服务机构市场供求情况分析报告》，http：//www.360doc.com/content/15/0624/21/22301776_480441367.shtml，2015 年 6 月 24 日。

（一）中西部地区中小微企业普遍存在人力资源结构性短缺问题

受计划经济体制及观念的影响，我国的劳动力市场建设还存在较严重的按人、按地区、按部门分割劳动力市场的问题，人的身份、户籍制度、地区、部门，甚至所有制等构成了劳动力流动和就业的壁垒，形成劳动力市场的城乡、部门和地区分割，这不仅阻碍了劳动力自由流动，也难以形成竞争性就业机制，阻碍了劳动力市场的进一步发育和发展。根据劳动力市场分割理论，中小微企业人力资源是属于较典型的次要（二级）劳动力市场，相对于主要（一级）劳动力市场存在许多的劣势和弊端。①

中西部地区由于地理位置的劣势，经济发展相对滞后，而且中小微企业除少部分在省会中心城市之外，大多分布在省区其他二、三线市县等偏远地区。因此中小微企业人力资源市场的二级劳动力市场特征更明显，普遍存在人力资本回报率低、吸引力不足、劳动力短缺等问题。课题组对湖南省中小微企业的典型调研发现，湖南省中小微企业人力资源

① 颜爱民：《人力资源管理经济分析》，北京大学出版社 2010 年版，第 24—25 页。

短缺问题突出，企业招工难，员工流失严重，企业所需人力资源的市场供给缺乏，人力资源市场机制和环境欠佳。调研数据显示，75.0%的企业感觉到用工紧缺，其中操作技能人才紧缺位居各类人员短缺榜首，达42.7%；其次是中高级管理人才短缺，占40.5%；还有14.4%的企业表示普通用工也紧缺。在调查中小微企业普工紧缺的原因时，高达49.1%的中小微企业认为“新生代员工（‘80后’‘90后’）期望高”是首要原因，可见普遍存在的新生代员工特征和对应的问题在中小微企业尤为突出。47.2%的中小微企业认为“本地大量年轻人外出务工、不愿留在本地工作”，说明中小微企业的地域劣势是员工短缺的重要原因，这应该是中国中西部地区尤其是该地区省会等中心城市之外的偏远地区中小微企业人力资源的特色性难题。46.9%的企业将“工资待遇低，吸引力不强”视为导致用工短缺的重要影响因素，这说明有将近一半的企业自己认识到不是市场上没有所需人才，而是自己的企业提供不了相应的工资待遇水平，揭示出中小微企业用工紧缺的真正主要根源还在于自己的实力不够。

课题组2015年7月的拓展调研选择了广西和江西作为主要样本地区，广西壮族自治区位于中国南部边疆，经济水平在中西部地区相对落后，能比较典型地代表中西部经济较落后地区的状况。广西壮族自治区中小微企业的调研结果显示：52.2%的企业认为企业存在用工轻度紧缺的现象，34.78%的受调研企业认为企业用工严重紧缺，其中技工、高级管理人才和普工的紧缺度分别占54.9%、46.5%和32.4%。企业认为高级管理人才与技工紧缺的三个突出原因依次是“企业成本压力大、工资福利待遇吸引力不强”“企业内部的人力资源管理水平低”和“地域限制”，所占比率分别为83.1%、50.7%、40.8%。企业认为普工紧缺的主要原因是“工资福利待遇低，吸引力不强”，占67.2%，也有67.2%的受调研企业将“新生代员工期望高”归于普工紧缺的主要原因之一。江西省在中西部地区经济状况处于中等水平，能较典型地反映出我国中部地区的特点。江西省17.6%的中小微企业存在用工严重紧缺的问题，58.2%的中小微企业用工轻度紧缺，高达45.5%的中小微企业认为自身对高级管理人才的紧缺度最大，技工和普工的紧缺情况稍好一些，分别占37.2%和13.8%。有62.9%的中小微企业认为“地域限制”是造成高级管理人才和技工紧缺的主要原因，其他的原因有“企业成本压力大、工资福利待遇吸引力不强”和“招聘平台建设不完善、信息不畅”，分别占60.7%和48.3%。对于普工紧缺的原因，61.2%的中小微企业认为是“新生代员工期望高”，其次是“本地大量年轻人外出务工不愿留在本地工作”和“地域限制”，分别占60.0%和55.3%。

拓展调研结果与典型调研的结论完全一致：中小微企业存在着普遍的人力资源结构性短缺问题，其主要根源还在于企业自身实力不足。

（二）中西部与东部地区中小微企业人力资源结构性短缺状况比较

为了更准确地把握中西部地区的中小微企业人力资源结构性短缺问题，课题组选择广东作为参照比较对象。广东省属于典型的东部发达地区代表，通过比较能更好地看出中西部地区中小微企业人力资源存在的问题。比较结果显示：23.0%的东部被访企业认为用工不紧缺，而中西部地区该指标是19.4%，这两者的数据相差不大。但两类地区针对企业用工严重紧缺情况的调查结果的差异明显，中西部地区有25.0%的企业存在着用工严重紧缺问题，而东部企业出现用工严重短缺的只有中西部地区的一半，比率仅为12.2%。可见，地区差异成为中小微企业用工严重紧缺的重要原因。

调研并比较后发现：东部地区的高级管理人才紧缺比率为31.1%，中西部地区的该比率为61.1%，中西部地区高级管理人才的紧缺程度较东部地区高出将近一倍，中高级管理人才紧缺成为中西部地区中小微企业发展的重要“瓶颈”。东部地区技工人员紧缺程度为60.8%，中西部地区该比率为57.4%，二者接近。东部地区普工紧缺的比率达44.6%，而中西部地区仅为26.5%，东部地区普工紧缺程度远高于中西部地区。可见，尽管从整体上看，中西部地区的用工紧缺程度甚于东部地区，但从具体人才类型上看，又呈现出更为复杂的局面。中西部地区中小微企业的高级管理人才的紧缺问题突出，远甚于东部地区，究其根源，因为高级管理人才市场流动性强，在职业选择过程中有更大的自主性，能更多地关注地域条件的影响。东部地区地理位置优越、经济发展快速，能吸引到更多的高管人才，导致人力资源在地理布局上呈现高级人才从中西部地区流向东部地区的趋势。课题组推断：这种现象不仅会影响中小微企业，同样还会影响其他类型企业。东部地区中小微企业普工紧缺程度远高于中西部地区，课题组认为，是因为东部地区经济发达，对普工的需求量远大于中西部地区，而普工的区域性流动性较高级管理人才小，相对而言中西部地区经济欠发达，对普工的需求量较少，本土的该类人力资源供给较丰富，紧缺程度自然就低。

课题组在拓展调研中发现，东部地区和中西部地区的中小微企业均认为“企业成本压力大，工资福利待遇吸引力不强”是导致高级管理人才及技工紧缺的首要原因，认同度分别为65.3%和70.6%。可见，中小微企业普遍认为企业自身的经济实力不足，不能提供优厚的工资福利条件，这是构成其管理人才和技术人才竞争力不强的主要原因。通过分析，课题组认为，该项调研的结果是基于被调研企业的自我描述，归因过程中会放大客观性原因的影响力度，“企业成本压力大，工资福利待遇吸引力不强”确实是其对管理和技术人才吸引力不足的重要原因，但企业内部管理不善、内部公平性不强、企业文化欠佳等偏于企业主观性因素也可能是影响其人才市场竞争能力的重要因素。课题组通过对中小微企业之外的政府工作人员、专家学者、新闻工作者及在中小微企业工作后离开的员工代表进行座谈后发现，被访者普遍认为中小微企业自身的弱势还是构成其人才市场竞争力不足的重要原因，这和课题组调查的“企业成本压力大，工资福利待遇吸引力不强”作为中小微企业高级管理人才和技工紧缺的首要原因的结论是基本吻合的。

课题组还发现：中西部地区近一半（48.0%）的中小微企业认为“本地大量年轻人外出务工不愿留在本地工作”是导致企业普工紧缺的重要原因，而东部中小微企业的认同度下降到25.0%。显然，普工也存在着从中西部地区向东部地区流动的趋势，同样造成了中西部地区企业用工紧缺，只是其严重程度不及高级管理人才和技工而已。

二　中小微企业员工职业流动频繁、稳定性偏低

依据工作搜寻理论，劳动者在劳动力市场上进行搜寻的目的是想为其人力资本找寻回报更高的工作场所。由于不完全信息原因，在就业初期，雇主无法完全了解雇员的劳动生产率情况，而雇员也不清楚雇主或者工作单位特征的全部信息，即员工与职业的匹配质量事先并不完全可知，可能会出现劳动者的收入与其所拥有的人力资本不对等或者生产效率低下等匹配质量不佳问题。随着工作时间的延长，匹配信息便会逐渐被展现，和生产率相关的信息也会得以披露，工资水平理应有所调整。当劳动者发现匹配质量低于最初的想象，而使其工资水平低于外部可能找到的工作的工资水平时，劳动者就会主动寻找其他的就业机会，以期

改善匹配质量，提高生产率，进而提高工资水平，由此出现人才的流失是一种必然现象。中小微企业人力资源市场属于二级市场，市场保障性差，企业工作条件欠佳，大多数员工工作技能要求较低、差异化程度较小，员工入职后一旦感受到职业匹配质量存在问题，就更容易流动。

课题组拓展调研结果显示，中西部和东部地区中小微企业普遍存在员工流动频繁、职业稳定性低的问题。广西壮族自治区有 34.33% 的受调研企业出现员工严重流失问题，江西省 13.3% 的受调研企业出现员工严重流失问题，广东省也有 10.8% 的受调研企业出现员工严重流失问题。空位竞争模型认为，低学历劳动者在劳动力市场中经济地位的获得是由其所处的结构性位置（职业）决定的，个体劳动者经济地位提升的主要途径是通过竞争进入那些较高收入的职位，职业流动是低学历劳动者收入获得提升的主要途径。[①] 课题组调研发现：相对大型企业员工而言，中小微企业员工收入偏低，对收入的敏感度大，或者说工资收入高低对他们的去留抉择起很重要的作用。中小微企业员工频繁地变换工作，主要是为了改善自身和家庭的经济社会地位或获得更好的生存条件。从理论上来说，劳动力的自由流动对促进劳动力市场发育以及优化资源配置有良好的促进作用，但劳动力的过度流动不仅会对其自身发展不利，而且会对资源配置和经济发展造成不良后果。

课题组比较分析了东部和中西部中小微企业员工流失的主要原因：东部地区中小微企业有 73.3% 的将“工资福利待遇缺乏竞争力”列为首要因素，还有 56.0% 的企业认为是“企业缺乏有效的管理激励机制”，57.3% 的企业认为是“员工在企业中职业发展空间小”，另有 50.7% 的企业认为是“员工家属就业子女入学等问题得不到解决”。中西部地区中小微企业员工流失原因调研结论和东部地区几乎完全一致，72.2% 的中小微企业认为“企业工资福利待遇缺乏竞争力”是员工流失的最主要原因，64.6% 的企业将“企业缺乏有效的管理激励机制”、56.3% 的企业将“员工在企业中职业发展空间小”列为造成员工流失的主要原因，特别之处在于中西部地区有 51.3% 的被调研企业将“地域环境差”列为导致员工流失的主要原因，可见，地域环境也是影响企业员工流失的重要因素。

---

① 吴愈晓：《劳动力市场分割、职业流动与城市劳动者经济地位获得的二元路径模式》，《中国社会科学》2011 年第 1 期。

三　中小微企业社会保险负担过重、地区差异显著

（一）中小微企业社会保险地区差异显著

中小微企业人力资源市场作为二级劳动力市场，因其市场主体的弱势性、地理位置的欠发达性，导致其社会保障制度不健全、社会福利和保障制度改革滞后。课题组调研发现，东部地区中小微企业社保覆盖率远高于中西部地区，东部地区有71.2%的企业员工缴纳社保率达80%以上，而中西部地区该比率只有39.3%，可见，中西部地区由于经济欠发达，员工的社保意识明显弱于东部地区，中西部地区的政府和企业落实社保政策、履行社保责任也远不如东部地区。

从理论上分析，我国社会保障具有地方化和相对碎片化的传统，社会保险和社会福利在一定程度上依赖地方政府的财政投入，地方法律法规、社会保障管理机构的资源和人才素质等也会对社会保障水平产生较大影响。我国采取“社会统筹和个人账户相结合”的社保资金筹集方式，通常依行政区域界定统筹范围，依行政层次界定统筹层次，如县级统筹、地（市）级统筹、省级统筹、全国统筹。统筹层次过低会带来诸多问题，例如社会保障覆盖范围狭窄、管理基础薄弱、资金支付压力大、劳动力的流动和共济功能被大大限制等，其最大的危害就是社会保障体系的“碎片化”，出现多元分割、交叉缺漏并存等问题。

根据果佳等（2013）[①] 统计分析，上海、北京、江苏、浙江、广东等东部发达地区社会保障（养老、医疗、就业、工伤等）的覆盖率较高，社会保险投入在全国相对偏低，而其产出却稳居全国前列。青海、重庆、湖南、江西等中西部地区省份尽管社会保障支出比重居全国前列，但其社会保障产出却位居全国落后水平。也就是说，由于地方化、碎片化和统筹模式的问题、东部地区和中西部地区经济发展水平的显著差异、地方财政收入和地方企业支付能力的显著差异等原因，导致了中西部落后地区政府财政承受了较大的社会保障支出压力，而得到的却是较低的社会保障水平，东部地区财政则以较小的社会保障支付压力得到了较好的社会保障水平。地方政府承担着大部分社会保障的职能，湖南、广西等中西部地区普遍存在着政府社会保障支出负担重而产出不明显的问题。

---

① 果佳、唐任伍：《均等化、逆向分配与“福利地区”社会保障的省际差异》，《改革》2013年第1期。

根据《湖南省2014年预算执行情况和2015年预算草案的报告》，2014年湖南省财政社会保障和就业支出总额为674亿元，占湖南省财政总支出的12%，而广东省2014年财政社会保障和就业支出总额为790.64亿元，占广东省财政总支出的8.66%。显然，相对于湖南而言，广东省处于社会保障投入低、社会保障产出高的行列。

（二）中小微企业社会保险负担过重

课题组调研发现，中小微企业的员工社会保障条件和水平较差，企业缺乏规范、诚信、富有社会责任感的社会形象，从而导致中小微企业从业员工普遍缺乏职业安全感，妨碍企业对人才的吸引和留任能力。

企业向社会保障机构缴纳的保险费，从理论上说可以税前列支，并计入成本，通过价格等机制转移出去，但中小微企业在发展过程中面临着生产经营成本压力大、市场拓展乏力、融资难、税负重等一系列问题，企业普遍市场价格竞争能力不足，难以从市场上消化这种保险费用成本。首先，迫于生存压力的中小微企业更容易逃避向社会保障机构缴纳保险费用，拖欠为自己的员工应缴纳的社保费用，压低或隐瞒员工工资等，出现普遍逃避社会保险责任现象。① 其次，中小微企业的管理不规范，大部分企业尚未建立起完善的公司法人治理结构，许多到中小微企业就业的员工也缺乏社会保障和劳动保护意识，中小微企业自然成为社会保障的薄弱环节。

课题组拓展调研结果显示，东部地区28.4%的中小微企业缴纳的社保资金占工资总额的20%—30%，而中西部地区高达35.0%的中小微企业社保资金占其工资总额的20%—30%，比东部地区多出7个百分点，还有14.4%中西部中小微企业社保负担占工资总额的30%—40%，说明中西部地区超过1/3的中小微企业社保负担占工资总额的三成左右。显然，中西部地区中小微企业社保负担明显高于东部地区。詹长春等（2013）② 对江苏省镇江市7101家有效参保小微企业进行的调研发现，其社会保险缴费率为32.94%，与镇江市大中型企业保险缴费率的33.07%

① 倪筱楠、黄贤环：《辽宁省小微企业社会保障问题诊断与路径分析》，《沈阳大学学报》2014年第5期。

② 詹长春、汤飞、梅强：《小微企业社会保险缴费负担研究——以江苏省镇江市为例》，《探索》2013年第6期。

十分接近，而且仅从社会保险缴费率上看，表面上中小微企业的社会保险缴费负担比大中型企业略轻，但实质上大多数中小微企业是劳动力密集型企业，其人工成本占比远高于大中型企业，近三成的社会保险缴费率对于中小微企业而言是一个难以承受的成本压力。如前所述，中小微企业的社会保险缴费负担很难像大中型企业一样可以通过提高产品价格的方式将成本转嫁给消费者，只能通过挤占和压缩自身的利润空间来消化，这过高的保险负担直接危及中小微企业的生存和发展空间。镇江市的调研结果显示，中小微企业社会保险缴费占利润的比重为 27.86%，而大中型企业社会保险缴费占利润的比重只有 15.01%，前者高出 12.85 个百分点，该数据能明确说明社会保险负担对中小微企业的利润挤出效应十分明显，社会保险费用偏重已成为中小微企业不堪忍受之痛。

为了更准确地理解和把握我国中西部地区中小微企业社会保险负担轻重程度和合理性，课题组选取国外 10 个典型国家进行跨国比较分析，包括美国、日本、德国、韩国、瑞典 5 个发达国家和印度、智利、埃及、巴西、阿根廷 5 个发展中国家（见表 5－2）。企业雇主缴费率在 30% 以上的仅有瑞典，韩国、美国和智利的企业雇主社会保险缴费率最低，在 10% 以下，其他 6 个国家的企业雇主缴费率介于 15%—25% 之间，我国镇江中小微企业雇主缴费率 27.86% 在该表中可排到第二位，仅次于瑞典。特别值得关注的是智利，其企业雇主社会保险缴费负担仅有 0.90%，远远低于其他国家，是十个样本国家中负担最轻的。究其原因，由于自 20 世纪 80 年代开始，该国社会保险实行商业化改革，即企业不再为雇员缴纳养老、医疗、失业和生育保险费，只按照雇员工资总额的 0.9% 缴纳工伤保险费，并视企业规模和行业风险程度的不同另加不同比例的保费。可见，站在国际视野上，我国的中小微企业社会保险负担过重问题更为突出，降低中小微企业社会保险负担势在必行。

四　中小微企业人力资源市场信息不对称，服务平台亟待加强

（一）信息不对称加剧人力资源市场的“逆向选择”

人力资源市场信息的完整程度决定了市场的成熟程度，也决定了资源配置效率的高低。而在中小微企业人力资源市场中，由于信息交换平台不完善、市场发育程度较低等原因，人力资源市场信息存在不对称的现象，在很大程度上降低了人力资源市场配置的效率。课题组拓展调研发现，“招聘信息不畅”是导致中小微企业高级管理人才及技工紧缺的主

表 5-2　　各典型国家企业社会保险缴费率比较

典型国家	缴费率（%）			企业（雇主）缴费负担顺位
	企业（雇主）	雇员	合计	
美国	7.65	7.65	15.30	9
日本	15.40	13.88	29.28	6
德国	20.85	20.43	41.28	3
韩国	8.97	7.32	16.29	8
瑞典	31.26	4.95	36.21	1
印度	22.36	13.75	36.11	2
智利	0.90	17.00	17.90	10
埃及	15.00	11.00	26.00	7
巴西	20.00	10.00	31.00	4
阿根廷	16.20	14.00	30.20	5

资料来源：根据 http://taxes.about.com/od/payroll/a/Social-Security-Taxes.htm；http://www.mhlw.go.jp；http://www.xiangrikui.com/shehuibaoxian/chaxun/20130206/294831.html 等网站收集资料整理而成。

要原因，而48.0%的东部中小微企业、42.5%的中西部中小微企业认为“招聘平台建设不完善”是构成招聘信息不畅的重要原因。

从人力资源市场供求机制来看，中小微企业作为人力资源市场劳动力的需求主体，在劳动力的生产效率相同的情况下，总是要寻求低工资的劳动者，如果企业支付的工资成本一定，则设法寻找最优生产效率的高素质劳动者。按照2001年诺贝尔经济学奖得主乔治·阿克洛夫的“逆向选择”理论，市场上会出现劣质品排斥优质品的逆向选择现象。信息不对称也会导致中小微企业在人力资源市场出现逆向选择问题，因为在人力资源市场上，存在着大量优秀的求职者和能力一般或很差的求职者，他们的能力各不相同，求职和录用选择是一个市场博弈过程，大中型企业往往通过规范的招聘流程和有技术含量的招聘测试工具甚至委托专业机构来选择自己合适的员工，同时通过比较规范的试用过程淘汰不适用的员工。而中小微企业由于自身人力资源管理能力和水平的局限，加上招聘成本压力所在，一般都采用最简洁的方法完成招聘选用过程，由于求职者的能力信息的准确性很难把握，中小微企业对应聘者保留工资（所愿接受的最低工资）的敏感度特别高，博弈的过程最容易出现此种局面：高能力或合格者由于不愿意接受较低的保留工资而被淘汰，而低能力或不合格者由于愿意接受较低的保留工资常常被录用，出现严重的“逆向选择”结果。人力资源市场发育水平低，市场信息质量差，市场信息不对称现象严重，这会进一步加剧中小微企业的人力资源“逆向选择”问题，这种现象也被课题组的访谈调研结果所验证。

（二）服务平台欠佳致使中小微企业人力资源获取难度加大

中小微企业在规模、薪资、知名度等方面相比大型企业及外资企业都较弱，依靠自身力量获取人力资源信息相对较难，更希望能借助公共服务平台的作用，而目前中小微企业人力资源市场公共服务平台欠佳进一步加剧了中小微企业获取人才的难度。

首先，我国公共就业服务机构的数量不足且结构形式比较单一，在地区的设置上存在着不均衡的现象。在某些较为发达的地区（如上海），已经建立了一整套的公共就业服务体系，并出台了一系列的政策对相关工作的开展进行保障。但在很多中小城市，特别是中西部偏远地区的城市，公共就业服务体系仍沿用20世纪80年代建立的系统，已经不能够满足当地中小微企业对于公共服务平台信息发布的急迫需求，不能够发挥出有效调节人力资源市场和人才流动的作用。课题组拓展调研显示，中西部地区59.9%的中小微企业认为“信息服务平台”亟须完善，问题主要是目前市场上尚未建立起一整套完善的采集发布信息的公共就业服务平台，并且已建立的平台也尚未发挥令人满意的运行效果。

其次，政府主导的各种人力资源市场招聘活动往往也是将精力放在大型企业和长期招聘客户上，提供周到服务，进行多方位宣传，精心打理，再加上这些企业自身的吸引力，越来越多的人才都涌向这些大型企业。而各方面相对缺乏竞争力的中小微企业却往往为招聘市场所忽视，在高端人才招聘方面更是如此，这进一步加剧了中小微企业高级管理人才和技工的短缺状态，造成了本来就不为优秀人才所注意的中小微企业更加难以寻觅到合适的人才。这也说明中小微企业仅仅依靠自身力量难以获取足够的人力资源，需要依靠政府公共服务平台的扶持和有效服务。中小微企业人员的流失率相对大型或外资企业更高，其人力资源的招聘工作量相应地会更大，他们往往自主组织招聘活动或通过猎头公司等方式获取人力资源，这对中小微企业来讲都是难以承受的费用开支。

课题组针对中小微企业对“公共服务平台”的评估调研显示，

62.3%的中西部地区中小微企业认为“平台服务信息质量低、更新慢”是公共服务平台建设中存在的最大问题，而“平台建设与企业需求不对等”和“平台存在装点门面的现象”被一半左右的中小微企业视为影响平台质量的主要问题。因此，政府必须加强人力资源市场的公共服务平台建设，特别是加强这些服务平台面向中小微企业的服务功能完善，提升服务平台的运行质量和服务功能，真正为中小微企业人力资源需求提供有效的市场信息、促进人才流动，为中小微企业获取所需人才提供有效的市场信息和运行机制保障。

五 中小微企业人力资源市场分割问题突出

作为人力资源市场分割下的二级市场，中小微企业人力资源市场的劳动力供给者、劳动力需求者以及市场中介这三个主体都具有各自的特点，对其进行分析，能更好地理解中小微企业人力资源市场的特点，有利于市场的培育和机制优化。

（一）市场二元分割阻碍了优秀人才向中小微企业流动和聚集

劳动力市场分割是指由于受制度性和社会性等外在因素及经济内生因素的制约，使市场划分为两个或多个具有不同特征和不同运行规则的领域。[①] 二元结构市场分割理论是由彼得·多林格尔和迈克尔·皮奥雷在1971年发表的著作中系统地提出来的[②]，该理论把人力资源市场划分为一级人力资源市场和二级人力资源市场两种类型。一级人力资源市场的特点是：劳动者收入较高、工作条件优越、就业稳定、用人单位管理制度完善、劳动者升迁机会较多。二级人力资源市场的特点是：劳动者收入较低、工作条件较差、就业不稳定、用人单位管理不规范、劳动者升迁机会很少。国有企业、大型企业及科技含量高的企业多属于主要（一级）人力资源市场，它们能给予员工较高工资、稳定的工作、各种福利待遇及内部晋升等非资金收益，吸引大批人才，而本书研究对象中小微企业处于典型的次要（二级）人力资源市场。在这两个市场之间，劳动者的流动性是十分有限的，一级市场的劳动者有时宁愿失业也不愿到二级市

① 李实、魏众：《中国经济转型中城镇劳动力市场分割问题——不同部门职工工资收入差距的分析》，《管理世界》2009年第3期。

② Doeringer, P. B. and Piore, M. J., *Internal Labor Markets and Manpower Analysis*, ME Sharpe, 1985, pp. 98 – 104.

场就业，这也是造成中小微企业人力资源市场高级管理人才和技工紧缺的原因之一。[①] 根据课题组的拓展调研，中西部地区 61.1% 的中小微企业存在高级管理人才紧缺问题，57.4% 的被访企业存在技工人员紧缺问题。调研还发现，对于造成高级管理人才及技工紧缺的主要原因，70.6% 的中西部地区中小微企业认为是“企业成本压力大，工资福利待遇吸引力不强”。四川省统计局人口就业处和调查中心 2015 年抽选成都、绵阳、西昌等地 21 所重点和普通本专科院校的部分应届毕业生进行调查，数据显示，国有大中型企业仍是大学生就业首选。有 28.4% 的受调研学生将国有大中型企业作为理想的就业单位，占比居各类单位之首，其次是科研事业单位，占 15%，党政机关列第三位，占 14.1%，选择民营企业的仅占 7.6%，当然，此处的“民营企业”可能更多的还是民营大型企业。可见，大学毕业生就业更愿意选择一级人力资源市场中的党政机关、科研事业单位和国有大型等企业，居于弱势的中小微企业（其中主要是民营性质）很难入大学生就业的“法眼”。我们采样分析了郑州市人力资源市场 2015 年第一季度招聘情况后发现，人员规模在 500 人以下的单位第一季度参加招聘会的有 1229 家，占所有参加招聘会单位的 73.20%，即第一季度参加招聘会的企业 75% 以上是中小微企业，原因在于，中小微企业知名度不高，工资待遇没有优势，中小微企业人才短缺问题突出，招聘效果不佳，招聘频度自然就更大。从上述成都、郑州等地的调研数据分析可以印证，中小微企业确实具有人力资源的次要市场诸多典型特征，优秀人才（以大学毕业生为例）理所当然选择一级市场就业，而中小微企业尽管不断地在进行招聘（郑州市招聘会的 75% 以上是它们），但是，中小微企业所需要的人才就是不愿意进来。一方面社会上到处面临着大学生就业难的问题，另一方面是中小微企业招不到人的困难，主要和次要市场之间的流动性显然不足。中国客观上存在着的市场二元分割是优秀人才向中小微企业流动的重要障碍，这可能也是课题组调研中所发现的 60% 左右的中西部中小微企业高级管理人才和技术工人短缺的重要市场机制性原因。

基于此，课题组建议：政府应从宏观层面、机制创新、体制创新角度逐步破解我国人力资源二元分割问题，通过消解各地区和各部门有意

---

① 颜爱民：《人力资源管理经济分析》，北京大学出版社 2010 年版，第 24—25 页。

设置的人力资源市场障碍、消除客观上存在的各种人力资源市场歧视，通过政策和市场法规调控逐步削减二元市场之间的差异和壁垒，为我国宏观层面人力资源市场优化流动和配置创造条件，也自然可为中小微企业人力资源的优化和有效市场配置提供良好的宏观经济环境。

（二）市场地域分割影响中西部尤其是欠发达地区人才的有效供给

除二元人力资源市场分割外，我国还存在地区经济发展不均衡引致的人力资源市场地域分割问题。由于地理自然条件、历史传统不同，相对来说，中西部地区、中小城市发展速度较为缓慢。虽然中央实施了开发西部、振兴东北、中部崛起等战略举措，但是就近期来看，我国各地区经济发展不平衡是客观存在的事实，也存在着客观上的人力资源市场地域分割。以“北上广”为代表的东部沿海发达地区和大城市等12个省级行政区域构成中国的经济发达地区，和湖南、江西、广西、新疆等19个省区构成的中西部地区相比，前者经济发达、市场发育更完善，后者经济较落后、市场机制和管理水平也相对滞后。从人力资源市场机制分析，这两大地区之间的市场发育水平、市场机制完善程度和运行效率以及政府的市场调控和管理水平均有较大差异，存在着事实上的东部和中西部人力资源市场地域分割。

2015年7月课题组拓展调研发现，中西部48.0%的中小微企业认为“本地大量年轻人外出务工、不愿留在本地工作”是构成用工紧缺最重要的原因。这表明人力资源市场的地域分割导致年轻人不愿留在经济发展落后的中西部地区，加重了中西部地区中小微企业“招工难”的问题。沿海经济发达地区大中城市经济发达，工资待遇较高，就业机会众多，职业转换容易，培训晋升也多，各种福利、保障措施也比较完善；而中西部地区经济发展相对落后，就业机会较少，工资待遇较低，职业转换比较困难，工作的福利保障等措施不完善。东部和中西部地区的这种差距使得人们更倾向在就业机会和情景更好的东部地区就业，从而导致位于中西部地区的中小微企业更难招到所需人才。《中国流动人口发展报告（2013）》显示，东南沿海地区是吸引新生代流动人口最多的地区，而新生代员工（1980年以后出生人员）占我国流动就业人口的一半以上，与上一代相比，新生代流动人口也更青睐大城市，且希望落户城市生活的新生代员工有70%以上又选择落户大城市。这一结果与课题组的调研结论相一致。表明我国东西部地区由于经济发展水平的较大差异在客观上形成了两大人力资源地域分割，年轻人更愿意进入东部地区的人力资源市场就业，而不愿留在中西部地区的人力资源市场就业。当然，中西部地区内部同样存在着区域性经济水平差异，还会形成人力资源的更细的地域分割，如省会城市和地级市、地级市和县城、县城和乡镇，甚至不同的城市之间都会因为经济水平较大的差异而形成客观上的人力资源地域分割。而这种分割会阻碍地区之间人力资源市场的合理流动，导致人才在地理区域上分布的不合理，即发达地区优秀人才聚集，而不发达地区优秀人才短缺，导致不发达地区优秀人才供给侧本身存在问题，有效需求无法满足。

由于人力资源市场地域分割的根源在于地域经济发展的不平衡，因此，消解地域分割的有效办法就在于推动欠发达地区经济的快速发展，通过中央政府对中西部地区的政策性倾斜和扶持、通过新农村和小城镇建设、通过合理的产业布局等办法逐步减轻地区之间的经济水平差异，也可通过人力资源市场的有效调控和对欠发达地区的有意支持，逐步缓解地域分割给我国中西部地区人力资源市场带来的障碍和影响，这是一个需要长期努力才可以逐步解决的问题。

第二节　中小微企业自身特征构成的人力资源市场问题

作为人力资源市场需求主体的中小微企业，自身的状况对其市场人才的获取和留用起着至关重要的作用。与大企业相比，中小微企业经济实力弱，企业自身的抗风险能力差，能给员工提供的薪资水平、福利待遇和职业发展机会条件均远不如大企业，这弱化了中小微企业的人力资源市场竞争能力，加剧了其优秀人才的短缺程度。

一　市场价格竞争力不足

（一）中小微企业工资水平偏低导致市场竞争力弱

中小微企业的市场价格竞争力不足还表现为平均工资水平相对较低。根据国家统计局 2014 年的数据，国有单位就业人员年平均工资是 57296 元，城镇集体单位就业人员年平均工资是 42742 元，城镇非私营单位就业人员年平均工资是 56339 元，城镇私营单位就业人员年平均工资是 36390

元，其他单位就业人员年平均工资是56452元。20个地区统计局2014年的数据显示（见表5-3），在这20个地区中，北京平均工资最高。2014年北京市城镇非私营单位就业人员年平均工资为102268元，城镇私营单位就业人员年平均工资为52902元，各地私营单位就业人员年平均工资普遍低于非私营单位。纵览20个省份的平均工资，多数省份未超过全国平均水平。其中，在城镇非私营单位中，同全国平均工资水平56339元相比，北京、浙江、广东、青海4个省份超过了全国平均水平。在城镇私营单位中，同全国平均工资水平36390元相比，也是仅北京、广东、重庆、浙江4个省份超过了全国平均水平。而这些城市均处于经济发展较

表5-3　2014年我国各省份平均工资　单位：元

地区	城镇非私营单位就业人员	城镇私营单位就业人员
北京	102268	52902
浙江	61573	38689
广东	59481	41295
青海	57084	30337
重庆	55588	40139
宁夏	54858	33229
内蒙古	53748	34778
福建	53426	无
四川	52555	32671
安徽	50894	35268
陕西	50535	30483
海南	49882	32707
山西	48969	无
湖南	47117	30568
甘肃	46960	无
吉林	46516	26140
江西	46218	30149
广西	45424	无
河北	45114	31459
河南	42179	27414

资料来源：各地统计局2014年数据。

好的地区，中西部的城市平均工资排在后面。中小微企业中绝大多数都是私营企业，这些数据表明了大多数中小微企业存在的问题，即平均工资水平过低，导致中小微企业市场竞争力弱，难以吸引优秀人才。

（二）中小微企业综合待遇偏低导致市场竞争力弱

中小微企业由于自身实力弱，面临的生存压力大，面对激烈的市场竞争，企业往往首先关注对其生存产生根本影响的眼前利益问题，在利益面前呈现出较多的行为短期化特征，这一切大大削弱了中小微企业的人力资本市场竞争能力。课题组面向湖南、广西、江西的调研结果显示，68.94%的中西部中小微企业将高级管理人才紧缺的主要原因归咎于“成本压力大，工资福利待遇吸引力不强”，48.66%的被调研企业将其普工紧缺的主要原因归于“工资福利待遇低，吸引力不强”，显然，中西部的中小微企业自己也深感人力资源市场竞争能力不足的主要根源在于其市场价格偏低。桑大伟（2015）① 通过对上海地区高校应届本科毕业生进行“大学生求职意愿影响因素”调研发现，结果表明高校毕业生的求职过程是一个复杂的多目标决策过程，要综合考虑的因素众多，需要在诸多因素中做出平衡和选择，职业发展机会和薪酬福利待遇是高校毕业生最看重的两项内容（见表5-4），在其他条件类似时，提升这两个要素的水平会更直接地影响大学生的求职意向。而中小微企业在人力资源市场招聘时最薄弱的环节也恰恰是“职业发展机会”和“薪酬福利待遇”，其优秀人才短缺问题在供给侧已严重显现。

表5-4　　影响大学生求职的因素及其重要性统计表

大学生求职的影响因素	平均分	标准差
职业发展机会	5.96	1.123
薪资与福利待遇	5.86	1.131
个人兴趣和爱好	5.75	1.193
工作地点和工作环境	5.32	1.211
企业社会业绩	5.25	1.234
企业的规模、行业与性质	5.15	1.361

① 桑大伟：《企业社会责任表现：影响高校毕业生求职意愿的新因素》，《思想理论教育》2015年第10期。

续表

大学生求职的影响因素	平均分	标准差
企业知名度	5.10	1.265
与专业匹配程度	4.27	1.599

资料来源：桑大伟（2015）调研数据。

二　经营环境条件欠佳

相对大企业而言，中小微企业的经营环境也不利于其对人才的吸聚和使用，处于中西部地区的中小微企业，环境的制约更为严重。

（一）法律和政策环境欠佳

改革开放30多年以来，我国仅在2003年颁布实施了《中小企业促进法》，至今再也没有出台促进中小微企业发展的专项立法，仅仅颁发了若干效力层级较低的规章和规范性文件，对中小微企业的发展作出一些原则性规定，这不可能为中小微企业发展构建起优越的法律环境。而且，我国针对中小企业制定的最重要的两个法律性的文件《国务院关于进一步促进中小企业发展的若干意见》和《中小企业促进法》中绝大多数是一些指导和原则性的内容，不仅不够规范，还严重地缺乏可操作性和指导性，其中几乎没有涉及有重要价值的中小微企业人力资源环境保障内容，这不可能为中小微企业人力资源市场创造良好的法制环境，当然无法帮助中小微企业解决其人力资源发展“瓶颈”难题。

此外，中小微企业的发展缺乏具有地方特色的政策支持环境。从1979年国务院发布第一个有关中小微企业的文件《关于发展社队企业若干问题的决定》起，中央各有关部委至今已经出台了十几个相关的法规政策。各个地方普遍缺乏配套的实施政策制度文件，以保障中央有关支持中小微企业发展的政策法规能有效落实。只有上海市较早（2000年9月）颁布了《关于促进本市小企业发展的决定》，通过放宽市场准入、规范市场秩序、建立小企业社会化服务体系等具体措施帮助解决小企业发展中面临的深层次问题。随后，浙江、山东、广东等东部沿海地区相继出台了类似相关的法规。而中西部地区各省则普遍动作迟缓，配套的政策常常力度也不够，没有考虑到自己的省情，更多的是照搬东部沿海地区的一些政策条文。从政府管理职能设置和分工方面，中西部地区关于中小微企业的管理和扶持往往定位不准、职责不清、政出多门，不能在政策环境和有效服务上为中小微企业提供必要的条件，也影响中小微企业人力资源市场环境，从而制约了中小微企业的发展。

（二）融资环境不利引发人才竞争不力

融资能力差是全世界中小微企业发展公认的首要难题。中小微企业的注册资本金规模一般较小，又往往没有很好的信用记录，而且中小微企业固定资产相对较少，大银行给中小微企业贷款不仅风险相对较大，而且交易费用较高，造成了银行等金融机构的“惜贷”和风险机构对中小微企业投资的望而却步，弱化了中小微企业的金融信贷能力。另外，中小微企业更难通过资本市场获取所需资金，难以通过直接融资的方式解决筹资问题。由于中小微企业资信条件差、投资风险大，各类商业银行对中小微企业的信贷都采取谨慎和保守的政策，中小微企业的发展资金短缺成为普遍问题。由于缺乏充足的资金，中小微企业工作环境难以得到改善，企业难以支付具有竞争力的薪资福利，请不起高级管理人员和技工等优秀人才，并且中小微企业具有开发应用价值的科技成果不能迅速转化为现实生产力，限制了企业的发展，缺乏发展的中小微企业自然难以吸引优秀人才，形成恶性循环。融资环境差还常常使中小微企业处于资金饥饿状态，容易将紧缺的资金投放到生产和金融发展所必需上，挤占员工福利和工资待遇、工作环境所必需的资金，更难以吸收和储备高素质的管理和技术人才，这也是中小微企业优秀人才短缺的重要内在原因之一。

三 员工安全性不足

课题组拓展调研结果显示，中西部地区16.5%的中小微企业认为员工流失的原因是“工作安全保障低”。缺乏安全感是导致员工流失的重要原因，进而增加企业人力资源成本，加剧企业人才短缺。

（一）中小微企业《劳动合同法》实施和劳动保障水平偏低

课题组在典型调研阶段针对中小微企业劳动关系调查中发现，中小微企业仅有26%的员工与企业签订了正式的劳动合同，还有32%的员工与企业达成口头协议，其余员工则只是谈了工资，没有书面合同，甚至其他事项的口头协议也没有。并且，在这仅有的26%的签合同的员工中，也只有其中33.5%的合同对薪酬发放、福利保险等做了简单的规定，并没有详细说明双方的权利与义务。课题组针对广西、江西和广东的拓展调研结果显示，中西部地区仅39.3%的中小微企业给80%以上的员工缴纳了社保，而东部地区被访企业这一比率则高达71.2%，显然，中西部地区员工社保的覆盖率远低于东部地区，这自然会导致中西部地区中小微企业员工安全感不足，必定会引发员工流动性增加，稳定性不足。由于房屋成为当前中国人重要的消费性支出，住房公积金制度旨在为政策性住房贷款提供稳定可靠的资金来源，有利于提高职工购建住房的能力，因此这已成为员工考虑是否进入企业的重要标准，也构成员工安全感的重要影响因素。而课题组调研中发现，仅有31.3%的中西部地区中小微企业为员工购买了住房公积金，这也成为中西部中小微企业员工安全性比东部地区低的原因之一。

（二）中小微企业工作环境较差，生产安全缺乏有效保障

根据课题组的拓展调研结果，中西部地区10.8%的被访企业认为“企业提供的工作环境差”是员工流失的重要原因。企业作为社会的基本经济单位，盈利是其最为根本的特性，也就决定了企业组织行为必然会带有明显的自利倾向。一方面，安全生产是通过安全投资实现的安全条件，在生产过程中保障了技术、环境及人员的能力和功能，从而提高企业产量和保障生产顺利进行，为企业经济发展带来利益。而且随着经济和社会的发展，企业在追逐经济利益的同时，还要担负起环境保护、职业安全健康等社会责任。另一方面，由于安全效益具有潜在性、滞后性等特点，先期安全投入比较大，需要较长时间才能产生效应，中小微企业迫于生存压力，基于“资本原始积累”的发展冲动，往往呈现出强烈的行为短期化趋利特征。他们在与政府安全生产监督管理部门、劳动者利益博弈的过程中，极容易忽视安全生产相关法律法规，漠视员工职业安全与健康，尽可能降低安全投入，以利于其短期效益最大化目标的实现。由于中小微企业数量众多，博弈过程中其利益内驱力强劲，而博弈另一方的政府监管部门由于体制、利益机制和管理水平等诸多因素的制约，一般处于博弈的明显劣势。中小微企业不遵守劳动安全制度，削弱必要的安全投入，恶化劳动环境，损害劳动者职业安全保障权益，确实成为一种普遍现象，这也大大削弱了中小微企业对人才的竞争、获取和留任能力。

（三）中小微企业平均寿命较短，员工职业安全保障较差

据相关数据统计，中国中小微企业的平均寿命只有2.9年，每年约有100万家中小微企业破产倒闭，60%的中小微企业在5年内破产，85%的

中小微企业在10年内消亡，能够生存3年以上的只有10%。[①] 由于中小微企业业主自身的抗风险能力太弱，导致员工在企业倒闭后难以得到应有的安置和补偿，诸多倒闭后的中小微企业员工常年为得到补偿而长期维权上访，这大大影响了中小微企业人力资源市场声誉，削弱其市场竞争能力。事实上，中小微企业抗风险能力弱，对员工的保障物质条件和经济实力不足，大量的中小微企业生存周期过短，频繁倒闭，严重降低了中小微企业吸聚人才的能力。

四　员工职业发展空间小

人才素质越高，其市场选择机会越多、空间越大，越重视自我满足的需求，在职业选择中更看重职业发展和成长机会。专业人才招聘顾问公司华德士公司发布的《2014年全球薪资调查报告》[②] 显示，约有81%的员工考虑在2014年换工作，而求职者的首要考虑因素是职业发展和潜在的成长空间；虽然求职者在更换工作后可获得15%—25%，甚至高达30%的薪资涨幅，但他们仍把职业发展前景作为更换工作时的首要考虑因素，而非单纯的薪资因素。报告还表明，现有职位缺少发展前景是导致劳动力流失的重要原因，因缺少发展空间而更换工作的人数占47.1%。而我国中小微企业的总体情况仍是较重视成本控制和盈利，没有重视或难以推动人力资源制度的建设，最终只能为员工提供有限的发展空间。我国中西部地区中小微企业普遍受“生存压力”影响和支配其行为，特别关注成本和短期盈利，极少也无力关注员工职业发展和成长空间等偏于长远发展利益问题。根据课题组针对江西、广西、广东的拓展调研结果，中西部地区56.3%的被调研企业认为“员工在企业中职业发展空间小”是导致员工流失的主要原因。可见，在我国中西部地区，一半以上的中小微企业员工流失是因为缺乏成长机会、职业发展空间不足。显然，更多的优秀人才会因为该原因选择不进入中小微企业，当然也不存在着流失问题。

另外，中小微企业中有相当比例是家族企业，具有典型的家族型企业的特征，如企业主垄断最高权力，家族成员占据公司的主要岗位，形

---

① http://bbs.pinggu.org/forum.php?mod=viewthread&tid=2617657&page=1，2013年9月6日。

② http://www.nbd.com.cn/articles/2014-01-22/805399.html，2014年1月22日。

成事实上的用人歧视，在客观上更进一步挤压了非家族成员员工的职业发展空间。德国学者马克斯·韦伯（1951）[①] 通过比较，认为中国人的信任不是建立在信仰共同体的基础上，而是建立在血缘共同体的基础上，是一种难以普遍化的特殊信任。弗朗西斯·福山（2001）[②] 发展了韦伯的观点，认为中国是一个低信任度的社会，这种信任是建立在以血缘关系维系的家族基础上，对家族以外的其他人缺乏信任，并认为这种信任制度是导致企业主害怕员工会攫取企业机密，因而总是不敢放权，严重制约了家族外职业人才的发展空间，导致优秀人才离职，加剧了其人才紧缺。更常见的情况是，家族性企业会形成人才使用的“二元”标准，组织中的重要或关键岗位由家族人员担任，无论外来的优秀人才能力多强、业绩如何突出，由于“二元”用人标准所隐含着的一种歧视——对非家族成员的不信任，会导致许多优秀人才发展空间受阻，自我价值实现受挫，不得不离开企业。[③]

五　社会形象偏差

根据课题组在湖南省的典型调研数据，17.6%的中小微企业认为其高级管理人才及操作技能人才紧缺的主要原因是“企业社会声誉及社会形象欠佳”。为了了解企业社会声誉和形象的具体状况，课题组在针对广西、江西、广东的拓展调研中设计了中小微企业“企业社会地位”和“社会形象”问卷，结果显示：44.6%的中小微企业没有得到过任何省级（省政府或政府组成部门发文）及以上的表彰，76.9%的受调研中小微企业近五年来很少受到地市及以上媒体的正面报道。课题组认为，中小微企业普遍社会形象差是导致优秀人才不愿进入中小微企业的重要原因，这进一步加剧其人才缺乏困境。早在2012年，宋鸿等（2012）[④] 对武汉地区各高校2011届大学本科及以上学历的应届毕业生进行问卷调研发现，企业在人力资源责任、企业与公民社会的关系责任上的履行情况评价越

---

① Weber, M., *The Religion of China, Confucianism and Taoism*, New York: The Free Press, 1951, pp. 124－130.

② ［美］弗朗西斯·福山：《信任——社会美德与创造经济繁荣》，郭华译，海南出版社2001年版，第74—75页。

③ 颜爱民、方勤敏：《人力资源管理》，北京大学出版社2011年版，第127—128页。

④ 宋鸿、程刚：《企业社会责任对企业人才吸引力的影响》，《湖北大学学报》（哲学社会科学版）2012年第5期。

好，企业对大学毕业生的就职吸引力就越大。2015 年，桑大伟[①]通过对上海地区高校应届本科毕业生进行“大学生求职意愿影响因素”调研结果显示，67.5%的学生将企业社会责任作为求职过程中的重要考虑因素，其研究还进一步了解大学生重视企业社会责任履行状况的原因，62.3%的学生认为企业社会责任履行状况体现了企业的文化观念，60.8%的学生认为社会责任履行状况体现了企业的社会形象，58.5%的学生认为社会责任履行状况体现了企业的可持续发展能力，50.5%的学生认为企业作为社会的一部分，应该承担社会责任，40.1%的学生认为社会责任履行状况体现企业的经济实力，38.7%的学生认为社会责任履行状况体现了企业的员工关系。

相对大企业来说，中小微企业社会形象较差，其自身重要原因之一在于中小微企业普遍企业社会责任（Corporate Social Responsibility，CSR）严重缺失。由于中小微企业在规模、资源基础和特质上与大企业存在较大差距，通过规模获得高收益的可能性小，导致中小微企业不愿投入过多的成本践行企业社会责任。研究表明，企业社会责任实践存在诸多好处，包括：吸引高质量员工以及改善企业和员工关系；鼓励创新，增加寻找成长机遇的机会；改善供应商和客户之间的关系，提供特定市场准入；提升品牌形象和定位；促进差异性，增加可见度；有助于减少长期成本等。正因为如此，世界各国都十分重视并引导企业履行社会责任，许多国家通过法律和市场准入条件引导企业提高社会责任水平，我国许多企业尤其是大型企业都开始关注和重视企业社会责任行为。课题组认为，中小微企业具有高度自主权、高灵活性和反应能力的特点，而这些特性可能主要来源于员工的多功能性，员工多功能性又会特别容易导致员工职业倦怠和满意度不高等问题，因此将企业社会责任纳入中小微企业发展战略能够有效地提升员工满意度，培养员工忠诚度；另外，中小微企业社会责任实践还能够创造市场机遇、增加效率、降低成本、促进创新、吸引和留住优秀人才，中小微企业内部社会责任能够改善中小微企业劳动表现及劳动效率，进而增加中小微企业竞争力。可见，中小微企业社会责任最大的好处就是能够改善利益相关者关系，提升企业社会

---

① 桑大伟：《企业社会责任表现：影响高校毕业生求职意愿的新因素》，《思想理论教育》2015 年第 10 期。

形象，进而提升企业人力资源市场竞争能力。[①]

第三节　新生代员工特征加剧了中小微企业用工短缺难题

在我国中小微企业人力资源市场中，普工流失率一直居高不下，课题组拓展调研数据显示，东部69.4%的中小微企业、中西部63.8%的中小微企业认为“新生代员工期望高”是导致企业普工紧缺的主要原因。进入21世纪，我国劳动力市场发生了悄然变化，出生于20世纪八九十年代的新生代员工已进入就业高峰期，并逐步成为中国劳动力市场的主力军。与老一代的员工不同，新生代员工被赋予了独有的新时代特质：独生子女，在家备受宠爱；时代变革，成长于改革开放过程中社会快速变化的社会环境；经济全球化，经历东西方文化的大冲突和大融合，自身承载多元价值冲突和融合；高等教育改革，普遍接受了较高的教育和学习经历；互联网的快速普及，信息大爆炸和人际关系相处方式发生激烈变化。新生代员工和老一代员工的成长阅历及生活环境相差甚大，形成了鲜明的新生代员工群体特征。综合而言，从市场供给侧来看，新生代员工特征更加不利于中小微企业获取和留用优秀人才，也构成中西部地区中小微企业人力资源“瓶颈”的重要原因之一。

一　受教育程度提高，要求更高的回报

根据人力资本理论，教育是重要的人力资本投资形式，接受的教育程度越高，人力资本投资越大，人力资本存量越大，市场价值越高，市场竞争力越强。相对老一辈员工而言，由于新生代员工普遍经历了15年以上的正规和系统教育，其人力资本投入远大于上一代员工，按照市场规律，新生代员工对投资回报的诉求自然也高，即在市场上企求更高的交易价格——工资，这是新生代员工劳动力价格普遍更高的理论根源所在。如前所述，基于中小微企业自身特点等诸多因素，企业往往不能为其所需人才付出较高的价格水平，出现了新生代员工普遍不愿意到中小

---

① 颜爱民、李歌：《企业社会责任对员工行为的跨层分析——外部荣誉感和组织支持感的中介作用》，《管理评论》2016年第1期。

微企业就职的结果，实质上这主要是一种价格和市场选择结果。龚丽华等①于2013年对广西大学、广西医科大学、广西民族大学、广西中医药大学、广西财经学院、广西师范学院6所本科院校以及行健文理学院、相思湖学院两所独立学院的大学毕业生的就业状况进行了问卷调查。毕业生最理想就业单位的调查结果显示（见表5-5），34.1%的大学毕业生选择“国有大中型企业”，27%的大学毕业生选择“党政机关”。选择到乡镇企业、私人企业的仅为2.8%、3.2%。这表明，国有企业是作为新生代的大学生们就业的首选就业单位，其次是党政机关。

表5-5　　大学生对就业单位的选择意向　　单位:%

	党政机关	国有大中型企业	外企	乡镇企业	私人企业	科研机构	学校	其他	总计
男生	31.1	33	9	3.4	4.2	6.1	5.9	7.3	100
女生	23.5	34.9	16.5	2.1	2.3	4.7	7.3	8.7	100
总百分比	27	34.1	13	2.8	3.2	5.3	6.7	7.9	100

资料来源：龚丽华等，2013年调研数据。

从另一个角度分析，由于时代的巨大差异，新生代员工的生活成本远远高于老一辈员工，即新生代员工的人力资源简单再生产维护成本大大增加，他们面临着更大的经济压力，比如说买房、买车、结婚等，他们更渴望得到较为丰厚的薪酬福利，因为薪酬福利是维持新生代员工基本生活需求并实现可持续发展的前提，也是他们产生更高层次需求的基础。同样的道理，中小微企业在人力资源市场上难以满足新生代员工尤其是其中优秀分子的需求，导致中小微企业优秀人才普遍短缺的结局。

二　工作价值观改变，求职动机不同

1978年至今的38年，中国持续经历了几十年的高速增长，创造了世界经济发展的奇迹，成为世界第二大经济体，人民的生存环境和生活条件发生了翻天覆地的变化。1978年中国的国内生产总值（GDP）仅为3650.17亿元，而2015年中国的GDP为67.67万亿元，总共增长了184倍，城镇居民人均可支配收入水平则从原来的343.4元增加到31195元，

① 龚丽华、彭万秋、梁玉珠：《广西大学生就业意向调查报告——以广西6所高校2013届大学毕业生调查数据为例》，《经济与社会发展》2014年第4期。

增长了90倍，我国已进入中等收入水平国家行列。也就是说，从20世纪80年代以后出生的新生代员工一直生长在国家经济发展的高速成长时期，经历了中国快速从贫穷到富裕的过程，也享受了物质丰裕带来的一切，经历了日常生活电气化、交通工具从自行车到汽车飞机化、信息流通网络化的全面转变过程。由于国家的独生子女政策，使新生代员工普遍享受着父辈们勤劳工作的成果，基本上没有生存压力，感受不到劳动作为生存手段的必要性。他们已完全不像父辈们，为了谋生、为了养家糊口而外出打工，不怕任何困难、不讲任何条件，更不是将基本生存作为他们就业的最主要的工作需求和动力。新生代员工工作动机和价值观已发生深刻的变化，追求更好的工作环境、更多的工作成长机会和个人发展已逐步成为新生代员工职业需求的主要内容，得到他人认可、社会尊重等精神层面的需求也成为新生代员工职业发展的重要内容，而这一切恰恰是中小微企业所缺失的。因此，新生代员工的求职价值观动机变化也不利于优秀人才流向中小微企业，这更加剧了中小微企业人才短缺"瓶颈"，有利于大型企业和政府、事业单位获取人才。

三　留城意愿更强，更不愿意到偏远和欠发达地区就职

从城市适应这个角度来看，新生代员工融入城市的愿望更为强烈和迫切，他们更想实现身份的转变，成为真正意义上的市民。解永庆等(2014)[①] 进行的农村劳动力问卷调查以及2009年进行的全国流动人口抽样问卷调查的大样本数据显示，超过66%的新生代农民工首选留居大中城市，还有约25%的新生代农民工首选留居小城镇，选择留城的农民工占90%以上（见表5－6），说明新生代农民工就业在地域选择上普遍趋向城镇化，尤其是大中城市，这对中西部地区中的偏远地区中小微企业招聘员工显然不利。

表5－6　　新生代农民工留居城市类型偏好　　单位:%

城市类型	新生代农民工
大城市	33.49
中等城市	32.54

① 解永庆、缪杨兵、曹广忠:《农民工就业空间选择及留城意愿代际差异分析》,《城市发展研究》2014年第4期。

续表

城市类型	新生代农民
小城市	13.17
小城镇	11.75
不确定	9.05

资料来源：解永庆等，2014 年。

我们再来看看大学生就业选择的主要影响因素和区域取向，根据何仲禹等（2015）[①] 对大学生就业地区选择的调研发现（见表 5－7），省会城市因其经济较发达、工作生活待遇较好、基础设施较完备、发展机会多，成为大学毕业生就业的首选地区，比率高达 48.8%，选择就业去向为地级市和直辖市的分别占 24.4% 和 16.6%，然而，选择到县城和农村工作的仅为 4.6% 和 0.9%。何仲禹等的调查数据还测度了影响大学生就业城市选择的各因素的重要程度（见图 5－1），职业发展机遇对于就业城市的选择最为重要。当前大学生对城市的一种普遍认知，即等级越高、规模越大、经济越发达的城市越是社会精英聚集的地方，越有可能实现生活的理想和个人价值。这和课题组对中西部地区中小微企业的调研结果相一致，即相对东部发达地区沿海城市，中西部尤其是偏远和欠发达地区的中小城市，因其经济不够发达、基础设施差、发展机遇少等诸多因素，对大学毕业生的吸引力严重不足，即便是已经招到的大学生为了长期职业发展也不可能一直留任在中西部地区的中小微企业中。

表 5－7　　大学生就业地区的选择意向　　单位：%

	省会城市	直辖市	地级市	县	农村	出国
男生	50.40	15.80	20.80	6.30	1.30	7.30
女生	47.40	17.30	27.30	3.30	0.50	8.70
总百分比	48.80	16.60	24.40	4.60	0.90	7.90

资料来源：何仲禹等，2015 年。

① 何仲禹、翟国方：《我国大学生就业城市选择意愿及其影响因素分析》，《人文地理》2015 年第 2 期。

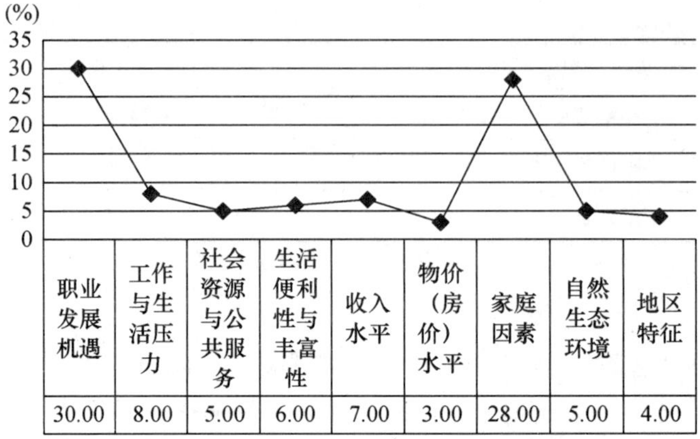

图5－1　影响大学生就业城市选择的各因素及其重要程度

第四节　市场中介机构不力影响中小微企业人力资源市场发育

现实的人力资源市场中，信息经常是不完全的和不对称的，搜寻人力资源市场信息存在较大成本，这为第三方即人力资源市场中介提供了存在和发展的空间。所谓人力资源中介，即为企业提供与人力资源开发、管理相关的一系列服务的机构或组织。其服务种类可分为两类：一类是围绕劳动力市场所提供的服务，即传统的职业介绍、人才测评、就业培训、人事档案管理、工资与社会保险代办、劳动政策与法律咨询等；另一类是承担企业委托的人力资源管理，例如专业技能培训、人力资源问题诊断、人力资源管理系统设计与效果评估等管理咨询。市场中介的水平和市场能力是市场机制发育成熟程度的重要内容之一，目前我国人力资源中介机构品类不齐、力量较弱、市场能力较差，总体而言，市场中介不力也是制约人力资源市场机制和配置功能有效发挥的重要原因。尤其是针对中西部地区中小微企业而言，由于企业自身市场能力偏低，市场中介的水平对其人力资源获取和配置影响显得更加重要。

一　市场中介组织规模小、功能单一

由于市场发育程度低、市场监管和政策规范不到位，人力资源市场

中介机构门槛太低，导致人力资源中介机构鱼龙混杂、运行很不规范。按照我国以前的政策，只要注入几万元资金，两三个人就可以注册一家人力资源咨询公司。一些不具备任何执业资格的中介组织也乘虚而入，鱼目混珠，由于缺乏市场规则和监管，给一些违法乱纪分子造成了可乘之机，在人力资源市场上出现了一些欺诈行为，极大地伤害了我国人力资源中介组织的形象和信誉。此外，需求层次低也是一个深层的原因。许多中小微企业对高层次的人力资源服务不认可，没有中介消费意识；一些中小微企业只是到了内部管理遇到不能克服的困难之时，才求助于咨询公司去“救火”。没有成熟的消费群体，难以造就高质量的中介组织。特别是中小微企业人力资源市场因其所处地理位置和自身实力的问题，市场中介质量更难以满足要求。以武汉地区人力资源服务行业为例，该地区共有人力资源服务机构 428 家，其中政府所属机构 80 余家，私营机构 300 多家，中外合资机构 50 余家。其中拥有固定人才交流场所的人力资源服务机构仅 30 多家，全地区人力资源服务业主营业务收入主要集中在招聘、派遣外包等较为低端的人力资源基础业务上，而涉及猎头、培训、咨询等中高端业务所占份额比重偏低，其中 76% 的人力资源服务机构的主营业务为招聘和派遣外包①，人力资源中介机构仍处于提供传统服务状态，功能过于单一。政府必须有意识引导和扶持人力资源市场中介机构的发展，同时规范和约束其市场行为，维持市场秩序。

二　市场中介专业人才匮乏、职业胜任能力低

中介从业者的数量增长迅速，但优质的中介人才，特别是从事高级中介和管理咨询的人才严重缺乏。人员素质差的原因是多方面的：首先，我国的人力资源教育和培训系统不健全。人力资源中介人才有极强的人力资本专属性质，他们需要正规的专业知识教育、严格的职业训练以及丰富的经验积累，而人才缺乏是历史造成的。其次，我国的企业管理学科的复苏时间较短，MBA 教育更是起步较晚，专业化的人力资源人才培养时间太短，沉淀不足。最后，由于我国人力资源市场的快速发展，新的产业领域不断出现和拓展，在市场宏观面上出现严重的各类专业性人才结构性短缺问题，人力资源专业人才也不例外，真正的既有专业功底，又有丰富实践经验的优秀人力资源管理人才本来就十分稀缺，他们自然

---

① http：//blog. sina. com. cn/s/blog_ 62e43b500101bdmm. html，2013 年 1 月 1 日。

成为各大公司竞相高价争夺的对象。而真正的优秀人力资源市场中介人才的特质同样需要具备扎实的专业功底和丰富的实践经验，他们很难到待遇偏低、安全性不足、普遍比较弱小的人力资源中介机构就职，导致了中介机构专业化人才匮乏，专业能力不足。这本身也是市场机制形成的选择结果，在客观上制约了人力资源市场中介机构的成长和发育。

三　市场中介信息缺乏、服务针对性不够

招聘信息少、更新迟、反馈慢是人力资源中介组织存在的突出问题。不完全信息理论认为：在现实市场经济中，信息的传播和接收都需要付出成本，而市场信息传播系统的局限和市场参加者施放市场噪声等因素影响，都严重阻碍市场信息的有效交流和共享。直接导致的后果就是：市场信息不能及时传递，市场供需不能灵敏调整，市场机制失灵便不可避免。市场机制失灵最直接的后果就是资源配置的低效率，供求无法得到及时合理调节。因信息不完全导致供需失衡在中国中小微企业人力资源市场中显得尤为突出，由于市场中介主要承担人力资源信息传递和信息服务功能，但我国目前绝大多数人力资源市场中介机构只是简单的档案代理和一般的信息发布，没有针对各单位职位空缺信息统计和发布的强制要求，大多数中介机构没有有效的职位空缺信息来源，即使获得了有限信息，涉及面也较窄，并且缺乏对信息的细致的分类与管理。加之信息更新速度慢，求职者在公共就业服务机构登记后，往往需要等很长一段时间才能得到信息反馈，不利于求职者找到合适的工作。此外，中小微企业由于自身经济实力弱等原因，在获取人力资源信息方面本身就难以与大企业相竞争，更需要依靠人力资源市场中介机构，但市场中介难以提供有针对性的人才服务，满足中小微企业对高级管理人才、技工等人才的需求，进一步加剧中小微企业“招工难”的局面。

四　政府相关法律体系不够完善

市场经济是法制经济，包括市场中介组织的各劳动力市场主体都应当依照法律法规定位和行事，然而，目前我国人力资源市场中介组织法制建设相对落后，无法适应市场经济和人力资源市场中介组织的迅猛发展需要。虽然国家2007年颁布的《就业促进法》中对人力资源市场中介组织做出了相关规定，但该规定较为笼统，也缺少相应的实施措施和监管机制。除此之外，我国至今尚无一部关于人力资源市场中介组织整体发展的法规条例，对我国市场中介组织进行定位和管理。这种状况在一

定程度上影响了人力资源市场中介组织的健康发展，不利于政府、社会对市场中介组织进行有效的管理和监督。

首先，规范和约束人力资源中介组织行为的法律法规不健全。中西部地区还有不少人力资源市场中介组织是事业单位，也有的是事业单位企业化管理，一些应纳入企业登记管理的市场中介组织并未办理登记注册。法律地位不明确给管理工作带来一系列的困难和问题，直接影响了人力资源市场中介组织的健康发展。尽管《就业促进法》及相关法规对人力资源市场中介组织有所规制，但是未及时制定实施细则，使法律得不到很好的贯彻执行。以人力资源市场中介组织的设立为例，对于应当具备哪些条件才能设立、不同的人力资源市场中介组织应当具备哪些不同的硬件和软件、内部管理制度应当如何建立、从业人员的资格认证制度如何实施等都缺乏明确的法律规定，使已有法律难以贯彻执行。

其次，已有法律法规中未明确规定人力资源市场中介组织的监督管理部门。监督和管理机制的缺乏导致各部门协调困难，甚至相互抵触，从而造成对人力资源市场中介组织的监管不力，尤其是在组织形式、组织制度上一时难以对人力资源市场中介组织进行规范。在对人力资源市场中介组织的监管上，由于缺乏统一规范的监管体制和统一协调的监管机构，导致体制不顺、准入把关不严、权力过于分散、多头审批、多头管理、难以协调动作等诸多弊端。现行的不规范的监督管理体制，加上受行政区划、行政隶属关系、地区和部门利益的牵制，致使对人力资源市场中介组织的监管能力很难真正到位，常处于失控状态，影响了人力资源市场中介组织的健康发展。

第六章　改善人力资源供给，实现中小微企业可持续发展

如前文所述，我国中小微企业人力资源结构性短缺问题突出，其解决的重要方面也是增加有效供给，保证中小微企业发展所需优秀人才的市场供给充足，才能推动中小微企业的可持续发展。

第一节　中小微企业人力资源供给普遍存在结构性短缺

现阶段，我国人力资源成本上涨已是大势所趋。人才市场在跨越“刘易斯”拐点之后，人力资源无限供给的特征逐步消退，人力资源价格持续上涨。高端人才更多地流向大中城市、大中型企事业单位，导致中小微企业获取发展所必需的核心人才更加困难；同时，中小微企业也因自身经营风险和不稳定性偏高等因素，不得不为同等水平人力资源支付更高的人力成本，进一步增加了企业经营压力和风险。人力资源市场呈现普遍性“劳动力结构性短缺”特征，人力资源供给与企业需求不匹配加剧了中小微企业“用工荒”“招工难”问题。

从2003年起，全国各地不断出现各种形式的“用工荒”，由东部沿海地区向全国扩展，甚至西部省份也出现了“用工荒”。当前我国众多企业处于附加值较低的产业链低端，竞争力很大一部分来自廉价劳动力，“用工荒”与“电荒”“钱荒”“高成本”等因素交织在一起，加剧了中小微企业生存与发展困境，“倒逼”有潜力的企业在转型升级中寻找出路。相对于大型企业而言，中小微企业在企业的转型升级中更面临着严重的人才短缺“瓶颈”。课题组2013年9月针对湖南省中小微企业典型调研结果显示：57.4%的企业认为人力资源因素（管理人才、技术人才、

领导能力等）是制约中小微企业发展的主要因素；79.2%的企业认为用工成本高、压力大、招工难问题是制约企业发展的人力资源问题。2015年7月延伸到中西部的拓展调研结果显示：60.5%的受调研企业认为劳动力市场上缺乏企业所需员工或企业无法招到所需员工是制约企业人力资源发展最突出的问题。可见，市场缺乏有效供给，是中小微企业发展人才不足的重要根源，关注供给侧改革，优化市场供给势在必行。

一　核心技术人才和管理人才短缺严重

为了客观地评估中小微企业人力资源状况，课题组针对湖南地区的典型调研结果数据显示，75.0%的中小微企业感觉到企业用工紧缺，其中40.5%的中小微企业面临中高级管理人才紧缺问题。课题组在江西省、广西壮族自治区的拓展调研发现，61.1%的中小微企业存在高级管理人才短缺。课题组成员在中小微企业访谈中发现，很多中小微企业主要依靠企业主及其家族成员管理和运作，大多数尚处于所有者和经营者合一的发展阶段，部分企业正在向职业化管理转型，由此可以判断该类企业核心人才的短缺问题不仅是现阶段的重要发展“瓶颈”，而且该问题的制约程度将在下一时期更加突出。

目前，中小微企业技能人才短缺是我国中西部地区中小微企业劳动力市场中的普遍现象。主要表现在：（1）技能人才总量不足。中西部地区中小微工业企业大多属于加工制造业，为劳动密集型企业，对技能人才需求大，但是，其技能人才的供给数量并不能满足中小微企业发展的需求。（2）技能人才结构矛盾突出。与发达地区相比，中西部地区中小微企业技能人才队伍结构矛盾主要表现为，技能人才培养与中小微企业发展需求不匹配，即技能人才领域分布不合理，很多中小微企业面临技能人才断层危机。（3）技能人才开发与培训投入不足。包括：政府在职业技能培训上投入偏少，力度不够；中小微企业对技能人才重使用、轻培养，对职工职业培训投入不足，社会和个人对技能投资以及技能人才的成才通道还不畅通；在企业内部，提升技能人才素质的有效方法，诸如名师带徒、岗位培训的有效管理机制等被淡化或摒弃。（4）技能人才发展的社会环境有待改善。目前，我国中小微企业技能人才地位不高，工资待遇普遍较低，加上官本位思想、重学历、轻技能劳动的传统观念的影响，严重制约了技能人才的发展。

二　欠发达地区中小微企业招工更难

课题组在典型调研中发现：44.8%的受调研中小微企业感到招工困难，72.4%的企业感到近期“用工紧缺，招工难”。尤其是在中西部远离中心城市的欠发达地区，例如，湖南省的邵阳、永州等地及长株潭以外的县域中小微企业，该问题尤为突出。通过课题组访谈，发现其背后的主要原因有：第一，招聘平台建设不完善。拓展调研结果显示，75.6%的中西部中小微企业认为招聘组织缺乏针对性，63.5%的企业认为招聘的宣传力度不够，51.3%的企业认为招聘次数少，还有46.2%的企业认为招聘规模小。第二，企业和员工缺乏对招聘渠道的深入了解，尤其是基层的农民工对网络招聘并不熟悉。第三，人才市场发展滞后，人才市场招聘的质量不高。课题组认为，该问题将在相当长时间内成为我国县域中小微企业和远离中心城市之外的其他地市中小微企业的普遍难题，应作为重要研究和解决的问题。

三　中小微企业所需人才引进困难

在对我国其他各省市中小微企业人才引进现状研究中发现，人才引进困难是一个普遍性存在的问题，严重制约了我国中小微企业的活力和发展。特别是课题组在湖南省2013年9月的典型调研中发现，有77.1%的受调研湖南中小微企业认为人才引进和留任困难。由于中小微企业规模不够大，70%左右的中小微企业处于初创期或成长期，81.3%的企业员工人数在20—300人，这使得中小微企业抗风险能力差，未来不确定性程度高，员工职业风险自然很大，导致其在客观上缺乏对人才的吸引和市场竞争能力；而且，大部分中小微企业处在三线城市或县域经济区内，其医疗、交通、商务、教育等公共资源配置条件落后，在区域环境上又大大降低了企业对人才的吸引和竞争能力；加之，这些相对落后的县域经济地区或三线城市，自身财政状况不佳，许多国家规定的扶持政策都难以落实，更谈不上对人才有吸引力的区域性特色政策。

此外，在预调研的访谈中，课题组发现，当前退休人员返聘成为目前我国很多中小微企业核心人才的一种重要引进方式。由于返聘大型企业或大中城市退休员工具有用工灵活和成本低的特点，该方式已逐渐成为中小微企业引进核心人才的重要途径。但目前，我国立法尚未明确退休返聘关系的法律性质，司法实践中退休返聘关系一般被视为民事雇佣关系，并不适用于劳动法，双方不用签订劳动合同，导致退休返聘权益保障缺失，造成退休人员的返聘存在诸多障碍。①

第二节 中小微企业人力资源供给“瓶颈”形成的主要原因

中小微企业要发展壮大、提高自主创新能力、提高市场竞争力面临着诸多困难和问题，涉及生产、技术、管理等诸多方面。课题组综合调研认为，目前中西部地区中小微企业人力资源供给“瓶颈”凸显的主要原因包括以下几个方面。

一 产业结构失衡与人才供给结构失衡互为掣肘

目前中国正处于经济结构战略性调整的关键时期，由转型升级引发的结构性矛盾导致人力资源市场出现“招工难”与“就业难”并存的现象，结构性失业问题凸显。从表面上看是我国就业市场上供求结构的失衡，深层次问题还是我国产业结构不合理、制造业处于全球价值链低端环节、增值能力不强等综合作用所致。课题组认为，目前中小微企业“招工难”、“用工难”问题突出，产业结构失衡是导致中西部地区中小微企业人力资源供给“瓶颈”凸显的重要基础原因。

（一）产业结构优化调整受制于人才结构性短缺

国家2010年出台的《“十二五”中小微企业成长规划》指出：目前中小微企业主要集中在传统产业，创新能力不强，部分行业产能过剩、布局雷同现象突出；服务业中小微企业发展滞后，产业结构不合理；高耗能行业总产值占工业比重偏高。该规划认为，由于区域发展不均衡，且中小微企业普遍缺乏资金、技术、人才、信息，因此中西部地区中小微企业要实现产业结构优化目标，任务重，压力大。湖南省统计局2013年发布的《2012年湖南中小微企业发展状况分析》中也提到，目前湖南省中小微企业虽然投资少、见效快，但整体产业结构与市场需求的矛盾突出；资源开发型、产品初加工型、劳动密集型、能源消耗型传统产业仍然占主体地位，高技术含量和高附加值的行业比重低；第三产业中，

---

① 潘峰：《是劳动关系还是雇佣关系——论退休返聘人员的平等就业》，《中国人力资源开发》2008年第3期。

信息、物流、商务服务业等新兴服务业以及科技服务业营业收入比重只有15.8%，而批发零售和住宿餐饮业占到了59.8%。课题组调研认为，中西部地区中小微企业产业层次低，发展粗放，较之大型企业而言，产业结构更不合理，结构优化调整势在必行，但结构调整的压力也更大。同时，中西部地区的人才供应结构远远滞后于中小微企业产业结构优化调整，这导致中小微企业转型升级过程中将遇到日益加剧的人才短缺问题，将严重制约中小微企业的发展和战略目标的实现。

针对该问题，课题组针对湖南省的郴州市和娄底市作专门剖析，郴州市作为湖南的南大门，是大湘南国家级承接产业转移示范区。培育战略性新兴产业为其转变经济发展方式、提升城市核心竞争力的战略选择。而推动战略性新兴产业快速发展的关键因素是人才，经课题组调研发现，2013年全市战略性新兴行业人才严重匮乏，按照国家有关人才标准划定，该地区拥有装备制造业人才1738人，电子信息产业人才1475人，生物医药人才145人，分别占该地区人才总量的4.2%、3.6%和0.4%，人才的严重不足成为制约产业转型与发展的关键因素。另外，2014年全市三个产业增加值比重分别为9.7%、56.8%、33.5%，第二、第三产业增长迅速，第一产业增加值比重已经下降至不到10%。然而，郴州市就业结构调整速度相比于产业结构显得明显滞后，2014年全市第一产业从业人员为110.6万人，就业比重为33.9%，远高于对应的增加值比重，可见，第一产业就业人员比重的下降速度远远落后于产业结构的调整速度，相对应的第二、第三产业就业人员比重上升速度也落后于郴州市的产业结构调整速度。[①] 娄底市是属于湖南省资源型城市，是湖南省重要的能源与原材料产业基地。近年来，该地区产业优化调整幅度颇大，产业结构由第二产业为主向第一、第三产业平衡推进。全市中小微企业第一、第二、第三产业结构比由2008年的1.7∶57.9∶40.4调整到2014年的8.1∶29.8∶62.1，第二产业下降了28.1个百分点，第一、第三产业分别上升6.4个和21.7个百分点。传统行业交通运输、批零住餐业向新业态新功能扩张，大量新兴服务业、现代服务业、生产性服务业逐步涌现，信息咨询业、现代物流业、科技文化娱乐服务业渐成规模，金融业、房地产业快速发

---

① http://www.hntj.gov.cn/tjfx/sxfx_3488/czs_3498/201507/t20150717_472064.html，2013年5月14日。

展。然而，2015 年娄底市发改委指出，目前娄底市规模以上工业企业专业技术人才 5784 人，只占其从业人员 9.66 万人的 5.9%，其中，从事 R&D 的人员 2306 人，且主要分布在传统产业，战略性新兴产业人才紧缺，尤其是高科技人才、高管人才缺乏，在环长株潭8 市中排第8 位，这种人才总量不足，结构严重失衡状况严重制约了娄底市技术创新能力的充分发挥，影响产业转型升级。①

从以上分析可以看出，当前要真正实现中小微企业的可持续发展，亟须解决中小微企业人才结构性短缺的问题，人力资源的供给优化改革必须同步甚至先于产业结构优化和转型升级改革，才能真正解决中小微企业发展过程中人力资源有效供给不足的问题。

（二）区域性产业结构不合理导致区域性刚性用工短缺

“微笑曲线”是宏碁集团董事长施振荣在 1992 年为了“再造宏碁”提出的理论。② 图6－1 的曲线表示价值链在不同生产阶段的增值能力存在差异。其中，曲线1 表示附加值曲线，曲线2 表示劳动力供求曲线。可简单地将“微笑曲线”划分为上游、中游和下游三个阶段：上游为设计研发，下游为销售与服务，上下游附加值较高，而且需要高素质的劳动力；而中游是以制造、加工为主的部分，附加值较低，需要的是相对低素质的劳动力。

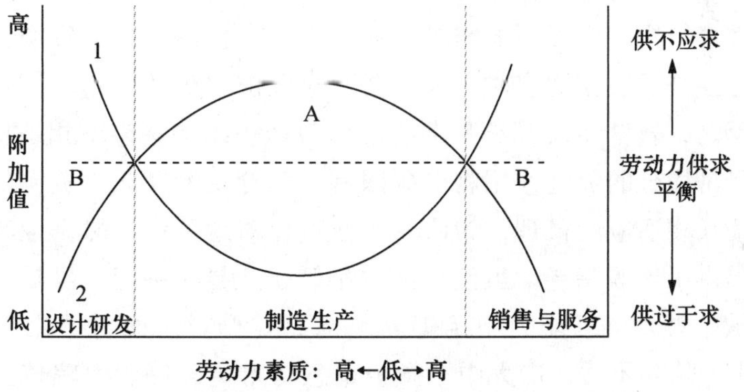

图6－1　“微笑曲线”与中小微企业现阶段劳动力供需状况

资料来源：施振荣，2014 年。

---

① http：//www. ldtj. gov. cn/html/2015/jccy_ 0107/24632. html，2015 年1 月7 日。

② 施振荣：《微笑曲线：缔造永续企业的王道》，复旦大学出版社 2014 年版，第56 页。

课题组调研得知，在我国中西部地区中小微企业中，制造业比重偏大，而制造业处在价值链的低端环节，制造业自身价值升级缓慢，向高附加值阶段的延伸也十分有限。从曲线中可以看出，中西部地区中小微企业主要处于中游的生产制造环节，主要依靠较多的资源投入和劳动力投入、较少的资本投入和技术投入，实现总产值的增长和规模扩张。在低附加值和高速规模扩张的共同作用下，极易形成低增加值率导致低工资、低工资导致低素质劳动力、低素质劳动力导致低增加值率的恶性循环。在循环过程中，低素质劳动力的供应渐渐跟不上产业规模的迅速扩大，低素质劳动力供不应求，会出现严重的供求失衡刚性缺口（如图6-1中的A区域），这就导致了中小微企业“招工难”和“民工荒”问题出现。

由此可知，当前由于地区中小微企业的产业结构不合理，制造业处于价值链低端，处于价值链高端的研发设计和服务业的中小微企业数量和发展速度大大滞后，导致区域性人才需求结构不合理，最终引发中小微企业“招工难”“民工荒”现象。这表明当前中西部地区中小微企业结构优化和转型升级的紧迫性和重要性，人才供求结构失衡也会严重制约中小微企业的长远发展。

二 职业教育与地区中小微企业转型升级的发展需求不匹配

随着经济结构调整和经济增长方式转变，经济增长必然对人力资本类型及教育结构产生不同的需求。只有当教育供给及人力资源供给结构和数量与经济发展相适应时，人力资源对经济增长的作用才能得到有效发挥；反之，教育和人力资源供给结构与经济结构调整不相适应，人力资源对经济增长的促进作用将受到限制。教育供给及人力资源供给是否与经济增长相适应的机理，为研究职业教育对地区中小微企业转型升级的影响提供了宏观指导。虽然目前中小微企业异军突起，但是，高技能人才短缺、技术创新能力不足等问题却日益凸显。面对“用工荒”和“就业难”并存矛盾，广大中小微企业急切希望高等职业院校主动对接产业，培养大批符合企业需求的紧缺人才，以满足广大中小微企业发展之需。

在调研中，课题组发现，中西部地区中小微企业主体部分属于制造业，对于技能型人才的需求大。职业教育应以服务区域经济发展为宗旨，以培养技能型人才为目标，以传授新技术及科学知识、承接服务本地区中小微企业发展的实用性人才主要供给为职责。而现实情况是职业教育发展与经济社会发展需求“脱节”的内在矛盾日益凸显，职业院校和中小微企业人才、市场需求脱节现象日趋严重，这既偏离了职业教育的功能目标和主旨，也严重制约了我国中小微企业的健康发展。①

课题组在中西部地区的拓展调研结果显示，38.8%的受调研中小微企业认为高校和职校培养的人才与企业需求不匹配导致企业高级管理人才及技工紧缺。课题组针对中小微企业所需人才的市场供给状况进行了系统调研，湖南省典型调研发现：65.2%的受调研企业认为“高校和职业技术学校毕业生就业期望过高”是人才供给存在的最大问题，另有48.8%和17.4%的受调研企业认为人才供给存在的最大问题分别为“高校和职业技术学校毕业生实际能力不高”和“高校专业结构设置不合理”。可以看出，人力资源供给问题主要聚焦于高校和职业技术学校的人才培养和市场供给方向。课题组针对中小微企业对人才供给方面的看法和要求的调查数据显示，74.6%的受调研企业认为“高校、职校符合企业需求的实用技能人才对口不足”，55.7%的企业认为“高校、职校相关专业设置与企业需求不符”，51.3%的企业认为“高校、职校实用技能人才培养质量差”，有67.6%的企业认为职业技术学校（院）取消了部分传统专业（如铸造等）影响了企业所需人才的供给。同样，课题组在针对江西、广西等中西部地区中小微企业的拓展调研中发现，47.5%的中小微企业认为“培养技能与企业岗位能力要求不匹配”。课题组专门剖析了湖南省郴州市，调查发现郴州本地的高校毕业生近年来始终保持较快增长，2014年毕业生人数达到5091人（不含本籍外地培养可能回来就业的大学生）。与此同时，人社部门职业介绍服务中心2014年第二季度供求分析报告数据显示，全市中级以上职业技术等级需求人数为6894人，职业资格二级（技师）和高级专业技术职务人才需求与供应倍率分别达到2.44和6.26。一方面高级技术人才和熟练技术工人短缺；另一方面大中专院校学生不适合本地企业需求或不愿本地就业，较大程度制约了企业转型升级长足发展。这些数据都充分表明职业院校的人才培养模式、人才供给质量和中小微企业人力资源市场需求

---

① 赵应生、钟秉林、洪煜：《转变教育发展方式：教育事业科学发展的必然选择》，《教育研究》2012年第1期。

存在很大的差异，从供给侧改革职业技术院校人才供给质量以满足中西部地区中小微企业发展的人才需求，是突破中小微企业发展瓶颈的有效对策。

课题组综合调研资料，进一步明晰了职业教育与中西部地区中小微企业发展的人力资源需求不匹配的主要原因：

（一）职业教育未能形成有效人力资源市场供给

职业教育承担着转移农村剩余劳动力，为工业化进程和城市化建设输送合格的产业工人之责任。随着农村城镇化、农业现代化以及区域经济结构调整，农村需转移出大量剩余劳动力。但农村剩余劳动力普遍缺乏职业技能，就业能力弱。如果职业教育供给状况难以满足农民个人以及经济发展的职业教育需求，就难以实现农村剩余劳动力的有效转移。课题组在调研中也发现，截至2013年年底，80%的农民工都在中小微企业就业。中西部地区很多中小微企业属于制造型企业，一线员工主要来自从农村转移出的剩余劳动力。随着经济发展和转型升级，中小微企业为了满足健康发展之需，必定要求操作工人和技术工人有更高的技术水平，如果这些工人供给跟不上中小微企业发展的需要，“就业难”和“招工难”并存的矛盾就会长期存在。同时如果农村剩余劳动力普遍缺乏就业技能，就业能力弱，就难以实现农村剩余劳动力的有效转移，“农业现代化”和“新型城镇化”目标也难以实现。由此，职业教育与区域经济发展相匹配、与中小微企业发展的人力资源需求相匹配已成为推动区域经济可持续发展、实现“新四化”目标的重要课题。

张智敏等（2007）[①] 通过对影响农民工职业技能培训需求因素的实证分析发现，农民工有强烈的对非农转移职业技术教育的需求。他们为了争取在城市中寻找到稳定的工作，学习技术的动力大，但在离土离乡前难以得到职业技能培训的机会。究其原因，在农村专门针对他们需要的非农转移职业技术教育机构少，无法满足农民工的需求；在城市为了生存，农民工不可能专门参加收费性质的技能培训，只有在打工中边干边学，但是，这种通过学技术改变生活困境的道路极其艰难。目前，文化素质整体偏低且具有同质性是农民工群体的普遍特征，低技能、技能单

① 张智敏、唐昌海、姚延芹：《影响农村人口职业技术教育需求的因素分析》，《中国农村经济》2007年第3期。

一或无技能已经使农民工越来越难以适应现代化的市场需求[①]，自然也不能真正满足中小微企业发展的需要。

（二）职业院校专业设置与中小微企业人力资源需求相脱节

目前职业院校专业建设更多的是以学科自身逻辑发展或者院校需要为依据，而不是以现实经济社会的发展需要为依据。新专业的开设并没有真正深入地进行市场调研，或是基于学校和学院的既有基础而开设新专业，或是反过来什么专业热就开设什么专业。[②]

湖南省的职业技术学院专业涵盖了教育部《普通高等学校高职高专教育指导性专业目录（试行）》（教高〔2004〕3号）中的农林牧渔、材料与能源、资源开发与测绘、生化与药品、电子信息、土建、制造、交通运输、环保、生化、食品、财经、公共事业、文化教育、艺术设计、旅游、公安和法律等专业大类。课题组选取了几所职业技术院校进行调研分析，虽然整个湖南省职业教育设置专业覆盖面较广，也具有一定数量的重点建设专业和特色专业，但依然存在很多问题：与第三产业相应的以及具有较强通用性的专业过多，且多偏重于财经类和管理类；第二产业相应专业的设置存在“盲点”，与新能源、新材料等相关的专业几乎没有。关键在于大多数专业的培养定位都是面向国有大型企业，甚至大型跨国公司等，极少考虑地区中小微企业的专业需求，课题组在访谈中被告知，这样的专业设置定位才受家长与报考学生欢迎，因为家长和学生并不喜欢中小微企业。

目前，中西部地区很多职业院校没有根据区域产业发展需求，对职业院校专业设置和布局进行有效调整，专业设置重复，资源浪费严重。比如，湖南省的特色产业有汽车制造、城市轨道交通装备制造、工程机械、输配电及控制设备制造、造纸、有色金属深加工等，但目前湖南省职业教育学院并没有形成与这些特色产业相应的特色专业体系。在访谈调研中多家企业反映很多院校的专业设置与企业的需求并不一致，很多学校都在开设市场需求已经饱和的专业，甚至取消了很多具有地方特色的专业，这使得这些中小微企业更招不到需要的专业性人才。由于职业

---

① 刘家强、王春蕊、刘嘉汉：《农民工就业地选择决策的影响因素分析》，《人口研究》2011年第2期。

② 谢作诗、杨克瑞：《大学生就业难问题探析》，《教育研究》2007年第4期。

院校与产业、企业信息不对称，学校对专业设置缺乏专业的市场研究与预期，导致专业设置缺乏前瞻性和预见性，跟不上产业布局调整、生产技术更新换代的步伐，开办的专业也不符合市场需求，招生时的热门专业待3—5年学生毕业时，往往因各院校一呼而上、大量招生，造成供过于求，或者因产业调整转型，人才市场需求发生变化，毕业生就业困难。当然，职业院校自身能力与运行机制也是构成供求脱节的重要原因。各级政府在制定区域技能型人才发展规划等方面也没有发挥应有的作用，不能及时、定期发布行业企业所需技能人才信息，所以职业院培养人才没有针对性，造成职业院校设置专业与人才培养出现“瞎子摸象”现象。各职业院校为了生存，追求招生数量，迎合家长和学生的就业心理，争相举办培养成本低的管理类时髦专业，而不愿举办实习实训投入大、培养成本高的新兴产业所需专业。湖南省职业院校的会计、经济贸易等专业因为家长和学生的盲目选择，明显超出社会需求，就业质量不高，对口就业率低。湖南的长株潭地区是我国两型社会的试点地区，其高端制造业、光伏电子、新能源等专业由于实习实训投入大、培养成本高，职业院校招生人数偏少，造成该类企业难以找到所需专业技术人才。上述种种原因从供给侧加剧了中小微企业人才结构性短缺问题。

（三）职业院校学生能力培养与中小微企业需求脱节

首先，课程内容与生产技术脱节。职业院校使用的全国规划教材开发周期长，重理论、轻实践，课本上有许多内容已经落后于企业目前的生产技术。许多专业教学与技能训练的相关课程建设技术要求高、开发成本高，职业院校开发此类专业性强但很实用的课程“得不偿失”，也确实有所力不能及，这类课程常常被口头上重视，但实际上多被搁置，或被一些无用的课程所替代。

其次，教学过程与生产过程脱节。职业院校普遍实行的是学科课程教学，多采用传统的课堂教学方式，老师照本宣科，学生死记硬背，多媒体教学设备更多的是发挥了替代板书的功能，尽管国家在大力引导和推行实际技能培养教学，但由于师资条件的改善非一日之功，职业院校的教学大多数情况下还是以传统的理论教学为主，教学内容和方式严重脱离企业实际需要。

最后，实习实训不能达到技能教学训练需求。各职业院校普遍存在重理论教学、轻实习实训的问题，实训设备投入不足，实训场地和实训工位严重不足，设备条件滞后于企业生产设备水平。尽管国家非常重视并努力推动职业院校加强实训环节，总体上看，各职业院校近年来在实训教学环节上也有较大改善，但由于实训教学损耗大，运营成本高，实践教学的设施配置和完善也不可能一蹴而就，院校迫于利益驱动降低实训开工率、削减实训环节成为常态，最终的结果仍然是院校培养的人才难以满足企业的实际需要。

（四）中小微企业与职业院校缺乏有效合作

陈一威（2013）[①] 指出，目前广大中小微企业在对高职毕业生的用人需求上常有自己的特点，主要包括：（1）毕业后就具有上岗能力，能很快适应本企业的岗位工作要求；（2）对本企业文化认同度高，有创业精神，就业心态稳定，能从一线做起，生涯规划路径清晰；（3）每年进人数量较少，一般只有几个到十来个；（4）常常需要不同专业背景的人或需要复合型的多面手。课题组调研发现，职业院校的学生并不能真正满足中小微企业的需求与当前中小微企业缺乏与职业院校的合作密切相关。然而，目前我国中西部地区职业院校与中小微企业之间依然缺乏有效合作。

课题组对中西部地区的拓展调研发现，在广西和江西地区的调研中，35.4%的中小微企业认为“专业设置与当地产业结构的结合度低”是职业院校在满足企业人才需求方面存在的主要问题之一。95.9%的中小微企业认为职业院校与企业的合作对企业的发展有非常重要的作用。然而，目前依然有很多因素制约了职业院校与中小微企业的合作，数据分析结果如图6－2所示，可以看出制约中小微企业与职业院校合作的主要原因有：

第一，政府推进中小微企业与职业院校合作的政策法规和管理机制不健全。在我国整个社会大环境内，制度与政策对教育的引导作用举足轻重。然而，我国职业教育目前在校企合作上，不仅国家出台的相配套的法规体系等制度保障欠缺，而且也缺乏地方政府为推动职业教育发展所制定并实施的鼓励企业参与校企合作的各种优惠政策，这是造成校企合作不深入、不稳定的主要原因。目前，政府出面统筹协调校企合作、

---

① 陈一威：《面向中小微企业的就业工作室小订单人才培养模式研究——以温州科技职业学院计算机专业为例》，《职教论坛》2013年第4期。

联合办学、制定人才规划的作用缺位，没有出台校企合作、工学结合、顶岗实习的政策法规，未能真正建立起校企合作的运行机制、体制和模式。在国内，课题组只发现浙江宁波2011年所制定的《校企合作工作条例》是国内最早的地方性的校企合作法律法规，但这些法律法规对于校企合作各方的权利、责任和义务等规定比较模糊，缺乏可操作性，校企双方无法建立长期、稳定的合作机制。

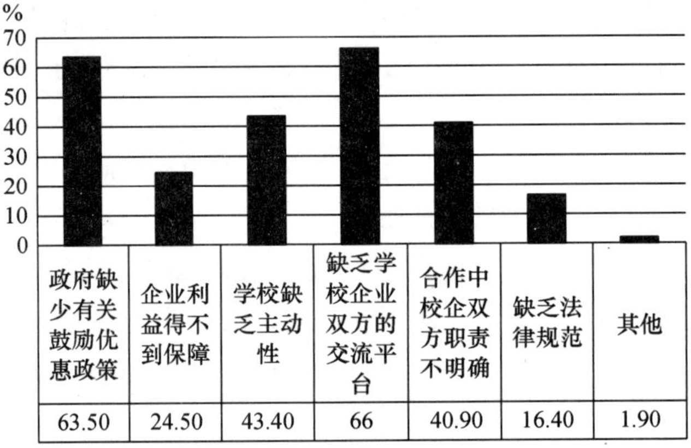

图6-2　中西部地区制约中小微企业与职业院校合作的主要因素

第二，中小微企业参与职业教育发展的动力不足。企业的本质是追逐利润，在“是否能给企业带来利润”这一标准下决定是否与学校合作，如果与校方的合作无法为其实现“盈利”的根本目标时，校企合作无疑就会面对“校方热企业冷”的尴尬局面。尤其是中小微企业本身受到规模和资金的限制，大多处在求生存和早期发展阶段，缺乏参与职业教育的动力与实力，它们在人力资源市场上更多地处于被动竞争和选择地位，不太可能期待它们主动参与改善供给，有相当部分的企业甚至将参与职业教育视为直接或间接的利益损失。显然，这种市场失灵的调节只能由政府负责。

三　中西部中小微企业区域人力资源生态环境欠佳

本课题负责人颜爱民教授2003年率先将生态系统导入人力资源管理研究中，在参照生态系统、商业生态系统等概念的基础上，将人力资源生态系统（见图6-3）界定为：研究客体区域中各种类型的人力资源与周围的自然、社会环境共同组成的物质—能量—信息系统。根据人力资源生态系统的定义，一个人力资源生态系统在空间边界上是模糊的，其空间范围在很大程度上是依据人们所研究的对象、内容、目的或地理条件等因素而确定。① 人力资源生态系统作为一种人工生态系统，具有极其明显的复合生态系统结构特征，它以人的行为为主导、以自然环境为依托、以资源流动为命脉、以社会经济体制为调节器，把各种人力资源、社会因素和自然因素通过有形和无形的联系交织在一起，构成相应的人力资源、社会和自然子系统。

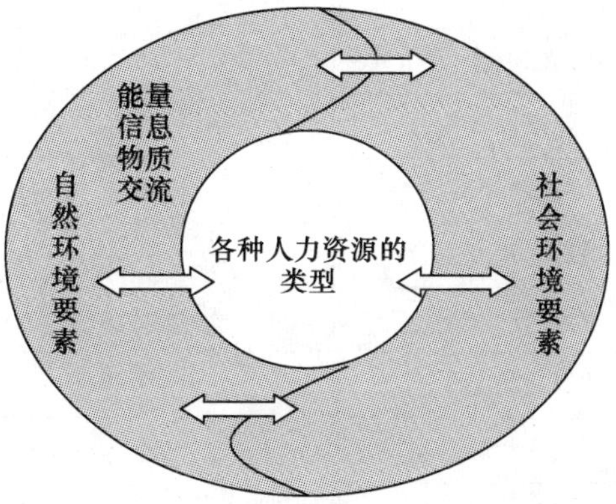

图6-3　人力资源生态系统模型

资料来源：颜爱民，2011年。

在人力资源生态系统中，不同的生态环境适用不同的人员生存和发展，为人才的滋养、发展提供不同的条件，因此企业对人力资源生态系统的动态适应和自我调节是企业可持续发展的重要保障。② 2009年，颜爱民教授带领团队对湖南地区多个城市、跨多种行业的企业各阶层员工进行大规模样本调研，运用数据编码与主题识别、探索性和验证性因子分析等技术对数据资料进行分析处理，构建并验证了人力资源生态环境评价指标模型，研究结论表明区域人力资源生态环境评价指标模型包括了

---

① 颜爱民：《人力资源生态系统导论：系统的初步构建与应用研究》，经济管理出版社2011年版，第61—63页。

② 同上。

经济环境、生活环境、人文教育环境、政策环境和自然环境5个一级指标和35个二级指标①（见表6－1）。

表6－1　区域人力资源生态环境评价指标体系（基于湖南省的研究）

一级指标	二级指标	一级指标	二级指标
经济环境（X_1）	经济发展水平（X_{11}）	人文教育环境（X_4）	风俗习惯（X_{41}）
	科技发展水平（X_{12}）		历史文化底蕴（X_{42}）
	平均收入水平（X_{13}）		文化包容性（X_{43}）
	优秀企业数量（X_{14}）		各类学校数量（X_{44}）
	工业园区数量（X_{15}）		培训机构数量（X_{45}）
	产业结构（X_{16}）		科研机构数量（X_{46}）
	就业率（X_{17}）		社交公共设施（X_{47}）
自然环境（X_2）	地理位置（X_{21}）	政策环境（X_5）	人才培养体系（X_{50}）
	气候条件（X_{22}）		人才流动政策（X_{51}）
	公共绿化状况（X_{23}）		创业支持政策（X_{52}）
	水源质量状况（X_{24}）		社会保障政策（X_{53}）
	空气质量状况（X_{25}）		人才中介服务状况（X_{54}）
生活环境（X_3）	物价水平（X_{31}）		信息交流平台（X_{55}）
	交通状况（X_{32}）		人力资源供需状况（X_{56}）
	住房条件（X_{33}）		相关行业发展政策（X_{57}）
	治安状况（X_{34}）		人力资源配置机制（X_{58}）
	医疗水平（X_{35}）		人力资源竞争机制（X_{59}）
	公共基础设施（X_{36}）		

资料来源：颜爱民，2011年。

鉴于本次中小微企业人力资源的研究内容和条件局限，课题组无法拿出大量的时间和财力物力专门研究相关省区的人力资源生态环境水平，

① 引自湖南省哲学社会科学基金重点委托项目“湖南人力资源生态环境评价及优化对策研究”（11WTB13）研究报告。

但根据我们以前的研究成果所得到的指标体系，可以很明确地看出，湖南、广西、江西等中西部地区的人力资源生态环境应该明显弱于东部发达地区，也就是说，中西部地区人力资源自我培育、成长和吸聚、有效开发人才的系统能力弱于东部发达地区，生态环境和生态系统功能决定了中西部地区人力资源供给弱于东部发达地区。同样的道理，在中西部地区内部，居于偏远和远离中心城市的欠发达地区的中小微企业人力资源的自生和获取能力又将更弱，在微观层面上，中小微企业会感觉到人力资源的供给“瓶颈”更为突出。

四　中西部中小微企业人力资源生态系统健康水平偏低

2010 年，我们通过实证研究构建了企业人力资源系统健康评价模型①，认为健康的企业人力资源系统必须具有良好的企业内外部生态环境、合理的企业人力资源结构、有效通畅的功能流、完善的运作机制和内在防御机制、良好的适应能力和学习能力，能够不断挖掘自身的潜力，快速应对系统内外部环境的变化，保持系统的稳定性和可持续发展。企业人力资源生态系统由企业活力、人力资源管理机制、人力资源现状、企业文化、企业外部形象、领导者特质和企业外部生态环境 7 大因子 30 个指标构成（见图 6－4）。根据该评价模型，最重要的影响因子是“人力资源现状”“人力资源管理机制”“企业外部生态环境”，其路径系数分别为 0.91、0.82 和 0.79，而“人力资源现状”由企业人力资源结构、团队合作精神、员工稳定性、人岗匹配共 4 个指标组成，“人力资源管理机制”则由企业薪酬激励、绩效考核、培训开发、人力资源规划、招聘与配置和晋升培养共 6 个指标构成，“企业外部生态环境”则由国家政策、经济发展水平、科技发展水平和劳动力市场供应共 4 个指标构成。根据课题组的调研，显然中西部地区中小微企业的这几类指标总体上远弱于东部地区以及大型企业，中小微企业人力资源系统的健康状况不佳，从系统的运行来看，中西部地区中小微企业人力资源系统的合理组织能力和恢复力都存在问题，既难以有效适应外部环境、从外部吸收人才，也难以通过自组织功能有效地培养和挖掘内部人才，其人力资源生态系统在功能上就难以聚合、培养和留用有效人才。必须从生态系统角度进

---

① 颜爱民：《人力资源生态系统导论：系统的初步构建与应用研究》，经济管理出版社 2011 年版，第 61—63 页。

行优化和改善中小微企业人力资源的组织环境和组织能力。

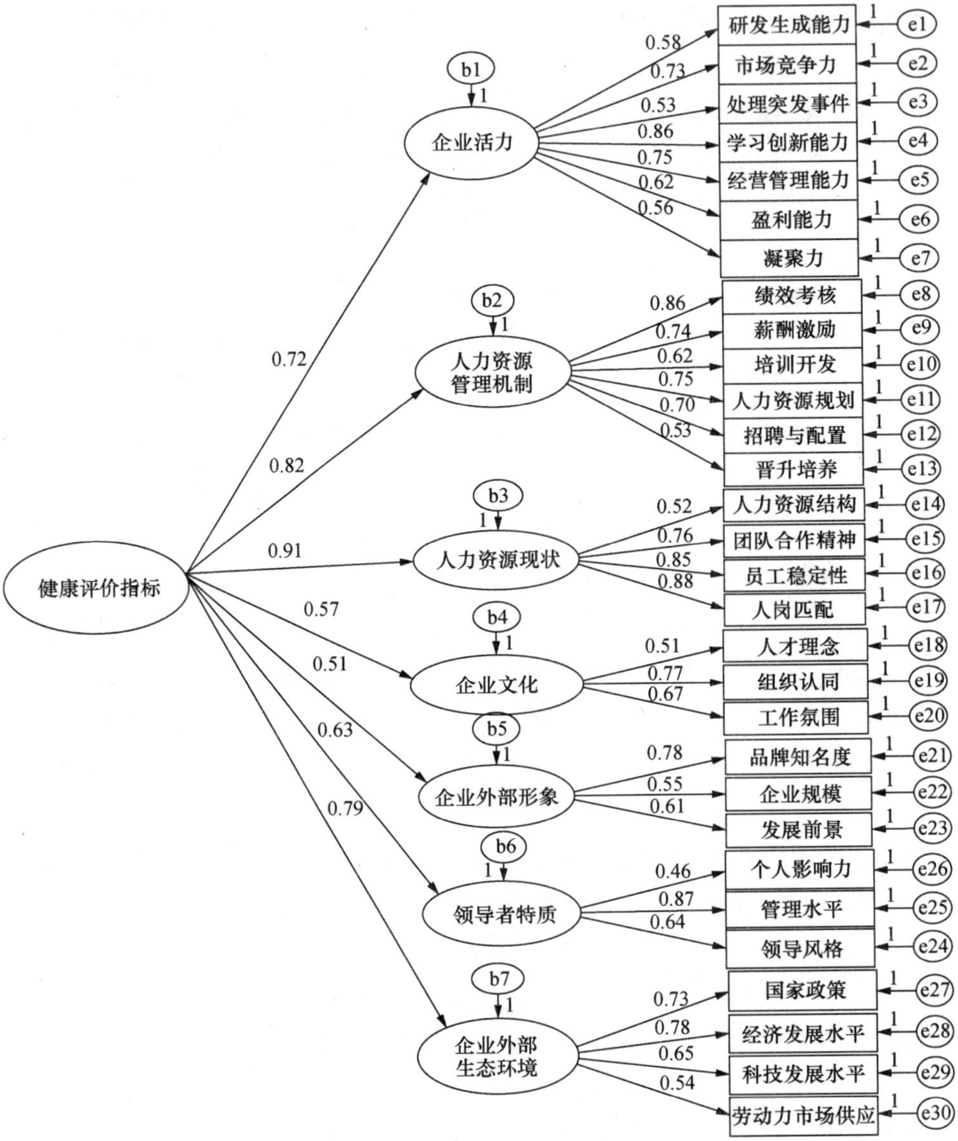

图 6-4 模型路径分析

资料来源：颜爱民，2011 年。

五　中西部中小微企业人力资源生态系统稳定性不足

系统不可避免要受到来自环境或系统自身的各种干扰，系统的稳定性是系统的重要维生机制，稳定性越好，系统的维生能力越强，人力资源生态系统的稳定性是系统发展的前提和主要动力。考虑到我国正处在一个快速发展和转型的特殊历史时期，中小微企业更是处在一种成长阶段的企业，我们认为更有必要研究中小微企业人力资源生态系统的稳定性状况，以从系统稳定性角度评估其对人力资源的聚合、培养和留用能力。课题组借鉴颜爱民等①于2009年通过实证研究确定的人力资源生态系统稳定性评价的六大因子22项指标（见图6－5），发现影响人力资源生态系统稳定性的主要参量是“人力资源管理制度”“企业特征”“企业文化”“企业外部环境”“领导者特质”和“员工素质”6项因子，它们分别由招聘制度、薪酬制度、考核机制、晋升机制、企业发展阶段、企业地位、企业规模、价值观认同、工作氛围、竞争理念、员工学习、职业发展规划、国家法律政策、行业特点、行业竞争情况、技术环境、领导风格、领导者个人能力、领导者个人修养、员工工作意愿、员工团队精神和与员工品格素养22项指标组成。显然，根据课题组调研的情况，中小微企业的人力资源管理制度、企业特征、企业外部环境、员工素质以及企业文化等方面几乎无一不处于弱势，中小微企业相对大企业而言，中西部地区的企业相对东部发达地区企业而言，其人力资源生态系统稳定性相对较差，由此，企业面对外部环境变化的调整和自组织适应能力均偏弱，企业面对当前经济形势下行和经营环境的恶化，其人力资源的吸聚能力会更差，流失会更严重，受到的人才“瓶颈”影响也会更大，这和我们的调研结论完全一致。

---

①　颜爱民、李顺：《企业人力资源生态系统稳定性影响因素实证研究》，《统计与决策》2009年第18期。

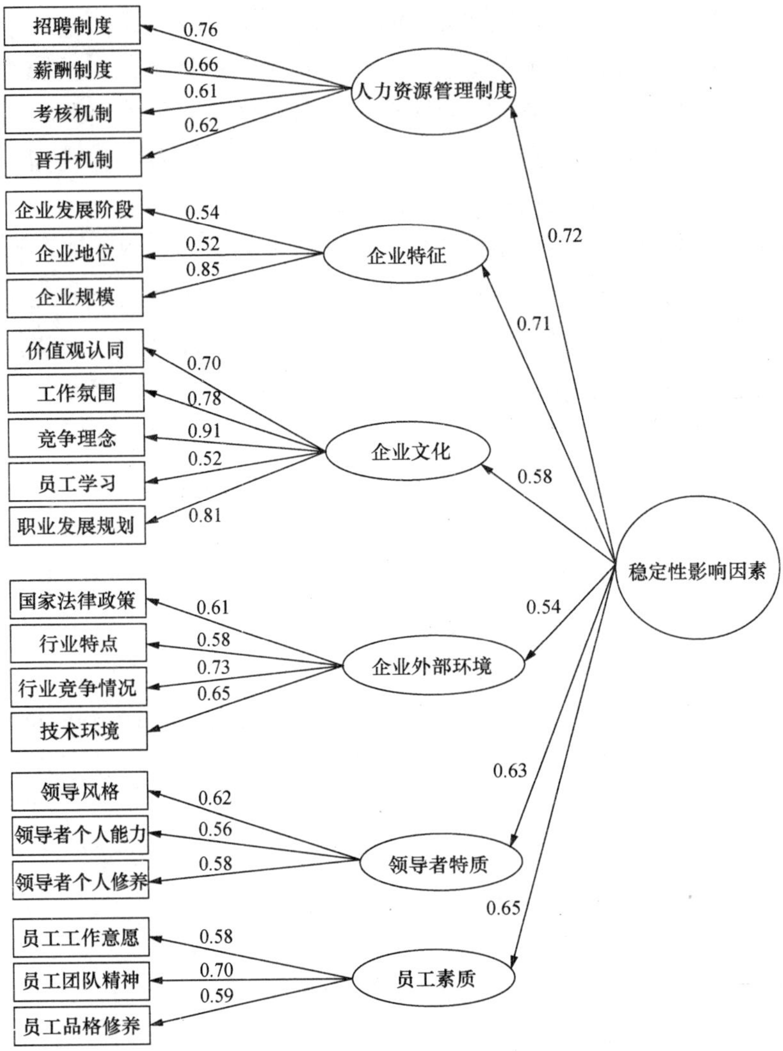

图 6－5 验证性因素分析的路径

资料来源：颜爱民，2009 年。

第三节 改善中小微企业人力资源供给问题的对策

一 提高中小微企业转型升级与职业教育的动态适应性

习近平在党的十八大报告中指出，“推进经济结构战略性调整是加快转变经济发展方式的主攻方向，必须以改善需求结构、优化产业结构、促进区域协调发展、推进城镇化为重点，着力解决制约经济持续健康发展的重大结构性问题”。目前，我国各个地区扎实推进产业结构优化升级，不断推动经济发展方式转变已经取得重大进展，而中西部地区中小微企业产业结构依旧存在较为严重的失衡现象，急需转型升级。然而，技能型人才短缺已经成为制约中小微企业产业升级的关键因素，由于技术人才的培养与产业竞争力的形成需要一个过程，如果断代将造成中小微企业转型升级“后继无人”的危机。因此，提高中小微企业转型升级与职业教育的动态匹配性对于避免企业在低成本优势的低位徘徊、实现人力资本提升与中小微企业转型升级的协同发展具有重要意义。

（一）加快中小微企业产业结构的转型升级

课题组调研发现，中西部地区中小微企业的主体和骨干还是制造业企业，尽管它们在数量上不一定占绝对优势，但在产业拉动和就业贡献方面的影响十分重要，尤其是制造业中小微企业发展空间大，面临的产业结构性问题最多，理应成为我们关注的重点。中西部制造业中小微企业总体情况来看，有产业链短、技术含量低、产品初级、附加值少等特点，主要依靠廉价劳动力获取比较优势。要实现中西部中小微制造型企业的结构优化和产业转型升级，最重要的是实现由劳动密集型向资本、技术、知识密集型转变，只有这样，才能使制造加工不断深入，在全球分工体系下延伸全球价值链在我国的产业布局，并在此基础上将生产环节进一步精细化，将更多的生产性服务业嵌入到制造加工环节当中，实现产业链条的迂回，在降低成本的同时，提高产品的技术含量与增加值。一旦完成中小微制造业企业转型升级，就会使更多的高素质人才有用武之地，在提高产业增加值的同时增加其对高素质人才的吸纳能力。劳动密集型向知识密集型的转变也将减少中小微企业目前对低素质劳动力的依赖，缓解民工荒的现象。中小微制造企业转型升级可以减少对低素质劳动者的需求，同时增加对高素质人才的吸纳，这将与我国劳动力供给的结构变动相一致（见图6－6）。中小微生产性服务企业的发展将有效增加对高素质人才的需求，制造业的升级将使得产业知识、技术等软投入增加，从而使制造业的增加值得到提升，这一方面将增加制造业对高素质人才的吸纳能力和需求数量；另一方面也将减少对低素质劳动力的严重依赖。附加值增加使“微笑曲线”（见图6－6中的曲线1）弧度变小，并整体上移，劳动力需求曲线（见图6－6中的曲线2）也将变得平缓，从而使得原本存在的低素质劳动力正向供求缺口A和高素质劳动力负向供求缺口B同时减小甚至消失。这将解决中小微企业面临的“招工难”“用工荒”问题，实现地区中小微企业的可持续发展。①

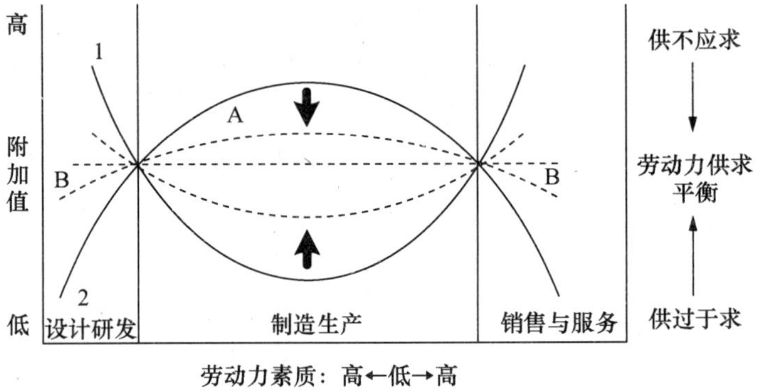

图6－6 “微笑曲线”与中小微企业现阶段劳动力供需状况变动

资料来源：余东华、范思远，2011年。

（二）构建适应中小微企业转型升级发展需求的职业教育体系

在工业化进程中，几乎不可避免地会出现经济增长与就业增长不相匹配的状态，这一状态被称为奥肯悖论，即技术进步和经济结构升级排斥劳动力，任何一次技术进步都将淘汰一些就业岗位，同时在其他相关领域必然要创造一些新的就业岗位。所以，人力资源供给能否满足技术进步和产业升级的要求，主要取决于能否快速消除创造的新岗位所需要的技术升级与劳动者实际技术升级之间的差距，而解决这一问题的出路就是大力发展职业教育事业。故此，职业教育必须与区域经济发展紧密结合，区域经济发展必须依赖职业教育的大发展，两者相互依赖、互相支撑，形成良性互动的健康发展格局。职业教育作为与区域经济结合最紧密的教育类型，必须把握产业发展的趋势和未来经济发展对技能型人

---

① 余东华、范思远：《生产性服务业发展、制造业升级与就业结构优化——“民工荒与大学生就业难”的解释与出路》，《财经科学》2011年第2期。

才的需求变化，才能为中小微企业转型升级提供人才支撑。①

1. 深入推进职业教育专业设置与中小微企业岗位需求的协调发展

地方经济社会发展的差异和行业技术水平的高低，对同一职业领域的人才规格、专业目标有特定的要求，因此职业教育专业的设置和开发必须紧紧围绕和服务于地方经济社会发展的需要，按照经济社会发展的规律和产业发展趋势，通过市场调查和实际论证来进行。② 为此，政府需要进行劳动力市场调研，树立为企业服务的思想，把职业院校的办学层次、办学方向、专业设置与市场、中小微企业发展需求结合起来，真正依靠市场为导向机制，才能切实有效地为中小微企业培养所需要的人才。

首先，应该合理调整专业，提高与中小微企业结合度。积极推进职业教育专业设置战略性调整，教育主管部门应加强对职业院校专业设置的指导与支持，搭建职业教育主管部门、学校、中小微企业沟通和协作的信息平台，采集市场需求的真实数据，通过定性和定量分析，契合中西部地区中小微企业的发展需求，在经费和政策上加大对发展潜力大、符合产业结构变化趋势的专业的扶持力度，力促各类职业院校空间布局合理、专业设置吻合市场需求。其次，应该组织力量及时开发适应不同地区中小微企业人才需求的特色专业，帮助所在地区的职业院校分析地区就业形势，把握地区人力资源需求特质，及时预测该地区中小微企业产业结构调整及人才需求，针对地区特色产业和特殊人才需求设置特色专业，融入地区发展之中，为地区的人才供给和经济发展做出应有贡献。例如，目前湖南省正在重点支持地方特色产业集群及集聚区内中小微企业产业升级改造，重点支持新能源、新材料、节能环保、生物医药、信息网络及高端制造等战略性新兴产业及关联中小企业的升级和技术改造，湖南各职业院校就应该研究湖南省重点支持的产业集群和战略性新兴产业改造的中小微企业人才需求趋势，调整现有专业，加强制造、建筑、制药、信息网络等专业人才的培养力度，压缩财经类、管理类专业人才培养规模，优化人才培养结构。

2. 完善和优化职业院校与中小微企业的合作机制

培养适应地方经济所需的高技能人才是职业教育的目标，职业院校

---

① 曹卫国、张蓉华：《论产业结构升级对职业教育的影响》，《职业教育研究》2008 年第 9 期。

② 王惠荣、张晖：《职业技术教育专业设置探讨》，《科技管理研究》2005 年第 5 期。

只有坚持办学定位和企业需求相结合、专业建设和产业发展相结合的原则，构建科学合理有效的校企合作机制，才能从根本上保证能持久地有效服务于中小微企业的发展。[①] 由于我国校企合作模式起步较晚，尤其是职业院校和中小微企业的校企合作，无论是经验、机制，还是政策法规，都十分欠缺。而该项工作的开展对职业院校自身的发展和中小微企业的人才培养都有十分重要的意义，因此，课题组建议：

第一，尽快建设和健全职业院校与中小微企业建立校企合作的政策法规。政府教育行政管理部门应该尽快推进有关职业院校和中小微企业合作的政策法规的完善，从法律和政策层面明确政府、企业、学校在发展职业教育中的职责和权利，明确中小微企业和职业院校双方在校企合作中的责任、权利和义务，鼓励各地探索和建立政府主导的职业院校和中小微企业之间的校企合作长效机制，依靠政府及相关部门在校企合作中的统筹推动作用，快速推动企业与职业院校的有效合作。

第二，统筹搭建职业院校与中小微企业的校企合作平台。各级政府应结合区域经济发展和中小微企业产业结构调整，统筹区域内相关中小微企业和职业院校建立校企合作平台，由省（市）政府领导牵头，省（市）国有资产监督委员会、经济委员会、中小企业管理部门和教育行政部门参加，成立省、市两级校企合作工作委员会，真正建立校企合作的对话工作平台，形成统筹校企资源、服务区域经济的校企合作长效机制。政府职能部门还必须建立定期发布技能型人才需求信息和校企人才洽谈会制度，促进人才需求信息交流，拓展校企联合培养人才渠道，构建学校人才培养与行业企业人才需求的长效机制。政府可根据区域产业结构特征或者依托支柱企业分别建立职业教育集团，组织和激励大中型企业、行业协会和职业院校共同建设好职业教育集团，各合作主体之间可通过股份合作、资产重组合并、理事会等形式形成有效合作共赢机制，职业教育集团内部可通过共建生产型实训基地、校企课程置换，通过实践教学课程和顶岗实习等方法提升集团内职业技能自我培养能力。[②]

二 优化区域人力资源生态环境、强化企业人力资源生态系统功能

课题组建议，运用量化技术进一步比较研究中西部地区和东部地区

---

① 潘海生、王世斌、龙德毅：《中国高职教育校企合作现状及影响因素分析》，《职教论坛》2013 年第 28 期。

② 张志强：《校企合作存在的问题与对策研究》，《中国职业技术教育》2012 年第 4 期。

人力资源生态环境差异，找出主要制约中西部地区人力资源生态环境的若干关键指标，通过政策设计调控这些关键指标，犹如通过基准利率、税收政策等财税指标调控经济环境一样，在宏观政策层面优化中西部地区人力资源生态环境，当然，也包括优化中小微企业人力资源生态环境，从系统角度改善人力资源的自生能力，进而改善人力资源供给，也从系统角度强化区域人力资源吸聚能力，以优化针对中小微企业的人力资源供给，这是一项很有意义但是也很有难度的工作，有待下一步有更多的同行共同努力完成。以湖南省为例，基于前期研究基础，课题组认为，由于湖南的教育和人才培养能力较强，在全国居于领先地位，即区域子系统的人才自我生产能力较强，这是湖南人力资源生态系统优势所在。但课题组进一步研究发现，湖南的优质教育形成的人才供给却主要面向全国，甚至是东部发达地区，人才供给的结构和湖南地方经济的发展需求结构匹配程度不高，需要调整湖南教育的人才培养结构，强化教育与地方经济的发展需求融合程度，提高地方人力资源供给水平。比较湖南的经济环境、自然环境和政策环境等指标与东部地区的差异，显然，湖南的人才竞争与聚集能力不足，要想快速整体提高系统竞争能力和吸聚功能难度较大，课题组参照产业生态系统集群发展的思想，建议在长株潭地区进行资源优先配置和政策优先到位，形成局部的“人才高地”效应，在系统的局部区域形成可以与北京、上海等优势区域相匹配的人才竞争和聚集能力，通过局部优势带动整体功能优化。当然，从根本上讲，还是应该强化中小微企业自身的人力资源系统功能，提高其稳定性和健康水平，这才是解决中小微企业“瓶颈”的根本所在。政府可从系统稳定性和健康水平所涉及的企业外部环境等角度做出必要的改善，同时通过政策引导和扶持中小微企业练好内功，强化其人力资源生态系统功能和水平。根据课题组调研的问题，课题组建议，中西部地区各地方政府可以先在下述具体事项上做出努力：如对于引进的高层次人才，政府应按其需求解决户口问题；对于不愿改变户籍的高层次人才及全区各类引进人才实行居住证制度，使他们享有与本地居民相同的待遇；落实引进人才的医疗、养老、工伤、失业、生育保障并妥善安置其配偶和子女，对于重点录用本地毕业生的企业给予工资补贴或承担部分培训费用等。针对生活环境指标优化是投入较少、系统优化较快的手段，如加强医疗、文娱、交通、学校等基础设施建设，为人才及其家属的生活、工作和学习提供良好的环境，加大财政支出支持中小微企业为引进的人才提供经济适用房、宿舍或住房公积金、购房补贴等，同时加快房屋建设，扩大居住面积，为外来人才提供大量廉租房。

第七章　推动知识流动，助力中小微企业人力资源开发

卢卡斯等（1988）① 以宇泽模型为基础，建立了一个以人力资源的外在效应为核心的内生增长模型，首次将人力资本作为内生变量纳入经济增长模型中进行研究。卢卡斯认为人力资本积累是经济增长的驱动力，人力资本积累有两种途径：一种是阿罗式边干边学或在职培训，另一种是舒尔茨式的学校正规教育。人力资本的这两种收益递增效应促使人力资本成为经济增长的发动机，正是因为如此，发达国家的资本利用率和工资率都较高，发展中国家的物质资本和人力资本会逐渐流向发达国家。同样的道理，在一国内部的不同地区，物质资本和人力资本都会有从落后地区流向发达地区的趋势。落后地区政府必须利用政策和经济手段对这种人力资源和知识流动趋势进行有效调控，遏制区域人力资源劣化趋势，保证区域人力资源和知识存量和总体质量水准，保证区域经济健康持续发展，这是我国中西部地区政府必须承担的重要经济调控职能，也是区域人力资源有效开发的重要内容。

知识、创造知识以及运用知识，是一个组织可持续发展的重要源泉。知识流动一般是指在一定情境中，知识从知识源到接收单位的传播或转移过程②，各主体之间由于知识分工的不同、知识互补性的存在，产生了知识的需求与供给，导致知识在社会各主体（如发达地区与落后地区、科研机构与企业、大型企业与中小微企业）之间不断循环流动。由于知识存量存在势差，比如大型企业拥有更多的专门性研发和管理人才，随

---

① Lucas and Robert, E., "On the Mechanics of Development Planning", *Journal of Monetary Economics*, No. 1, 1988, pp. 3 – 42.

② Szulanski, G., "Exploring Internal Stickiness: Impediments to the Transfer of Best Practice within the Firm", *Strategic Management Journal*, No. 17, 1996, pp. 27 – 43.

着知识流动过程的产生，知识可从知识密集型企业流向知识薄弱的企业。中小微企业在整个市场竞争中处于弱势地位，其知识密集程度处于低位势。要想提高中小微企业的生存能力和竞争能力，必须提升其知识密集度，或者说提高其知识位势，推动知识流动，提升低位势企业的知识水准。这是宏观上从人力资源角度优化资源配置、提高区域竞争力的有效方法，政府在此可大有作为。针对中西部地区而言，由于中国经济发展的不平衡，东部沿海发达地区和中西部之间的经济水平相差较大，东部地区知识密集度大、知识位势高，中央政府应该设置政策鼓励东部地区优秀人才向中西部地区流动，提升人力资源宏观层面上的有效优化配置水平，而不是任其自由流动，加剧东西部之间人力资源的位势落差，这也是宏观层面上人力资源的一种有效开发。在中西部地区内部，由于区域间同样存在着知识位势差异，也存在着大中型骨干企业与中小微企业之间的人才密集程度差异，政府同样可以通过政策手段引导和推动优秀人才向边远和落后地区、向中小微企业流动，以推动中小微企业和落后地区的经济发展。

第一节 区域间知识流动和人力资源优化配置障碍

一 经济和政策环境落差导致区域间人力资源和知识逆向流动

我国幅员辽阔，各地的地理位置、自然条件、人文环境、经济基础都存在较大差异，再加上受到改革开放以来实行鼓励部分地区“先试先行”的差异化经济发展政策的影响，东部和中西部地区经济发展水平差异十分明显，中西部地区内部各地区之间经济发展差距也不小。根据课题组针对江西、广西和广东的拓展调研结果显示，东部和中西部中小微企业成长环境的差异主要体现在：

（1）相对大型企业而言，中西部地区中小微企业感知到的歧视程度比东部地区严重很多，高 19 个百分点。

（2）中西部人力资源相关政策惠及面普遍在 20%—25% 之间，而东部则基本超过了 35%，后者高出 10 个百分点以上。

（3）中西部地区用工严重紧缺的企业数量超过了东部 13 个百分点，

而且中西部中小微企业反馈的信息表明，构成用工严重紧缺的主要原因是“地域限制”和“工资福利待遇低”。

(4) 中西部地区员工严重流失的中小微企业数达22.3%，远超东部的10.8%，原因是地域环境和工资福利问题，而工资福利低的问题又同样与地域环境紧密相关。

(5) 在调查政府优惠政策之人才信息服务惠及面时，中西部中小微企业惠及面为37.7%，而东部则有57.7%的企业享受到了政府提供的人才信息服务，东部地区高出中西部20个百分点，说明东部地区政府对中小微企业的扶持执行力到位程度远优于中西部地区，这与前文关于政策执行力状况研究的结论完全一致。

(6) 中西部地区社保员工比率超过80%的企业只占总数的39.3%，社保员工数在30%以下的仍占28.8%，而东部受调研企业中有71.2%的企业为超过80%的员工缴纳了社会保险，仅不到10%的企业社保员工数在30%以下，可见，中西部地区中小微企业社会保障体系建设远弱于东部地区，这肯定会影响中西部地区中小微企业对人才的吸聚和留用能力。

(7) 中西部地区还有部分中小微企业未听说过企业社会责任(CSR)。调查显示，中西部地区中小微企业对CSR的重视程度只有东部企业的84.25%。

通过上述数据我们发现，中西部在政府重视、政策惠及、人才引进、社会保障、舆论环境等方面都弱于东部地区，基于人力资源市场价格机制的作用，中西部地区的优秀人才肯定会大幅度地向东部地区流动和聚集（当然，这种流动会有相应的成本，越是高水平的人才，其流动性越强，流动成本随着发达地区的生活成本增加而增加，高水平的人才流动性会更好，也导致欠发达地区高水平人才更是短缺）。自然，这种人才的流动带动知识的流动，东部地区知识流将更进一步密集，知识位势更高，而中西部地区知识位势呈进一步降低趋势，各类人才短缺现象也呈现逐步加剧的趋势，这非常不利于中西部地区的产业升级、结构转型和可持续发展。出于同样的原因，这种知识和人才的逆向流动，在中西部地区内部的中心城市和边远地区、大企业和中小微企业之间同样存在，导致中小微企业尤其是居于边远地区的中小微企业人才流失会更加严重，知识流向的逆向运动非常不利于这些中小微企业的生存和发展。

侯爱军等（2015）[①] 以《中国统计年鉴》和《中国劳动统计年鉴》为数据来源，分析了1990—2012年区域间人力资源的需求和供给状况（见图7－1），并预测了2013—2020年的人才需求和人才供给情况（见图7－2）。

从图7－1中可以看出，20世纪90年代以来，东部地区的人才资源整体上呈现需求大于供给的发展态势，即就业人才量高于人才供给量，在区域上表现为人才净流入，从动态上看，东部地区还呈现人才需求与供给之间的差距不断扩大趋势，人才净流入规模逐步增加。中西部地区的人才需求和供给发展趋势基本相同，初期的人才需求小于供给，从区域上表现为人才净流出；随着西部大开发和中部崛起战略的实施，2010年和2011年就业人才量大于人才供给时出现了人才净流入，但2012年这种人才净流入现象不再明显。东北地区20世纪90年代的就业人才总量大于人才供给，存在人才净流入，而进入21世纪以来，人才需求和供给之间的关系波动较大，但整体上每年的人才供给大于当年的就业人才量。接下来，侯爱军还通过差分自回归移动平均ARIMA模型预测了未来五年内人才供需变化的情况，从图7－2中可以看出，2013—2020年四大区域的人才需求和人才供给均呈明显的增长态势，东部地区人才需求大于人才供给，且其差额越来越大，说明人才净流入量持续递增。中部和西部地区的人才需求和人才供给变化趋势相似，均是人才需求小于人才供给，意味着就业人才量小于地区人才供给，人才净流出，且流出规模不断增加。东北地区人才供给大于人才需求，表明该地区人才流出量大于人才流入量，存在人才净流出，其流出规模呈递减趋势。从全国范围来看，未来五年，区域人才流动体现为由中部、西部和东北地区流入东部发达地区，而且中西部地区人才净流出程度逐步增加。可以预期，如果没有有效的政策干预，中西部地区会因人才的不断流失而制约其经济发展，导致中西部地区和东部地区之间的差距越来越大。

区域间人才供需失衡不仅表现在东中西这样的经济地区之间，还体现在同一省份的不同行政地区之间。课题组根据湖南省的预调研访谈和典型调研数据发现，湖南省中小微企业大多位于二、三线城市，地处偏

① 侯爱军、夏恩君、陈丹丹等：《基于供需视角的我国区域人才流动研究》，《科技进步与对策》2015年第9期。

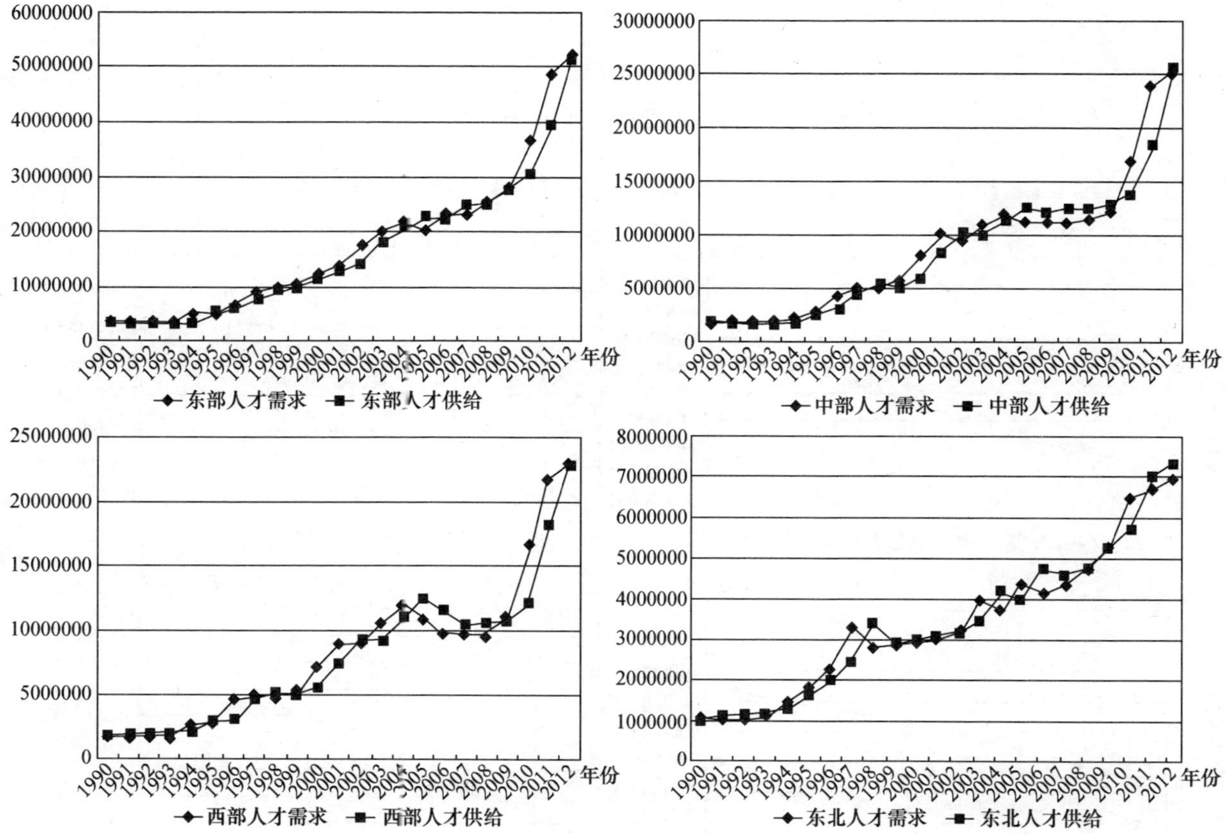

图7－1　各地区人力资源供给和需求状况

资料来源：侯爱军等，2015年。

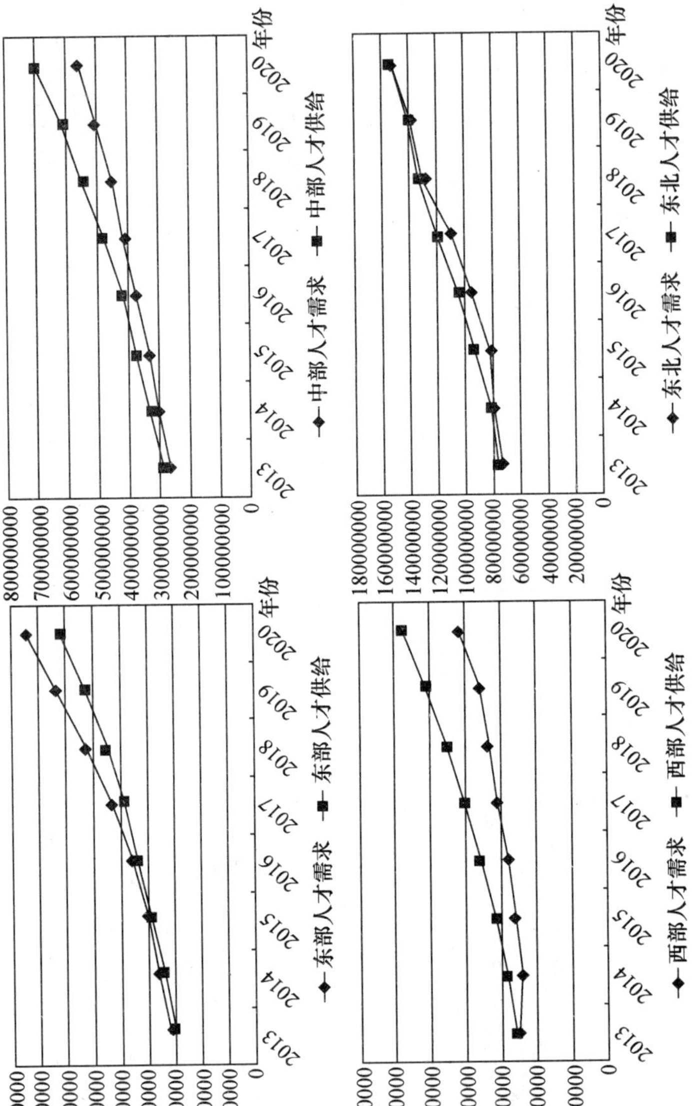

图 7-2　2013—2020 年各区域人才供给预测情况

资料来源：侯爱军等，2015 年。

远，交通不便，配套设施简陋，生活环境差，导致对人才的吸引力不足，特别是对外地员工的引进存在极大困难。问卷调查结果显示，75.0%的受调研企业感觉到企业用工紧缺，其中操作技能人才紧缺位居榜首，达42.7%，其次紧缺中高级管理人才，占40.5%，而这些中小微企业大多位于汨罗市、邵阳市、岳阳市等二、三线市县，相较于长沙市和株洲市来说，受经济发展水平和基础设施建设不足等因素影响，优秀人才难以吸聚进来，引发严重的供需失衡矛盾。此外，考虑到人才流出情况，湖南省66.2%的受调研企业近年面临较为严重的员工流失问题，有48.7%的被调研企业出现“操作技术性人才”流失严重问题。从湖南的情况看，中小微企业人才流失带动了知识流外流，使中小微企业整体生存和竞争能力呈现出更进一步劣化的趋势。

二　“数字鸿沟”阻碍中西部地区人力资源吸聚和优化配置

“数字鸿沟”又称为信息鸿沟，最早是由美国国家远程通信和信息管理局（NTIA）在《在网络中落伍之三：定义数字鸿沟》的报告中提出的，指当代信息技术领域中存在的差距现象，既存在于信息技术的开发领域，也存在于信息技术的应用领域，特别是指由网络技术产生的差距。2014年召开的APEC中小企业工商论坛提出：在中小微企业与大企业之间存在着一条“数字鸿沟”，中小微企业在未来几年内如果不注重在IT领域、企业的信息化建设等方面加大投入的话，必将在追赶大企业的潮流中落伍。据国家信息中心《中国数字鸿沟研究》课题组《中国数字鸿沟报告（2013）》[①] 披露，中国存在明显的地区“数字鸿沟”（见图7－3），2012年中国数字鸿沟总指数为0.38，中国数字鸿沟总指数继续呈下降趋势，表明我国的“数字鸿沟”呈现出逐步加大、日益严重的趋势。

从各地区间存在的数字鸿沟来看，根据国家信息中心《中国数字鸿沟研究》课题组针对全国31个省份（未涉及港澳台地区）的《中国数字鸿沟报告（2013）》调查表明：这些不同地区之间在拥有和使用现代信息技术方面存在的差异较大。图7－4显示，我国2012年各地区互联网普及率（测度“数字鸿沟”的重要指标之一）分布：北京、上海、广东的互联网普及率程度分别为72%、68%、63%，而中西部地区湖南、广

① 国家信息中心“中国数字鸿沟研究”课题组：《中国数字鸿沟报告（2013）》，《信息化研究》2013年第9期。

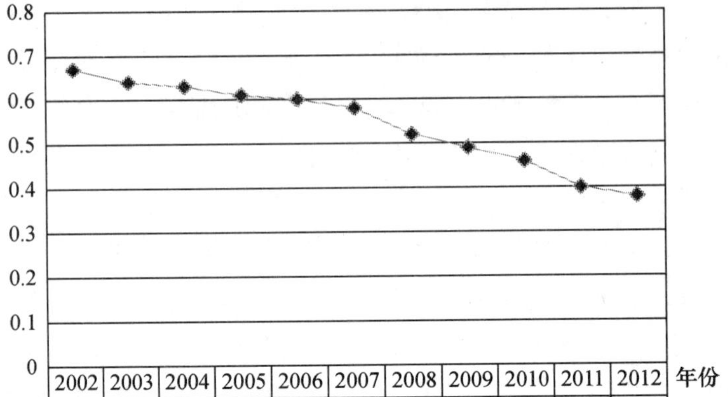

年份	2002	2003	2004	2005	2006	2007	2008	2009	2010	2011	2012
DDI	0.67	0.64	0.63	0.61	0.6	0.58	0.52	0.49	0.46	0.4	0.38

图 7－3　2002—2012 年中国数字鸿沟总指数变化

资料来源：国家信息中心“中国数字鸿沟研究”课题组：《中国数字鸿沟报告（2013）》，《信息化研究》2013 年第 9 期。

西仅为 33% 和 34%，东部地区和中西部地区差异达到一倍左右，因此可以看出目前我国信息技术普及程度呈现明显的地域差异，中西部各省份和大多数二、三线城市“数字鸿沟”问题异常严重。

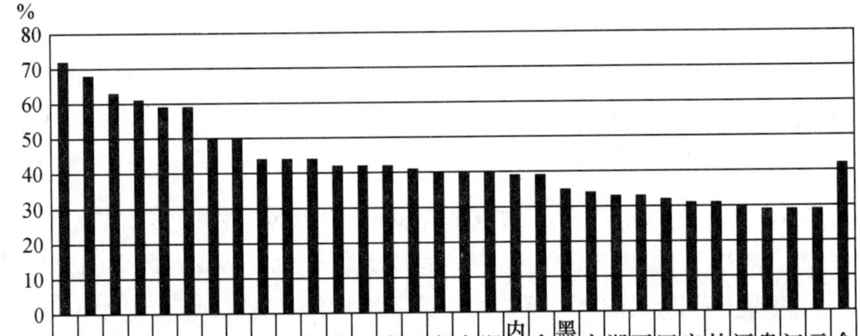

	北京	上海	广东	福建	浙江	天津	辽宁	江苏	山西	海南	新疆	青海	河北	陕西	重庆	宁夏	山东	湖北	内蒙古	吉林	黑龙江	广西	湖南	西藏	四川	安徽	甘肃	河南	贵州	江西	云南	全国
数值	72	68	63	61	59	59	50	50	44	44	44	42	42	42	41	40	40	40	39	39	35	34	33	33	32	31	31	30	29	29	29	42

图 7－4　2012 年中国各地区互联网普及率

资料来源：国家信息中心“中国数字鸿沟研究”课题组：《中国数字鸿沟报告（2013）》，《信息化研究》2013 年第 9 期。

2014 年 APEC 中小企业工商论坛提到，目前中小微企业对 IT 领域的投入只占其总收入的15%。在中国众多的中小微企业中，只有不到一半左右的企业把业务连入了互联网，而在这近半数的连接互联网的在线企业中，只有约10%的企业在进行电子商务交易。针对这一问题，课题组在拓展调研过程中设置了专项内容进行对比分析结果发现，东部和中西部地区中小微企业信息技术运用差异明显，确实存在着地区间的巨大“数字鸿沟”。东部广东省仅有1.3%的中小微企业对“信息技术能够影响企业人力资源状况”不太认可，仅4%左右的中小微企业员工对现代信息技术应用不够了解，有81.3%的中小微企业信息技术在人力资源管理中的应用程度很高。而在西部广西壮族自治区的调查发现，高达57.5%的中小微企业对“信息技术能够影响企业人力资源状况”不太认可，是广东省的50倍，有72.5%的中小微企业员工对现代信息技术应用不够了解或了解程度低，达到广东省的近25倍，83.1%的中西部被调研企业承认信息技术在其人力资源管理中应用程度低。再比较广东省和中部地区江西省的差别，调查发现，有88.9%的中小微企业尚未认识到“信息技术能够影响企业人力资源状况”，而广东省有98.7%的被调研企业都高度认可信息技术对企业人力资源管理的影响，可见中部地区对信息技术的重要性在理念认识上就远落后于东部地区。江西省仅有32.6%的中小微企业员工对现代信息技术应用了解或非常了解，而该指标在广东省高达96%。有32.6%的江西中小微企业在企业人力资源管理中较多地应用了信息技术，广东省该指标高达81.3%。可见，以广东为代表的东部发达地区和以广西、江西为代表的中西部地区中小微企业在对信息技术重要性的认识、具体应用方面都存在着巨大的差异，在人力资源管理的信息技术应用上存在着东部和中西部区域间的巨大“数字鸿沟”，这与有关专家所研究认定的我国东部和中西部地区信息技术总体上存在着巨大“数字鸿沟”的结论是一致的。总体上看，从西部、中部到东部地区，这种“数字鸿沟”的程度快速提高，在西部和东部之间，信息技术的差距十分惊人，这实际上会进一步加剧中西部地区人才的不合理流动，进而加剧其经济发展水平差距。据此，如何运用东部发达地区和中西部地区之间的知识位势差，推动知识流动，消解“数字鸿沟”是十分必要的，国家应制定政策引导信息技术向中西部地区扩展，中西部地区政府也应制定政策在区域内部推动知识流动，消解地区间的“信息鸿沟”，尽量缓解中小微企业因“数字鸿沟”带来的观念和信息技术落后等问题，引领中小微企业提高信息技术水平，促进中小微企业健康发展。

第二节 组织间知识流动和人力资源优化配置障碍

优秀人才在组织间的流动本质上是知识在组织间的流动和优化配置，这是现代人力资源管理所关注的重要资源优化配置形式。人才作为载体在组织间推动知识流动、实现知识转移以及促进组织进步和发展的作用日益显著，尤其是高等院校、科研院所、大型企业等知识密集型组织向中小微企业的知识和人才流动能大大促进中小微企业知识技术进步，提升其知识位势水平，对中小微企业的发展有着重要的现实意义。遗憾的是，课题组在针对江西、广西和广东中小微企业的拓展调研中发现，不到5%的中小微企业与相关研究机构有密切的合作关系，仅不到6%的中小微企业跟同行业企业之间有很高的交流程度。显然，中小微企业普遍与同行企业交流少，与专业的研究机构的合作程度低，科研机构及同行业先进水平企业与中小微企业间的知识流动量小，大大阻碍了中小微企业的技术进步和健康发展。

一 企业间知识和人力资源流动障碍

在绝大部分市场经济国家中，企业都是创新体系的主体，企业之间的技术合作和其他的非正式互动关系是知识流动的最直接、最重要的形式。知识流动的目的是通过知识在相关行为主体之间进行有效转移、重新组合和优化配置，提高知识的使用效率，并通过生产要素的重新组合推动技术创新，最终实现经济增长。而本部分研究的企业间知识流动主要是指中小微企业与大企业间知识流动和中小微企业彼此间知识流动。

在知识流动过程中，将知识按属性、传递的方式和获取的难易程度可以分为隐性知识和显性知识。隐性知识具有模糊性和不可传递性，是企业中最具价值的知识，这种经过企业长期积累下来的隐性知识是企业形成核心竞争力的源泉。从宏观层面以及优化资源配置的角度来看，大企业、知识密集型企业或高知识位势的企业通过知识流动带领中小微企业和低知识位势的企业提高知识密集度和知识位势，通过知识流动实现知识分享，实质上可大大提高知识资源的使用效率，优化资源配置，提高整体经济质量和水平，这正是政府所期望和应该推动的工作。政府应引导和推动企业间各类人才资源的合理配置，推进知识流动，特别是隐性知识的流动，实现各类人才最大限度的开发和利用，也必然有利于区域经济效益最大化。

但实际上，不同类型和规模的企业甚至同一类型、规模的企业对知识流动的动机都存在一定的差异，有些甚至是互相矛盾的。动机的差异及知识流动网络的不健全都阻碍了知识的顺畅流动。首先，在中小微企业与大企业间进行相应的合作和交流中，中小微企业受制于自身的规模和实力，基本处于相对弱势的地位，难以与大企业展开平等对话。大企业人才资源丰富、知识储备充足、知识位势高，具有很强的知识溢出能力，中小微企业在和大企业合作过程中理应受惠于其知识溢出效应，提升自身的人才和知识水平；然而，由于知识流动的过程也是一个组织学习和知识转移的过程，知识只有经过接受者的学习、理解，才能真正转化为接受者自己的知识，中小微企业往往因为自身缺乏基本的人才和技术水平，难以有效地吸收和接受从大型企业转移过来的知识流。普遍而言，中小微企业由于自身实力较弱、技术基础差、缺乏基本的人才储备等原因，很难对接新的知识和技术，这构成知识和技术从大企业有效流向中小微企业的另一重要障碍，这既需要企业靠自身努力保证基本的人才投入和储备，也需要政府制定优惠政策，鼓励和引导中小微企业在和大型企业合作时引进人才，以实现有效的知识转移和提升。其次，企业之间的技术合作皆基于对等互利原则，中小微企业自身技术弱、人才缺乏，与同行大型或者先进企业之间缺乏对等技术交流的基础，不具备通过技术合作、依靠技术互惠实现互利的条件，只有依靠互补性、通过技术合作实现利益共享才能找到合作的契机。这是前面调研中发现的我国中小微企业和大型企业的知识流动不畅的重要机制性原因，建议参照欧美和日本经验，由政府设置政策、培育市场，从大型企业和中小微企业两端推动其合作，通过合作共赢，既给大企业带来合作的组合效应，又能有效地带动中小微企业发展。

相对大型企业与中小微企业之间的知识流动而言，中小微企业彼此之间进行知识沟通与流动似乎更有优势，如企业规模相当、合作地位平等、知识水平相当、技术理解和沟通更为便利等。而事实上，中小微企业彼此之间知识流动更为困难，因为知识流动的基本动力源于组织间知识位势差异，中小微企业之间常常缺乏这种基本的动力源，所以难以实现知识流动。当然，由于中小微企业个体间的特质差异，某些中小微企业可能在某项专有技术上具有很高的水平和技能，形成某特定技术方面的知识位差，也可推动中小微企业之间知识的有效流动，同样带来相应的价值，政府同样可以设置政策引导和促进该类知识的流动。

二 高校、职业院校与中小微企业知识流动和人力资源优化配置障碍

中小微企业与高校、职业院校之间知识流动主要通过高校、职业院校为企业培养和输送相关技术和管理人才的流动过程来实现。高校、职业院校作为人才的培养基地，为企业源源不断地提供各类人才，满足企业人才需求。正如英特尔公司董事长戈登·摩尔所言："斯坦福对硅谷的最大贡献是每年都为其智力库补充研究生。"① 在美国，不同的大学为社会和企业提供不同类型的人才。高素质人才的培养一般由实力雄厚的研究型大学来承担，如硅谷周围的斯坦福大学、伯克利加州大学、旧金山加州大学，这些高等院校的许多研究领域与硅谷高科技创业企业有关，它们通过培养大批硕士、博士为硅谷补充智力库。企业所需的各种技能培训一般由社区学院来承担，它们专门为高新区内企业职工提供两年左右的训练课程和工程课程，如硅谷地区的山麓学院有一个在全世界范围内得到高度评价的半导体技术人员的培训课程，学员在这里所获得的知识与技能对于硅谷企业的技术变革与创新非常重要。② 在我国，高等院校和职业院校在人才培养的分工上并不明晰，各类学校都在追求人才培养的"高大上"，导致人才在供给侧出现严重的结构失衡问题，"高大上"的研究型人才找不到合适的工作，屈尊去做低技术含量的工作，而企业所需的技能型人才又十分短缺，造成人才培养的巨大浪费和技能型人才需求的难以满足的局面。课题组在针对湖南省的典型调研中发现，74.6%的受调研中小微企业认为"高校、职校符合企业需求的实用技能人才对口不足"，55.7%的企业认为"高校、职校相关专业设置与企业需求不符"，51.3%的企业认为"高校、职校实用技能人才培养质量差"，有67.6%的企业认为"职业技术学校（院）取消部分传统专业（如铸造

---

① 于丽英、童心：《美日法高新技术产业集群政策的比较与借鉴》，《科技管理研究》2014年第21期。

② 崔蕊、霍明奎：《产业集群知识协同创新网络构建》，《情报科学》2016年第1期。

等)”影响了企业所需人才的供给。同样，课题组在针对中西部地区中小微企业的拓展调研中发现，47.5%的企业认为“培养技能与企业岗位能力要求不匹配”，38.8%的企业认为“高校和职校培养的人才与企业需求不匹配”导致企业高级管理人才及技工紧缺。这些数据都表明当前职业教育发展与经济社会发展需求“脱节”问题严重。可见，由于供给质量和需求不匹配，导致职业院校向中小微企业人才和知识流动不畅。

除人才培养与企业需求不匹配外，高校、职业院校培养出来的毕业生就业导向偏差也同样成为制约人才向中小微企业流动的重要原因。课题组研究结果显示，近年来高校、职业院校毕业生就业分布具有如下趋势：在就业区域分布上，高校毕业生向沿海经济发达地区和中心城市及城市群聚集；在行业分类上，主要向高产值、高收入行业聚集；在单位性质上，主要向大型企业聚集。据《2015中国大学生就业压力调查报告》显示，48.8%的高校毕业生表示希望去省会城市工作，仅有7.8%的高校毕业生表示愿意去县级城市工作，表示愿意去乡镇工作的高校毕业生仅占1.3%，有20.1%的高校毕业生明确表示不愿意去基层求职。对于中小微企业而言，其所处的位置多数是在县级市甚至乡镇，从高校毕业生的就业导向来看，进入中小微企业就业可能是排在其就业选择的末位。课题组在对湖南省的典型调研中发现，湖南省大多数中小微企业分布在经济相对不发达的边远地区，难以获得所需的人才资源。课题组在针对广西、江西等地的拓展调研中发现，70%以上的中小微企业表示对高校毕业生吸引程度不够，招聘不到合适的高校毕业生，显然，高等院校的优秀人才向中小微企业的流动更是不畅。

三 科研院所与中小微企业知识流动和人力资源优化配置障碍

胡锦涛同志在清华大学百年校庆的重要讲话中强调，“我国的高校特别是研究型大学要同广大企业、科研机构展开深度合作，积极推动协同创新”。产学研协同创新成为探索产学研结合新模式、实现创新驱动发展战略的必然选择，产学研协同创新是指企业、大学、科研院所（研究机构）三个基本主体投入各自的优势资源和能力，在政府、科技服务中介机构、金融机构等相关主体的协同支持下，共同进行技术开发的协同创新活动。[①] 产学研合作涉及企业、高校、科研机构、政府，各方都分别起着独特的作用，只有各方都采取积极措施，从制度、组织、管理等多方面进行改进，以真诚的态度对待合作中出现的问题，产学研合作才能产生良性的知识流动和转移机制。产学研知识转移强调，知识借助于转移渠道从知识源发送到知识受体的整个过程，由于知识深嵌于知识载体中，其转移必须在具体情境中进行。[②] 产学研知识转移过程是知识供需方之间显性知识和隐性知识传递、转化、吸收、消化的非线性复杂互动过程，包括大学和科研院所（知识源头）、企业（知识受体）、知识转移通道（转移环境与转移渠道）、所传递的知识等基本要素。[③] 从本质上说，知识的流动伴随产学研协同创新全过程，是各方创新主体通过知识的获取、转移、运用与反馈等促进知识的共享、转移和创造，发挥知识的“外部性”和“溢出效应”，从而形成知识优势的过程，知识流动的效率与效果直接影响着产学研协同创新的成败。尽管产学研一体发展已成为国家层面战略行动重要内容，但在实际操作中，该战略似乎主要是在大型科研院所、著名高等学校和大型企业集团之间进行，中小微企业似乎被排斥在该战略体系之外。

从科研和技术市场自身的规律和机制来看，科研院所作为科研和技术成果的生产单位，势必乐于将其知识产出以最优的价格出售。中小微企业由于资金实力不足，购买力和技术转换能力远弱于大型企业，它们显然不是科研院所理想的知识和技术转移对象，从供方上导致科研院所不愿意向中小微企业输入知识流。正是因为这个原因，课题组调研发现，中小微企业采取与科研院所的合作大多是与研究人员个人直接订立合作合同的形式，单位科研管理部门只负责盖章、管理课题经费，那么在合作过程中出现的各种问题基本是由个人与企业进行协商解决。与研究单位中的技术人员个体合作几乎成为中小微企业最常见的合作方式，这种合作在客观上实现了中小微企业以低成本获得科研院所的知识流入，对

① 涂振洲、顾新：《基于知识流动的产学研协同创新过程研究》，《科学学研究》2013 年第 9 期。

② 刘春艳、王伟：《面向协同创新的产学研知识转移研究现状及展望》，《科技进步与对策》2014 年第 17 期。

③ 王艳、曾刚、王灏：《基于知识转移视角的产学研合作模式研究》，《科技进步与对策》2009 年第 4 期。

中小微企业的技术发展实际上起到了重要作用。政府和各研究院所的主要政策导向实际上是反对研究员个人和企业进行各种形式的科研合作，这在客观上不利于中小微企业获得新技术和知识流入。当然，许多中小微企业由于缺乏基本的技术辨别和承接能力，在这种合作过程中难以辨识技术水平高低和真伪而付出重要代价，甚至给企业带来灭顶之灾。更多的中小微企业由于缺乏技术市场信息、缺乏基本的技术吸收和消化能力而难以实现这种来自科研院所的知识转移。

四　组织边界隔阂进一步阻碍中小微企业人才与知识流入

自20世纪80年代以来，英国学者尼尔·保尔森（Neil Paulsen）和托·赫尼斯（Tot Hernes）提出了组织边界理论，边界问题成为管理学关注的重要内容之一。边界的存在对组织而言具有重要意义，这些边界既表现为物理层面的有形实体，也可能是精神层面或社会层面的，比如不同组织的规章制度、价值观、行为准则和行事方式等。[①] 我们从管理学角度关注的企业组织间边界显然是属于精神和社会层面的，该边界由许多因素构成，包括地域环境、文化环境、企业目标、产品性质、能力等。进入21世纪后，传统的组织边界问题面临着深刻挑战，虚拟组织、网络组织、无边界组织等“新型组织”吸引了众多组织理论研究者的兴趣，组织的变化趋势正在从铁板一块向可穿透的结构和流程转变，组织边界日益变得模糊和透明。美国通用电气公司总裁杰克·韦尔奇说：如今的组织要想取得成功就必须变得“无边界”。[②] 那么，组织边界如何影响中小微企业的知识流动和人才聚合呢？

（一）组织边界仍然是中小微企业人才和知识流入的重要障碍

组织边界利用各种规范、规则对组织成员之间如何联系做出界定，约束组织内部成员与外部成员发生联系的权限和方式。虽然组织边界为组织成员提供了一个相对稳定的活动空间，但同时也限制了组织成员活动的自由，从而影响了组织的有效发展。对于中小微企业而言，人才的招聘和留用一直都是困扰他们的难题，如受制于组织间地域边界因素的

① ［美］尼尔·保尔森、托·赫尼斯：《组织边界治理：多元化观点》，经济科学出版社2001年版，第27—47页。

② 张彩虹、钟青仪：《基于组织边界跨越的知识协同创新分析》，《商业研究》2014年第1期。

影响，诸多人才不愿意从条件较好的地域进入条件较差的地域，欠发达地区的中小微企业地域边界隔阂了人才的流向；受制于组织间知识边界因素的影响，中小微企业所占有的知识存量与大企业相比太低，且无法有效地和大企业进行相互的知识流动，人才进入企业后难以获取个人知识增长，从而打击了人才的积极性。因此，中小微企业组织和环境之间的管制性边界一方面控制了自身员工与外界的交流作用和各种资源的流动；另一方面影响了外界人才进入内部的趋向。

一般而言，边界对知识位势低的中小微企业而言无疑是重要的知识流入障碍，如前所述，因为边界的存在，大企业、科研院所、高等院校的优秀人才和先进技术难以流入中小微企业。随着21世纪组织边界的模糊性和弹性增加，理应消解这种对中小微企业知识流的不利影响，事实果真如此吗？课题组查阅到钟竞等（2008）的研究报告①，他们通过对比KN公司和上海复旦软件系统工程有限公司两家高技术企业在跨边界学习和组织特性上的异同，发现大企业善于通过跨边界学习不断发展新技术，通过技术创新和技术有效运用的平衡实现长久的生存，但是，小企业只有通过利用专一的技术和市场业务的逐步演变以实现较快的成长。主要原因是中小微企业由于自身边界限制，与外界其他组织进行知识流动相对更难，也更难以获取发展所需的新知识。理论分析表明，组织边界还是企业为员工建立的心理范围，员工会以此防避来自外界的侵害，但也可能因此使员工被困于围墙内而失去探索未知世界的机会。通常而言，个人或组织若不愿意与他人共享自身所掌握的知识，不仅是因为担心一旦自身掌握的诀窍、经验和技巧等公开之后，会失去自身独特的隐性知识所带来的优越感和特殊利益，同时还会担心因他人的不分享行为而产生不公平感，从而导致各类知识，尤其是隐性知识难以共享和转移。钟竞等的研究验证了课题组对中小微企业的访谈结论，组织边界模糊化使大企业的知识流动受边界的影响明显降低，但中小微企业因为组织的边界模糊和透明影响带来的知识流动加快效应并不明显，大多数中小微企业还是难以从社会其他组织中获得所需要的知识流入，组织边界仍然是知识流入中小微企业的障碍，无边界组织带来组织革命的曙光似乎还未

① 钟竞、吴泗宗、张波：《高技术企业跨边界学习的案例研究》，《科学学研究》2008年第3期。

照耀到中小微企业。

（二）组织边界仍然是中小微企业参与知识有效整合的重要障碍

组织是不同类型知识的混合体，当组织的运营日益建立在知识的基础上，或组织间的竞争日益围绕着知识展开的时候，知识运用、创造和整合的相对效率（而不是机会主义）就成为决定组织发展的关键因素。企业总希望通过组织合作实现知识的流入，提升组织的知识位势。所以，一般的企业都希望和比自己知识水平和知识位势更高的企业进行合作，以利于自身的提升。中小微企业地位低、实力差、知识储备不足，往往难以找到自己所期望的合作对象，难以实现其知识流入的目标。组织外部边界的"屏蔽效应"也会阻碍组织之间的人才、信息和知识流动，而对知识整合、协同创新产生消极影响。由此可以看出，从组织之间的正常跨界合作到国家所倡导的协同创新，中小微企业都存在着天然的劣势，特别容易被新的知识流动和发展潮流所遗忘，这是市场机制自身资源配置功能难以解决的问题，必须依靠政府通过中小微企业政策予以调控。

第三节　破除知识流动障碍，加强人力资源开发力度

一　消解"数字鸿沟"，助推中小微企业信息技术水平提升

缩小"数字鸿沟"是一项庞大的综合系统工程，面对我国中小微企业日益扩大的"数字鸿沟"，政府应立足现状抓住有利机遇，以信息化带动工业化，发挥后发优势的战略弥合"数字鸿沟"，把握好"数字机遇"，变"数字鸿沟"为"数字桥梁"。然而"数字鸿沟"不仅仅是一个信息技术的问题，还是一个社会问题，一个机制设计问题，"数字鸿沟"的缩小与填平要坚持"政府引导、市场运作"的原则。

（一）政府宏观引导，缩小地区区域间"数字鸿沟"

如前所述，中西部地区和东部发达地区之间的"数字鸿沟"在快速扩大，这是中西部地区中小微企业人力资源的又一宏观环境障碍。政府必须从宏观战略角度出发，结合西部大开发和中部崛起发展战略，通过专项资金投入、专门政策支持等方法推动中西部地区信息技术的发展，缩小两大区域之间的"数字鸿沟"。中西部地区各地方政府也应该参照国

家在信息产业发展方面的宏观政策精神，设置可操作性强的地方扶持政策，消解各个省份内部发达地区与边远地区之间的“数字鸿沟”差距。从政府职能改革角度看，政府应进一步完善支持体系，推动信息资源共享。在信息社会，政府掌握了全国大约80%的信息资源，且绝大部分信息资源没有实现共享，大量的信息资源仍处于闲置状态，造成了信息资源的极大浪费。国家和中西部地区地方政府应当通过建立国家和地方公用数据库和行业信息网，确立相应的支持部门和帮扶政策，强化政府利用信息服务社会的职能意识，提升政府利用信息服务企业和经济发展的能力，构建以政府为核心的企业发展和社会公共服务网络化信息体系。①

（二）政府采取信息扶贫措施，提升中小微企业信息化水平

地方政府应将信息技术支持作为扶持中小微企业发展的重要政策内容，帮助它们引入信息技术、运用信息技术，摆脱信息贫困的状态。政府既可以通过信息化知识培训和信息技术基础设施建设帮助中小微企业以低成本方式获取和分享信息技术革命带来的成果；也可以通过组织非政府部门和公共文化事业部门，如科技馆、图书馆、文化馆等，普及信息技术知识、开设免费的培训课程，为那些有能力有愿望通过学习跨越鸿沟的中小微企业提供帮助。政府援助方式可以从技术提供、资金援助和知识传递等方面进行，具体措施归纳如下：

第一，通过政府投资、优惠贷款等财务方案帮助欠发达地区建立公共的信息资源设施和平台。政府必须通过大规模的财政投入帮助落后地区建立各种信息技术基础设施，如网络体系、信息传播系统等，首先消解硬件上的“数字鸿沟”，才能为消减地区间的“数字鸿沟”创造基础条件。

第二，政府必须通过专项的信息技术教育和培训，为“数字鸿沟”低位的地区培养大量信息技术人才，实现知识和技术的有效流动，为欠发达地区消解“数字鸿沟”提供软件保障。可以通过加强对高校、职业院校等地方的信息技术硬件设施的投入，帮助提升其信息化人才培养能力，设置政策引导和鼓励该类专业机构为消解“数字鸿沟”培养大批优秀人才。可以设置政策，参照精准扶贫的方法，通过免费或优惠教育培

① 黄曼慧、黄燕：《缩小我国国内“数字鸿沟”的对策分析》，《生产力研究》2005年第3期。

训为边远地区和中小微企业培养信息技术人才。

第三，政府应通过政策引导和资金补贴等方式鼓励发达地区扶持欠发达地区提升信息技术水平，鼓励大企业扶持中小微企业提高信息技术水平。中西部地区尤其是中西部中的边远地区，“数字鸿沟”将成为制约其经济社会发展的重要障碍，这非常不利于我国经济社会持续健康稳定的发展目标，必须从战略高度引导发达地区帮助中西部地区和欠发达地区提高信息技术水平。同样，要想提高中小微企业信息技术水平，要想完全依靠市场机制以及中小微企业自身的努力来消解日益加剧的“数字鸿沟”几乎是不可能的，也必须从宏观政策层面、从国家战略高度，设置有效政策鼓励发达地区、高等院校和科研院所以及大型企业帮助中小微企业提高信息技术水平，才能实现我国经济健康、平衡和持续发展。

第四，政府应设置各种补贴和鼓励政策激励中小微企业自行提高信息技术水平，发挥中小微企业自身在缩小“数字鸿沟”中的主动性。由于中小微企业自身实力弱、生存压力大，对信息技术的重要性认识不足，政府必须通过培训、政策引导等方式帮助中小微企业认识到信息技术的重要性。首先，建议通过培训帮助中小微企业业主和管理者提升信息技术水平，提高对信息技术重要性的理解，帮助他们认识到，信息化是企业发展的必然趋势，只有通过信息化才能保证企业的基本生存和健康成长。其次，政府也应该为中小微企业提升信息化水平提供必要的资金支持、技术和人才扶持。只有通过“数字鸿沟”的消解，才能使中小微企业突破成长“瓶颈”，吸聚和留用优秀人才，实现健康成长。

二 疏通知识流动渠道，引导知识和技术流向中小微企业

我们拟从政策和对策层面，对如何提高人才供给与中小微企业需求对应水准以及如何疏通渠道引导优秀人才流向中小微企业提出基本思路。

（一）通过高校和职业院校改革引导学校培养企业需要的人才

我国的高等教育和职业技术教育具有很浓厚的计划经济痕迹，办学经费主要来源于政府财政拨款，办学目标和效果主要由上级政府教育行政部门确定和评估，各个学校还有相应的行政级别，体现出很强的行政导向特征。各个学校对市场需求反应迟钝，学校按照自有的行政体系运转，其人才培养和市场需求机制之间几乎是两个体系各行其是，学校的专业设置、教育科目和培养模式以及提供的各类毕业生常常和市场需求不匹配。尽管近年来国家也在推动高等院校和职业院校的教育改革，但

力度不够大，未能真正从机制层面上实现重大改变。教育体制落后于我国市场机制和国家经济发展的矛盾在职业技能型人才供给和中小微企业人才需求上显得尤为突出，课题组2013年在湖南的典型调研数据中发现，38.8%的中小微企业认为“高校和职校培养的人才与企业需求不匹配”是导致企业高级管理人才及技工紧缺的主要原因，另有48.8%和17.4%的被调研企业认为人才供给存在最大问题分别为“高校和职业技术学校毕业生实际能力不高”和“高校专业结构设置不合理”，高达74.6%的企业认为“高校、职校符合企业需求的实用技能人才对口不足”。课题组2015年在针对江西、广西等中西部地区中小微企业的拓展调研中也发现47.5%的中小微企业认为职业院校“培养技能与企业岗位能力要求不匹配”。职业院校人才供给和中小微企业需求不匹配已成为中小微企业人力资源不足的重要原因。当然，如前面章节研究得知，高等院校尤其是著名高等院校毕业生普遍不愿到边远地区和中小微企业就业，相对中西部地区中小微企业而言，国内著名高校几乎不能够提供有效的人才供给，这与国家对这些高校的目标定位和职能职责的确定显著相关。因此，国家和中西部地区应该加大供给侧改革力度，设置政策引导和鼓励高等院校尤其是职业技术院校与市场机制接轨，尊重市场需求，关注地方产业结构和产业特色，根据地方经济发展设置所需要的专业，为地方、为中小微企业提供更多符合需求的合格人才。

（二）政策引导高校、职业院校毕业生到中小微企业就业

根据课题组对湖南省和中西部地区的调研结果发现，近一半的中小微企业认为，大学生就业观念和社会价值观对中小微企业的歧视是中小微企业人才需求得不到满足的重要原因。此外，在针对广西、江西等中西部地区的拓展调研中也有56.3%的被调研企业认为“员工在企业中职业发展空间小”是导致中小微企业员工流失的主要原因，课题组在第五章的研究中还发现，大多数新生代员工将“成长空间、职业发展机会”作为职业选择的首要因素。通过研究课题组发现，中西部地区中小微企业从地域上、生存环境、发展机会、安全保障、工资待遇等诸多方面都缺乏对人才的吸引力，大学毕业生和各类优秀人才不愿意到中小微企业就业是不争的事实，也成为政府必须为中西部中小微企业发展解决的重要难题。

第一，加强舆论引导，营造良好的中小微企业就业氛围。由于主客

观因素的制约，高校毕业生对中小微企业的了解有限，存在着许多理解上的偏颇，加上不利的舆论导向，到中小微企业就业往往成为不得已的无奈选择，极易出现心理失衡和挫折感。建议政府加强舆论引导，多方面宣传优秀中小微企业典型，强化全社会对中小微企业社会价值和贡献的认同，帮助中小微企业证明其对社会的价值和贡献，在舆论和社会氛围上鼓励大学生到中小微企业就业。

第二，强化政策激励，鼓励大学生到中小微企业就业。考虑到中小微企业对大学毕业生吸引力不足，建议政府从学校、社会和企业三个方面设置激励政策，鼓励大学生选择中小微企业就业。政府可以设置专项基金，对到中小微企业就业的大学毕业生提供必要的补贴，或提供安家、住房购买等专项支持，或允许大学生将户口落在大城市，享受大城市的有关福利政策，到边远地区中小微企业就业了一定时期后可以返回大城市，并给予相应的补贴和安置等。政府也可通过专项拨款、定向培养、联合培养等方式支持院校专门为中小微企业尤其是边远地区中小微企业培养人才。同时，各个地方政府，尤其是边远地区政府，更应该设置专项资金、出台专门政策鼓励大学生到所在地区的中小微企业就业，也可为中小微企业吸收大学生就业提供直接补贴，或者提供相应的税收优惠。

第三，建立健全就业预测和预警机制，提高高校和职业院校毕业生培养人才的市场适应水平。政府应大力推动高校毕业生就业预测和预警系统的建设，对高校毕业生就业情况的动态变化、市场供求结构变动、各行业发展速度与劳动力供求关系、失业率的调控空间及预警线等进行前瞻性的预测预警，并将有关职业院校毕业生就业状况及时向本地区及全社会广泛传播，帮助职业院校在专业设置和人才培养上提高与市场的匹配水平，同时也帮助高校毕业生合理选择专业，为提高其就业水平创造条件。

（三）引导科研院所和中小微企业合作

由于新的信息技术革命的推动，新一轮企业竞争更加依赖人才和技术水平。如前所述，中小微企业在引进技术和技术人才方面正处于明显弱势，科研院所很难从组织层面和中小微企业形成紧密协作甚至利益共同体关系，而大型企业通过产学研一体化协同创新已成为新一轮企业技术进步的重要形式，中小微企业又将在技术进步的浪潮上被淘汰。课题组建议，国家的科技发展战略计划中应将支持中小微企业科技进步列入重要地位，在推动企业科技进步的有关政策方案中切不可将中小微企业和大型企业混为一体，否则必将导致中小微企业很难得到国家政策的扶持，而应设置独立的中小微企业科技进步扶持政策，通过明晰的政策鼓励科研院所和高等院校与中小微企业技术合作，支持其科技进步，以实现中小微企业优秀人才的分享和先进技术的流入。课题组建议，中西部地区各级地方政府更应该针对本地的中小微企业特征，设置独立的、有特色的中小微企业的科研扶持政策，引导鼓励科研院所向中小微企业输送新技术和新工艺，也可运用企业社会责任（CSR）指标考核和激励科研院所派出科技人才到中小微企业进行帮扶和短期工作，以实现知识流向中小微企业的正向流动，推动中小微企业技术进步，扶助中小微企业健康发展。

（四）引导大企业帮扶中小微企业

产业集聚和集聚经济是现代区域经济发展的重要模式，其核心内涵是通过产业集聚形成的知识流动和知识溢出带动关联企业的快速发展，罗默等学者以知识生产和知识溢出为基础提出了知识溢出模型，指出基于区域的知识存量和知识吸收能力以及人力资本存量的空间知识溢出成为区域经济增长的主要动力源泉，证明了知识溢出和作为知识溢出载体的人才是推动区域发展、经济增长和创新能力，带动关联企业快速发展的关键要素。①②③ 纵观欧美和日本中小微企业的发展过程，和大企业配套，与大企业紧密协作，通过以大企业为中心的产业集聚是带动中小微企业快速而稳步健康发展的成功经验。课题组建议，国家和中西部地区各级政府在制定区域经济发展规划和推动区域经济发展政策时，将大企业带动中小微企业配套和协同发展作为重要的政策导向，通过税收优惠甚至财政补贴等政策手段鼓励大型企业向中小微企业传输技术、输出人才，带领中小微企业快速发展。

三 发展边界组织，促进边界跨越和人才知识扩散

边界组织是“骑跨”在不同组织之间、通过社会交互作用形成的一

① Romer, P. M., “Increasing Returns and Long - run Growth”, *The Journal of Political Economy*, Vol. 94, No. 5, 1986.

② 南旭光：《人才流动、知识溢出和区域发展：一个动态知识连接模型》，《科技与经济》2009年第3期。

③ 侯爱军、夏恩君、李森：《区域人才流动知识溢出效应的实证研究》，《技术经济》2015年第9期。

种具有柔性边界特征的组织类型，其边界既维持了秩序和控制的稳定性，又保持了人才、知识的流动性。[①] 边界组织的特征是引入了新的组织文化，促进了组织自身的创新，在一定程度上打破了组织内部存在和影响创新的组织惯性。边界组织保证了创新的人才集聚性、知识积累性，提供了创新资源的稳定性，强化了创新能力的持续性。尤其是中小微企业，他们单个组织规模太小，组织能力太弱，对优秀人才的吸收和留用能力严重不足，对先进成果和技术的吸收和转化能力偏弱，通过政府推动与科研院所、高等院校或者大型企业乃至政府建立若干相应的边界组织，可能会特别有利于知识的流动和人才的共享。因为边界组织能够打破组织间知识流动的阻碍，形成开放的交流网络，对中小微企业知识和技术输入和自身的人力资源开发均有促进作用，我们可以设想，中小微企业和其他大型企业（也可包括相关的中小微企业）、科研院所、大学和政府形成若干跨越边界的技术园区、联合实验室和其他合作机构（见图7－5）。尤其是根据中小微企业需求设立的联合性技术和管理边界组织，如会计师事务所、知识产权事务所、人才测评与招聘所、管理咨询服务机构以及学会、协会等跨界的非营利性组织，对中小微企业而言都是十分有用的。[②]

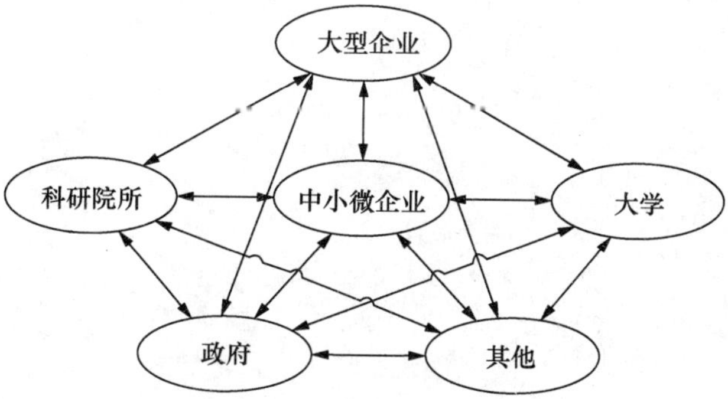

图7－5　中小微企业与外界的边界组织示意

① 崔永华：《边界组织与国家创新体系中的知识流动》，《科技进步与对策》2013年第19期。

② 同上。

知识、人才的流动扩散需要打破或穿越中小微企业与外界的组织边界，边界组织具有打破组织边界、促进知识生产和扩散的天然优势，使组织边界对知识流动的阻碍作用在一定意义上被降到最低限度。边界组织的边界通常是比较开放、通透的，它允许外部人才和知识的渗入，这种渗透发生在吸纳新成员、跨越组织边界的开放式专业交流网络里。边界组织的这种作用主要体现在知识流动的节点性和知识的承载性两个方面。其中，边界组织的节点性是指它在知识流动过程中起到媒介或桥梁作用——促进知识传播与转移、促进知识学习与吸收、促进知识转化与升级，从而提高社会的知识分配力。边界组织可以利用其接近知识源的特殊优势，沟通知识生产者与使用者，有利于科研院所和中小微企业的有效协作。边界组织可利用制度优势，使中小微企业和大型企业以及其他专业机构形成知识供求双方的互惠合作机制，有利于形成长期有效的合作模式。边界组织还可利用获取和处理知识的专业化优势，促进知识的扩散与应用，引导科研院所、高等院校等高知识位势组织的知识流向中小微企业。因此，通过发展边界组织可有效促进相关高校、科研院所、大型企业和其他专业机构对中小微企业的知识流动和人才共享。

第八章　完善社会化服务体系，促进中小微企业发展

长期以来，我国经济的发展一直是以国有大中型企业为核心，以中小微企业为主的民营经济没有得到足够的重视和应有的扶持。一方面，我国的中小微企业对国民经济的健康、持续、稳定发展具有极其重要的作用；另一方面，中小微企业发展又面临着严重的困难和问题，解决这些难题仅仅依靠中小微企业自身的努力是远远不够的，必须有政府的支持。然而，目前地方政府针对中小微企业相关的职能设计和社会化服务体系存在诸多问题，如服务意识淡薄、职能分散、管理效率低下、服务项目单一等，尤其是针对中小微企业人力资源需求的服务职能和服务体系更显单薄，这些不仅制约了国家对中小微企业发展各项扶助政策的有效执行，而且阻碍了中小微企业在市场上有效获取资源（包括人力资源）、健康成长。因此，课题组认为，我国应当强化并完善相关的政府职能，合理推动服务体系建设，提供有力的公共服务组织保障，推进中小微企业健康可持续发展。

第一节　政府中小微企业服务职能与社会化服务体系存在的问题

一　政府中小微企业人力资源服务职能明显偏弱

课题组首先考察政府对中小微企业的服务职能及职能履行状况。课题组针对湖南、江西和广西等中西部地区中小微企业现状的调查结果显示，政府中有关中小微企业的人力资源服务职能存在诸多问题，中小微企业对政府相关服务职能改善的期待颇多。在调研中小微企业关于政府和社会化服务体系存在的主要问题时，34.8%的中小微企业认为主要代

表政府承担服务职能的“中小微企业服务中心发展不足”，还有16.7%的中小微企业认为最大的问题是“政府管理体制不顺”，两项累加起来，有51.5%的中小微企业将中小微企业服务职能缺损的主要原因归于政府，还有31.8%的中小微企业将“市场服务组织发育不充分”视为中小微企业服务职能欠缺的主要原因。超过1/3的企业认为政府组建的中小微企业服务中心和市场服务组织还很不成熟，在中小微企业的成长中发挥的作用有限，难以帮助企业跨越发展过程中所遇到的障碍和问题。由于“中小微企业服务中心”是政府主导成立代表政府履行中小微企业服务职能的机构，可见，中小微企业市场服务面临的主要问题来源于政府，尽管“市场服务组织发育不充分”是市场力量，也是影响中小微企业服务水平的三大问题之一，但它与政府的职能也有重要的关联。在调研政府提供的各种服务平台对企业作用的有效性时，62.3%的企业认为“公共服务平台服务信息质量低、更新慢”，其中认可度最高的是“融资服务平台”，有56.6%的被调研企业认为政府的该项服务平台是有效的，而政府专门针对人力资源服务的“人才培训平台”“创业辅导平台”的认可度较低，分别为31.1%、32.3%。为了进一步探寻政府针对中小微企业服务职能存在的问题根源，课题组在拓展调研中通过专门问题搜集数据，得到的结论是，在中西部地区，55.9%的企业认为政府“部门职能分散、职责不明”，33.5%的企业认为“政府人才评价和职业资格认证公信力不强”，47.8%的企业认为“政府服务方式不够灵活”，46%的企业认为“工作效率和服务质量有待提高”。而东部地区比对调研结果为：认为“政府服务方式不够灵活”和“工作效率和服务质量有待提高”的中小微企业分别为41.1%和47.9%，另有42.5%的企业认为政府的“部门职能分散、职责不明”（见图8－1），可以看出，“政府服务方式不够灵活”和“工作效率和服务质量有待提高”是我国东部地区和中西部地区政府服务中普遍存在的问题。“部门职能分散、职责不明”是中西部地区中小微企业反映的突出问题，说明中西部地区政府在针对中小微企业的服务职能规范上尚有很大的距离。第四章政府政策执行力的研究结论显示，中西部地区各级地方政府应该尽可能明晰针对中小微企业服务职能，强化政策的执行力，同时厘清政府各部门针对中小微企业的职责，将职能尽可能地集中，避免出现多头管理、权责不清现象。在调查中西部中小微企业对政府人力资源服务职能改进期望时，68.0%的企业希望政府提升“人才培训服务平台”建设水平，66.7%的企业认为服务机构“服务种类少项目单一，无法满足企业需求”，应该重点改进。可见，相对中小微企业的服务而言，政府承担着重要的职责，一方面必须改善和优化其服务职能，强化其服务效果；另一方面政府还必须引导和扶持社会化服务组织的发育和服务体系的完善，全面系统地提高对中小微企业的服务。

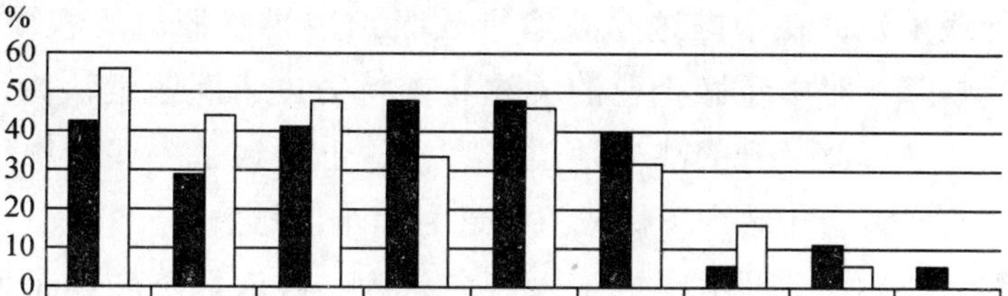

	部门职能分散、职责不明	存在多头管理现象	政府服务方式不够灵活	政府人才评价和职业资格认证公信力不强	工作效率和服务质量有待提高	不同部门服务力度差异较大	乱收费乱罚款乱摊派现象严重	服务过程存在歧视现象	其他
■东部	42.50	28.80	41.10	47.90	47.90	39.70	5.50	11.00	5.50
□中西部	55.90	44.10	47.80	33.50	46.00	31.70	16.10	5.60	0.00

图8－1　东部和中西部地区政府中小微企业职能问题对比

具体而言，中小微企业服务体系是一个多层次、多主体的复杂系统，在政府层面，它涉及财政、税务、工商等多个政府职能部门，中小微企业服务体系的有效运作依赖各部门的相互协调与配合。然而，由于历史原因，我国长期以来都缺乏一个统一的中小微企业政府管理机构，在政府内部负责中小微企业的管理职能部门的设置上，仍依循所有制、城乡和行业设置相应的部门，工信部中小企业司、农业部乡镇企业管理局、国家工商总局、国税总局个体私营经济监督管理司、国家科技部等对中小微企业、乡镇企业、“三资”企业、个体私营企业、民营科技企业实行归口管理，使得中小微企业管理和服务职能分散于政府各部门之中，又由于各部门一般属于条块分割和垂直管理，最终导致政策的制定、执行和监督存在政出多门、条块分割和服务趋同等问题，难以保证各部门之间的协调配合。如在整合政府资源方面，像科技部有生产力促进中心和科技园区等，经贸部门有中小微企业服务中心和技术创新中心等，这些归属不同部门的服务机构，因管理体制不同而难以实现优势资源的有效整合，从而降低了服务体系的运作效率。而在地方这类问题更为突出，有的地方中小企业局归属工信委，有的地方则仍在经贸委，有的地方并无中小企业局而是由乡镇企业局统一管理。尤其是在有的省市一级的地方政府机构改革中，将中小微企业的主管单位降格为经贸委或工信厅的一个处级单位，在中国这个政府行政级别主导资源配置权限的体制下，这无疑是降低对中小微企业的关注与支持力度，课题组认为，这不符合中小微企业日益上升的战略地位之需，这也导致了一些对中小微企业有利的经济政策由于政令不畅或执行乏力而难以见效。

综上所述，课题组经过深入研究认为，政府职能转换是发展中小微企业的必要条件，在某些情况下，政府的职能转换会对中小微企业的发展发挥着极为重要的作用。因此，在遵循市场经济规律的大前提下，充分发挥“看得见的手”和“领航”的作用，关注并引导中小微企业的健康发展，政府部门责无旁贷，政府制定扶持中小微企业发展的公共政策也就成为必然。我国中小微企业扶持政策目的就在于要逐步改善市场环境、改变中小微企业发展的不利条件，为中小微企业提供各种援助，给予中小微企业必要的政策引导，帮助中小微企业扬长避短，逐步走向繁荣发展。进而使得整个经济环境保持竞争活力，促进国民经济健康、快速、稳定发展。然而现有政府职能不适应中小微企业发展要求的状况比较严重，从严格意义上说，目前我国政府职能基本上还处于“发展型政府”的阶段，即许多地方政府仍存在“唯 GDP 论”，政府职能主要以经济增长作为政治合法性主要来源，以推动经济发展为目标，由此对能给地方带来高经济收入的大型企业特别是国有企业“疼爱”有加，对就业与收入公平等重大社会目标的关注与政策扶持力度常常不足，服务和培育中小微企业发展主要体现的是就业和社会稳定及国家长远战略发展目标，自然也容易被各级政府所忽略。中央政府据此应该制定针对性的政策目标，并将其纳入政府考核体系，以保证地方各级政府中小微企业服务职能的有效和执行。

二 中小微企业社会化服务机构发育不良、服务功能羸弱

本节考量为中小微企业提供服务的中介机构状况，它们包括政府主导的中小微企业服务机构和完全由市场主导的中小微企业服务机构两类，

可以先从中小微企业感知的角度评估它们的服务状况。课题组拓展调研阶段数据资料显示（见表8－1和表8－2）：在中西部地区，54.1%的参与调研的中小微企业认为政府主导的服务机构存在的主要问题是“行政色彩浓厚、效率低”，也有44.7%的中小微企业将“服务形式单一”归为主要问题，将“各机构间缺乏合理协调”和“服务机构组成单一”列为主要问题的企业占比分别为42.8%和39.0%。相比较而言，东部地区参与调研的中小微企业认为存在的主要问题包括“服务形式单一”“各机构间缺乏合理协调”“行政色彩浓厚、效率低”以及“政府监管不到位”，分别占48.6%、48.6%、37.1%和31.4%。可以看出，“行政色彩浓厚、效率低”“各机构间缺乏合理协调”“服务形式单一”这三项是东部和中西部地区中小微企业普遍视为政府主导的服务组织中存在的主要问题，说明当前我国各地区基于政府管理为核心的中小微企业服务组织基本都难以逃脱“行政色彩”的影响，“多头管理”“协调困难”等现象层出不穷，严重限制了该类组织在服务中小微企业过程中的方式和方法，进而降低了服务组织各项工作的有效性。

表8－1　东部与中西部政府主导的中小微企业服务机构问题对比　单位：%

问题类别	不同地区被调研企业认为主要问题的占比	
	东部	中西部
服务机构组成单一	24.3	39.0
服务形式单一	48.6	44.7
服务项目重叠	25.7	13.8
行政色彩浓厚、效率低	37.1	54.1
基础设施条件差	17.1	18.9
服务手段落后	21.4	22.0
政府监管不到位	31.4	18.2
服务人员素质低意识差	18.6	25.8
各机构间缺乏合理协调	48.6	42.8

而对于市场主导的服务机构来说，“服务种类少，项目单一，无法满足企业需求”被东部地区和中西部地区的参与调研的中小微企业列为主要问题的首位，中西部地区有66.7%的企业认为它是主要问题，东部地区该比率为59.1%。相对东部地区而言，中西部地区针对中小微企业的

市场化社会服务机构和企业的需求相差更大，显然，这是由于中西部地区整体市场经济发展水平滞后的原因所致。

课题组调研数据显示，中西部地区中小微企业普遍认为“服务效率低”和“服务方式不够灵活”是该类服务机构存在的最主要问题，占比分别为42.3%和41.0%；而东部地区中小微企业则将“服务方式不够灵活”和“不同组织间服务项目重叠”列为最主要问题，占比分别为53.0%和37.9%。可以看出，无论是中西部还是东部，以市场为导向的各类中小微企业服务机构在“服务方式”“服务效率”等方面都无法令作为服务接受方的中小微企业满意，中小微企业遇到困难和问题难以找到合适的组织机构协助解决，或者解决的效果与企业预期有着较大差距，从而阻碍了中小微企业的发展。

表8-2　东部与中西部市场主导的中小微企业服务组织问题对比　单位:%

问题类别	不同地区被调研企业认为主要问题的占比	
	东部	中西部
服务种类少，项目单一，无法满足企业需求	59.1	66.7
人员素质低服务意识差	19.7	28.2
服务质量差	25.8	23.1
服务方式不够灵活	53.0	41.0
服务效率低	33.3	42.3
服务收费高	27.3	30.1
不同组织间服务项目重叠	37.9	30.1

调研发现，目前我国参与为中小微企业提供服务的主体还是以政府主导的中小微企业服务中心等少数机构为主，服务机构数量过少，总体素质偏低，且市场地位不明确，行政色彩较浓，中心的运行主要依靠政府的财政扶持，其工作内容和工作方式主要受到政府行政指令的影响，更多的是将政府的政策文件而非企业的真实需求作为工作导向，市场反应力和执行力迟钝，服务内容与市场需求常常脱节，正如前面调研结果所显示的，其服务效率、服务效果与企业期待落差自然很大。

在西方被称为“第三部门”的行业协会、商会等社会非营利组织，在中国还处在刚刚发展和起步状态，显得十分稚嫩，它们本来可以承担大量政府不好做而纯市场组织又不愿意做的诸多市场协调职能，但是在我国它们大部分就是政府的附属部门，也有浓厚的行政色彩，起不到应有的作用。尽管近年来这些机构正在进行深度改革，与主管部门脱钩、进行结构调整等，但其独立性和代表性尚不足，体制不畅，还不能真正承担为中小微企业代言和提供有效服务的职能。

目前纯市场化的中小微企业服务机构包括会计师事务所、律师事务所、信息服务组织、技术开发组织、管理咨询组织、代理商和经纪商等，它们本身就是中小微企业，且多属于技术服务型企业，对人才的要求程度更高于其他类型中小微企业，其本身的人才困难瓶颈更加突出，生存压力大，能提供的服务产品质量和数量都十分有限，相对制造业、餐饮、酒店等服务业中小微企业而言，该类中小微企业在中国起步更晚，普遍规模较小，处在发育和成长阶段，自然难以满足中小微企业发展之需。尽管还有少量大型会计师事务所、律师事务所，它们也会为中小微企业提供一些服务，但真正的优质企业由于利益驱动，主要的服务对象还是大型企业，且服务费用过高，中小微企业也难以承受。

第二节　国外政府中小微企业服务职能与社会化服务经验借鉴

课题组通过研究国外发达国家对中小微企业的管理方式、帮扶办法以及服务体系，拟将其与我国现阶段的国情国策相结合，提取出适合我国特色的、与中小微企业发展相应的政府职能与社会服务体系构建方案。

一　美国中小微企业政府职能和社会化服务体系

（一）政府职能机构

1953 年，美国国会基于《小企业法》设立了小企业管理局，标志着美国政府对中小微企业管理法律化和制度化的正式确立。1958 年美国政府对《小企业法》进行了修订，将小企业管理局确立为永久性的联邦政府机构。1998 年，美国政府将小企业管理局由副部级升格为正部级，其局长和 10 个地区局的负责人全都由美国总统任命。目前，美国的小企业管理局是一个独立的联邦政府机构，财政预算由美国国会小企业委员会每年划拨。

美国小企业管理局的创立属于传统的美国式管理理念，小企业管理局作为联邦政府机构，其任务和职能的主要侧重点不是管理，而是服务。

主要表现在：

1. 小企业管理局的任务

美国小企业管理局的总部设在首都华盛顿，其主要有四大任务：（1）对中小微企业政策的制定提出建议；（2）与美国国会的小企业委员会和参众两院的小企业特别委员会保持经常性的工作联系；（3）作为美国中小微企业的代言人，横向协调中小微企业与政府其他有关机构的工作；（4）对涉及中小微企业的问题和中小微企业政策的落实情况进行调查等。

2. 小企业管理局的职能

美国小企业管理局的职能主要体现在以下几个方面：（1）对中小微企业可以雇佣人员的人数、企业净值、企业净收入、交易额等指标做出明确的规定，以明确哪些企业属于中小微企业；（2）在技术研发上帮助中小微企业获得政府的技术研发合同，积极地向中小微企业提供必要的技术支持，及时地向中小微企业提供技术信息，保证中小微企业能够有更多参与和开展技术研发的机会；（3）增加中小微企业在联邦政府采购合同中的比重，为中小微企业创造和提供商业机会；（4）在政府和国会制定相关法规和政策时给中小微企业争取更多的利益，为中小微企业创造一个良好的经营环境；（5）向妇女、少数民族等弱势群体开办的中小微企业、落后地区的中小微企业和受灾的中小微企业等特殊中小微企业提供必要的帮助；（6）以贷款、直接投资和风险投资等诸多方式向中小微企业提供必要的资金支持；（7）利用其分布在全美各地的分支机构以及有合作关系的社会团体，来对中小微企业提供直接的服务，帮助中小微企业解决涉及人力资源方面的各种问题。①

（二）管理机制

1890 年，美国第一部反垄断法——《谢尔曼法》正式制定和实施，这也是世界上第一部反垄断法，可以说这部法律是所有反垄断法律的基础。《谢尔曼法》从原则上禁止垄断，鼓励自由竞争。1914 年，在《谢尔曼法》的基础上，美国国会通过了《克莱顿法》，明确规定了大型商业企业的成立条件，规定任何限制竞争的价格歧视都属于非法，并且禁止连锁董事会和约束性合同。1936 年美国实施了《罗宾逊—帕特曼法》，该

---

① Bowles, E. B., "The Role of the Small Business Administration in Economic Resurgence", *Journal of Small Business Strategy*, Vol. 4, No. 2, 2015.

法案规定，出于损害和消灭竞争对手的目的，在一个地区比在另一个地区以更低的价格出售货物，或者以不合理的价格出售货物为非法。这些垄断法案的颁布在一定程度上保护了中小微企业免受大企业的侵害。1937年，美国又进一步实施了《米勒—泰尔丁法》，以此保护中小微制造业企业免受大型制造企业不平等竞争的影响。

为了从法律角度确定中小微企业的发展地位，1953年美国国会通过了《小企业法》，该项中小微企业管理的基本法律是美国中小微企业立法的核心，也是美国中小微企业政策与服务体系的一个重要基础。该法案确立了中小微企业的法律地位、管理和基本政策，规定了美国联邦政府与中小微企业之间的关系，确立了美国小企业管理局的职能，并指令小企业管理局在国会的授权范围内向美国中小微企业发放各种形式的贷款，帮助中小微企业获得政府采购合同以及技术管理方面的支持等。《小企业法》的出台标志着美国中小微企业法律体系的形成，确立了美国中小微企业立法的政策目标，是其他中小微企业立法的基础和依据。

除了《小企业法》，美国国会还通过了一系列有关扶持和发展中小微企业的法律法规。其中包括1950年通过的《塞勒—克弗尔法》和1958年美国国会通过的《小企业投资法》。此外，1980年美国华盛顿召开了第一次小企业白宫会议，根据此次会议的各项提案，美国国会通过了一系列有关中小微企业的法律，主要有《小企业经济政策法》《小企业从业人员所有法》《制度缓和法》《小企业公平法》《扩大小企业出口法》等。1986年8月，里根政府召开了第二次小企业白宫会议，在此次会议上，中小微企业的地位和作用更进一步得到了承认，并制定颁布了《小企业技术创新开发法》《经济复兴税法》《小企业经济政策法》等重要法律法规。1995年6月11—15日，克林顿政府主持召开了第三次小企业白宫会议，制定了包括1995年的《小企业贷款法》，1996年的《小企业项目改进法》《国家证券市场改进法》《联邦政府采购制度改革法》和《小企业工作岗位保护法》，1997年的《未开发地区保护法》、《减轻税收负担法》和《平衡预算法》等大约20项与中小微企业有关的法律或者修正案。[①]至此，美国基本形成了一套相对完整的中小微企业法律法规体系，从市

① Bowles, E. B., "The Role of the Small Business Administration in Economic Resurgence", *Journal of Small Business Strategy*, Vol. 4, No. 2, 2015.

场准入、人才引进、社会保障、资金扶持等多方面为中小微企业的发展构建了强有力的保护机制。

（三）服务平台建设

美国通过政府间接支持和多层次、多元化的社会网络服务相结合的模式建立了完整的中小企业服务体系。目前，美国已经形成了以小企业管理局为主体，其他社会服务机构为辅的多层次、多元化的组织网络体系，主要为中小微企业提供了以下几大服务职能：

1. 资金扶持

小企业管理局提供的扶持资金主要用于三个方面：（1）为小微企业提供贷款担保；（2）小企业管理局为企业担保从商业借款机构取得不超过100万美元的贷款的75%，最优惠贷款的利率为2.75%；（3）小企业管理局通过全美270家开发公司向成长中的中小微科技企业提供土地、厂房等主要固定资产长期融资，为社区创造新的就业机会。

2. 技术援助

（1）设立小企业开发中心。小企业管理局在全美国设立了1000多个小企业开发中心，对中小微企业进行技术指导和高技术人才培养。（2）设立中小企业信息中心。小企业管理局在全美设立了65个信息中心，除为企业研究市场提供详细信息外，该类信息中心还通过“虚拟校园”的方式向中小微企业提供紧密围绕企业管理与发展核心问题的人力资源相关培训。（3）组织退休经理人服务团。该服务团在全美国有389个服务点，共有12000名退休经理人为中小微企业免费提供经营、市场、人力资源和企业发展方面的咨询与信息。[①]（4）开放小企业管理局网站。中小微企业可以从网页中获取各种人才、培训等相关信息，并能够通过职位信息网方便地查找到各种职位上的任职者通常需要履行的工作职责以及应该具备的能力等任职资格，简化了中小微企业进行职位分析的流程，并提高职位分析的科学性。[②]

3. 项目扶持

小企业管理局设有政府采购办公室，小微企业可从政府投资项目承

---

① 向明：《美国中小企业政策执行力研究与借鉴》，《经济社会体制比较》2009年第3期。

② 刘昕、柴茂昌：《论政府对中小企业的人力资源管理服务——美国的经验及其对我国的启示》，《经济体制改革》2014年第4期。

包中获得35%—38%的份额；政府从企业创新、人才引进、发展方向、技术转移、信贷担保到财税倾斜等都有一系列的指导性计划，是政府扶植中小微企业发展的重要措施。①

在融资平台建设方面，美国政府建立了由小企业管理局、相关银行、纳斯达克、小企业投资公司等构成的小企业融资体系。小企业管理局与全美联合银行、Arcata经济发展银行等700多家商业银行合作，设立了一套贷款援助计划，拥有总额逾450亿美元的商业贷款、贷款担保和超过130亿美元的风险投资，还有50亿美元的赈灾贷款，成为中小微企业最强大的财政支柱，为中小微企业人力资源发展提供了有力的资金支持。

在人力资源信息服务方面，美国是一个信息化程度相当高的国家，网络化服务水平相当高，这一点在中小微企业人力资源服务方面体现得非常充分。以北加州地区为例，仅《资讯》为中小微企业主提供的各类专业服务网站就达108个，服务内容涉及创办企业、员工招聘、人才培养等方面。此外，小企业管理局旗下的小企业网站是全美利用率最高最成功的一个网站，平均每周有1050万余人次点击，该网站为中小微企业提供了人才招聘、培训、企业创办、劳动法律援助等一系列信息服务，解决了企业发展中面临的诸多人力资源困境。

小企业管理局与地方政府、各类大学及社会组织进行了多方合作，为中小微企业提供多角度、多形式、全方位的服务。其中包括：（1）各类大学在中小微企业需求的基础上为企业培养和输送相关人才，帮助企业获取生产和管理所需的高水平劳动力；（2）政府支持在大学内专门设立小企业学院或中小企业开发中心，为中小微企业业主及员工提供各类培训和素质教育，提高业主们的综合管理水平和员工的职业技能素养；（3）通过政府职能服务外包、社会非营利机构等形式为中小微企业提供包括员工培训、劳动纠纷处理等各类相关服务，从不同角度对中小微企业开展辅导和帮助，形成强大的社会合力。

二 日本中小微企业政府职能及社会化服务体系

（一）政府职能机构

第二次世界大战后，日本经济濒临崩溃。为了尽快恢复经济活力，充分发挥广大中小微企业的作用成为必然趋势。1948年日本政府颁布了

① EIE Loan，"Small Business Admistration"，*Self*，Vol. 74，No. 136，2011.

《中小企业厅设置法》，并且依据该法案于 1948 年 8 月创立了日本中小企业厅，标志着日本开始构建中小微企业政策与服务体系。

中小企业厅是日本最高的专门行政机构，机构设置于日本通商产业省。在中小企业厅内设有厅长办公室、计划部、指导部、小企业部四大机构。作为中央政府的中小微企业最高专门行政机构，中小企业厅主要负责以下七个方面的工作：（1）对国会和政府部门制定的中小微企业的方针政策提出意见，反映中小微企业的要求和希望。（2）组织企业改组联合，消除企业规模过小和生产能力低下的落后状态，发展专业化协作。（3）帮助中小微企业解决资金困难、劳动力成本压力等问题。（4）对中小微企业的经营情况进行调查和检查，并且给予必要的指导。（5）确保中小微企业有开展活动的机会，保证中小微企业得到政府充分的订货，防止大企业侵占其传统的经营领域，调节中小微企业与大企业之间的矛盾和企业内部劳资之间的矛盾。（6）推进技术和经营的现代化，开展以企业诊断为主要内容的经营指导。（7）召开中小微企业产品及其制造方法的展览会，奖励和推广对中小微企业有益的技术和经营管理方法等。

为了把日本中小企业厅的工作推向全国，日本政府在日本 8 个地区（札幌、仙台、东京、名古屋、大阪、广岛、四国、福冈）派出相应的管理机构——在通商产业省工商部内设立了中小企业课，全面负责本地区的中小微企业行政管理工作。此外，在日本通商产业省的派出机构——冲绳综合事务局的通商产业部内也设立了中小企业课，负责冲绳地区的中小微企业行政管理工作。

这些中小企业课的机构设置一般为：（1）综合股：负责实地调查和普及政策、税务、劳务、金融、信用和保险等工作；（2）计划股：负责推进现代化、转产、振兴地方性传统企业等工作；（3）指导股：负责企业诊断、指导和干部培训等工作；（4）协作企业股：负责振兴协作中小微企业，防止大企业延期或者变相支付协作费用等工作；（5）企业联合股：促进中小微企业联合；（6）企业振兴股：帮助企业解决现代化所需要的资金；（7）小企业股：负责小规模企业互助共济和防止倒闭等工作。

此外，根据相关立法的规定，日本政府设置了具有各种职能的中小企业审议会。审议会作为日本总理大臣或者各省、厅首长的咨询机构，对中小微企业的管理起着重要作用。日本中小企业审议会主要有中小企业政策审议会、中小企业现代化审议会、中小企业稳定审议会、中小企业领域调整审议会。日本中小企业审议会的会长和委员均从具有丰富学识和经验的中小微企业专家、教授和有关行政机关的职员中选拔。

（二）管理机制

1946 年，日本制定了《商工协同组合法》，纠正了与大企业进行市场交易中相对中小微企业的不利条件，完善了第二次世界大战时期的中小微企业商工组合制度。1947 年，在美国和其他国际势力的压力下，以美国的反垄断法为蓝本，日本制定了《关于禁止私人垄断和确保公平交易的法律》，明确规定：禁止私人垄断，防止经济实力过度集中，确保在经济活动中给予中小微企业公平竞争的机会，并决定在日本全面实施反垄断政策。1948 年，日本政府发布了中小企业诊断制度，明确了政府指导中小微企业提高经营管理水平，帮助中小微企业有效地利用设备和资金的职能。1949 年，日本政府颁布了《中小企业协同组合法》。该法案的目的是把日本的工商业、交通运输业、服务业的中小微企业组织起来，以团结互助的精神共同兴办各项事业，促进经济民主的发展，保证中小微企业在经济活动中获得公平竞争的机会，提高中小微企业的经济地位。1949 年，日本政府颁布了《国民生活金融公库法》，并依据该法创立了国民生活金融公库，主要是向小规模企业和个体经营者提供创业资金。1950 年，日本政府颁布了《中小企业信用保险法》，该法案确立了政府为中小微企业提供担保的角色和方式，目的是建立和完善中小微企业信用配套制度以解决由于中小微企业担保不足所带来的资金筹措困难的问题。1952 年，日本政府颁布了《关于特定中小企业稳定的临时措施法》，并且在 1953 年正式颁布了永久性法律《中小企业稳定法》。1953 年，日本政府颁布了《中小企业金融公库法》，目的是解决中小微企业融资问题。

到 20 世纪 60 年代，日本政府为了消除现代化的大企业与落后的中小微企业并存的“二重结构”，颁布了《中小企业振兴资金助成法》，从而建立了日本中小微企业现代化资金融资制度，促进了中小微企业的设备现代化和结构改善，该法案于 1963 年进一步提升为《中小企业现代化资金助成法》。在 1953 年颁布的《中小企业稳定法》的基础上，日本政府于 1957 年颁布了《关于中小企业团体组织的法律》，通过税收优惠和金融资助等措施推动建立带有卡特尔性质的中小微企业合作组织，加强中小微企业之间的合作和信息交流，避免中小微企业之间产生过度的竞争。1958 年，日本政府颁布《中小企业信用保险公库法》，1960 年，日本正式出台《中小企业行业振兴临时措施法》。1963 年 7 月，日本政府颁布了《中小企业基本法》，此法是第二次世界大战后日本政府十几年实践经验的总结，是日本中小微企业的纲领性法规，是制定和实施中小微企业政策的基础和依据，甚至被称为日本的“中小企业宪法”。1973 年和 1983 年《中小企业基本法》被两度做了修改，并且在 1999 年 10 月，日本政府正式颁布了新的《中小企业基本法》。为了贯彻《中小企业基本法》（1963）的精神，日本还颁布了《中小企业现代化促进法》（1963）《中小企业现代化资金助成法》（1963）《中小企业投资育成股份有限公司法》（1963）《关于确保官公需要中小企业订货的法律》（1966）《中小企业振兴事业团体法》（1967）等一系列法律，以此推动中小微企业的健康发展。

20 世纪 70 年代以后，特别是以 1973 年第一次石油危机为标志，日本经济进入了低速发展时期。1973 年和 1975 年，日本政府两次对《中小企业现代化促进法》进行了修改，鼓励中小微企业转产，经营知识密集型产品。1973 年，日本政府颁布了《关于大规模零售店零售业活动调整的法律》即俗称的“大店法”和《中小零售商业振兴法》，限制大型零售企业的无限制发展，减缓对中小规模零售店的挤压影响，从而推动了中小型零售企业的发展。1974 年，日本政府颁布了《关于传统工艺品产业振兴的法律》，加强国内各个地区对民族传统产品的生产。1976 年，日本政府颁布了《中小企业转产对策临时措施法》，明确规定了转产的行业以及政府对进行转产的中小微企业在资金和税收上的优惠措施。1977 年，日本政府颁布了《中小企业经营领域调整法》，严格规定了禁止大企业进入纺织、陶瓷、杂货等中小微企业的传统经营领域，使置身于大企业重压之下而走投无路的中小微企业有了新的生存空间。同年，日本政府还颁布了《中小企业破产防止互助法》，并依据该法案建立了中小微企业破产防止互助制度。1978 年，日本政府颁布了《特定不景气地区中小企业对策临时措施法》，目的是解决特定不景气地区中小微企业的经营不稳定等问题。1985 年，日本政府颁布了《中小企业技术开发促进临时措施法》，强调以协同组合为单位加强中小微企业的技术力量。1986 年，日本政府颁布了《特定中小企业者事业转换对策临时措施法》，鼓励中小微企业调整产品结构和转换事业。同年，日本政府还颁布了《特定地区中小企业对策临时措施法》，以帮助和促进那些受日元升值影响较大地区的中小微企业顺利进行结构调整。1988 年，日本政府颁布了《关于融合跨领域的中小企业者的知识，促进开拓新领域的临时措施法》即俗称的“融合法”，目的是加强中小微企业的研发力量，促进中小微企业的技术创新。从针对中小微企业的立法上可以看出，大力支持中小微企业开展技术创新，鼓励和支持中小微企业创业并且搞活和发展日本经济是日本政府在这一时期的重要政策目标。1993 年，日本政府颁布了《特定中小企业进入新领域临时措施法》，旨在推动中小微企业顺利进入新领域及向海外地区发展事业。1995 年，日本政府颁布了《关于促进中小企业创造性事业活动临时措施法》，各个都道府县都据此设立了“研究开发财团”，从金融、税制、人才培训和信息等方面支持中小微企业开创新型产业。1999 年 7 月，日本政府正式颁布实施了《中小企业经营革新支援法》，该法案取代了《中小企业现代化促进法》。1999 年 8 月，日本政府颁布了《产业活力再生特别措施法》，将支持中小微企业和风险投资企业的发展作为产业政策的重点。1999 年 12 月，日本政府正式颁布了新的《中小企业基本法》，提出了市场准入、人才培训、资金扶持等一系列方针政策。至此，日本形成了一个比较完善的中小微企业法律体系和管理机制。

（三）服务平台建设

为了扶持中小微企业发展，日本政府出资创建了三种类型的中小微企业支援中心，一是由国家政府出资创办了 8 个中小微企业的综合指导中心，这 8 个中心主要设在东京、京都、大阪等日本的 8 个主要城市。二是由都道府县出资设立的中小微企业支援中心，共计 48 个。三是由市、街、村政府出资设立的中小微企业支援中心，共计 209 个。

除政府主导的服务机构外，在日本中小微企业发展中，社会团体起到了承上启下的作用。日本《中小企业基本法》中规定，国家为协助中小微企业的发展，必须推行中小微企业的组织化及设置中小微企业有关团体。根据这一规定，日本建立了一批半官半民的社团组织，成为协助各级行政机构实施中小微企业政策法令和扶植、指导中小微企业的社会力量，其中包括中小企业事业团、中小企业团体中央会、商工会议所、商工会，其他如“中小企业诊断协会”“日本生产性本部”等团体组织。这些社会团体不以营利为目的，自身运营依靠政府的财政预算以及各企业缴纳的会员费，既作为政府中小微企业管理机构的有力助手，同时也是政府机构的参谋，为制定新的政策如人才引进、员工培训、社会保障等人力资源政策提出了重要的意见和建议。

在融资服务平台建设方面，为了扶持和促进中小微企业的发展，尤其是为中小微企业的创业和发展提供资金保证，日本政府面向中小微企业设立了专门的金融机构，与商业性金融机构、信用担保机构和创业投资机构一起构成了较为完善的日本中小微企业金融支持体系。其中的政策性金融主要包括“二行”“八公库”和“一金库”。“二行”即日本政策投资银行和日本进出口银行；“八公库”即国民生活金融公库、中小企业金融公库、中小企业信用保险公库、环境卫生金融公库、农林渔业金融公库、住宅金融公库、公营企业金融公库、冲绳振兴开发金融公库；“一金库”即商工组合中央金库。作为日本中小微企业金融政策的典型标志，政策性金融在日本中小微企业融资体系中占据了主导地位并发挥重要的作用，为中小微企业减轻劳动成本、降低社保开支等提供了有力的人力资源政策扶持。

三　俄罗斯中小微企业政府职能及社会化服务体系

（一）政府职能机构

俄罗斯对中小微企业的管理和服务主要通过两个政府机构：

其一是2008年3月17日成立的中小企业发展委员会。该委员会隶属于联邦政府，俄罗斯第一副总理伊戈尔·舒瓦洛夫任主席，全俄中小企业联合会主席鲍里索夫·谢尔盖和经济发展与贸易部部长纳比乌林娜出任副主席。其宗旨是：协调在中小微企业扶持政策的实施过程中的各权力机关，并不断加强同企业界代表的沟通和协作。

其二是由俄联邦政府总理出任主席的竞争力和企业经营委员会。该委员会负责一部分与中小微企业发展相关的事务，旨在于保障联邦权力机关、企业界、科学界在创建提高俄罗斯经济竞争力和发展经营活动的有效机制问题上的协作和沟通，有利于促进中小微企业发展环境的改善和提升。

（二）管理机制

1991年7月18日，俄罗斯联邦政府实施的第406号法令第一次明确了小企业范畴，规定了组成原则和条件，提出了支持小企业的计划和纲要、纲领。同时，通过立法的形式直接规定小企业发展的内容并赋予了法律效力。1993年5月11日，俄罗斯政府通过了联邦法令《关于在俄联邦发展和扶持小企业的优先措施》，该法令指出重大经济改革的方向之一是扶持小企业发展，并提出应当优先发展小企业。1995年6月14日，俄罗斯联邦政府颁布了《俄罗斯联邦国家支持小企业法》，以立法的形式确立了小企业的法律地位，并规定了扶持小企业发展的主要方向和若干人力资源相关政策。

2001 年 8 月俄罗斯通过了《在国家监督控管之下，保护企业法人的权利及个体企业》《关于活动种类许可证》《关于国家注册法》等联邦法律，其目的旨在于消除行政壁垒，消除阻碍或限制企业发展的活动，简化涉及活动种类的许可证数量，简化申请许可证的程序，以及简化注册条件，缩短申请注册期限等。2001 年 12 月 19 日，俄罗斯国务会议上，普京通过了《扶持和发展小企业国家政策构想》，该构想提出 8 项中小微企业发展措施：（1）强化小企业立法工作；（2）税收减免，并简化行政程序；（3）为中小微企业的发展提供财务信贷支持；（4）对于中小微企业鼓励其不动产，或国家或地方；（5）为中小微企业提供信息支持服务，包括人才招聘信息；（6）加强员工培训制度，提高中小微企业的人才素质；（7）给中小微企业创造一个公平竞争的环境；（8）政府机关必须为中小微企业的发展提供有效支持。2007 年 7 月，普京总统签署了《俄罗斯中小企业发展法》，该法案重新确定了划分大中小微企业的标准，对联邦中央和地方政府促进小企业发展方面的职能进行了重新分配，至此，俄罗斯形成了比较健全和稳定的中小微企业政府管理机制和人力资源支持体系。①

（三）服务平台建设

20 世纪 90 年代俄罗斯小企业部门成立了正式的自治组织制度——企业家联合会，但受制于多方面原因，企业家联合会的发展未能得到成员的强力支持，集体行动的良性机制还未形成。2001 年作为全俄四大商界和实业界团体之一的全俄企业家组织“实业俄罗斯”正式成立，该组织主要代表了中等规模企业或包括小企业在内的加工制造类企业的根本利益，为该类型中小微企业的发展提供了有效的服务支持。

2002 年 9 月 18 日，基于《俄罗斯宪法》《俄罗斯民法典》和《俄罗斯社会联合组织法》等主要法律基础，在各地区中小微企业的自发组织下，俄罗斯中小企业联合会正式挂牌成立。目前中小企业联合会拥有分布于七大联邦区的 110 多家行业协会和法人单位会员，例如，面包师联盟、服装生产商联合会等，并在 80 多个地区设有分支机构。该自发成立

① 雅娜：《俄罗斯中小企业的发展》，博士学位论文，吉林大学，2013 年，第 5 页。

的全国性机构能够代表俄罗斯中小微企业界与政府开展直接对话，并在俄罗斯关键的部门和部门之间发挥有效的沟通作用，除配合俄罗斯总统行政管理机关、俄罗斯议会和银行系统的工作权利外，它还能紧密地配合其他商业共同体、社会大学、法律保护机构的工作。联合会的主要目标和工作是：（1）针对官僚主义的任意妄为保护企业家的权利，为中小微企业在俄罗斯的发展构筑良好的条件，清除过度的、多余的国家对商业活动干预和调节并消除不必要的行政壁垒；（2）积极地配合政府和税务部门在实施税务改革问题上的工作；（3）关注审判体系的改善，使之更加明确地保护企业家的权益。在工作范围内，该协会还致力于完善反垄断立法、建立平等的竞争条件等活动。①

四　韩国中小微企业政府职能及社会化服务体系

（一）政府职能机构

韩国政府管理和扶持中小微企业发展的机构主要有两个：一个是1996年2月成立的中小企业管理局；另一个是1998年2月成立的总统中小企业委员会。

其中，总统中小企业委员会是韩国负责中小微企业事务的最高政府机构，主要负责制定全国中小微企业发展政策，在政策调整上扮演核心的角色。委员会由相关部门的副部长和中小微企业部门的专家组成。②③

而中小企业管理局则是韩国管理和服务中小微企业的主要政府机构，起源于韩国政府1960年在政府商工部内部设立的专门负责中小微企业事务的中小企业科。到了1996年，韩国政府在原中小企业科的基础上成立了中小企业管理局，主要作为中小微企业发展中的指导机构。同年，政府在各市、道、郡设立了相应的管理机关。④ 中小企业管理局是韩国的中央政府机构，同时也是总统中小企业委员会的秘书处，包括中小企业管理局监管国家技术和质量协会以及遍布全国的11个地方中小企业课。中

---

① 徐昱东、徐坡岭：《俄罗斯中小企业发展分析——基于集体行动的视角》，《经济与管理》2010年第1期。

② 金晶：《韩国中小企业扶持政策与对策研究》，《亚太经济》2013年第1期。

③ 中小企业服务机构发展状况及扶持政策研究课题组：《美日韩国和台湾、香港地区的中小企业服务机构》，《中国中小企业》2011年第3期。

④ 綦鲁明：《完善的管理框架　健全的扶持体系——中小企业发展政策国际比较之韩国经验》，《经济研究参考》2011年第37期。

小企业管理局由1个执行长、5个办公课和26个分支机构组成，主要负责提出中小微企业政策，规范和协调中小微企业相关部门及成员的工作。下属的5个办公课分别为政策课、振兴课、创业课、技术指导课和市场课。政策课负责提出并执行中小微企业政策，分析产业发展趋势，组织总统中小企业委员会的工作，并支持企业重组改革，扶持小企业；振兴课负责提供对中小微企业的金融、信贷、人力资源、信息等各方面的服务；创业课负责协助促进风险型企业的开办，包括帮助选址、创业培训等；技术指导课负责中小微企业各部门技术方面的发展、合作及指导；市场课则负责市场、分销、交易的调查等。① 此外，中小企业管理局还负责向政府及时反映中小微企业的困难和需求，参与中小微企业相关政策的制定，并向中小微企业提供资金支持②，通过整套帮助机制保证中小微企业人力资源等方面的健康发展。

（二）管理机制

1966年，韩国颁布实施了《中小企业基本法》，从根本上解决了中小微企业地位问题，并在此基础上，根据国内经济社会发展需要以及中小微企业在每个历史时期中所处的地位和作用，制定了一系列扶持中小微企业发展的法律法规，初步形成了一套较为完整的中小微企业法律体系。1989年，韩国政府制定实施了《促进中小企业结构调整及经营安定特别措施法》，该法案促进了中小微企业的结构调整和产业升级。1997年3月18日，韩国国会通过了《科技创新特别法》，明确规定政府将采取措施支持中小微企业从事研究与开发活动。③ 此外，韩国中小微企业法律法规还有《中小企业振兴法》《中小企业协同组织法》《中小企业系列化促进法》《中小企业事业调整法》《中小企业创业支援法》《促进中小企业经营稳定及结构调整法》《中小企业制品购买促进法》以及有关中小微企业出口、金融、税收等方面的法律法规。

2011年5月12日，韩国中小企业厅发布立法预告，将对《中小企业

① 丁士军、朱丽芳：《韩国政府对中小企业的管理与扶持》，《世界经济研究》2000年第3期。

② 李远远、蔡翔：《国外政府对小企业发展的支持策略研究》，《技术经济与管理研究》2010年第6期。

③ 中小企业服务机构发展状况及扶持政策研究课题组：《美日韩国和台湾、香港地区的中小企业服务机构》，《中国中小企业》2011年第3期。

基本法》进行修改。此次修改的中心议题是确立新的中小微企业政策思想，并以此为指导建立更加有效的政策推进体系。修改后的中小微企业法以“提高中小企业竞争力，创造可持续增长的经营环境”为基本指导思想，并以“促进创业、环保行业、海外事业，推动专业化和行业间合作，提高小规模企业的自主活力，推进女性、残障者的企业活动，培养地方企业和创新型专业企业”为主要政策方向。①

（三）服务平台建设

1962 年，依据韩国《中小企业合作工会法》，韩国成立了第一家非营利性中小企业社团组织——韩国中小企业协同组合中央会，旨在通过中央会成员的集体力量，保护中小微企业的共同利益。其主要职能包括：调查和研究中小微企业普遍性的困难和瓶颈，组织产业组织合作，为解决方案和政策提供建议，保护产品的销售渠道；经营合作工会的互助合作基金；以及支持中小微企业的人力资源开发和员工培训等。1979 年韩国成立一家非营利性政府机构——韩国中小企业振兴公团，下设 18 个处室，15 个地区办事机构和 5 个海外机构，该组织旨在通过金融支持、技术咨询、培训和国际产业合作等方式，促进中小微企业的发展、繁荣和适应经济发展的需要。②

此外，韩国还通过立法设立专门为中小微企业服务的中介组织，如中小企业系列化促进协议会、中小企业政策审议会、中小企业制品购买促进会、创业支援审议会、中小企业事业调整审议会等。这些组织的主要职能是帮助政府实施国家法律政策，帮助中小微企业向政府反映意见和建议；管理和运营中小微企业基金，培养企业管理和技术人才，指导企业经营和技术创新；调解企业纠纷等，为中小微企业人力资源等扶持政策的贯彻实施提供了组织上的保证。

五 德国中小微企业政府职能及社会化服务体系

（一）政府职能机构

德国联邦经济和技术部以及联邦经济和出口管理部是德国政府扶持

---

① 綦鲁明：《完善的管理框架 健全的扶持体系——中小企业发展政策国际比较之韩国经验》，《经济研究参考》2011 年第 37 期。

② 中小企业服务机构发展状况及扶持政策研究课题组：《美日韩国和台湾、香港地区的中小企业服务机构》，《中国中小企业》2011 年第 3 期。

中小微企业发展的专门机构，共颁布和实施了多项支持中小微企业发展的措施，最终形成了“中小企业行动规划”。① 此外，联邦政府经济部、财政部、科技部都下设了专门负责中小微企业的机构，各州政府、德工业协会、工商会也设有专门负责中小微企业的促进部门，一些指定银行（如复兴银行和清算银行）也设专门负责中小微企业的机构，在国外也设有中小微企业促进机构。

（二）管理机制

德国一直推崇实行反限制竞争的经济政策，并于1974年对《反限制竞争法》再次进行修订，旨在禁止在大企业之间签订生产领域的卡特尔协议，而支持中小微企业间签订卡特尔合同，以此增强中小微企业抗衡大企业的能力。德国政府为促进中小微企业的健康发展，制定了《民法典》《商法典》《反限制竞争法》《标准化法》《中小企业促进法》《关于提高中小企业效率的行动计划》等一系列政策法规，给予了中小微企业系统有效的法律保护。②

（三）服务平台建设

在长期的发展过程中，德国的中小微企业社会化服务体系逐步形成了以政府部门为龙头，半官方服务机构为骨架，各类商会、协会为桥梁，社会服务中介为依托的全方位构架，为中小微企业在人才市场、人员培训、劳资纠纷、法律事务、评估、会计、审计、公证、招标、企业咨询等方面提供全面的服务。目前德国共有150多个不同的商会、协会，围绕中小微企业的需求，开展各类业务活动。如德国工商大会有82个分会，350万个企业会员。再比如1995年成立的德国中小企业联合会，财政上由德国联邦经济合作和发展部提供资助，是包括德国小商业和手工业等商会和协会的庞大组织。旗下有55个商会和43个国家级协会的工作小组，代表德国政府及所有中央权力机构以及欧洲联盟、国际机构的小商业及手工业的总体利益。③

此外，德国政府为中小微企业建立了专门的网站和热线电话，包括

---

① 梁剑：《中德中小企业比较研究与启示》，《当代财经》2008年第1期。

② 李善同、刘勇：《德国中小企业基本情况及扶持政策》，《科学决策》2009年第7期。

③ Hodorogel, R. G., “German SMEs Affected by the World Crisis”, *Theoretical and Applied Economics*, Vol. 9, No. 9, 2011.

德国就业者指南网、中小企业增长网、中小企业发展战略网等一系列网站，中小微企业可就融资和促进措施问题向联邦经济部的相关专家咨询。同时，政府还特别重视各种半官方和半民间的行业协会的作用，利用他们为中小微企业建立信息情报中心，为企业提供信息和服务，帮助中小微企业招聘人才和员工培训等。其中，成立于1951年的联邦外贸经济信息处，主要以中小微企业为服务对象，主要负责收集各类信息，并将信息分析加工后传递给有关机构和中小微企业，以带动促进联邦外贸的发展。再者，德国政府还支持组建了专门为中小微企业服务的中央信息系统“Startothek”，并于2006年1月正式投入使用。该系统是基于互联网络的信息服务平台，包含中小微企业建立所需要的各种信息、程序和规范等。①

第三节 优化政府中小微企业服务职能，助推社会服务化体系完善

为了能够系统化地构建我国中小微企业的服务体系，引进公共服务的组织保障，破解中小微企业人力资源困境，课题组参照美国、日本、俄罗斯等国中小微企业政策和服务体系发展成功经验，首先在理念上突破瓶颈，将服务中小微企业视为政府的“天职”，确保中小微企业在政府管理中的战略地位，明确中小微企业服务体系是落实政府扶持中小微企业的有效载体，要求各级政府在服务中体现政策，在政策中明确职责，构造起以政府为主导，联结社会上市场服务和非营利性组织，建立起完整的专业化、系列化、社会化和市场化的中小微企业服务体系。

一 着力推动政府定位从“发展型”向“服务型”转变

20世纪90年代，美国公共行政学家罗伯特·B. 登哈特与珍妮特·V. 登哈特提出了新公共服务理论。新公共服务强调“公民优先”，指出政府的作用是服务而非掌舵，政府的作用在于帮助公民意愿的表达和实现公众利益。公共利益是目标而非副产品，服务于公民而非顾客。新公共服务的核心理念就在于政府存在的方式既非管制与发展，也非管理与

① 梁剑：《中德中小企业比较研究与启示》，《当代财经》2008年第1期。

行政，而是服务。政府应作为解决社会问题和保障公共利益之需而存在，其基本公共职能为：维持公共秩序、提供公益产品、管理公共事务、实现社会公正。如何解决政府干预过度和监管不到位的问题是当下我国政府职能改革的重要课题，按照党的十八大《中共中央关于全面深化改革若干重大问题的决定》中提到“经济体制改革是全面深化改革的重点，核心问题是处理好政府和市场的关系，使市场在资源配置中起决定性作用和更好发挥政府作用”精神，根据我国中小微企业发展的实际情况，课题组研究认为：中小微企业是大型企业发展的前奏和基础，也是区域经济发展的重要组成部分，服务中小微企业、扶持中小微企业发展是各级政府的重要职能。由于过去该项职能隐含在政府的经济管理和服务内容之中，分散在政府各有关职能部门，不仅缺乏系统化、专业化和职能化，而且职能定位过低，力量偏弱，和中小微企业发展的战略地位严重不匹配，政府职能改革的方向不是削弱和放松对中小微企业的管理和服务，而是提高政府对中小微企业的介入程度，提升其政府管理地位，加大政府的关注和服务力度，规范其管理行为。

改革开放以来，我国政府长期主导社会生产与经济发展，带领中国取得了举世瞩目的成就。所谓“发展型”政府就是指发展中国家在向现代工业社会转变的过程中，以推动经济发展为目标，以长期担当经济发展的主体力量为主要方式，以经济增长作为政治合法性主要来源的政府模式。党的十七大正式提出“建设服务型政府”的目标，我国开始从以计划和指令为核心、以管制为主要特征的“发展型”政府向“服务型”政府转型。此外，对于中西部地区中小微企业的成长和发展来说，政府的推动作用尤为关键，构建“服务型”政府一方面关系到如何转变政府的施政方针和服务理念；另一方面也要求各地方政府能够做到体制机制上的变革，落实到中小微企业服务方面就表现为，真正将中小微企业作为工作重心，将“服务”二字落为工作准则，切实服务中小微企业、保障其权益、帮助其发展。

中西部地区政府可首先学习源于我国上海、苏州、无锡三地的“保姆式服务”政府管理模式。该模式产生于21世纪初，在我国率先淡化了政府传统行政管理的色彩，具备了一定的客户导向和服务特征，尽管就政策目标和工具而言，仍然是基于“发展型”政府的理念和实践，可视为“发展型”政府向“服务型”政府转型的过渡态，但许多成功的经验可能对当下的我国中西部地区更有借鉴意义：如政府应提供普适化的公共服务，政府公共支出应服务于公共利益，尽量减少政府对市场和企业的直接投入，注重政府内部的良性互动和协调等。[①]

因此，为了能够切实推动中小微企业政府服务职能和社会化服务体系的优化健全，国家及各地方政府部门应当以服务作为管理中小微企业的核心理念，致力于打造服务型的工作风格，将中小微企业当作客户，通过搭建服务平台、服务中心，支持市场服务机构等手段为企业提供包括人才招聘、员工培训、劳动纠纷处理、社保扶助等人力资源支持在内的各项服务内容，帮助有需求的中小微企业解决发展和成长中遇到的困难，为我国中西部乃至全国中小微企业的蓬勃发展奠定基础。

二　进一步明晰政府在中小微企业发展中的职能定位

1998 年，国家经贸委设立了中小企业司，主要承担中小微企业政策制定中的协调工作，指导中小微企业的改革和发展，促进和健全中小微企业服务体系，落实“制定扶持政策、指导企业改革，组织对外交流、建立服务体系”的职能。在国家中小企业司基础上，湖南省 2004 年设立了中小企业局，承担中小微企业的综合管理、指导、协调和服务工作，下设发展促进处、服务指导处、融资服务处。同年，湖南省中小企业服务中心成立，该中心旨在负责向政府有关部门反映中小微企业情况，配合政府有关部门落实中小微企业扶持政策，维护中小微企业合法权益，为中小微企业的创立、生存和发展提供社会服务。该中心还承担受政府有关部门委托，联系或委托区域、行业和各社会服务组织为中小微企业提供服务的职能。自此，湖南省各市开始逐步组建地方中小企业局和中小企业服务中心，将全省各地区中小微企业纳入管理范围，推进政府服务第一步。江西省 2009 年根据《江西省人民政府机构改革实施方案》设立了中小企业局，负责制定全省中小微企业和非公有制经济发展规划，指导全省中小微企业发展。同年，广西壮族自治区成立了中小企业联合会，旨在为全区中小微企业提供创业辅导、企业诊断与管理咨询、投资融资、人员培养与人才引进、对外合作和法律咨询等服务。然而，经过多年的发展，湖南、江西、广西等中西部地方政府对于中小微企业的管

---

① 陈玲、王晓丹、赵静：《发展型政府：地方政府转型的过渡态——基于沪、苏、锡的海归创业政策案例调研》，《公共管理学报》2010 年第 3 期。

理上，依旧存在诸多弊端，首先是机构重叠、职能重复、政出多门、效率低下，在市场进入和获取政府服务方面遇到很多困难。其次是单个管理机构的力量十分有限，所提供的管理和服务不但不能满足中小微企业发展的需要，还时有沿用计划经济的老办法干预企业自主发展之弊。最后是中小微企业发展所遇到的问题突出地表现为一些超越所有制形式、行业分布和属地管理范围的共性问题，而由不同所有制形式、不同行业分布或不同属地管理范围所规定的特殊性问题已经逐步淡化，这些共性问题迫切要求建立一个统一的中小微企业公共服务组织保障机构。

课题组认为，设立一个统一的中小微企业公共服务组织保障机构，不是简单地在现有行政体系上“加设”这样一个行政机构，而是在对政府现有企业行政管理机构进行较大规模“减法”（即撤并）后设立的一个全新的中小微企业服务保障机构。所谓的“减法”，就是撤并现有中小微企业管理机构并摒弃对中小微企业微观经营行为的直接行政干预，将与中小微企业服务相关的职能纳入一个机构，打破所有制及行业限制，对中小微企业进行指导、扶持、服务，但不干预企业管理活动。

美国自1953年以来，一直设有专门从事中小微企业管理的小企业管理局，在全国10大城市设立分局，在各州设有100多个下属分支机构，作为政府的一个独立部门，主要负责对全国中小微企业状况进行统计、调查与分析，制定和实施支持中小微企业发展的政策措施。日本1948年开始成立了日本中小企业厅，并在8个地区派出相关的管理机构，全面负责国内的中小微企业管理和服务工作。课题组在研究国外相关经验基础上，结合我国目前的中小微企业发展现状，提出了政府机构调整思路：（1）把分散于经信委中小企业局（处）、财贸委、外经委、工商管理局以及人事厅、劳动厅（局）等单位承担的中小微企业行政管理职能剥离出来，划归于一个统一组织的中小企业局（委）职能部门，进行统一管理，建立服务组织保障，其中包括融资、创业、培训、人才引进、服务平台建设、舆论引导等，建议赋予该机构足够的独立性和权威性，建议将省（区）级该机构作为政府组成部门，以与中小微企业的战略发展地位相匹配，其他各级政府可由此类比。（2）以行政机构改革为主线，统一行政管理网络。应在中小企业局（委）的基础上，依托现有的行政管理体系，通过横向构建跨部委的协调平台，来全面协调各部委的政策制定，通过纵向延伸管理网络，来统一管理地方的中小企业政府部门，以跨部门协调和系统整合为主线，实现横向和纵向的机构整合创新，建立服务组织保障。

三 依法厘清政企关系，依法保障中小微企业发展

关于政府在中小微企业发展中所处的角色和应尽的职责，2002 年颁布，2003 年实施的《中小企业促进法》中做了详细规定，第三条规定，“国家对中小企业实行积极扶持、加强引导、完善服务、依法规范、保障权益的方针，为中小企业创立和发展创造有利的环境”，清晰明确地阐述了国家政府对中小微企业发展所持的立场和导向。第四条规定，“县级以上地方各级人民政府及其所属的负责企业工作的部门和其他有关部门在各自职责范围内对本行政区域内的中小企业进行指导和服务”，要求县级以上各级政府部门明确自身职能范畴，相互配合协作，服务于中小微企业发展。第十三条规定，“国家中小企业发展基金用于下列扶持中小企业的事项：……（五）支持中小企业服务机构开展人员培训、信息咨询等项工作”，表明中小微企业专项服务资金应该有一部分用于中小微企业人力资源开发和培育。第三十九条规定，“政府根据实际需要扶持建立的中小企业服务机构，应当为中小企业提供优质服务……中小企业服务机构联系和引导各类社会中介机构为中小企业提供服务”。第三十九条和第四十条指明政府需要扶持和引导中小微企业服务机构和社会中介机构为企业提供满足企业需求、态度好、效果显著、收费水平适中的创业辅导、企业诊断、信息咨询、市场营销、投资融资、贷款担保、产权交易、技术支持、人才引进、人员培训、对外合作、展览展销和法律咨询等一系列服务。该法第四十一条点明政府部门在校企合作、院校输出人才等方面应当设立相应的鼓励和激励机制，以市场需求为导向，搭建交流平台，吸引校企合作。

除《中小企业促进法》以外，《国务院关于进一步促进中小企业发展的若干意见》（国发〔2009〕36 号）《国务院关于进一步支持小型微型企业健康发展的意见》（国发〔2012〕14 号）《关于中小企业信用担保体系建设的意见》（国发〔2009〕36 号）等法规文件进一步完善了国家支持和扶助中小微企业的法律法规内容，《反垄断法》《合同法》《劳动合同法》等法律中有关中小微企业的内容以及《国务院办公厅关于做好 2013 年全国普通高等学校毕业生就业工作的通知》（国办发〔2013〕35 号）法规条文均为构建扶持中小微企业发展的良好法规和政策环境提供了基

础保障。

当然，相关法律法规只是在大方向上界定了中小微企业发展中政府、服务机构、中小微企业之间的关系，但由于法律法规的特性，并不能够解决实践操作中出现的诸多具体问题，因此国家以及各地方政府部门应当从我国国情与中西部各省份实际情况出发，制定具有明确实施导向、有效政策激励以及清晰操作规范的政策性文件，帮助构建操作有效的有利于中小微企业健康发展的政策和制度环境。例如，我国陆续实施了《关于培育中小企业社会化服务体系若干问题的意见》（2000）《中央补助地方中小企业平台式服务体系建设专项资金使用管理办法》（2004）《中小企业服务体系专项补助资金使用管理办法（暂行）》（2004）《关于强化服务，促进中小企业信息化的意见》（发改企业〔2008〕647 号）《中小企业发展专项资金管理办法》（财企〔2012〕96 号）等一系列全国范围的指导性政策文件。在此基础上，地方政府如湖南省 2012 年颁布了《关于进一步支持中小企业发展的实施意见》，河南省 2012 年下发了《关于支持小型微型企业创业兴业的通知》，山东省 2013 年颁布实施了《关于进一步加强中小企业社会化服务体系建设的指导意见》等。归根结底，在“依法治国”的大的治国理政战略思想下，中小微企业的健康发展首先还必须依法厘清各种关系，构筑系统周密的法律和政策环境，依法保障中小微企业的健康发展，这是基础，也是根本。

四　积极发展中小微企业中介服务机构，培育其市场主体能力

2013 年 7 月 31 日，国务院总理李克强主持召开国务院常务会议，研究推进政府面向社会力量购买公共服务等事项，明确将适合市场化方式提供的公共服务事项交由具备条件、信誉良好的社会组织、机构和企业等来承担。显示出我国政府在进一步运用市场机制、转换政府职能，也说明政府越来越重视扶持社会中介服务机构的成长与发展，以推进市场机制的发育和完善。课题组认为，无论是政府主导还是市场主导的中介服务机构均对中小微企业的发展有积极促进作用，以人力资源市场为例，国外研究显示，在竞争性市场条件下，政府或市场主导的劳动力市场中介的存在将提高再就业率，特别是政府主导的就业中介能够提高低教育程度和低技能劳动者的再就业率。而有研究发现，市场主导的就业中介比政府主导的就业中介更具效率和质量，加强政府的市场化功能，鼓励

中介服务体系采取合营方式在理论和实践中均成为一种趋势。[①] 因此，各级政府应当坚持“政府扶持中介，中介服务企业”的原则，从中小微企业服务中心、市场中介机构和商会、协会三类政府或市场主导的中介服务机构扶持办法入手，首先加大对政府主导的中小微企业服务中心的扶持力度，优化其服务质量；其次大力扶持服务于中小微企业的市场化中介服务机构；最后对中小微企业商会、协会等服务组织给予强有力的政策和财税支持，三管齐下，构建全方位、多类别的中小微企业服务网络。

（一）进一步做强政府主导的中小微企业服务中心

中小微企业服务中心（平台）是由政府主导、企业化运营的中小微企业服务中介机构，其服务职能主要是公共服务内容。按照公共服务理论分析，由于提供公共服务的成本太高，以营利为目的的私人或营利性组织往往不愿承担，常常会导致公共服务供给不足；但基于公共服务的非竞争性和非排他性，服务接受方在不支付任何成本的情况下，依旧可以享受组织提供的公共服务，会引发“搭便车”现象，导致公共服务的供给低于市场最优水平，甚至无人提供，出现“市场失灵”。正是为了消除公共服务中的“市场失灵”现象，我们才通过这样由政府主导、企业化运作的服务中心来履行政府中小微企业服务职能，该类中心为中小微企业提供部分重要的服务功能，成为中小微企业服务体系中不可或缺的重要部分。[②] 大部分政府主导的服务中心都是以“围绕中心、立足需求、整合资源、服务企业”为宗旨，承接政府相应服务职能转移并协助政府部门做好行政服务工作，将政策咨询与落实、创业指导、人才培训、信息化服务、中小微企业监控等多重功能作为主要服务内容，对中小微企业施行集群管理和模块化服务，其下一般会设置公共服务平台和服务联合会等机构。然而，由于政府没有找准自己的位置，直接配置公共服务资源或干预公共服务供给等原因，为克服“市场失灵”现象引入的政府管理又会导致“政府失灵”现象，造成公共服务结构失衡、效率低下。[③]

---

① 曾湘泉：《劳动力市场中介组织的发展与就业促进》，《中国人民大学学报》2009 年第 6 期。

② 刘翠翠、卫平：《我国非营利性科技中介机构发展刍议》，《科学管理研究》2012 年第 3 期。

③ 贾先文：《公共服务供给中政府失灵及其角色的动态转换》，《理论视野》2011 年第 5 期。

"政府失灵"也称"政府缺陷"、"公共失灵"或"政府干预失效"，是指个人对公共物品的需求在现代代议制民主政治中得不到很好的满足，公共部门在提供公共物品时趋向于浪费和滥用资源，致使公共支出规模过大或者效率降低，政府的活动并不总像应该的那样或像理论上所说的那样"有效"的现象。[①] 究其原因，第一，根据不完全契约理论，人民为实现自由而将自然权利进行让渡是国家或政府的权力来源，由于现实中交易费用的巨大化，国家或政府的存在则构建在不完全契约基础上，导致政府无法在完全契约的约束下行使人民赋予的权利，自然容易引发公共政策失误、盲目扩张、设租寻租、工作效率低下等诸多"政府失灵"现象的出现。[②] 第二，由于我国政府拥有经济市场中的绝对力量，在公共服务供给中，政府行为会产生多种垄断现象，如销售垄断、价格垄断、资源垄断等，在没有竞争的环境中，各地方政府会做出为了私利实施寻租与腐败行为，为了得到上级的肯定或名誉、地位、权力而提供一些显性化或见效快的公共服务等行为，从而影响服务效率。[③] 第三，政府决策执行缺乏监督，我国行政机关的导向地位和导向作用非常突出，与此相应的，我国立法机关、司法机关的地位相对较低，较之发达国家属于"软约束"类型，对政府职能的调整方面，国家行政机关所起的作用相当明显，而国家权力机关所起的作用就比较小，从而难以有效监督各地方政府对中心的行政管理。通过上述分析，课题组认为，要想在一定程度上减少"政府失灵"，应当合理分配剩余控制权，有效减少事前专用性投资的激励扭曲[④]，即我国应通过出台相应的法规政策明确中小微企业服务中心的独立性和自律性，保障中心的主要职能是：为中小微企业服务，将对中心的服务绩效考核权利下放到中小微企业手中，切实增强中小微企业的剩余控制权，减少政府部门对中心的行政干预和控制，从而避免"政府失灵"现象。

此外，目前我国不同地区的中小微企业服务中心受到不同政府部门的直接管理，如湖南、浙江、安徽、辽宁等省份中小企业服务中心直属

---

① 张鹏、梁学荣：《我国转型期的政府失灵：原因、表现及其矫正》，《统计与决策》2009年第14期。

② 李岩：《不完全契约理论视角下的政府失灵分析》，《经济与管理》2013年第3期。

③ 贾先文：《公共服务供给中政府失灵及其角色的动态转换》，《理论视野》2011年第5期。

④ 李岩：《不完全契约理论视角下的政府失灵分析》，《经济与管理》2013年第3期。

于省经济与信息化委员会，深圳市中小企业服务中心直属市科技工贸和信息化委员会，北京市中小企业服务中心隶属于北京市发展和改革委员会，河南省中小企业发展服务则隶属省工业和信息化厅。直属管理部门的不统一造成了我国各地区中小微企业服务中心的分割和失联，一方面难以形成统一的服务和资源共享网络，不利于管理和扶助；另一方面无法统一安排服务中心信息监测、数据上报等工作，影响国家层面法规政策的制定和执行。因此国家和各地方政府有必要将中小微企业服务中心纳入同一管理部门中，制定统一的管理规范和服务内容，并建立全国中小微企业服务中心作为各地区中小微企业服务中心联合机构，帮助服务中心间的交流和互助。

（二）培育和引导市场中介服务机构快速成长

市场中介组织是自主开展业务、独立承担法律责任、按市场化规律运作的机构。从经济学的角度看，市场中介组织形成正是专业化分工的产物，市场中介组织可以维持市场的有序竞争，保障生产要素公平、合法地按照市场规律要求进行配置，降低市场主体间的交易成本，从而促进行业和企业的发展。施震凯和王美昌（2016）① 通过贝叶斯模型平均方法研究市场化进程对经济的影响时发现，中介组织的发育对地方经济具有显著影响，其既是改善中国市场秩序的着力点，同时也是中国经济体制改革的薄弱环节和瓶颈。其中，劳动力（人力资源）市场中介则是人力资源配置的专业机构，国外大多数研究表明，劳动力市场中介机构能够缩短劳动者失业时间，提高其就业率，对就业具有积极的影响。同时，劳动力市场中介能够在信息收集与处理上实现规模经济，从而提高劳动市场效率，对就业和社会总体福利起到了重要的作用。

针对中小微企业而言，由于其规模小，社会地位低，知名度不佳，在产品或服务市场上属于信息供给的薄弱一方，市场中购买者难以获取和掌握其产品或服务的信息，形成的“信息鸿沟”严重妨碍了供需双方的交易达成。而中介服务组织对供需双方的信息都充分了解，可以成为供需双方的“信息桥梁”。如当中小微企业需要引进技术人才时，受制于人力资源市场上自身信息较少，劳动者难以搜寻到足够的信息以了解中

① 施震凯、王美昌：《中国市场化进程与经济增长：基于贝叶斯模型平均方法的实证分析》，《经济评论》2016 年第 1 期。

小微企业的需求，从而更为需要政府或市场主导的中介组织帮助。[①] 然而，目前我国市场中介服务组织在市场经济转轨的进程中，受到市场发育不足、政府力量过于绝对等不良环境的影响，存在较大的锁定效应，被"锁定"在一般水平上，无法"解锁"到较高的效率水平，从而导致上述调研中提到的"服务效率低"、"服务方式不够灵活"等问题。[②] 因此，各地方政府应当一方面对政府各行政部门的人才管理职能、员工培训职能、劳动仲裁职能、信息咨询职能等基础性服务职能进行分离，转置给专业的市场中介机构，并通过政策引导、政府购买等方式给予市场中介机构政策和财税扶持，以此"解锁"中小微企业服务的效率和质量到较高水平。另一方面转换政府职能从控制到服务，遵循市场经济规律，依法对中介服务机构进行监督、指导、管理和激励，引导中介服务机构依据市场规则和中小微企业需求，提供多样化的服务内容和优质的服务效果，提升市场竞争力。

此外，在当前市场经济转型阶段，我国各要素市场发展并不完备，政府掌握了土地、税收、政策等大量稀缺资源，中小微企业市场中介服务机构基本都属于中小微企业，难以通过竞争从市场中获取各类资源，而社会网络作为社会个体成员之间因为互动而形成的相对稳定的关系体系，能够通过资源提供机制帮助企业获取所需资源，如企业通过成员社会关系招聘员工、通过与政府的关系获取政策倾斜等，从而更受市场中介服务机构的欢迎。然而，以获取资源为目的的关系性嵌入社交网络会引发目标扭曲机制，导致企业行为的短期化。根据陈艳莹和夏一平(2011)[③] 的研究发现，市场中介服务机构存在的同质化、服务效果差等现象普遍源于中介服务机构行为的短期化，而这种短期化主要来自转轨期要素市场不完善和政府行政干预程度过强。因此，要想从根本上消除中小微企业市场中介服务机构各类不规范、短视性现象，光靠政府监督和处罚等手段是不理想的，应当加快完善要素市场，取消政府对中小微

---

① 周洲：《市场中介组织发展对我国旅游外汇收入影响的实证》，《统计与决策》2016 年第 6 期。

② 张展：《中国市场中介组织发展的锁定效应与解锁路径》，《社会科学辑刊》2006 年第 2 期。

③ 陈艳莹、夏一平：《社会网络与市场中介组织行为异化——中国省份面板数据的实证研究》，《中国工业经济》2011 年第 11 期。

企业市场中介服务机构不必要的行政控制，建立针对于中介服务机构的人力资源、资金、政策投入保障机制，减弱其对社交网络获取资源的依赖性，从而根治该类短期化行为。

（三）逐步健全并有效发挥行业协会、商会等中介机构的市场服务功能

行业协会、商会、工会作为中小微企业合法权益保护和政府行业管理的有效力量，是中小微企业与政府之间沟通的桥梁。既有研究表明，发展中国家行业协会在经济发展中发挥着“市场补充”和“市场支持”功能，前者指行业协会为克服市场缺陷而供给俱乐部产品，后者指通过影响政府来实现行业基本公共物品和公共服务的供给。① 以浙江省为例，其对行业协会的定位主要包括自律、代表、协调和服务四大功能。在转型经济中，市场秩序混乱，交易成本高昂，自发产生的行业协会或商会通过向其成员提供一个相对稳定、协调和信息充分的制度环境，起到了提高市场效率和改善企业经营绩效的作用。我国行业协会发展主要是为了承接政府行业管理职能的转移，郁建兴等（2013）② 对浙江、江苏和上海三地的行业协会进行研究发现，政府支持对行业协会的职能履行有显著影响。但由于政府支持与行政干预间存在显著倒U形关系，政府支持与行业协会的发展之间并不是简单的线性作用，而是呈现J形关系，即随着政府对行业协会的支持由小变大，其首先会阻碍行业协会的发展，当政府支持增加到一定程度时，将转为促进行业协会的发展。也就是说，政府支持对行业协会的发展存在一个“阈值效应”，只有当政府支持带来的收益超过了行政干预带来的成本，才会促进行业协会的发展。因此，我国各地方政府可以参考广东省的“一元管理模式”，一方面，建立政府职能转移和购买服务制度，厘清政府职能与行业协会的边界，优先发展补充或替代行政职能服务中小微企业的行业协会、商会等。另一方面，将政府管理由控制型向培育服务型转变，由事前审批向事后监督转变，由注重行政化管理向注重内部自治模式转变，推动协会自律性独立发展，

① 才国伟、赵永亮、张捷：《政府支持、行政干预与行业协会的发展——基于粤、浙两地问卷调查的实证研究》，《经济管理》2010年第2期。

② 郁建兴、周俊、沈永东等：《后双重管理体制时代的行业协会商会发展》，《浙江社会科学》2013年第12期。

制定优惠政策措施扶持，充分发挥其对中小微企业的人力资源服务、技术服务、产业导向、信息交流、监督协调等作用。①

此外，由于行业协会的官办色彩浓郁，服务内容发展不足，其代表职能才是企业选择加入协会的主要因素。中小微企业由于自身社会地位低、市场力量薄弱，无法单独与大企业展开竞争，从而极为需要协会、商会等中介组织作为中小微企业的代表，将中小微企业个体联合成集体，以降低企业交易成本、人力资源搜索和获取成本、融资成本，建立信息共享平台，协调中小微企业与大企业、政府、上下游供应链之间的利益，保护中小微企业健康成长。然而，在我国目前这种双重管理体制下，大企业控制、中小微企业未加入行业协会或没有话语权等现实问题对行业协会、商会代表性职能的履行产生了重要影响。再加上组织有效规模和“一业一会”和“一地一会”制度的双重制约，行业协会和商会对中小微企业的代表性缺失问题更加难以解决。反之，一旦消除双重管理体制、放开“一业一会”限制，协会、商会等又会因为制度环境变化而产生俱乐部化倾向和“会员逻辑”强化倾向，共同引发协会、商会的碎片化，导致拥有话语权的大企业代表过度，未加入协会或无话语权的中小微企业代表不足的现象。② 鉴于此，课题组认为，政府应当放开对协会的管理，鼓励建立协会联合会，增强协会的自主性，提升协会自身的内部能力，完善协会的运作机制，削弱大企业对协会代表权的掌握程度；建构内部均衡机制，通过提高自身协调和服务水平来增强对行业内企业的影响力，获取协会运营经费，扩展协会规模，以此平衡会员影响力的作用。

除上述提到的政府策略外，课题组认为，各地方政府还应当针对所有的中小微企业服务中介机构建立中小微企业中介服务机构信息监测系统，采用“服务对象→中介服务机构→监测实施主体”路径或“服务对象＋中介服务机构→监测实施主体”等路径收集监测数据，通过完善政府信息资源体系，把握中小微企业和行业经济发展状况，为政府相关决策提供信息支持，引导中小微企业市场主体与中介服务机构间规范发展。③

---

① 易继明：《论行业协会市场化改革》，《法学家》2014 年第 4 期。

② 郁建兴、周俊、沈永东等：《后双重管理体制时代的行业协会商会发展》，《浙江社会科学》2013 年第 12 期。

③ 李志更、乔立娜：《我国人力资源市场中介服务机构信息监测的特点与发展》，《中国行政管理》2011 年第 12 期。

第九章　破解创业人力资源困境，培育优质中小微企业

创业具有强大的就业功能。党的十八大报告明确指出，引导劳动者转变就业观念，鼓励多渠道多形式就业，促进创业带动就业。李克强总理在2015年达沃斯夏季论坛提出“大众创业、万众创新”，这“双创”将成为推动我国经济发展的强大动力之一。对于一个拥有13亿人口的国家，鼓励创业能够有效解决就业问题，促进经济发展和社会稳定。然而，如何有效实现“双创”，真正引导和培育创业就业，需要精准的导向和有效的政策予以支持，否则“双创”就可能流于口号，创业就业的目标就难以实现。考虑到创业过程实质上就是中小微企业诞生的过程，创业将面临各种人力资源困境，阻碍创业成功，阻碍企业的健康成长与发展。为此，课题组专门研究分析创业过程的人力资源问题，企求尽快建立并完善创业企业人力资源扶持体系，在我国造就中小微企业“铺天盖地”的创业格局。

第一节　以创业孕育优质中小微企业

广义的创业是指人们根据社会需要，运用自己的聪明才智创立一种事业，或在工作中有所创造、创新和发展；狭义的创业仅指创办企业。①熊彼特②对创业的定义是：“强调革新，包含新的产品、新的生产方法、新的市场、新的组织形式，财富就是在满足新的需求的革新的活动中被

① 张玉利、李乾文、李剑力：《创业管理研究新观点综述》，《外国经济与管理》2006年第5期。

② 熊彼特：《经济发展理论》，邹建平译，中国画报出版社2012年版，第63页。

创造出来的，从这个角度来说，创业者可以被视为那些将各种不同的因素组合在一项革新性的活动中，并以此满足消费者的需求的人，同时，他们也希望实现的价值要超越原来的各因素的价值总和，并且能够创造出新财富”。张玉利等（2006）① 认为，把创业仅仅理解为创建新企业是片面的，创业的本质更在于把握机会、创造性地整合资源、创新和快速行动，创业精神是创新的源泉。德鲁克（Drucker，1985）② 在20世纪80年代对美国在第二次世界大战之后，中小微企业蓬勃发展的状况进行了调查，一致认为，美国大量的创业型企业极具“企业家精神”，承担着美国社会经济发展的主要驱动力，同时对美国社会的就业贡献最大。

课题组认为，创业是一种创新。在创业阶段，创业者通过综合利用多种资源创办新的企业，这将衍生出许多中小微企业。创业是一个企业从创办、建立、成长到成熟的持续过程，创业的载体是中小微企业。因此，在完善我国创业支持体系时，要注重可持续性，不仅要为创业者成功创办企业营造良好环境，还应该为这些创业型企业，主要是中小微企业的成长提供支持。

一　以创业实现中小微企业“铺天盖地”

2013年11月，广东省委省政府出台了《广东省人民政府关于进一步扶持中小微企业发展和民营企业做大做强的意见》，提出努力培育一大批优秀的民营企业，形成“大企业顶天立地、中小微企业铺天盖地”的企业生态。要培养中小微企业，离不开政府对创业活动的大力扶持，创业这一活动不仅是创办这一简单阶段，创业企业是一个动态的概念，是一个从创办、建立、成长到成熟的持续过程。普遍意义上讲，没有创业的培养和孵化，就没有中小微企业；没有中小微企业的成长，就没有大企业，也就没有持续的经济增长。众所周知，“大企业富国，小企业富民”，大企业对于国家发展当然有着不言而喻的重要性，但是当考虑到民生以及国家的持续发展时，中小微企业的发展显得尤为重要。而创业正好是孵化中小微企业的有效形式，也是中小微企业茁壮成长为大企业的一个

---

① 张玉利、李乾文、李剑力：《创业管理研究新观点综述》，《外国经济与管理》2006年第5期。

② Drucker，P. F.，*Entrepreneurship and Innovation*：*Practice and Principles*，Harper Business：New York，1985，pp. 89－94.

重要阶段。同时，创业阶段可以培养企业的创新能力，打造企业家精神，可以为形成企业的核心竞争力打下扎实的基础，推动创业型中小微企业的健康持续发展。

根据《全球创业观察中国报告》（2002—2012）的调查分析结果，中国的创业活动在参与全球创业观察的60多个国家和地区中，排名已从2002年的第11名提升至2012年的第2名，中国已被公认为全球范围内创业活动最活跃的地方之一。尽管如此，美国小企业管理局（SBA）发布的2010年全球创业环境排名中，在全球71个国家和地区中，丹麦、加拿大、美国分列前3位，中国大陆仅位于第40位。同时，国际市场研究机构Startup Genome以全球创业和发展指数为评价指标，公布了2012年的全球创业城市排名，美国硅谷位居榜首，以色列首都特拉维夫为第二，英国、法国、俄罗斯、德国等国均有城市入围，中国城市榜上无名。可见，超活跃的创业活动与不理想的创业环境已成为中国创业企业面临的尴尬境地。[①] 课题组认为，我国应当将“鼓励创新创业、扶持发展中小微企业”作为实现“建设创新型国家”和“发展就业”的国家级战略目标的重要战略措施，其背后的逻辑为：鼓励创新创业—发展中小微企业、培育创新精神—增加就业机会、培育成长为大型企业—发展就业、强化全民创新意识。这一切都必须依赖良好的创新创业环境，依赖我国及地方各级政府围绕创业创新构建良好的政策和社会经济以及人文环境。显然，作为创新创业主体的人力资源问题必将成为创新创业成功与否的关键所在，政府可以按照课题组前面章节的研究，参照课题组研究确定的人力资源生态环境相关因子和指标，进行环境优化设计。通过创业环境的优化、政策的引导，造就中小微企业“铺天盖地”的创新创业局面。

二　以创业化解我国就业难题

中小微企业的资本有机构成低于大型企业，大多数属于劳动密集型企业，这决定了中小微企业能够容纳大量的劳动力。国内外统计研究表明，中小微企业是解决就业问题的最好载体，大部分劳动力在中小微企业就业是一条世界性的经济规律，只有大力发展中小微企业才能从根本

---

① 彭华涛：《创业企业成长瓶颈突破——政企互动的中介作用与政策感知》，《科学学研究》2013年第7期。

上解决就业问题。[①] 截至2014年10月，全国按照企业注册的市场主体有1756万户，个体工商户4866万户，合计超过6600万户，其中中小微企业数量占全部市场主体总量的99%以上。近年来，中小微企业创造了60%以上的国内生产总值，贡献了50%以上的税收，提供了80%以上的城镇就业岗位，吸纳了50%以上的新增就业人员以及70%以上农村转移劳动力，在促进国民经济平稳较快增长、缓解就业压力、实现科教兴国、优化经济结构等诸多方面，均发挥着越来越重要的作用。创业型就业突破了传统的"一人一岗"的就业模式，形成"一人带动一群岗位"，产生就业倍增效应。只有存在大量的创业者，才能为广大劳动者拓宽就业渠道。国际研究表明，每增加1个创业者，当年带动就业人数平均为2.77人，未来五年带动就业人数为5.99人。从我国的情况来看，劳动保障部门近年来组织创业培训的实践证明，1个职工创业一般可以带动5位职工实现就业。[②]

企业成长如人的成长，是一个由小到大渐进的发展过程，创业过程就是中小微型企业诞生、生存和成长的过程。扶持和发展中小微企业，在本质上与扶持创业是一致的，据此，课题组研究支持中小微企业发展的诸多结论都可运用于扶持创业上，扶持创业在本质上就是解决就业，这是支持我国经济和社会健康平稳发展的必由之路。

第二节　我国创业企业面临的人力资源主要问题

一直以来，归属于管理学科的人力资源管理被认为是一种大企业的现象，因为新创企业或中小微企业没有精细的管理职能分工，自然也就没有人力资源管理部门，甚至连人力资源管理职位都没有，从研究者的

---

① 周天勇、张弥：《就业：势态分析、根本出路与中长期方案》，《中国人口科学》2003年第4期。

② 赖德胜、李长安：《完善创业教育体系　迎接创业高潮》，《求是》2009年第14期。

视角来看，中小微企业被人力资源管理学者当作“二等公民”[①]，中小微企业的人力资源问题研究一直被忽略。Aldrich（1999）[②] 认为，在企业成长为中型或者大型企业之前，我们不了解它们的人力资源管理问题。Soriano 等（2010）[③] 则认为尽管组织结构和人力资源相关研究是主流管理研究领域之一，但是，创业领域的相关研究还很少见，实证研究尤为缺乏。在这一背景下，一方面，学者们开始关注企业生命周期前端的人力资源活动，即创建新企业过程中的人力资源活动，并从人力资源活动中探寻新创企业竞争优势的来源，从而极大地拓展了人力资源研究的范畴。[④⑤] 另一方面，随着创业研究的不断深入，创业内涵与外延的不断拓展，人力资源与既有企业创业活动的关系也受到了学者们的关注，如海顿（Hayton，2005）[⑥] 认为，应该利用人力资源管理实践来促进公司创业，并从人力资源管理单一实践、人力资源管理系统以及组织文化三方面对人力资源管理与公司创业相关研究进行了评述。由于创业的成功与否肯定与创业者及创业团队的特质与能力紧密相关，创业人力资源问题越来越受到学者们的关注，人力资源已成为解释复杂创新创业现象的重要视角之一。

目前，我国创业企业的存活率并不高，杭州是我国大学生创业最好的地区，根据该市工商局2008—2011 年6 月底的大学生创业企业调查统计，杭州大学生创业企业的存活率为28.06%，亦即大学生创业企业的死亡率在70%以上。有研究表明，对于部分创业者而言，他们最终失败的一个重要原因是没能成功地处理人力资源方面的问题。进一步分析其背

① Tansky, J. W. and Heneman, R., “Guest Editor's Note: Introduction to the Special Issue on Human Resource Management in SMEs: A Call for More Research”, *Human Resource Management*, Vol. 42, No. 4, 2003.

② Aldrich, H., *Organizations Evolving*, Sage, 1999, pp. 125 – 130.

③ Soriano, D. R., Dobón, S. R. and Tansky, J., “Guest Editors' Note: Linking Entrepreneurship and Human Resources in Globalization”, *Human Resource Management*, Vol. 49, No. 2, 2010.

④ Messersmith, J. G. and Guthrie, J. P., “High Performance Work Systems in Emergent Organizations: Implications for Firm Performance”, *Human Resource Management*, Vol. 49, No. 2, 2010.

⑤ Patel, P. C. and Cardon, M. S., “Adopting HRM Practices and Their Effectiveness in Small Firms Facing Product-Market competition”, *Human Resource Management*, Vol. 49, No. 2, 2010.

⑥ Hayton, J. C., “Promoting Corporate Entrepreneurship through Human Resource Management Practices: A Review of Empirical Research”, *Human Resource Management Review*, Vol. 15, No. 1, 2005.

后的关键，因为在创业阶段，人力资源问题并没有得到创业者的重视，有关创业企业的人力资源方面的理论是非常缺乏的，比较成熟的人力资源管理理论基本都针对较为规范的既有企业或大企业，创业者遇到人力资源方面的问题，常常参照甚至照搬大企业的做法，而这是不合适的，甚至是有害的。①

为此，为了能够充分了解目前我国中西部地区创业企业的人力资源问题，课题组对中西部地区新创企业展开调研，发现这些新创企业主要存在以下的人力资源问题。

一　创业者和创业团队能力不足

（一）创业者自身素质偏低

在创业实践中，创业者的人力资本得到了普遍的重视。例如，风险投资家在数量庞大的企业中找到他们认为最有可能成功的企业，由于只有极少数创业企业能够得到风险投资家的资助，因此风险投资家评估项目的标准为创业研究提供了重要的参考价值。MacMillian 等（1986）② 发现，创业者个人特征和创业经验是风险投资的评估标准中非常重要的内容。Bachher 和 Guild（1996）③ 指出，无论天使投资人还是公共创业投资基金，都把创业者的综合特性列在评估标准的首位，表明创业者人力资本水平是决定创业成功可能性即风险投资者投资风险大小的重要评估标准。高阶理论④指出，高层管理人员的人力资本状况会影响企业的战略选择，进而对企业绩效产生影响。王晓文和张玉利等（2012）⑤ 通过对 173 家新创企业进行问卷调查发现，在创业情境下创业者人力资本对新创企业的绩效产生积极影响。一方面，企业建立初期，制度约束、组织结构

① Hayton, J. C., "Promoting Corporate Entrepreneurship Through Human Resource Management Practices: A Review of Empirical Research", *Human Resource Management Review*, Vol. 15, No. 1, 2005.

② MacMillian, I. C., Siegel, R. and Narasimha, P. N. S., "Criteria Used by Venture Capitalists to Evaluate new Venture Proposals", *Journal of Business Venturing*, Vol. 1, No. 1, 1986.

③ Bachher, J. S. and Guild, P. D., "Financing Early Stage Technology Based Companies: Investment Criteria used by Investors", *Frontiers of Entrepreneurship Research*, 1996, pp. 363 – 376.

④ Hambrick 和 Mason（1984）创新地提出了高阶理论（Upper Echelons Theory）。该理论以人的有限理性为前提，把高层管理者的特征、战略选择、组织绩效纳入高阶理论研究的模型中，突出了人口统计学特征对管理者认知模式的作用，以及对组织绩效的影响。

⑤ 王晓文、张玉利、杨俊：《基于能力视角的创业者人力资本与新创企业绩效作用机制研究》，《管理评论》2012 年第 4 期。

和企业战略尚未确定，或者确定却不健全；另一方面，创业者通常能够主导企业的各种决策，与大企业和成熟企业相比，新创企业中其他人员对企业决策的影响力要小得多。上述原因使得创业者成为新创企业的关键决策人和企业成长的核心影响者，因此学者们认为，创业者人力资本是影响中小微企业发展的重要因素。[①] 潘清泉（2016）[②] 研究发现，创业的核心过程可以通过特定的胜任力来推进，创业者胜任力是决定创业成功的关键，它指创业者能够成功完成创业角色任务需具备的技能和能力的总和。创业者要胜任三种角色，即创业者、管理者和技术职能角色，尤其是创业者必须具备经典的创业者角色能力，需要具备识别并利用机会的能力，即创业胜任力；其次要具备管理者角色能力，即要有协调和激励他人的领导能力，即管理胜任力。马克曼（Markman，2003）[③] 认为，成功的创业者应该有自我效能感及机会识别能力。可见，不同的学者对创业者胜任力有不同的定义。课题组认为，创业者胜任力是一个多维度构念，应该包括创业者素质、创业者能力和创业者知识三个方面，据此，我们借鉴了刘宇璟等（2015）[④] 依据胜任力模型理论所构建的创业者胜任力模型来分析问题。他们以中部省份湖北的新创小微型企业创业者为样本，通过实证分析构建了小微企业创业者素质评价指标体系，包含创业人格特质、创业能力和创业知识三大因子和自信心、坚韧性、成就动机、诚实守信、自我感知、创造的欲望、团队合作能力、开拓创新能力、社交和资源整合利用能力等 22 项指标，由层次分析法得出的分项指标权重显示：诚实守信、社交和资源整合能力、自信心是最为重要的素质指标，其次是团队合作能力、持续学习能力。显然，这些决定创业成功的关键能力恰恰是我们高等教育培养过程中所忽略的，这可能是我国创业成功率不高的重要原因所在，也是必须进行专门的创业创新教育和培训的原因所在。

---

① Unger, J. M., Rauch, A. and Frese, M. et al., "Human capital and entrepreneurial success: A meta - analytical review", *Journal of Business Venturing*, Vol. 26, No. 3, 2011.

② 潘清泉：《不同发展阶段新创企业创业者胜任力与创业团队成员信任关系研究》，《科技进步与对策》2016 年第 1 期。

③ Markman, G. R., "Person - entrepreneurship fit: Why some people are more successful as entrepreneurs than others", *Human Resource Review*, Vol. 13, No. 1, 2003.

④ 刘宇璟等：《小微企业创业者素质评价指标体系构建》，《统计与决策》2015 年第 20 期。

课题组在针对湖南省的典型调研中发现，湖南中小微企业业主大专以下学历者占54.7%，其中23.2%是高中以下学历，有88.1%的被调研企业认为必须对中小微企业业主提供针对性的培训学习，以突破企业发展“瓶颈”。课题组在针对我国中西部的江西、广西深入拓展调研中，有26.9%的企业认为“董事长（业主）素质差、文化水平低”是导致企业社会形象差、地位低的首要原因。显然，中小微企业业主个人素质是制约企业成长和发展的重要“瓶颈”，当然也是制约初创小微企业成功的重要障碍。因为处于创业阶段的企业，一切的资源聚合以及产供销过程的各种管理和经营都依赖创业者个体，不可能有较明晰的职能分工和团队协作，创业者个人成为组织运行各种功能的聚合体，创业者个人素质高低和能力特质对创业的成功几乎起决定性作用。解决创业者素质和能力障碍必定是推动我国创新创业发展战略的首要问题。

（二）创业团队问题多

Schjoedtl和Kraus（2007）[①] 等发现，大多数新创企业是由团队而非个人创建，“合伙人”共同创业已成为创业的一种普遍形象。在我国，单兵作战的创业方式已难以适应当前复杂而激烈的市场竞争，这促使许多的新创企业越来越倾向采用团队创业模式。然而，错综复杂而又动荡不安的环境使创业团队承受越来越复杂的工作任务，多元化的市场需求组织业务也为创业团队带来了新的挑战。尤其是新企业，在推动经济社会发展的同时，曾一度成为受外部环境变迁和自身创业团队影响最大的群体。故此，创业团队及效能问题成为创业人力资源研究必须关注的重要问题。相比个人创业而言，团队创业可因团队存在而有机会获得创业所需的更多有价值的资源，也具备更多的能力应付创业所面对的动态和复杂环境，然而，团队创业也因成员间协调问题大大增加了不确定性，也同时增加了失败的可能，团队构成决定了创业团队的“化学成分”，但要形成有助于团队“化学反应”的合作过程，需要有团队制度作为前提条件，否则团队合作关系容易被破坏，可能因为协调和融合的不力而导致

① Schjoedtl, L. and Kraus, S., “Entrepreneurial teams: Definition and performance factors”, *Management Research News*, Vol. 32, No. 6, 2007.

团队成员间摩擦升级，甚至团队成员退出，进而导致创业失败。①

相对于成熟市场经济体，在中国经济处于转型且又高速发展时期，中国经济运行呈现出特殊复杂性、多变性和高动态性，大大增加了创业所面临的环境复杂程度和创业成功难度。国家工商总局2013年发布的《全国内资企业生存时间分析报告》中指出，我国自2000年以来接近有五成企业的存活时间不超过5年，仅有1%的企业寿命能够达到24年以上。2009—2011年中国新生创业活动动态跟踪调研报告中显示，企业创建过程中团队创业的合伙人退出创业活动的主要原因之一是团队内部成员间出现分歧和关系不和而形成分崩离析，正是因为这类创业团队内部存在的问题，导致北京中关村每年有25%左右的创业企业倒闭。当今许多中国企业的成功不再是因为他们拥有出众的控制稀缺资源的能力，而是能够充分利用自身的资源和优势，并比其他企业更能将其转化为有价值的商业机会。

创业的高风险性和发展的不确定性等特征决定了创业过程中在吸引人才和留住人才方面都不具有明显的优势，导致创业企业一直面临着较大的人力资源风险，课题组调研发现，问题主要集中在人才获得困难和人才流失严重两个方面：在人才获取方面，面向广西、江西等中西部地区的拓展调研数据显示，47%的被调研企业认为引进人才十分困难。在人才竞争激烈、人才成本日益增加的形势下，由于创业企业自身规模和资金的限制，相对于成熟企业而言，其招人难度大，用工成本压力大，进而面临人力资源不足和人力成本过高的双重压力，尤其在创业企业步入扩张期时，其人才供给“瓶颈”会更加突出。在人才流失方面，由于创业企业的高风险和不稳定性，加之薪酬福利等条件较差，极易导致其需要的技术、管理人才和熟练技能被竞争对手挖走或员工另谋高就，通常在扩张期和稳定前期，创业企业的人才流失问题更为突出，成为企业实现可持续发展的严重障碍，使得企业难以真正“稳定”下来。课题组将调查样本中的处于扩张期和稳定前期的中西部地区的中小微企业进行统计分析，它们可归属于创业期企业，有75.6%的受调研企业感觉到企业缺乏有力的核心管理和技术团队是其主要人力资源难题。事实上，在

---

① 石书德、张帏、高建：《影响新创企业绩效的创业团队因素研究》，《管理工程学报》2011年第4期。

中国的文化价值体系中，“宁为鸡头、不为凤尾”的思想影响很深，多个优秀成员组合成高效团队进行创业确实不易，更多的情况是，一只老虎对着一群羊的团队反而容易成功，但这类团队的团队水平和资源获取能力显然有限，又从另外角度制约了创业成功。依据高层团队理论，团队人员的认知、价值观和个体特性影响他们对环境情境的诠释，也影响他们的过程行为和选择，进而影响组织的绩效水平。创业团队成员通常会是新创企业的核心管理团队成员，他们的构成特征同样影响新创企业的战略选择与绩效水平。所以，创业团队的构成背景是解释新创企业成功与否的重要因素。要形成和维持理想的创业团队合作过程，必须要建立合适的创业团队制度，否则创业团队合作容易被破坏，创业团队的“化学反应”程度会比较低。综上，决定创业企业成功最重要的团队因素可从创业团队构成、团队过程和团队治理三个维度考量，而我国创业企业团队构成、团队过程和团队治理总体水平均较低，从而成为制约创业成功的重要人力资源难题。

二　创业教育和培训能力偏弱

（一）创业教育效果欠佳

企业的竞争归根结底是人才的竞争，创业型企业的发展最终要依赖创业人才的培育。然而，我国现有创业企业的现状是：创业队伍不稳定，人才断层现象日趋严重；企业对人力资源投入不足，知识、经验、能力及心理素质等整体出色的人才短缺，创业队伍不能适应科技进步和高新技术产业发展的需要；投资者更倾向于对有形资产的投资，大大削弱了企业的自主创业能力；跨国公司普遍采取人才本土化策略，致使我国大批创业人才流失等。这些现状都与我国落后的创业教育密切相关。“创业教育”最早由科林·博尔（Kelin Boer）于1988年提出，他认为，未来的人们都应学习和掌握三本“教育护照”，第一本是学术性的，第二本是职业性的，第三本则是创业教育，如果缺乏创业教育，学术和职业方面的潜力就难以发挥，甚至变得没有意义。随着我国经济的发展和日益严峻的就业形势，鼓励和支持创业成为我国政府实现就业、减少失业的重要方式。

我国创业教育的基础薄弱，日本、法国等发达国家从小学开始就开展就业和创业教育，由于中国的创业教育发展较晚，把创业教育重点放在大学阶段，导致创业所需要的智力因素和人格特征难以短时间养成。

同时，大学生创业教育体系的绝大多数职能和操作都仅仅停留在高校层面，在认识上把大学生创业教育僵化地看作是高校和教育部门的事情，在操作中把大学生创业教育简单作为高校素质教育和创新教育的一部分，缺乏对大学生创业教育的深层次理解和实际支持。大学生创业教育体系还呈现出高校各自零散独撑的局面，表现为高校一头独大，政府、社会的支持不够充分，体系上比较封闭和孤立。[①] 此外，目前我国创业教育经费投入不足，课程体系不够完善，虽然目前在国内很多高校已开设了创业教育课程，但创业教育师资缺乏或师资素质差，并没有形成独立的创业课程和系统的创业课程群[②]，使得创业教育课程的受益面窄，再加上很多学校的创业教育课程多限于课堂教育，缺乏创业教育实践，使得学生的创业理念较好，但创业技能较低，创业人才缺乏。例如，温雅(2015)[③] 针对我国22所“创青春”创业大赛获奖高校及9所教育部创业教育试点高校，其中除去重叠高校，以及未公布就业质量报告的中国科技大学，共25所高校进行了大学生创业教育效果评估。在这25所高校中，清华大学、中国人民大学将创业课程纳入了学分管理，广州工业大学、吉林大学面向全校开设了创业必修课，其中吉林大学还将必修课推广到了大一新生，华东理工大学面向本科一年级、二年级开设了《创业基础》课程，并编写了创业教材《创业精神导论》，南京财经大学、福建农林大学面向有兴趣的学生开设了创业课程。武汉理工大学依托于22门课程组成的创业教育课程体系开设了创业教育二学位实验班，2014年已有18人获得工商管理（创业教育）二学位证书。吉林大学创新创业学院也开设了创业专业学位教育，目前已面向校内学生进行招生。各个高校的创业教育确实很有发展，但25所高校的《2014年毕业生就业质量报告》另一数据则显示，各学校的创业人数占毕业生总人数的比率却很低，最高的广东工业大学也仅为1.17%，吉林大学排名第二，为1.13%，创业教育开展情况较好的浙江大学与中山大学则排名靠后，其学生自主创业率分别仅为0.24%与0.228%。可见，我国创业教育总体落后，而且已

① 邢大立：《学校、政府、社会三位一体大学生创业教育体系的构建》，《当代教育理论与实践》2013年第8期。

② 赖德胜、李长安：《完善创业教育体系迎接创业高潮》，《求是》2009年第14期。

③ 温雅：《我国高校创业教育的现状、问题及完善——基于25所高校〈2014年毕业生就业质量报告〉的分析》，《江西社会科学》2015年第3期。

有创业教育并不能很好地转化为创业者所需要的素质和技能，这不仅制约了创业者的成长，还使得创业企业难以获得合适的人才。

（二）创业培训能力弱

创业培训是针对具有创业愿望的人员所进行的创办企业所必备的基础知识和必备能力的培训，是国家扶持创业的重要举措。创业培训旨在培育创业者创新精神、提高创业能力。国家大力推行创业培训就是为了激发广大劳动者的创造力、推动大众创业万众创新，以实现创业带动就业的战略目标。大众创业、万众创新是当今社会发展的一大趋势，创业培训是提高创业者创业能力，促进中小微企业创办成功的一项重要措施。罗军和张叶平（2013）① 以全国农民创业培训重点县江西省兴国县为研究样本，通过实证分析得出如下结论：创业培训对创业选择具有正向的因果关系，并且通过1%的显著性检验；农民创业培训效果与创业绩效存在正向关系，农民创业选择在创业培训和创业绩效中具有中介作用。国际上劳工组织为了支持创业就业，专门开发了“创办你的企业”（Start Your Business，SYB）培训项目，成为世界各国竞相推广的创业培训教育模式。中国国家劳动和社会保障部与国际劳工组织合作于2001年，将SYB培训项目正式引入中国，首先选择张家口市、包头市、吉林市进行试点，随后，开始在北京、天津、鞍山、青岛、苏州、成都、南昌、长沙、宜昌、乌鲁木齐等城市示范推广，2005年之后逐步推向全国，成为由国家推广的最有影响力的创业培训项目。该项目运行十几年后，还是显示出我国创业培训中存在的诸多问题：（1）创业培训经费不足，这与我国经济基础还比较薄弱有关，经费不足制约了培训效果的保证；（2）师资不能满足需要，我国创业人群较少，SYB培训师大多来自高等院校，他们缺乏创业培训和企业管理的实践经验，难以满足培训实际技能之需；（3）缺少专门开发的实用课程和教材，SYB培训教材大多从国外直接引进，缺乏符合中国国情的、专门开发的实用课程和教材；（4）企业和社会对创业的扶持力度不够等。

目前由国家主导的创业培训主要针对农民创业者展开，《2003—2010年全国农民工培训规划》（国办发〔2003〕79号）中就有创业培训的具

① 罗军、张叶平：《农民创业培训、创业选择与创业绩效的关系研究》，《广东农业科学》2013年第2期。

体安排。农民创业培训旨在选拔一批在农村和农业生产各个领域涌现出的专业技能型、经营管理型和市场营销型人才。与此相适应的，也旨在使农民进一步增强创业意识，提高创业技能，不断扩大产业经营规模，带动农业产业化经营和农民增收。培训产业重点选择比较效益高、增收潜力大、有利于规模化经营的产业和专业。培训产业由学员所在地农业部门同培训学校商定。王晶（2011）[①] 分析了2008—2009年河南省开展的规模化养殖业、高效种植业、设施农业和特色农业4类12个产业的农民创业培训效果。该培训学员主要从种养大户、专业合作经济组织负责人中选拔，还有一部分是选择有一定经济基础，有志在农村创业的返乡农民工。2008年和2009年，河南省各地共推荐选拔了3300名学员参加学习，其中种养大户2115名，专业合作组织负责人212名，返乡农民工339名。学习经费全部由省财政专项经费解决，农民学员学习期间的食宿生活费全免。这种培训的资金投入和力度，在全国也居前列，尽管如此，以河南省有近5万个行政村计，假如每个村培训1名农民创业学员，就需要对5万农民开展创业培训和技术指导，按照目前的资金投入和培训进度，10年还不能培训一遍。我们再看国家统计局公布的《2014年全国农民工监测调查报告》数据[②]，从2013年、2014年的情况看，外出农民工文化程度60%以上是初中学历，高中、大专及以上仅占25%左右，从2010—2014年，连续五年间未接受技能培训农民工占一半以上，近四年来，更是接近70%的农民工没有接受过任何形式技能培训，直接导致我国劳动大军的主体——农民工普遍的“技能缺失”。可见，针对农民的创业培训还是基本的技能培训，和实际的需求都相去甚远。

三 创业扶持政策和公共服务水平偏低

Degadt（2004）[③] 认为，支持创业意味着促进创造和创新，因此创业政策包含两层含义：一是激励更多的人创建企业，提高初创企业的存活率；二是营造更好的创业环境，为新企业创造更好的成长机会等。创业政策能否成功，主要取决于其目标和手段能否为其目标群体所理解和

---

① 王晶：《对农民创业培训的思考：以河南省为例》，《农业经济》2011年第9期。

② 徐文新：《提升农民工素质的职业教育创新策略探析——基于对近5年〈全国农民工监测调查报告〉的分析》，《中国职业技术教育》2016年第9期。

③ Jan Degadt，“For a more effective entrepreneurship policy：Perception and feedback as preconditions”，Rencontres de Saint - Gall，No. 5，2004，pp. 8 - 10.

接受。

（一）创业的专项人力资源扶持政策力度弱

国家的创业扶持政策和公共服务水平是影响创业者创业成功和创业企业健康发展的重要因素。胡俊波（2014）[①] 从政策知晓度、利用度、难易度、满意度和重要度五个维度构建了一个能对政策宣传、推广落实等各环节绩效进行评估的框架，并以四川省为例进行了检验，结果显示，大部分创业者都认为扶持政策很重要，但因宣传不够，政策落实力度不够，创业者利用政策的难度大，仅有约六成的创业者了解并利用过该类政策。王惠（2014）[②] 指出，创业扶持政策对大学生创业企业的产生与发展具有重大影响，然而，目前侧重于缓解大学生就业压力的创业扶持政策，并不利于大学生创业企业的生存与发展，并且无法保证大学生与其他非大学生创业者之间进行公平竞争。

政府现有的扶持创业企业的政策主要包括创业培训、创业场地、创业贷款和创业税费减免四个方面，尚未出台系统的创业企业人力资源扶持政策，相关政策也只是零散地出现在其他政策中。例如，2015 年国务院出台的《关于大力推进大众创业万众创新若干政策措施的意见》从九大领域来促进创业，包括创新体制机制、实现创业便利化，优化财税政策、强化创业扶持，搞活金融市场、实现便捷融资，扩大创业投资、支持创业起步成长，发展创业服务、构建创业生态，建设创业创新平台、增强支撑作用，激发创造活力、发展创新型创业，拓展城乡创业渠道、实现创业带动就业，加强统筹协调、完善协同机制。这九个方面多是从财税和金融角度来扶持创业，关于人力资源方面的扶持政策主要包含在创业服务、平台建设等项目里面，其重视程度不高、力度不够，这和中小微企业扶持政策的缺失是一样的。杜跃平等（2016）[③] 在对近 300 家企业创业者调查的基础上，运用分层回归法检验了创业者对创业公共政策知晓度及公共服务程序、公共服务态度、服务人员素质对

---

① 胡俊波：《农民工返乡创业扶持政策绩效评估体系：构建与应用》，《社会科学研究》2014 年第 5 期。

② 王惠：《政府创业扶持政策对大学生创业的影响评价及其优化——基于浙江省的分析》，《企业经济》2014 年第 3 期。

③ 杜跃平、马晶晶：《政府促进创业的公共政策和服务的效果评估与分析》，《软科学》2016 年第 1 期。

政策满意度的作用，结果发现政策知晓度、公共服务程序、服务人员素质显著正向影响政策满意度，政策知晓度正向调节公共服务程序与政策满意度间关系、公共服务态度与政策满意度间关系，政策满意度在政府公共服务与创业绩效间具有中介效应。课题组在针对广西、江西等中西部地区中小微企业的拓展调研中了解到，53.9%的受调研企业认为现有创业人力资源扶持方面的政策宣传力度不够，创业人力资源的专项扶持政策的宣传和落实不到位，这使得很多企业难以真正享受到国家的政策支持。在吸引优秀海外华人回国创业方面，周莳文（2015）[①] 通过对知识产权保护制度的分析，结合华人专才个体因素和组织因素对海外华人回国创业的影响，发现我国对海归创业者人才保护的战略仍旧停留在个体适应性和个体激励措施中展开，缺失相应的法律政策和具体制度的保障。

（二）创业公共服务平台人力资源服务水平低

从2007年以来，国家把支持建设中小微企业公共服务平台作为推进中小微企业服务体系建设的重要内容，在中小微企业集聚的区域和行业重点建设、充实和完善一批服务平台，面向产业，贴近企业，集聚资源，集成服务，满足中小微企业的共性服务需求，促进中小微企业的创新发展。为此，我国2009年下发了《关于进一步促进中小企业发展的若干意见》（国发〔2009〕36号）、2010年下发了《关于促进中小企业公共服务平台建设的指导意见》（工信部联企业〔2010〕175号）、2011年以来相继下发《关于加快推进中小企业服务体系建设的指导意见》（工信部联企业〔2011〕575号）以及《关于进一步支持小型微型企业健康发展的意见》（国发〔2012〕14号）。特别是国发〔2012〕14号文件明确规定，到2015年，支持建立和完善4000个为小型微型企业服务的公共服务平台，重点培育认定500个国家中小企业公共服务示范平台，发挥示范带动作用。

创业过程需要招聘员工、管理咨询、财税咨询、创业培训辅导等多方面的服务，这一切亟待创业公共服务平台的支持。发达国家实践经验表明，未接受创业辅导的中小微企业在4—6年内的失败率高达55%—65%，而接受创业辅导的中小微企业失败率仅有20%。但是，目前我国

① 周莳文：《知识产权保护对海外华人回国创业的影响因素分析》，《科技管理研究》2015年第17期。

中西部地区在这方面的服务中介机构较少，创业公共服务平台建设不完善，平台的人力资源水平低，难以满足各类创业者的服务需求，创业者普遍反映服务平台缺乏针对性，质量和效率不高。且政府主导、市场化运作的公共服务平台同样受到市场机制的牵引，它们的兴趣和力量大多集中于营利性服务领域，服务对象则偏好比较成熟的具有一定经济实力的中小微企业，对于相对更处于弱势的创业企业的创业服务而言，这些服务平台更容易忽略。课题组针对中西部地区中小微企业关于创业公共服务平台现存问题的调研发现，57.9%的企业认为“创业公共服务平台建设与企业需求不对等”，45.9%的企业认为“平台装点门面的现象比较严重”，尤其是面对创业企业的人力资源方面服务，如劳资关系咨询和法律事务、招聘和激励、培训辅导等，一方面，上级政策缺乏明晰的服务规定；另一方面，市场利益缺乏吸引力，各服务平台对这方面提供的服务少之又少。如前所述，各创业者自身的人力资源问题和创业团队面临的人力资源问题往往会变成影响创业成功的重要障碍，这是我们公共服务平台必须覆盖的重要服务内容。

第三节　优化创业人力资源支持体系

根据前面的研究，创业过程面临的创业者自身创业胜任力、创业团队结构和能力、创业教育培训等各种创业人力资源问题，实际上已成为决定创业成败的重要影响因素。因此，优化创业人力资源支持体系具有重要意义，如何解决这些人力资源问题事关“大众创业、万众创新”战略目标的实现。参照伦德斯特罗姆和斯蒂文森（Lundstrom and Stevenson, 2006）① 提出的著名创业政策框架的MOS模型，创业活动是动机（Motivation）、机会（Opportunity）和技能（Skill）三个要素相互结合的结果，因而促进创业的政策可以围绕这三个要素来设计和考虑：一是在个人层次上激发人们进行创业；二是使创业者获得创业所需要的知识和技能；三是为潜在创业者提供资源和环境支持。据此，本节提出以下建议。

---

① Lundstrom, A. and Stevenson, L. A., “*Entrepreneurship Policy: Theory and Practice*”, Springer Science & Business Media, 2006, pp. 43 - 65.

一 强化创业专项人力资源政策扶持力度

（一）延伸中小微企业人力资源扶持政策

由于创业过程就是制造中小微企业的过程，针对中小微企业的扶持政策本来就可视为创业扶持政策的一部分。世界上许多发达国家由于具有完善的中小微企业支持政策体系，其政策本身就涉及中小微企业创立、成长的各个方面，故此在制定鼓励创业政策时，许多政策就是将已有的中小微企业政策延伸和完善。虽然创业政策和中小微企业政策存在诸多差异，比如，相对中小微企业政策而言，创业政策更关注个人而非企业，政策目标主要定位于有兴趣创立企业的人，政策目的是鼓励更多的人创立自己的企业；创业政策面向企业创建前后的各个阶段，包括创业意识的培养、创业机会的创造，与企业规模并无直接关系；创业政策可能存在边缘化和资源获取弱势的倾向，很少包括深度意义上的全民创业教育和创业文化构建等长远政策措施①等。我国中小微企业扶持政策起步晚，有关中小微企业的扶持政策本身就发展不完善，能得以延伸到创业领域的有效政策也很有限。但是，发达国家的成功经验表明，延伸中小微企业政策来扶持创业企业的发展这条路是可取的，它不仅可以减少国家对重叠支持政策资源投入的浪费，还可以提高政府政策扶持创业企业发展的成效。因此，我国各级政府在制定和完善创业政策的同时，还可以在中小微企业政策的延伸方面做文章。

（二）完善创业扶持政策、营造良好的创业环境

1. 健全创业者进入和退出保障机制

Welpe 等（2012）② 研究发现，对创业失败的担忧不仅让潜在的创业者感知到开办新企业的风险，同时这种担忧会带来一种负向情绪，影响人们对于创建新企业的主观评价。温雅（2015）③ 通过对我国最具创业教育代表性的 25 所高校的大学生创业教育效果进行评估，发现近些年这些

---

① 李政、邓丰：《面向创业型经济的创业政策模式与结构研究》，《外国经济与管理》2006 年第 6 期。

② Welpe, I. M., Spörrle, M. and Grichnik, D. et al., "Emotions And opportunities: The Interplay of Opportunity Evaluation, Fear, Joy, and Anger as Antecedent of Entrepreneurial Exploitation", *Entrepreneurship Theory and Practice*, Vol. 36, No. 1, 2012.

③ 温雅：《我国高校创业教育的现状、问题及完善——基于 25 所高校〈2014 年毕业生就业质量报告〉的分析》，《江西社会科学》2015 年第 3 期。

高校虽然加大了对创业教育的投入力度，但创业人数占毕业生总人数的比率仍然比较低，究其原因，一方面是创业对创业者的素质和能力要求较高，一般大学毕业生难以达到；另一方面是由于创业风险太高、存活率低，再加上现有创业保障体系的不完整，多数大学生难以承担创业失败带来的后果，继而产生心理上的障碍和顾虑。其实，这种情况不仅仅存在于大学毕业生创业者中，几乎所有类型的创业者都会遇到这种心理障碍。目前，我国创业活动的失败率比较高，失败的原因可能来自激烈的竞争、缺乏资金、管理能力缺失、大量繁杂的官僚程序等，但对失败担忧也是影响创业成功的重要因素。因此，课题组建议：政府在对建立健全创业人力资源的专项政策扶持体系时，应该充分考虑创业者的感受，要设法为创业者构建有效的进入和退出保障机制，尽量消除各种创业障碍和顾虑，为创业者提供良好的创业环境，从创业者角度达到鼓励创业的效果。第一，消除障碍、降低创业门槛。要进一步制定或完善新的准入范围和标准，清理和消除阻碍创业的各种行业性、地域性、经营性壁垒，全面落实有利于劳动者创业的资金补贴、场地安排等扶持政策，将就业政策中的培训补贴、社保补贴、职业介绍补贴更好地用于创业者和相关就业者。第二，健全的失败保障机制是发达国家创业体系的重要组成部分，我国的创业失败保障机制尚未形成，这严重束缚了创业活动的发展。据此，我们必须进行破产制度创新，放宽对创业失败者的限制，减少他们重新创业的制度障碍，要优化和完善社会保障制度，建立保障创业失败者基本生活的保障机制，减少创业者的失败恐惧感，提高创业水平。我国可以从产权转移、社会保障、再就业等方面构建保障机制，为创业失败人员创造良好的生活环境，使之能够顺利地进行再创业或就业。①

2. 提高创业便利度、降低创业者税负水平

在减少创业进入和退出障碍的同时，还应该减轻创业的法律和行政负担。课题组首先参考美国在创业法律和行政程序方面的做法，世界银

① 谢慧明：《我国创业政策比较研究及国外创业政策的启示》，《经营与管理》2013 年第 3 期。

行发布的《2014 年全球营商环境报告》① 表明，美国营商环境便利度在全球 189 个经济体中排名第 4，美国设立了简化流程的一站式创业服务窗口，创业者无须跑很多地方即可完成企业注册，创业的 6 个环节 5 天便可全部办完。美国小企业准入时间和经济成本较低，激发了人们创业的积极性。以 2014 年为例，美国人均国民收入总值为 50120 美元，注册新企业仅需 750 美元，其中第一个环节 275 美元，第六个环节 475 美元，其他环节免费，最低实缴资本为 0 美元。在《2014 年全球营商环境报告》中，中国在 189 个经济体中营商环境便利度整体排名第 96，开办企业的难易程度位列第 158 名，可见，简化政策和手续、降低企业创办门槛必然是提高我国创业就业水平的快速有效途径之一。

创业者税负水平偏高是阻碍我国创业就业的另一重要因素。创业者既是企业业主，又是个人所得税纳税人，按照税法，创业企业所有收益必须缴纳企业所得税，创业者因企业所得的一切收入同时还要缴纳个人所得税，实质上构成了双重课税，大大增加了创业者税负。尽管国家针对创业实施了税收优惠政策，但这些政策主要体现在增值税、营业税和企业所得税等方面，基本上没有针对创业者个人所得税的优惠政策。事实上，创业是一项高风险的活动，由创业获取高回报是激励创业行为的重要因素，如果没有创业收益所得税方面的扶持政策，将大大削减收益对创业的激励程度。栾福明等（2016）② 研究发现，我国的创业税收优惠政策中，95% 以上的政策隶属于直接优惠的范畴，这更适合于长期盈利的企业，对那些短期内还不能盈利的初创企业的激励作用十分有限。课题组认为，必须构建旨在激励创业就业的有效税收政策优惠体系，可从两方面着手：一是消除不合理的双重课税；建议将创业者用创业投资行为所获得的个人所得与企业所得进行抵免，要么只征收企业所得税，要么只征收个人所得税，二者取一方为合理。二是降低创业收入所得税率，因为创业是一种高风险、高强度的劳务活动，也是能带动就业、创造大量社会价值、应由国家鼓励支持的一种特殊劳动，创业活动本身就已经

---

① 周海涛、董志霞：《美国大学生创业支持政策及其启示》，《高等教育研究》2014 年第 6 期。

② 栾福明、王雨佳、韩平飞：《完善支持大众创业的税收政策探讨》，《经济纵横》2016 年第 2 期。

担负了部分税收贡献（提供就业机会本来就是降低社会公共成本的行为），由此获得的收益应选择低税率政策，以鼓励创业活动。

3. 树立创业角色榜样、营造良好创业氛围

经济合作与发展组织研究认为①，缺乏正面的创业典范（角色榜样）是约束创业活动最重要的障碍之一。因为个体在进行创业活动决策时，通常受到其他人的行为、观点、身份示范以及他们所提供的榜样的影响，个体行动者身边或者区域内的角色榜样因而也就成为创业意愿分析的关键要素。国外很多国家已经设立了表彰杰出新创企业、新企业家或者小企业主的奖项。一般来说，主要有三种角色榜样在个体创业活动决策中扮演着重要作用：一是父母的角色榜样作用效应；二是网络与同群效应，即曾经和现在的雇主、同事、朋友从事创业活动影响个体创业行为决策；三是在高水平创业活动区域，更容易从区域其他企业家中获得合适的榜样、信息和资源。②③④ 2014 年，中国人力资源社会保障部、国家发展改革委员会和教育部等九部门在关于实施大学生创业引领计划的通知中指出，党和政府要加强鼓励支持大学生创业的政策措施，对于创业大学生自强不息、勇于创业的典型事迹，各地要通过大众传媒予以广泛宣传，以加强对社会舆论的正面引导，努力营造鼓励创新、崇尚创业、褒奖成功、宽容失败的社会氛围。黎常（2014）⑤ 也在实证研究中发现，角色榜样对创业活动的参与具有显著的正向影响，在中西部农村，由于创业角色榜样的缺乏或者宣传不够充分，使得角色榜样对于创业活动的正向影响显著低于东部农村。由此可见，虽然我国政府高度重视创业就业，并将之列为国家重大战略举措，但树立创业角色榜样、营造鼓励创业氛围方面却缺乏真正的有效政策措施，更没有树立起适合各类创业者学习的

① OECD, Entrepreneurship and Local Economic Development: Programme and Policy Recommendation, Paris and Washington D. C., 2003.

② Chlosta, S., Patzelt, H. and Klein, S. B. et al., "Parental Role Models and the Decision to Become Self - employed: The Moderating Effect of Personality", *Small Business Economics*, Vol. 38, No. 1, 2012.

③ Falck, O., Heblich, S. and Luedemann, E., "Identity and Entrepreneurship: Do School Peers Shape Entrepreneurial Intentions?", *Small Business Economics*, Vol. 39, No. 1, 2012.

④ Sternberg, R., *Regional Dimensions of Entrepreneurship*, Now Publishers Inc., 2009, pp. 109 – 114.

⑤ 黎常：《社会文化特征对区域创业活动影响差异研究》，《科学学研究》2014 年第 12 期。

正向创业榜样群体，用创业典型活动来引领创业的工作可以说还任重道远。因此，课题组建议，中西部地区各政府应该因地制宜，树立适合本土企业学习和仿效的各种成功创业者典型，并利用各种媒体和渠道进行广泛的宣传，以便让创业成功者的经验得到迅速的传播，激发和鼓舞潜在创业者的创业热情，推动中西部地区的创业就业的蓬勃发展。

（三）深化和完善专项创业政策措施

大学生创业和农民工创业是时下主要的创业群体。近年来，随着国家和各级地方政府一系列鼓励大学生创业和农民工创业优惠政策的出台，大学生和农民工创业的热情高涨，已经成为引领我国社会创业潮流的两大主力军。

1. 深化大学生创业引领政策

就我国大学生创业面对的政策情境来看，所遭遇的是围墙内外的双重政策困境：高校内部的大学生创业政策体系的有效性不足，社会环境中的大学生创业政策的执行存在失范，政策要求得不到落实。[①] 我国从教育部 1999 年发布的《面向 21 世纪教育振兴行动计划》政策中，就开始倡导和鼓励大学生创业就业，到 2010 年，教育部的《关于大力推进高等学校创新创业教育和大学生自主创业工作的意见》，以及人力资源和社会保障部在发布的《关于实施 2010 高校毕业生就业推进行动大力促进高校毕业生就业的通知》、《关于实施大学生“创业引领计划”的通知》两项政策，加上 2004 年共青团中央与劳动和社会保障部联合发布的《关于深入实施“中国青年创业行动”促进青年就业工作的意见》，可以看出当前我国各个部门相继出台的大学生创业的扶持政策，虽然源自于不同部门主体，但其着重点都从本部门的角度出发，各有侧重点，但未成体系，而且，这些政策在条文、手段等方面有着各自的规定，对同一件事情有不同的解释，甚至存在矛盾。肖潇和汪涛（2015）[②] 以中关村和东湖高新区两家示范区 2009 年以来的 49 项大学生创业政策为研究对象，采用内容分析法对政策进行了定量化的评估研究。结果发现，大学生创业政策体系越来越完善，构建了从法规、条例到具体措施的政策梯队体系，但政

① 叶映华：《大学生创业政策的困境及其转型》，《教育发展研究》2011 年第 1 期。

② 肖潇、汪涛：《国家自主创新示范区大学生创业政策评价研究》，《科学学研究》2015 年第 10 期。

策制定尚未形成部门“合力”，且效力不高；创业政策工具供给较为合理，重视初期大学生创业者的政策需求，并随着大学生创业者成长阶段的演变逐步减少了创业文化和创业教育政策工具的应用，转向增加减少障碍政策工具的供给。

课题组认为，大学生创业政策引领的大方向是正确的，过去这一阶段政策引领已经取得了可喜的成果，下一步是对政策进一步深化并促进政策转型，以提升政策的执行效力，并随着大学生创业的进一步深化而推动政策转型。政策转型是提高当前大学生创业政策及其支持体系有效性的必然选择，政府可以从以下几个方面着手推动大学生创业引领政策的深化和转型：第一，应加强行政管理部门之间的协同沟通以建立大学生创业政策的统一框架，避免政出多门导致政策的庞杂、冲突与不稳定性。第二，尽管制定大学生创业政策的行政规范性文件更加容易、便捷，但无法保障政策的稳定性、长期性与执行效力，建议地方在未来制定大学生创业政策时更应提升政策效力，多采用地方法规、地方条例、法律性文件等高起点形式。第三，尽管初期大学生创业者对创业政策的需求最大，但随着创业环境的改善与现代服务业的发育，政策重心应逐步向潜在大学生创业者与新生企业所有者两个阶段转移，向前需要进一步提升大学生创业动机与创业技能，向后则需要进一步提供更多的创业机会。第四，应针对新生企业所有者增加大学生创业文化与创业教育政策的供给与应用，这往往是决策者容易忽视的领域。第五，仍应加强对大学生创业的实质性扶持与关键环节的帮助，应当在降低创业门槛和资金支持方面上下真工夫。第六，不仅要提升大学生创业政策的效力，而且应逐步向创业环境营造和深层次体制障碍突破转变。

2. 进一步完善和落实农民工创业鼓励政策

农民工创业是以创业促进就业、拓展农村劳动力转移就业和增收的重要途径，尤其是在我国中西部地区，外出农民工回乡创业已成为带动中西部地区经济发展和创业就业活动不可忽视的重要力量。针对农民工的有效创业政策对推动创业活动开展、提高初创企业成活率至关重要。作为联系城乡经济的重要群体，农民工外出务工和回流创业成为中国经济发展中独特而重要的现象，而这一现象又处在不断发展变化和演进当中。20 世纪 90 年代中期，“民工潮”催生了农民工回乡创业的萌芽，当时农民工问题的核心主要还是就业问题，政府最关心的是采取何种方式安置农村剩余劳动力，并没有出台农民工创业相关政策。21 世纪以来，随着沿海发达地区劳动密集型产业向中西部地区转移加快，以及中西部自身发展条件和环境的改善，中西部地区农民工回乡创业逐渐兴起，成为推动中西部地区城镇化、工业化的重要途径。2007 年，国务院发展研究中心开展了针对农民工回乡创业现象的“百县调查”，数据显示，截至 2006 年，301 个调查村中回乡农民工占外出农民工的 23%，回乡创业者占回流农民工的 8.3%。2007 年，中央一号文件首次提出“采取各类支持政策，鼓励外出务工农民带技术、带资金回乡创业，成为建设现代农业的带头人”，但是，各级地方政府并未对这种回流产生同样关注，在扶持政策出台上缺乏动力，而且政策缺乏针对性和可操作性。2008 年 9 月，国务院办公厅转发了人力资源与社会保障部等 11 部委联合出台的《关于促进以创业带动就业工作的指导意见》，该意见明确指出，要“重点指导和促进高校毕业生、失业人员和返乡农民工创业”，同年 12 月，国务院办公厅又专门下发了《关于切实做好当前农民工工作的通知》，其中，“大力支持农民工返乡创业”被列为六大方面措施之一，在降低农民工创业门槛、开辟创业“绿色通道”以及提供创业融资服务等方面提出了具体指导措施。党的十八大召开后，中央政府就提出了“新型城镇化”，强调城乡互动，城市产业和公共服务等资源将会在小城镇及农村社区有效配置，这为农民工返乡创业提供了大量市场机会，但农民工创业政策的制定和落实还待加强。2015 年 6 月国务院出台了《关于支持农民工等人员返乡创业的意见》，指出要加强统筹谋划，健全体制机制，整合创业资源，完善扶持政策，优化创业环境，全面激发农民工等人员返乡创业热情，全面汇入大众创业、万众创新热潮，加快培育经济社会发展新动力，催生民生改善、经济结构调整和社会和谐稳定新动能。课题组认为，政府应该进一步深入分析理解新时期农民工创业需求，可从以下三个方面调整与完善当前农民工的创业政策。

首先，关注并有效推动新生代农民工创业发展。新生代农民工目前已成为我国农民工群体的主要构成，和老一辈农民工相比，新生代农民工具有许多鲜明的群体性特征。政府应该根据“动机—技能—机会”三维度政策设计原则，力图从增强新生代农民工创业动机、提高创业技能和增加创业机会三个方面改善和优化政策。（1）通过强化创业培训促进新生代农民工创业意愿向创业行为的有效转化。较之老一辈农民工而言，新生代农民工普遍具有较强的创业意愿，政府政策设计的重点应该是如何把这种意愿转化为切实可行的计划或努力方向，创业培训是增强创业动机最直接有效的方法。考虑到新生代农民工的文化水平和经济状况，创业培训一定要简单有用，并且要免费或者提供创业培训补贴，以鼓励更多的青年农民工参加培训。（2）加强创业指导和咨询服务，提高新生代农民工的创业技能。通过设立长期的“创业援助站”或“创业咨询室”，组织各类专家或有经验的创业者为这些新生代农民工创业者提供市场、技术或政策咨询，帮助他们度过创业瓶颈期，提高创业成功率。（3）降低创业进入成本，增加创业资源供给和创业机会。通过建设农民工创业园、创业孵化基地等创业平台，降低初创小微企业运行成本；通过小额担保贷款、农民工评级授信制度等制度创新，拓宽融资渠道，增强新生代农民工创业资金的可获得性；通过由政府提供适合新生代农民工需求的创业项目，拓宽创业进入渠道。

其次，积极引导农民工创业者提升创业活动的技术含量和创新水平。各地把农民工创业政策当作就业政策来认识和执行，很大程度上是基于对农民工创业大多属于“生存型创业”的判断，创业政策应该更多引导农民工，特别是新生代农民工去从事一些创新性更强的创业项目，以此增强初创企业竞争力，提高创业成功率。具体建议包括以下几个方面：一是在创业培训中加强潜在农民工创业者技术能力的培训，重点对其进行计算机操作、互联网应用、电子商务、信息处理等方面的专业知识培训；二是为农民工创业者创业提供技术咨询服务，通过电话、短信、网上论坛等方式提供技术、产品营销等专业咨询服务；三是设立一批“草根创新创业”项目，为新生代农民工初创企业提供孵化服务，同时帮助其进行产品开发、知识产权保护及市场推广等。

最后，更好地发挥农民工创业政策促进地方经济增长的政策效应。当前我国农民工创业良好的宏观经济环境。一是新型城镇化带来的市场机遇；二是沿海发达地区向中西部欠发达地区进行产业转移所带来的市场机遇，但是，目前中国各级地方政府更多的是把目光盯在了农民工创业所带来的就业效应上，对其所能产生的经济增长效应关注不够。具体建议包括：（1）有效解决农民工创业用地问题。各级政府应该引导农民工创业和新型城镇化建设规划相融合，应该根据各地新型城镇化规划，引导农民工返乡创办的企业适当向小城镇集聚，应充分利用小城镇和乡村的存量非农建设用地，支持农民工创办适合当地产业发展需求的各类企业；通过鼓励创业落户、降低或取消户籍限制、扩大城镇医疗保险覆盖范围等措施将市民化和创业职业转化结合起来，使小城镇真正成为新生代农民工的“安居乐业”之地。（2）探索建立沿海务工地和返乡创业地之间的农民工创业联系机制。充分利用沿海发达地区产业转移的市场机遇，鼓励返乡农民工结合本地区的资源优势创办延伸城市产业链条的新事业，成为沿海发达地区产业发展的生产基地，同时带动本地经济增长。①

二 推动创业教育和培训水平提升

（一）全面提升高校创业教育质量

美国高校的创业支持政策包括：制定教师休假创业、校外“五分之一原则”、学生创业、保护知识产权等政策；创设创业教育机构、培育创业师资队伍、开设多样化创业课程、开展组织创业计划大赛、建立大学科技园和孵化器。② 绝大多数美国高校设有专门从事创业教育教学和研究的中心，主要职责包括向师生发布创业资讯、组织创业计划大赛、开展创业教育教学和研究活动、开展创业研讨会、提供创业服务和资金资助。欧盟委员会指出，成功的全民创业教育计划应该包括：开设以学生为中心的创业教育课程，开发创业教学资源和新教学模式，创业课程教师的职业生涯发展，建立创业经验交流中心和网络平台。学校和行政部门应以创业为导向，构建创业的社会资助机制，向学生提供体验创业的机会，为学生创业项目提供创业贷款，工业或经济管理部门和教育部门应为办好创业教育进行合作。③ 课题组通过借鉴美国与欧盟成功的高校创业教育经验，结合我国的实际情况，认为政府应该从以下三个方面促进我国高校创业教育的发展。

第一，全面系统地深化创业教育体系的完善和改革。要转变创业教育理念，通过深化教学改革，将创业教育作为培养和促进学生素质全面提升的助推器，着重培养学生的创业意识、创业知识、创业能力和创业

① 傅晋华：《农民工创业政策：回顾、评价与展望》，《中国科技论坛》2015 年第 9 期。

② 周海涛、董志霞：《美国大学生创业支持政策及其启示》，《高等教育研究》2014 年第 6 期。

③ European Commission, *Fos Tering Entrep Reneurship in Europe: Priorities for the Future*, Comm unication from the Commission to the Council, Brussels, 1998.

品质。各高校应当通过创业学院的设立、创业文化的建立以及创业课程的开展来着重培养学生的创业意识和创业能力。在高校明确设立创业学科，组织专家制定指导性的课程体系框架和教学大纲，以提高创业教育地位，完善创业课程设置和教学内容，培育包括创业兴趣和价值观念、创业心理品质、创业技巧和能力等在内的全面创业素质。改进创业教学模式，将课堂讲授、案例讨论、角色模拟、基地实习、项目实践等教学方法结合起来，提高教学效率。此外，政府和各院校可以尝试将创业教育引入职业技术教育和成人教育领域，通过开展包括论坛、创业计划竞赛、培训班等多种形式的创业教育模式，扩大创业教育的培养对象，提高职业技术人才的创业水平。为了更好地把创业教育与创业实践相结合，高校可以制定相关措施，鼓励青年教师到创业一线兼职，并定期选派教师参加创业培训，开展创业研讨，聘请一些经验丰富的成功企业家、创业者、技术专家担任创业教育的兼职教师，鼓励创业意愿强和创业潜质好的学生到企业参与实践，了解企业的运营理念和创新文化，在实践中向具有丰富经验的创业者学习。[①]

第二，加强大学生创业教育师资队伍建设，建设一支专兼结合、结构合理、素质优良的师资队伍。作为大学生创业教育的主导力量，教师的素质和能力对创业教育的效果产生决定性影响，我们理应给予重点关注。从事创业教育的教师，既要具备相关学科的理论知识，又要具有创业经验，最好是“企业家型学者”或者“学者型企业家”。从发达国家创业教育的师资队伍建设情况来看，如美国百森商学院的教师团队既包括终身创业教授，也包括拥有丰富创业经验的创业实践者。目前，我国高校创新创业教育的师资队伍主要是从事学生工作的管理人员、就业工作指导员和企业管理专业的教师，他们多数缺乏创业实践经历，没有成功创业的亲身感悟，很难激发学生的创业热情。为此，政府应该特别关注创业教育这一根本问题，通过有效的政策切实提高创业教育教师的素质。一方面，我国高校可以向社会成功的企业家、创业家提供良好平台和优惠待遇，让其返校，在学校开课教学，以传授其创业经历；另一方面，高校也需增加对本校经济、管理等学科教师的投入和扶持，鼓励其走到

---

① 徐礼堂、陈旭阳：《基于创业能力为核心的地方高校创新创业教育体系构建》，《创新与创业教育》2011 年第 4 期。

创业的第一线，积累创业实践经验。①

第三，积极引导高校搭建由咨询、培训、资金等构成的全方位创业支撑平台。李良成和张芳艳（2012）② 通过对564名大学生的问卷调查结果发现，金融支持和配套措施对大学生内在创业动力的影响最为显著。因此，为了保障高校创业教育能够有效进行，高校搭建的咨询和培训等平台应从学生的实际需求出发，注重对学生创业实战经验的培养。高校还可以提供“自助式”的创业学习平台，供学生根据个性需求自行选择学习项目，对商业机会识别、商业计划书撰写、财务会计、市场营销、战略管理、创业团队管理等关键环节进行培训，提高学生的整体素质和风险应对能力。创业基金是推动创业知识资本化的“催化剂”，除了常规资金（政府扶助、学校奖学金、校友捐赠等）的支持，我国高校可以尝试效仿慕尼黑工业大学的做法，引入风险投资机制，高校充当创业教育资金链的中介，对学生项目进行考察和指导，同时吸引产业界的资金进行投资。③

（二）优化创业培训机制、提升创业培训实效

创业培训主要是针对具有创办中小微企业意向的人员及刚刚完成创办的中小微企业业主进行企业创办能力、市场经营素质等方面的培训，并对他们在企业开办、经营过程中给予一定的政策指导，其目的是通过提高企业创办者创业的心理、管理、经营等素质，增强参与市场竞争和驾驭市场的应变能力，帮助创业者成功创办企业。根据企业的生命周期理论可以知道，在创业阶段，作为主导的创业者本身的技能和素质对于创业活动的成败具有决定性影响，针对创业者进行创业培训成为各个国家推动和扶持创业的重要手段。2003年9月，农业部、劳动保障部等部门联合颁发了《2003—2010年全国农民工培训规划》（国办发〔2003〕79号），为了解决农业劳动力的有效转移问题，将农民工的培训纳入到国家层面进行系统规划。人力资源社会保障部、教育部等九部门发布的《关于实施大学生创业引领计划的通知》（人社部发〔2014〕38号）中要

① 温雅：《我国高校创业教育的现状、问题及完善——基于25所高校〈2014年毕业生就业质量报告〉的分析》，《江西社会科学》2015年第3期。

② 李良成、张芳艳：《创业政策对大学生创业动力的影响实证研究》，《技术经济与管理研究》2012年第12期。

③ 何郁冰、丁佳敏：《创业型大学如何构建创业教育生态系统》，《科学学研究》2015年第7期。

求，加强与教育部门和高校的衔接，以有创业愿望的大学生为重点，编制专项培训计划，优先安排培训资源，切实抓好大学生创业培训，大学生的创业培训被正式纳入高等教育体系。2015 年 5 月 1 日，国务院印发的《关于进一步做好新形势下就业创业工作的意见》中指出，政府要加强职业培训和创业培训，重点实施农民工职业技能提升和失业人员转业转岗培训，支持企业开展新型学徒制培训。可见，国家已从政策层面逐步构建和完善以大学生和农民工为主导的创业培训体系，推动创业培训走向专业化和系统化。英国、法国、德国等发达国家高度重视创业培训，依靠创业培训提高创业者素质和创业技能，进而提高创业成功率，是推动创业发展的重要成功经验。他们把创业培训作为劳动力市场政策的必要组成部分，根据创业人员的特点进行创业培训、向受训者提供经济帮助，这些对于我国当前创业培训开展和实施有重要的借鉴价值。①

课题组认为，各地方政府应该聚合各类优质培训资源、拓展培训思路、优化培训方法、创新培训机制，建立和完善符合我国经济发展阶段特征、具有中国特色的创业培训模式。具体可从三个方面展开：第一，创新和完善创业培训制度。建立培训对象甄选制度，完善创业意愿识别和能力短板诊断机制，把创业培训制度纳入终身职业技能培训制度范畴；进一步完善政府购买培训成果制度，对列入财政补贴范围的创业培训项目按购买服务的规定执行，同时强化政府对培训效果的追踪和评估机制，健全培训主体报告制度，强化财政补贴培训项目实施主体的报告义务，逐步推广对创业培训工作成效实施第三方评估机制；完善师资备案、评价、奖惩机制，健全创业培训师资管理制度。第二，优化创业培训师资队伍。向社会公开招聘创业培训讲师，充实创业培训师资队伍，着重培养有自主创业实体或经历的创业讲师，鼓励将社会专业人士吸纳到创业培训师资队伍中，提升创业培训技能和专业水平；逐步建立创业培训师资的专门职业职级体系，建立合理有效的创业培训师资的职业化发展通道，以利于吸聚优秀人才进入创业师资队伍，制订长期师资培养计划，强化创业师资队伍的自身建设和培养，并形成创业师资队伍自我发展成长的良性机制。第三，创新创业培训模式、优化培训内容。充分利用互联网、信息化实训平台等载体，结合我国创业培训的实际需要，尽可能

① 郑孝国：《我国创业培训发展浅议》，《中国科技论坛》2005 年第 5 期。

实现优质培训资源的跨区域共享和高效利用。同时探索创业培训和技能培训、产业发展以及其他管理和技术培训相融合的新模式，借助原有的国内社会培训网络和资源，实现创业培训能力的快速扩张。

三 强化创业企业服务

（一）完善创业辅导体系、提升创业辅导服务水平

徐德英和韩伯棠（2015）① 基于北京市创新创业政策梳理与企业调研，实证研究发现政府针对小微企业、初创期企业及成长期企业政策的匹配度较低。研究指出，提高政策匹配度的最佳途径不仅是侧重加大支持力度，更应该积极拓宽政策宣传与辅导渠道。张力、戚汝庆和周永涛（2013）② 通过对132个入驻国家级创业服务中心在孵企业样本数据的实证分析，发现创业辅导正向调节创业能力的作用，而创业辅导适度的及时性正向调节创业经验的作用。因此，创业辅导不仅能够更好地帮助创业者享受到政府政策的支持，还对创业成功和创业企业的健康成长具有重大意义。1992—2012年，美国国会先后通过三部法案延长高度竞争性的“小企业技术创新计划”，先后支持了微软公司、英特尔公司等许多国际知名企业，对美国在前沿学科占据领先地位起到了积极促进的作用，成为各国效仿的典范。美国设有专门创业辅导机构，为创业型企业提供管理、服务、技术、营销、人才等方面的指导与咨询。美国的创业辅导机构有两种类型：一是政府小企业管理部门设立的非营利性创业辅导机构，包括小企业事业开发援助机构、企业信息中心和小企业发展中心；二是风险资本、种子基金等私营机构创设的营利性创业辅导机构，如Idealab就是专门针对互联网企业服务的知名私营创业辅导机构，至今它辅导了50多家企业，其中6家已在纳斯达克上市。课题组认为，国家必须建立和完善能够覆盖全社会的创业辅导体系，一方面，积极设立和完善政府主导的非营利性创业辅导机构，进一步强化其服务职能，提升服务水平。另一方面，政府应该设置政策积极引导并促进营利性的创业辅导机构的发展，利用市场机制为创业者和创业企业提供更多有效服务。现阶

① 徐德英、韩伯棠：《政策供需匹配模型构建及实证研究——以北京市创新创业政策为例》，《科学学研究》2015年第12期。

② 张力、戚汝庆、周永涛：《在孵企业的成功毕业：创业辅导与创业专用性人力资本的交互效应研究》，《第八届（2013）中国管理学年会——创业与中小企业管理分会场论文集》，2013年。

段，由于创业辅导的市场发育尚处在初级阶段，创业辅导的推动理应依靠政府主导，逐步利用市场机制引导市场社会资源参与创业辅导服务，必须走政府主导、市场辅助的发展道路，才能实现创业辅导服务体系的快速健康发展。

（二）强化创业服务机构的人力资源服务功能

课题组研究认为，应该通过政策和市场引导创业服务机构强化创业人力资源服务功能，提升人力资源服务水平。重点从如下两个方面帮助创业企业突破其人力资源管理“瓶颈”：

1. 引导创业企业重视人才和团队的管理

创业企业目前首要的任务是转变传统的人力资源管理理念，真正树立人力资源是企业“第一资源”的观念。因此，创业公共服务平台应该引导创业者意识到人才就是企业的核心，虽然企业规模较小，但是更要重视企业的人力资源。要充分尊重员工的价值，把员工看作是创造价值的资源，最大限度地调动和发挥员工的积极性。创业绩效是创业者或创业团队专用性人力资本互动释放的结果。在企业初创期，创业团队的核心职能就是对所需的各种资源进行获取、整合和配置，其中，人力资本和社会资本主要由创业团队自身提供，创业团队自身所拥有的人力资本和社会资本又常常是其能否获得物质资本的决定性因素。因此，服务平台还应该帮助创业企业建设高绩效创业团队。当前我国创业团队越来越具有年龄小、发展快、变化多、创造力强等特点，团队管理需要更多的激情、更个性化的管理、更快速的反应和更强的执行力。各地方政府可以引导企业创业团队建立学习型组织，通过提高团队的学习力和创造力等措施将创业团队的发展风险降到最低。①

2. 为创业企业提供全过程的有效人力资源管理支持

创业企业会遇到各种各样的管理问题，切实有效的管理指导服务能够帮助创业企业走出人力资源管理困境，促进创业企业更加健康的成长。创业服务平台或机构可以帮助创业企业设立企业导师制，主要由人力资源管理专家担任，为创业企业从创业初期到稳定各个阶段的人力资源管理制度的制定、核心团队的管理等问题提供专业的指导。可由政府公共

---

① 曾楚宏、叶冬秀、朱仁宏：《创业团队研究：理论框架与观点评述》，《财经科学》2015年第2期。

服务平台主导，组建由专家企业家、职业经理人、职业咨询师、政府工作人员等组成的公益性创业人力资源指导志愿团队，采取专家门诊、集中答疑、电话咨询、日常服务相结合的方法为企业创业者及其团队提供个性化、专业化的服务，帮助创业者解决企业各个阶段的人力资源问题。考虑到很多创业公共服务平台的自身局限，政府可以通过财政补贴手段，激励市场管理中介服务机构参与对创业者及其团队的人力资源辅导服务工作。此外，还可以组建人力资源联盟，运用互助机制，帮助创业企业解决人力资源管理难题，也可以通过网上论坛、网下沙龙、主题讨论、案例分析、专家讲座等形式，为创业企业的人力资源管理提供一个相互交流的平台，实现资源共享。

根据创业企业的生命周期理论可知，创业企业在不同的阶段会面临不同的人力资源困境。因此，政府应该根据创业企业不同阶段的发展情况提供有针对性的人力资源管理指导。当企业处于孕育期和求生期时，企业内部的各种正式组织、规章制度和经营方针尚未健全，管理上人治的色彩浓厚，企业的领导者和管理者基本都是创业者，各项业务的开展以企业领导者为核心，个人作用突出，此时政府应该重点提供对创业者的管理能力的培训支持。当企业进入扩张期和稳定前期时，企业组织形态走向正规化，机构相对完善，企业规章制度不断建立健全，企业创业者个人作用开始弱化，职业经理人开始进入企业并发挥重要作用，此时政府应该加强人才引进力度，为地区中小微企业引进优秀的高级管理人才，帮助企业打造优秀管理团队，帮助企业导入适用的现代人力资源管理技术，提高管理水平。

第十章　改善舆论环境，提升中小微企业社会地位及形象

在之前的章节中，本书逐一介绍了政策性环境障碍、人力资源市场失调、人力资源供给失衡、政府人力资源开发不足、知识流动受阻、政府管理功能障碍、创业支持体系落后等因素对我国中小微企业人力资源的影响。除此之外，中小微企业的社会形象差和社会地位偏低也是制约其人力资源聚集和使用的重要因素。在同等待遇条件下，求职者更愿意选择大企业，这其中除中小微企业自身的原因外，不利的舆论宣传环境也是另一重要原因。在当前经济下行压力明显加大的形势下，中小微企业面临和承受的经营压力也随之加大，迫于经营压力和责任的双重影响，中小微企业亟须提升社会形象、突破人力资源“瓶颈”，而创建良好的舆论宣传环境则成为帮助和促进中小微企业健康发展的重要有效手段。

第一节　舆论环境影响了中小微企业社会地位及形象

一　中小微企业舆论宣传环境现状

（一）中小微企业舆论宣传环境总体堪忧

课题组在最早的文献研究阶段梳理我国中小微企业面临的主要人力资源问题类型时，“社会舆论与政策导向问题”就被专家组拉入我国中小微企业五大主要人力资源问题类型之一，在预调研阶段针对湖南省64家样本企业进行结构性访谈与配套问卷调研时，这五大问题的认同比率均超过50%，其中，“社会舆论与政策导向问题”认同比率为59.38%。课题组在针对湖南省中小微企业的典型调研中发现：44.6%的企业没有得

到过任何省级（省政府或政府组成部门发文）及以上的表彰，76.9%的受访企业近五年来很少受到地级市及以上媒体的正面报道。中小微企业得到的正面报道和表彰虽少，但这并不意味着中小微企业不受舆论的关注，运用网络搜索引擎，输入“民企倒闭”四字后，可以发现有相关网页146万个，含“民企倒闭潮”的网页也达到39万个，其中带有“民企生存危机”“全面告急”“资金断链”“命悬一线”等字眼的报道近乎铺天盖地。民营企业（大多是中小微企业）生存隐忧始终引发着社会的关注，但在这种持续关注的表象下，广大中小微企业实际上承受着舆论恐慌的煎熬和压迫。课题组在针对江西、广西和广东中小微企业的拓展调研发现，导致中小微企业社会地位低、形象差的最主要原因是“政府或社会正面舆论宣传少”。显然，相对于大型企业而言，从生产规模、生存地位到竞争力和影响力诸多方面，中小微企业均处于明显劣势，这一种劣势同样体现在社会舆论和社会影响力方面竞争上，中小微企业极易受到舆论的歧视，甚至深陷舆论旋涡，恶劣的舆论环境也成为中小微企业人力资源瓶颈的重要环境因素。

课题组在调研时还发现，多数企业主抱怨中小微企业舆论宣传环境令人担忧，而且这种环境的形成不是暂时的，而是长期存在的。以2010年前后引起巨大影响的我国媒体广泛传播的中小微企业“倒闭潮”事件为例，《经济日报》为了探寻事实真相，于2011年专门派出3个调研组，对珠三角地区、长三角地区和福建省的部分中小微企业进行走访调研，结果发现，尽管这些地区的中小微企业所处的环境和面对的困难不尽相同，但并没有出现所谓的“倒闭潮”，中小微企业的运行总体保持平稳态势，揭示出了全国媒体对中小微企业问题的广泛关注，但报道却大面积严重失实，客观上加剧了社会对中小微企业的信任危机，加大了员工的危机感，严重影响中小微企业的社会形象和人才的聚集留用。同一时期，在厦门有媒体报道当地中小微企业出现大面积倒闭，财政税收锐减的现象，然而实际情况却是当年厦门中小微企业虽然出现了营业利润同比大幅降低等状况，但营业收入和企业数同比仍在快速增长，即使有困难，也多半是暂时性和周期性的。[①] 2016年，“中小微企业倒闭潮”又成为网络热搜词，在百度搜索该词条时，显示出200多万条相关信息，我们非常

---

① 罗晓芹：《发挥主流舆论优势，帮扶中小企业成长》，《经济日报》2011年12月13日。

担心媒体基于内隐的歧视观念和非理性跟风式报道对中小微企业形成又一轮舆论伤害。2013 年 8 月 19 日，上海交通大学舆情研究实验室和危机管理研究中心联合发布了《中国社会舆情与危机管理报告（2013）》①，舆情研究实验室基于中国公共事件数据库的历史数据，借助大数据挖掘、统计分析技术，运用多学科的专业理论知识，从 2003—2012 年十年舆情事件的变迁、媒介平台的变迁、新闻发布的变迁、谣言传播的变迁等方面分析了十年企业舆情的演变状况，清晰地描述了企业舆情传播、干预及演变规律。报告分析发现，企业财经舆情方面，民营企业舆情连续三年位居首位。其中，2011 年的 35 名企业家舆情案例中，绝大多数来自民营企业，其次为港澳台企业、国有企业；2012 年影响较大的企业舆情中超过四成涉及民营企业，主要集中在食品卫生、电子商务、房地产等几个领域。综合舆情蓝皮书近几年的舆情报告，我们不难发现，民营企业舆情事件近年持续走高，并逐渐成为网络舆论关注的焦点，原因主要有以下几个方面：（1）民营企业大多数为中小微企业，数量众多，一直是我国国民经济最活跃的经济增长点之一；（2）越来越多的民营企业家的名字开始出现在各类财富排行榜；（3）部分民营企业家开始热衷于慈善公益活动，使得他们频频出现在公众视野，引发如潮关注。表面来看，以中小微企业为主的民营企业对国民经济的贡献以及形象已经慢慢得到了认可和提升，但《报告》的另一个结论则显示：过半舆论关注度较高的民营企业家网络形象偏负面，而且在被媒体曝光的企业中，仅一成多的企业进行了危机形象修复。虽然民营企业危机形象修复不足会使得企业舆情持续发酵，进而影响企业社会形象和地位，但民营企业形象差、地位低的根源在于社会舆论对民营企业的解读偏差，即以政府为导向的社会舆论在关于民营企业的舆情问题上没能保持一颗公正心，在高强度“精神压力”的舆论宣传环境下，诸多中小微企业常常成为舆论煎熬的对象。

（二）中小微企业客观上受到主流媒体的不平等对待

课题组发现，就大型企业而言，虽然中小微企业在中国经济中的重要地位已经获得充分的承认，但在我国的主流媒体中似乎并没有得到充

① 谢耘耕：《中国社会舆情与危机管理报告（2013）》，社会科学文献出版社 2013 年版，第 259 页。

分的反映，无论是从正面报道的比率还是从负面报道的比率，中小微企业还处在明显的弱势地位。课题组针对江西、广西等中西部地区中小微企业的拓展调查数据显示，有84%的被调研企业认为它们受到了主流媒体的不公平对待，其中，30.3%的企业认为它们受到的不公平对待程度为“较大”以上。看来，中西部地区的中小微企业不仅地域条件差、资金紧缺、招工难等“身体压力”大，而且还忍受着来自舆论不利的“精神压力”。

与公平的法律和政策环境一样，中小微企业的壮大和成长，同样呼唤和需要平等的媒体舆论环境。一方面，媒体本身就有监督职能，也有吸引社会关注的内在冲动，由于中小微企业的地位低、社会关系弱，媒体对该类企业的监督没有多少顾忌，甚至趋于新闻效应之需，还容易出现监督过度和夸张性报道。另一方面，随着市场经济的逐步深入，媒体的市场化特征和趋利动机日益强烈，企业和媒体之间的利益博弈和矛盾日益突出，媒体公然以批评报道要挟企业的问题比较严重，而由于中小微企业实力弱，在与媒体的这种博弈中常常处于不利地位，被要挟成功的可能性更大。相反，大型企业由于经济实力和社会地位高，公关危机处理能力和舆情的控制能力强，即便出现负面新闻，大部分也能够通过自身的努力进行控制，再加上地方政府趋于对大企业的支持和社会影响的考虑，常常也会帮助大企业给媒体施加影响。如此一轻一重的相互对比，就会产生社会舆论对中小微企业的“歧视”和“漠视”。

全国工商联宣传部部长高庆林在针对《中华工商时报》的讲话中，期望《中华工商时报》成为民营经济的守望者，在推进民营经济的持续、稳定、健康发展等方面发挥不可替代的作用，真实表达工商联及中小微企业的声音，反映民营经济的合理诉求。① 课题组认为，该期望对整个中国主流媒体都是适用的，因为中国的中小微企业担负着中国经济发展的重要战略功能，中国主流媒体本来就应该为国家的经济发展战略鼓与呼，扶持中小微企业本来就是国家政策和战略的组成部分，各大媒体理应参与、理应履职。当然，作为中小微企业也应积极维护自身的权益，当面对虚假不公正报道时，敢于追究虚假新闻的责任。新闻出版总署2011年

① 北京市金属材料商会：《中国民营经济忠实的守望者》，《中华工商时报》2007年10月22日。

印发了《关于严防虚假新闻报道的若干规定》（以下简称《规定》），其中明确指出，“新闻机构要严格使用社会自由来稿和互联网信息制度，不得直接使用未经核实的网络信息和手机信息，不得直接采用未经核实的社会自由来稿”。《规定》对记者、相关负责人和媒体机构都分别做出明确的责任追究，如对违规的新闻机构，要求媒体必须向社会公开更正、道歉。如果出现情节特别严重的虚假新闻，则明确规定可以责令新闻机构负责人引咎辞职，甚至对媒体做出停业整顿或者吊销新闻许可证的行政处罚。① 虽然我国在政策法规上力图确保媒体报道企业相关新闻的实时性和真实性，但由于中小微企业在市场经济发展过程中的“天然弱势”特征，受到舆论不公平对待已是客观现实，需要政府做出更多的努力和更明晰的政策支持，才能真正给中小微企业以公平舆论环境。

二　舆论环境不佳加深中小微企业人力资源困境

在互联网的影响快速放大的当今信息时代，舆论环境对企业的影响越来越重要，个人职业的选择也越来越多地受到舆论的深刻影响。我们首先看看新生代农民工就业选择的特征，解永庆等② 2008 年针对全国流动人口进行的农民工大样本数据调查结果显示，90%以上的农民工选择留到大城市工作，选择到小城镇工作的农民工仅为 11.75%。显然，我国中西部地区中小微企业更多的是处在大城市之外，它们已被大多数农民工选择职业时所忽略。龚丽华（2014）等③针对广西的 8 所大学的毕业生就业意向调研显示，61.1%的大学毕业生选择到国有大中型企业和党政机关就业，选择到乡镇企业和私营企业就业的仅为 6%，我们可能还要排除这两类企业中的私营或乡镇大中型企业，可以说，中小微企业压根儿不是大学生选择就业的对象。我们进一步探究新生代员工排斥到中小微企业就业的原因，陈立兵（2009）④ 研究发现，大学生之所以不愿意到中小微企业就业，是因为：（1）对中小微企业传统上的偏见。与政府机关

---

① http：//www. gapp. gov. cn/news/1663/103339. shtml，2011 年 11 月 11 日。

② 解永庆、缪杨兵、曹广忠：《农民工就业空间选择及留城意愿代际差异分析》，《城市发展研究》2014 年第 4 期。

③ 龚丽华、彭万秋、梁玉珠：《广西大学生就业意向调查报告——以广西 8 所高校 2013 届大学毕业生调查数据为例》，《经济与社会发展》2014 年第 4 期。

④ 陈立兵：《加大政府干预力度推动大学生到中小企业就业》，《中国人力资源开发》2009 年第 12 期。

和大型企业相比，在社会地位上中小微企业就不是“好单位”。（2）对中小微企业工资、待遇方面印象不好。与大型国有企业、外资企业、上市公司的优厚待遇和政府机关的稳定报酬相比，中小微企业待遇较低并且稳定性较差。除了其中的客观因素，真实情况是，部分中小微企业为了追求人才，在待遇方面已经有了很大提升，相关体系也得到完善，但年轻人才心中待遇低这种刻板印象并没有消除。（3）对中小微企业狭小的发展晋升空间担忧。在大型企业和公共部门一般都有比较高的晋升空间，而规模较小的中小微企业由于层级较少，再加上家族气息浓重，晋升机会相对较少。（4）对中小微企业生命周期的忧虑。由于中小微企业规模较小使其抗风险能力相对较低，所以大部分中小微企业的寿命都较短，考虑到企业倒闭、不利于长期稳定发展的风险，年轻人才必定会有所顾虑。上述原因在根本上可归结为：中小微企业社会地位低、形象差、安全性不足、待遇不理想，到中小微企业就业显然不是一种理性的选择。课题组进一步研究发现，很多已经去中小微企业的年轻人才表示这不是他们的理想选择，而是迫不得已做出的决定。对于他们来讲，恶劣的舆论环境使得他们所在企业名声不佳，长期在这类企业中工作会增加他们的精神压力，并在很大程度上影响其职业生涯发展。因此，这些年轻优秀人才并不打算在中小微企业久待，也就不会尽其所能努力工作，更多的时候是把中小微企业作为他们职业生涯的一个跳板。例如，2015 年 1 月 24 日，《北京晚报》一项对近 2000 名大学毕业生、数百个中小微企业、80 多所北京地区高校及相关政府部门进行调查走访发现，进入中小微企业工作的大学生，超过七成的人在一年左右选择离职，坚持两年以上的不足两成。①

中小微企业招工难、留用难问题解决不了，就会引发其他一系列人力资源问题，如较高的离职率使得企业招聘和培训成本增加，消极的工作态度不仅无法最大程度利用企业资源创造更多财富，而且使得企业难以对员工进行有效管理。与大型企业相比，中小微企业本身在经济实力、资金周转周期等方面就有许多劣势，招聘、培训等人才相关费用等的增加会进一步加大中小微企业压力，不利于中小微企业持续健康发展。因此，政府和媒体必须改变中小微企业舆论宣传环境现状，正面帮助和促

---

① 新闻网：《小微企业大学生七成一年离职》，《北京晚报》2015 年 1 月 24 日。

进中小微企业社会地位及形象提升，为中小微企业持续健康发展营造一个良好的环境，从而为中国经济的增长做出贡献。

第二节　导致中小微企业舆论环境欠佳的主要原因

一　中小微企业历史舆论背景欠佳

新中国成立以来，我国企业发展战略可分为两个明显的阶段：一是改革开放以前，在选择重工业优先发展的工业化道路的背景下，国家实行大企业发展战略，此时的中小微企业被看作是私有化的产物，很受政府及公众歧视和排挤，其舆论宣传背景一直不佳。二是改革开放以后，在“轻纺工业六优先”[①] 的政策引导下，我国开始大规模走向市场经济，工业发展逐步走向正轨，以民营和乡镇为主体的中小微企业快速发展，中小微型的企业才逐步走进国家政策的视野，逐步引起重视。

亚当·斯密[②]指出，给人类带来许多好处的分工最初并不是源于一个能预见到的人类智慧的产物，它是人类天性中一种倾向的必然结果，当然人类天性中的这种倾向并没有预见到会有如此之大的功利性，这种倾向就是要求物物交换，以物易物，相互交易。改革开放以来，我国的经济发展经历了从自然经济向工业经济、从计划经济向市场经济的独具特色的双重转型，以中小微企业为主要形式的民营经济就是在中国计划经济模式及其相匹配的公有制主体意识形态背景下发芽生根的，自出生以来就打上了“异教”的烙印，走向了一条曲折坎坷的发展道路。从1949年新中国成立到1956年，中国几乎彻底消灭了私有企业，这其中包含许多被视为私有经济的民营企业，国家集中精力发展大型重工业企业，大型重工企业成为国民经济增长的主力军。“大跃进”时期，我国出现了第一次中小微企业的大发展，这次中小微企业的大发展是在激进的“赶超”

---

① 指党的十一届三中全会以来，国家大力发展消费品生产和对轻纺工业实行“六优先”，即在原材料和能源供应、银行贷款、技术改造、基本建设、利用外汇和引进技术以及交通运输六个方面优先的方针。

② ［英］亚当·斯密：《国富论》，谢祖钧译，新世界出版社2007年版，第67页。

战略（超“英”赶“美”）的指导下发生的，目的是进一步加速我国以重工业为主的工业化进程，即在大企业发展战略仍然不能满足“赶超”要求的情况下，不顾一切地让不适合重工业发展的中小微企业也参与到重工业化进程中来。然而，由于重工业的发展不适宜采用中小微企业的模式，且“大跃进”时期的“五小”（指小钢铁、小煤矿、小机械、小水泥和小化肥等）的发展模式大多违反了基本的经济和技术发展规律，结果是中小微企业的参与并没有取得很好的效果，它给我国刚刚走上建设之路的国民经济造成了极大的损失和破坏，而这些损失和破坏使中小微企业背负诸多骂名，为以后的中小微企业的发展奠定了不良的舆论环境基础。1966—1976年，在农业机械化和为国防服务的思想指导下，中国再次兴起了大力发展重工业型的地方“五小”工业的浪潮。并在各地经济“自成体系”的要求下，各地方各自为政，重复建设，逐步形成了自给自足、结构雷同的“大而全、小而全”的封闭式的国民经济体系。但这次中小微企业的发展仍然存在许多弊病，比如“重复建设造成了资源的浪费”“没有解决当时日益严重的就业问题”“缺少创新”等。相比已经发展比较成熟、各方面都比较完善的大型企业，中小微企业存在的诸多弊病更容易暴露在公众面前，一旦国民经济出现问题，政府或媒体便会将矛头首先指向地位低的中小微企业，也进一步恶化了中小微企业的社会舆论氛围。

1980年，因淮河水灾乞讨到芜湖以炒瓜子为业的“傻子”年广久成为媒体红人，因邓小平热情地肯定年广久的个体经营，1981年9月5日，《芜湖日报》头版发表了题为《货真价实的“傻子瓜子”》的报道，引发了中国各大媒体的“傻子瓜子”热潮，年广久及“傻子瓜子”立即成为全中国人耳熟能详的名字，媒体将年广久造就为“中国第一商贩”“傻子瓜子”销售告罄，年广久开始雇用工人提高产量，触发了当时舆论的敏感神经——“剥削”，并触犯刑法，被芜湖市中院判决年广久有期徒刑入狱。令人意想不到的是，邓小平亲自发话：“农村改革初期，安徽出了个‘傻子瓜子’问题，当时许多人不舒服，说他赚了100万元，主张动他，我说不能动，一动人们就说政策变了，得不偿失”。年广久获释，媒体又一次形成“傻子瓜子”热潮，《人民日报》为此组织了三个月的大讨论。仔细剖析，可以看出“傻子瓜子”事件映射出我国主流媒体对民营企业、个体工商户的天然“敌视”，同时党和国家的政策引导或直接的行政指令决定着媒体“出不出手”，从该事件也可以映射出我国舆论力量的强大和中小微企业的渺小。1979—1988 年，在“走走看看、摸着石头过河”的舆论氛围中，中国的民营企业以自己的方式度过了最早的资本积累期，也向濒临崩溃的中国经济注入了一股股新鲜血液和强大生机。这期间，媒体关于民营企业主是不是资本家、发展民营企业是不是搞资本主义的争议不绝于耳，但在坚持改革开放不动摇的坚定决心下，民营经济的发展成果得到了从政策到舆论的及时支持和妥善保护。

可以看出，改革开放之前，民营企业（主要是中小微企业）从萌芽期开始就受到人们的质疑，民营企业的几次大的发展历程都不是很顺利。虽然其对国民经济的贡献在逐步增加，但相对大型企业来说，民营中小微企业的舆论宣传环境十分恶劣。改革开放之初，国家对中小微企业的发展开始提出支持政策，但关于“民营经济是不是资本主义的产物”的争论仍然不止，媒体在报道时也会偏向于大型企业。中小微企业的舆论宣传环境不佳有着几十年的历史背景，人们在看待中小微企业时难免会受到历史因素的影响，对中小微企业的歧视思想确实“根深蒂固”，其改善绝非一蹴而就之功。

二　政府相关舆论导向政策滞后

除了中小微企业的不佳历史舆论背景，改革开放后的政府政策支持迟缓、观念不坚定也是导致其整体舆论宣传现状不佳的主要原因。改革开放之初，鉴于民营经济（主要是中小微企业）不失为解决回城知识青年就业问题的切实的有效重要途径，又能在一定程度上促进中国经济的快速增长，民营经济（包括个体工商户在内的中小微企业）才渐渐受到政府和媒体的正面关注，在非常僵化的舆论政策和环境中也开始初步有了一些支持其发展和宣传的政策。随后的几十年里，我国工业化开始由“重”向“轻”的战略转变，压抑已久的城市个体户和农村农民主导的“乡镇企业”井喷式发展，民营经济和中小微企业快速成为中国经济发展中不可轻视的重要力量，国家和政府也逐步制定并出台了一系列扶持民营经济和中小型企业发展的政策，针对民营经济和中小微企业的社会舆论环境也逐步得以改善。1988 年 4 月，全国人大七届一次会议通过的宪法修正案规定：“国家允许私营经济在法律规定的范围内存在和发展，私营经济是社会主义公有制经济的补充，国家保护私营经济的合法权利和利益，对私营经济实行引导、监督和管理。”从而在法律上确立了民营经济的地位。一年后，全国第一次工商登记，中国的私营企业（主要是个体工商户和中小企业）从此前的6万户增加到9万户。这次宪法修正案表达了国家对私营经济包括中小微企业的认可，在一定程度上改善了它的舆论宣传环境。1992—1997年是中国民营经济又一次大发展阶段，也是中国中小微企业快速产生和成长的又一个黄金时期。1997年，党的十五大明确规定："非公有制经济是中国社会主义市场经济的重要组成部分"，再一次提高了民营经济在整个国民经济发展中的地位，也给民营经济的舆论撑上了"保护伞"。此后，在理论上和主要舆论导向上，民营经济和中小微企业融汇于中国经济主体之中，被视为社会主义市场经济的重要组成部分。1999年3月，全国人大九届二次会议通过宪法修正案，确认个体私营经济是社会主义市场经济的重要组成部分。2001年7月1日，江泽民总书记在纪念中国共产党建党80周年的讲话中，第一次把民营企业家定位为"有中国特色的社会主义事业的建设者"，为民营企业家加入中国共产党铺平了道路。2002年，4名民营企业家党员当选为党的十六大代表。在十六大报告中，关于对个体私营经济的社会地位与作用的表述，由过去的"满足人民多样化需求，促进就业"，修改为"解放和发展生产力"，中国民（私）营经济研究会会长保育钧认为，这是对民营经济社会地位和作用的最大肯定。党的十六大报告还明确提出："不能简单地把'有没有财产、有多少财产'当作判断人们政治上先进或落后的标准，而主要应该看他们的思想政治状况和现实表现，看他们的财产是怎么得来的以及对财产怎么支配和使用，看他们以自己的劳动对中国特色社会主义事业所做的贡献"。至此，中国的民营企业总算在国民经济中有了法理上和政治上的正式地位，因拥有资产而受到社会主流思想和体系的歧视问题似乎在理论上得到了解决，民营企业以及与之紧密相关的中小微企业摘掉了政治上的帽子，获得了理论上的舆论平等条件。

2003年1月1日，《中小企业促进法》的实施标志着政府开始着力扶持中小微企业的发展，该法律第一章第三条是"国家对中小企业实行积极扶持、加强引导、完善服务、依法规范、保障权益的方针，为中小企业创立和发展创造有利的环境"，第一次将"为中小企业创造有利环境"写入法律，为我国中小微企业的舆论环境提供了指导性的意见和支持。2003年10月14日，党的十六届三中全会通过的《中共中央关于完善社会主义市场经济体制若干问题的决定》中，"大力发展和积极引导非公有制经济”首次在党中央决议中被作为专条阐述，“支持非公有制中小企业的发展，鼓励有条件的企业做强做大”成为党中央的重要政策决策内容。2005 年 2 月 25 日，《国务院鼓励支持非公有制经济发展的若干意见》即“非公 36 条”正式出台，这是国内第一个促进非公有制经济发展的系统性政策文件，它改变了非公有制经济在中国“被限制、利用、改造”的地位，也是新中国成立 50 多年来国家首次以一部中央文件鼓励非公有制经济进入垄断领域。“非公 36 条”并不是一个孤立的文件，它与一系列已体现或将体现市场化导向的法律、法规，如破产法、反垄断法、国资法一起塑造着市场经济的整体制度框架。该市场经济整体制度框架正视了非公有制经济的地位，给以中小微企业为主的非公有制企业确立了公平竞争的基本政策环境，但唯独缺少公平的舆论环境支持措施。之后，一系列促进中小微企业发展的法律法规相继出台。2009 年出台了《关于进一步促进中小企业发展的若干意见》（以下简称《意见》），该《意见》提出了营造有利于中小企业发展的良好环境、切实缓解中小企业融资困难、加大对中小企业财税扶持力度等八大方面 29 条具体意见，却没有详细提出关于如何开展舆论宣传支持方面的措施。2012 年出台了《国务院关于进一步支持小型微型企业健康发展的意见》，为进一步支持小型微型企业健康发展提出一系列意见，依然没有出现有关中小微企业宣传舆论导向方面的条款。但是，仔细考量这一过程，国家的政策支持和舆论环境的改善总体上处于被动和滞后状态，在客观上更多地表现为对民营企业和中小微企业发展的被动适用和制约。

虽然随着时间的推演，国家对中小微企业的政策支持开始走向系统化、精细化，但与美国、德国、日本等发达国家相比，这些政府政策、法律支持整体发展迟缓，政策上的舆论导向在时间轴上存在较大差距。比如在中小微企业法律文件方面，美国 1953 年就通过了《中小企业法》，并成立联邦中小企业局，德国 1954 年就实施了《中小企业信用担保法》，日本 1963 年就制定了《中小企业基本法》，而中国 2003 年才实施了《中小企业促进法》。单从相关法律颁布时间上来看，中国就比美国晚了半个世纪，可见中国政府对中小微企业的舆论导向政策远不如国外成熟，更是缺乏相关的配套支持措施。政府舆论导向政策支持力度的不足、执行措施不到位，再加上对中小微企业的传统上的偏见，中小微企业的政策舆论环境改善滞后的问题自然就很突出。

三 媒体错解“抓大放小”，普遍轻视中小微企业

“抓大放小”是在1993年针对国有企业改革提出的一项策略，旨在集中精力把大企业抓好、管好，把中小型企业放开、放活。“抓大放小”的概念后来被各级政府部门所引用，成为当时的一个热词，被赋予不同的内涵。我国的新闻媒体行业的“抓大放小”概念就被演变成为“关注和重视大型企业”，而把中小微企业理所当然地忽略掉。这种思想被层层分解，就变成了各级媒体都关注本级政府所确立的“大”企业，而忽略本级政府的中小微企业。“抓大放小”必演变成为对中小微企业歧视的理论依据。湖南省关于中小微企业的本地媒体表彰、报道频率的调查数据就表明了这一点：接近一半的企业从来没有得到过任何省级（省政府或政府组成部门发文）及以上的表彰，80%左右的受访企业最近五年内几乎没有过地级市及以上媒体对其进行正面报道。相反，大多数媒体尤其是省级以上的媒体都聚焦于大型企业的宣传和推介。总体来看，无论是国家媒体还是地方媒体，在进行新闻报道时对中小微企业的正向关注和报道频率都不够，当然不能为中小微企业的发展营造轻松健康的氛围。

21世纪是个互联网盛行的时代，公众对媒体的宣传报道关注度大幅度增加，且更为敏感。人们通过手机、电视、报纸、电脑等互联网媒介对企业市场情况的了解进一步加深，而多数信息的源头——媒体对大型、国有企业的“偏袒”使得越来越多的公众对中小微企业漠然，较低的关注度和存在感使得中小微企业无法给大众留下良好和深刻印象，中小微企业对人才的吸引程度也必然远远低于高关注度的大型企业，中小微企业社会地位低、形象差成为必然结果。

四 企业社会责任履行状况堪忧

（一）企业社会责任意识薄弱

伴随着企业发展出现社会问题的增加，越来越多的企业开始关注企业社会责任。企业社会责任是企业自愿对其资源进行合理分配，以改善社会福利进而提升企业与核心利益相关者关系的实践活动。[①] 履行社会责任是企业树立良好社会形象，获取竞争优势，实现可持续发展的需要。研究表明，企业通过履行社会责任，可以赢得良好的社会声誉、提高品

① Barnett, M. L., “Stakeholders Influence Capacity and the Variability of Financial Returns to Corporate Social Responsibility”, *Academy of Management Review*, Vol. 32, No. 3, 2007.

牌知名度、增加员工满意度和对优秀人才的吸引力、减少政府的管制、吸引责任消费和责任投资、增强顾客忠诚度、改进与利益相关者的关系、获取更大的市场份额和发展机遇；相反，糟糕的企业社会责任记录，会增大员工离职率、降低顾客忠诚度，导致消费者的反感甚至抵制。①② 员工感知的企业社会责任能够正向影响组织的企业道德环境、员工的工作满意度、组织承诺，而员工工作满意度、组织承诺又负向影响员工的离职倾向，即企业履行社会责任意识的强弱程度会间接影响到员工的留任意愿，进而影响到企业的人力资源状况。③④ 虽然员工通过感知的企业社会责任能够提高其满意度和组织承诺、降低离职倾向，并且能够提高企业在员工心目中的形象和地位，但中小微企业常常不重视企业社会责任的履行，这是构成中小微企业社会形象偏低、社会地位低的重要自身原因之一。

课题组在针对江西、广西等中西部省份中小微企业的拓展调研中专门调查了关于企业社会责任的认识程度，数据显示，只有 16.3% 的企业对企业社会责任的内涵和范围“非常了解”，23.8% 的中小微企业“不太了解”企业社会责任的基本内涵，还有 1.9% 的企业根本上就没有听说过企业社会责任这一概念。这么多的中小微企业连企业社会责任的内涵都不了解，履行企业社会责任更是无从谈起。此外，课题组在调查“企业社会责任影响中小微企业长期发展重要程度”认知状况时发现，有 47.7% 的被调研企业认为企业社会责任对企业长期发展不产生影响或不产生重要影响。可见，近一半的中小微企业没有认识到履行社会责任的重要性，不重视利益相关者的诉求。李华案等⑤对浙江省中小企业社会责任履行情况调查报告显示，92.3% 的中小企业对企业社会责任缺乏了解，

---

① 王建华：《中小企业社会责任：动因、困境、出路及保障》，《广西社会科学》2012 年第 10 期。

② Sen, S. and Bhattacharya, C. B., “Doing better at doing good: When, why, and how consumers respond to corporate social initiatives”, *California Management Review*, Vol. 47, No. 1, 2004.

③ Elci, M. L. and Alpkan, “The Impact of Perceived Organizational Ethical Climate on Work Satisfaction”, *Journal of Business Ethics*, Vol. 84, Nol. 3, 2009.

④ Jiang, B., R. C. Baker et al., “An Analysis of Job Dissatisfaction and Turnover to Reduce Global Supply Chain Risk: Evidence from China”, *Journal of Operations Management*, Vol. 27, No. 2, 2009.

⑤ 李华案、吴家曦、李京文：《浙江省中小企业社会责任调查报告》，《管理世界》2011 年第 9 期。

其中小型企业占绝大多数，为 76.9%，中型企业占 15.4%，大型企业仅占 7.7%，这说明随着企业规模的增大，企业了解和参与社会责任的主观意愿也会增强。对于不同规模的企业来说，对企业社会责任的了解意愿存在一定的差异，小型企业的了解意愿明显比大中型企业低，小企业中具有了解意愿的企业仅占 64.2%，而大型企业中具有了解意愿的占 89.7%。可见，相对大型企业而言，中小微企业社会责任意识淡薄，这是该类企业社会形象差、社会地位偏低的重要根源。

（二）企业社会责任履行差

为了考量企业社会责任感（CSR）对中小微企业员工的获取和留用的影响，课题组成立了专门的子课题小组，选择湖南 73 家中小微企业就企业社会责任问题进行了专门调研。由于过去有关学者的研究发现中小微企业规模小、资源少等劣势使得其员工难以获得由企业规模优势带来的收益（如社会地位等），且其财务收益更多依靠内部资源；另外，中小微企业非正式化的管理模式使得员工与管理者关系更为亲密，其员工组织卷入度也比大型企业员工更高，管理者的管理方式更加灵活、更具人性化。[①][②] 据此，课题组推断：中小微企业员工对企业内部员工的企业社会责任实践感知可能更敏感，也就是说，中小微企业员工对企业外部的企业社会责任行为（如针对消费者、政府、社区等的增值贡献和社会公益活动等）的敏感度相对会低于企业对员工自身社会责任履行状况（包括公平对待每一位员工、关注和重视员工的工作需要及职业发展等），所以，课题组以外部荣誉感为中介变量，以组织支持感作为调节变量，探索中小企业员工感知的企业社会责任对离职倾向的影响，研究结果发现：员工感知的企业社会责任与离职倾向有负相关关系，外部荣誉感在这一关系中起中介作用；同时，外部荣誉感对员工感知的企业社会责任与员工离职倾向的中介效应的强弱受到员工组织支持感水平高低的影响，即与高组织支持感相比，低组织支持感水平下外部荣誉感对企业社会责任与员工离职倾向的中介作用更强。由此可以理解，企业社会责任履行越

---

① Lepoutre and Heene, J. A., "Investigating the Impact of Firm Size on Small Business Social Responsibility: A Critical Review", *Journal of Business Ethics*, Vol. 67, No. 3, 2006.

② Russoa and Perrini, F., "Investigating Stakeholder Theory and Social Capital: CSR in Large Firms and SMEs", *Journal of Business Ethics*, Vol. 91, No. 2, 2010.

好，员工越愿意在中小微企业留任，企业社会责任的履行状况通过影响员工对组织的外部荣誉感水平，进而影响员工的离职倾向；组织支持感实际上是源于企业对员工的关爱和重视及福利保障等，我们的研究发现，只有组织支持感强的中小微企业，企业社会责任感才能更大程度地影响员工的离职倾向，验证了前面我们假设的中小微企业员工对企业内部利益相关者企业社会责任实践更加敏感的推断。

可见，相对大企业而言，我们更应该关注的是中小微企业针对内部员工的企业社会责任履行状况，它对于中小微企业吸聚和留用员工的影响更大。员工作为企业内部核心利益相关者，当他们感受到组织给他们带来了切实的好处时（如为员工提供安全舒适的工作环境、良好的社会保障和福利条件等），根据社会交换理论，作为回报，员工将会以更加积极的态度和行为投入到工作当中；反之，履行企业内部社会责任意识不强的中小微企业便会出现内部员工留任困难、离职倾向高等问题。问题恰恰在于，中小微企业常常不能对其内部员工履行好企业社会责任，因为与大型企业相比，中小微企业（大多是民营企业）的所有权和经营权高度统一，经营者自身利益与企业利益过于紧密相关，企业追求利润的动机更强烈，加上中小微企业生存压力太大、经济实力薄弱，企业业主在谋取基本生存和经济利益的时候常常忽略内部员工的利益需求，普遍存在着对员工社会责任履行不到位的问题，导致中小微企业社会形象差、地位低、人才难以吸聚，员工流失严重等诸多问题。

第三节　优化舆论环境，提升企业社会责任水平

一　强化政策导向，改善表彰机制

（一）积极引领舆论导向

课题组针对江西、广西等中西部省份中小微企业的调研数据显示，58.8%的受访企业认为政府对中小微企业的正面舆论宣传太少，在调查“政府在企业社会责任建设中最需要做的事情是什么”时，有54%的受访企业选择了“实施科学的引导措施”（包括舆论、激励政策等），政府政策是社会舆论导向的风向标，政府在改善中小微企业的舆论宣传环境工作中发挥着极其重要的导向作用。

2013年2月22日，中共中央政治局常委、国务院副总理张德江在天津专题调研中小微企业时更是强调：要千方百计地为中小微企业发展创造条件，切实营造有利于中小微企业的舆论环境，在全社会树立尊重劳动、尊重创造、尊重人才，劳动致富光荣、创业致富光荣的良好舆论氛围，努力开创中小微企业发展的新局面。[①] 近几年来，各级政府相继推出政策扶持中小微企业的发展，也有营造良好舆论宣传环境的相关内容。山西省2013年出台了《关于大力开展中小微企业发展新闻宣传工作的通知》，明确要求各地各单位将中小微企业发展宣传作为当前新闻宣传工作的一项重要任务，精心策划、认真组织，确保浓厚的舆论氛围，并明确要求相关媒体要开设专题专栏；5月13日《山西日报》头版、山西广播电台、山西新闻联播统一推出“全力扶持中小微企业发展”专栏，开展政策解读，对“小巨人”企业培育、创业兴业先进典型、科技创新成功范例进行集中报道。

尽管国家和政府已经开始重视中小微企业的舆论环境改造，也颁布了一些这方面的政策和法律措施，但如前所述，中小微企业所面临的舆论环境制约问题历史背景深厚，涉及长期以来我国市场经济和计划经济诸多政策矛盾，涉及对市场经济及中小微企业贡献和定位的思想观念冲突，也涉及对我国未来经济社会发展战略目标及实施措施的认识和理解，要想真正彻底突破中小微企业的舆论囧局，我们建议应该系统地清理和梳理我国现行的政策和法规制度，逐项为中小微企业的政策障碍松绑，逐条解决中小微企业的政策障碍，从舆论宣传和舆情导向上配套推进，假以时日，方可引导社会舆论发生根本性转变，构筑起支持中小微企业健康发展的正能量信息舆论场。

（二）完善优化奖励机制

组织社会化是指个体学习社会知识和技能以承担组织角色的过程[②]，任何人都是通过学习和模仿以融入组织，完成其组织社会化的过程。角色榜样通常是指那些被用来模仿和超越所树立的榜样，他们能激发和鼓励其他人调整自己的行为，以趋近榜样角色，实现组织成员的社会化过

---

① http：//news. xinhuanet. com/local/2015 -01/24/c_ 127416477. htm，2013年2月23日。

② Van Maanen，J. and Schein，E.，Towards a Theory of Organizational Socialization，CT：JAI Press，1979，pp. 209 -264.

程。吉布索（Gibso，2004）将角色榜样分解为角色和榜样两个方面，在角色方面，个体被那些与自身具有相似特征、行为或者目标的群体所吸引，并相信自己与他们具有相似的动机和特征，从而渴望实现这种社会角色或者占据具有吸引力的位置，以获取期望的回报；榜样方面则是指个体通过模仿学习行为，从角色榜样那里学习到相应的能力和技能。[①][②]媒体的重要功能就是营造积极向上的社会氛围，为社会树立正确的榜样，引导社会成员在榜样的示范下，帮助其他社会成员通过观察、模仿、整合、内化等一系列的心理过程获得榜样所代表的精神品质和价值观指导自己的行为。经济合作与发展组织认为，[③] 缺乏正面的创业典范（角色榜样）是约束创业活动最重要的障碍之一。同样，我们有理由认为，缺乏诸多合适的正面榜样，是我国中小微企业舆论氛围不佳的重要原因。甚至，如前所述，我们的主流媒体趋于新闻效应、迎合猎奇心理，过多地报道中小微企业的负面典型，在客观上树立了不少负面榜样，恶化了中小微企业发展的舆论氛围，对中小微企业的发展形成了事实上的舆论障碍。课题组在针对湖南省中小微企业的典型调研显示，76.9%的被调研企业五年来没有受到过地市级及以上媒体的正面报道，在针对江西、广西等中西部地区的拓展调研中发现，有58.8%的企业感觉政府或社会舆论宣传少，而舆情报告显示，关于民营企业（主要是中小微企业）的负面报道却一直居高不下。我们在梳理我国各级政府针对企业的各种评优评先制度时发现，大多较高规格的评优都设定了企业利税贡献、销售额等门槛，这些条件自有其道理，但在客观上将中小微企业排除在外。由新闻媒体自身主导的一些评优评比活动，基于新闻效应考虑更是青睐大型企业，中小微企业真正是“人微言轻”，很难成为社会舆论追捧的对象。为此课题组建议，由政府主导构建专门针对中小微企业的评优评先体系，包括国家层面的、各部委层面的、省层面的、地市和县级层面的。考虑到榜样的示范引导作用有其自身的规律，过分“高大上”的榜样反

---

① Wright, S., Wong, A. and Newill, C., “The Impact of Role Models on Medical Students”, *Journal of General Internal Medicine*, No. 12, 1997, pp. 53 - 56.

② Gibson, D., “Role Models in Career Development: New Directions for Theory And Research”, *Journal of Vocational Behavior*, No. 65, 2004, pp. 134 - 156.

③ OECD, *Entrepreneurship and Local Economic Development: Programme and Policy Recommendation*, Paris and Washington D. C., 2003.

而不能对示范对象产生真正有效的引领作用，各级政府在设置评优规则时，一定要考虑到中小微企业的实际情况，除不同的等级外，还要划分合适的类别，为不同的中小微企业提供不同的学习榜样。如残疾人创业成功典范、生态农业典范、养殖业标兵、服务业标范等，使各种类型的优秀中小微企业及企业业主能够通过不同类型的评优评先走向主流舆论，成为全社会所赞赏和学习的榜样。由于中小微企业自身力量薄弱，这种评比特别需要政府的强力扶持，建议政府不仅有强力地对中小微企业的评优评先的配套奖励和表彰制度，而且有针对媒体的配套考核和奖惩制度，以保证这种针对中小微企业正向宣传的持续性和常态化，如此方可逐步优化中小微企业舆论环境。

二 强化主流媒体引导功能，充分发挥新媒体作用

刘建明等①界定的舆论场是指“包括若干相互刺激的因素，使许多人形成共同意见的时空环境。无数个人要求，只有在一定场的作用下经过多方面的交错、协调、组合，才能形成一致意见，舆论便成为这种场的产物”。社会舆论实际上有“两个舆论场”，一个是由报纸、广播、电视等传统大众媒体组成的主流舆论场；另一个是由移动互联网、微信、微博等新媒体形成的民间舆论场。党的十八届五中全会强调，“要牢牢把握正确舆论导向，健全社会舆情引导机制，传播正能量”。主流媒体的职责是坚持正确导向、传达党的声音、反映人民意愿和引领舆论走向，其引导力高低对社会舆论发展走势影响很大。新华社、中央电视台和《人民日报》等中央级新闻媒体，省市党报、电台和电视台等为代表的地方性媒体以及其他官方等权威机构办的一些媒体网站等都属于主流媒体。

根据调研分析，“政府或社会正面舆论宣传少”是导致中小微企业社会地位低、形象差的最主要原因之一，强化政府政策导向、加强主流媒体的舆论引导自然成为改善中小微企业舆论环境的必要手段。然而，在多元化舆论场和新旧媒体转换时期的背景下，如何才能达到主导舆论、提升中小微企业社会形象的效果在技术操作上面临诸多挑战。因为以传统媒体为主的主流媒体在舆论传播中本身就面临极大的挑战，我国传统媒体及其机构长期以来一直身兼大众传播的双重角色——信息传播者和议题主导者，受众作为信息的接收者，在大众传播体系中处于被动地位，

① 刘建明、纪忠慧、王莉丽：《舆论学概论》，中国传媒大学出版社2009年版，第4页。

新媒体的兴起彻底打破了传统媒体的“专业主义壁垒”，新的传播技术的确提高了人类控制空间的能力，缩减了传递信息的时间，随着各种移动终端载体的普及，以及信息制作传播门槛的降低，人人都可能成为记者、编辑、评论员，相较于传统媒体的专业人员和专业设备，新媒体的传播主体和信息采集、信息传播更具大众化，以致呈现出全民传媒趋势。相对于第一媒体（纸质的报纸杂志）、第二媒体（广播）和第三媒体（电视）等传统媒体，新媒体可被称作第四媒体，它以社交网站、搜索引擎、论坛社区、博客、微博、电子邮箱、QQ 等即时通信工具、手机彩信、手机报纸、IPTV（网络电视）为载体，其即时性和影响力是其重要的独特传播特点[①]，即新媒体能够突破时空限制做到即时传播，因而被称作“第一时间媒体”，而且新媒体成为众多媒体触发舆论的先锋，能够在最短的时间内动员更多的社会资源共同关注重大事件，形成强大的媒体影响力。根据中国社会科学院舆情调查实验室对关于整治网络谣言舆情的调查，公众接触网络谣言的最主要渠道排前三位的是网络论坛（70.2%）、微博（63%）和 QQ 聊天（45.2%），其后是微信（35.8%）、人人网等社交网络（33.8%）、手机短信（33.8%）、海外网络（13%）[②]；据易观智库发布的《2014 年上半年中国移动互联网统计报告》显示，截至 2014 年 6 月，中国移动互联网网民达到 6.86 亿。可见，新媒体已成为现代信息和舆论的主导，如果不能掌控新媒体，就不能掌控舆论。在新媒体舆论场中，注意力成为稀缺资源。许多网站，尤其是商业网站都深知，只有在赚取注意力的基础上才有可能发挥其影响力，媒介所凝聚的注意力资源是传媒经济的核心价值所在，基于利益驱动，许多网站、个人或新媒体组织为了最大限度地获取眼球效应，为吸引观众的关注，甚至炮制假新闻或蓄意传播未经核实的敏感信息，各种负面消息甚至是耸人听闻的虚假新闻都容易在新媒体形势下快速而广泛地传播。比如，虚拟网络中的博客社区中每一个个体都是一个有机组成部分，构建成信息传播的蜂窝模型，每一个个体都可以成为一个中心，可以任意扩散，这种泛中心的扩散会给每个节点带来无穷的想象力，通过超链接形成紧密结合而又最

---

① 武在平：《新媒体的社会挑战与应对》，《中共中央党校学报》2012 年第 5 期。

② 中国社会科学院中国特色社会主义理论体系研究中心：《合力构建聚民心尚理性的网络舆论空间》，《人民日报》2013 年 11 月 14 日第 14 版。

省料的“蜂巢”，而这些“蜂巢”又会以优化的方式迅速演绎出一个个舆论场，个体的话语表达可以摆脱各种规训进行无限扩大。[①] 在新媒体快速发展形势下，主流媒体的主导作用被严重削弱，政府对新媒体的管控无论从能力、经验还是机制方面都显得无力。

课题组认为，中小微企业在残酷的弱肉强食市场博弈中处于明显的劣势，只有依赖政府的扶持才能维持其基本的生存空间，好比幼童离不开大人照顾和保护一样，在舆论环境中，如果失去政府的政策法规和主流媒体的强力保护，其社会舆论劣势就难以逆转。为此，课题组建议，政府必须专门研究中小微企业的舆论囹局，针对中小微企业制定专门的舆论引导和政策保护措施，运用“互联网 +”思维方式，促成传统媒体和新媒体的优势互补、深度融合、共同发展，确保主流媒体的舆论牵引地位，形成融合一体的系统性媒体保护策略，支持中小微企业舆论环境的改善，提升其社会声誉和社会地位。

三　推动履行企业社会责任，在内质上优化企业社会形象

研究发现，企业社会责任能够通过影响利益相关者的态度和行为来提升企业绩效，如企业社会责任能通过提高消费者满意度影响购买行为和忠诚度。[②] 课题组针对不同类型企业的研究证明了企业社会责任能显著影响员工的角色内行为和组织公民行为，企业的社会责任表现越好，员工就能更好地表现职业责任，也会表现出更多的组织公民行为，自然有利于提高其职务绩效和关系绩效水平。[③] 在课题组针对湖南的中小企业专项研究中，也验证了员工感知的企业社会责任对员工离职倾向具有显著负向影响，即企业社会责任履行得越好，员工越愿意到中小微企业工作，并乐意在中小微企业留任。早在 1997 年，美国经济优先权委员会联合欧美跨国公司和其他国际组织就制定了一个衡量企业社会责任的标准，即 SA8000 标准，该标准主要是从企业内部社会责任履行角度强制规范企业行为，包括使用童工、强迫性劳工、健康与安全、歧视、工作时间等，也被国际社会视为企业道德行为管理规范，美欧等发达国家普遍把

---

① 赵崴斐：《多元舆论场中党的舆论引导能力研究》，《政治学研究》2014 年第 1 期。

② 卢东：《消费者对企业社会责任的评价研究——基于期望理论和归因理论的探讨》，《管理评论》2010 年第 12 期。

③ 颜爱民、李歌：《企业社会责任对员工行为的跨层分析——外部荣誉感和组织支持感的中介作用》，《管理评论》2016 年第 1 期。

SA8000 标准当作国际贸易往来的基本条件，即通过了该项标准的企业产品方可顺利进入其国内市场，被国内专家称为国际贸易中的新的“蓝色壁垒”。课题组认为，SA8000 认证是一种政府和国际组织通过贸易和税收手段强制企业履行企业社会责任的有效手段，能有助于企业承担必要的社会责任，将其自身价值实现与社会价值贡献达到更大程度的融合，国际上越来越多的国家都普遍认同 SA8000 认证，没有通过认证的企业被视为“血汗工厂”，其产品销售将受到众多国家的抵制。由于国际贸易的压力，该认证体系也在我国缓慢推广。根据社会责任国际官方网站的数据，1998 年年底，全球仅有 8 家组织获得 SA8000 认证，截至 2013 年 6 月，全球通过 SA8000 认证的企业达到3231 家，如表 10 – 1 所示，其中意大利、印度、中国排在前三位，通过的企业个数分别占 33%、23%、16%，三个国家通过认证的企业个数占 72%①，在表中，中国企业认证数量位居第三，认证水平似乎很高，但中国企业总量庞大，企业认证比率相当低。此外，我国认证企业分布极其不均匀，多数集中在东南沿海地区（见表 10 – 2），广东省有 258 家，几乎占总数的一半，其次是福建，占 14. 37%，位于中西部的湖南、广西和江西分别只有 8 家、4 家和 3 家，而陕西、贵州、云南等地区连一家也没有，显然，这与我们调研了解的中西部地区企业社会责任意识薄弱、企业社会责任履行差的情况相一致。

表 10 – 1　　通过 SA8000 认证的前十位国家企业认证数量　　单位：个

国家	意大利	印度	中国	罗马尼亚	保加利亚	巴西	越南	巴基斯坦	葡萄牙	西班牙	其他	合计
企业数量	1068	733	522	231	94	80	79	62	37	35	290	3231

资料来源：SA8000 Certified Facilities：As of June 30，2013。

表 10 – 2　　中国各省份通过 SA8000 认证的企业数量

省份	认证企业数量（个）	百分比（%）
广东	258	49. 43
福建	75	14. 37

① http：//www. scribd. com/doc/131952841/SA8000 – CertifiedFacilities，2013 年 6 月 30 日。

续表

省份	认证企业数量（个）	百分比（%）
江苏	56	10.73
浙江	41	7.85
上海	21	4.02
山东	16	3.07
湖南	8	1.53
河北	6	1.15
安徽	5	0.96
北京	5	0.96
四川	5	0.96
广西	4	0.77
湖北	4	0.77
天津	4	0.77
江西	3	0.57
重庆	2	0.38
辽宁	2	0.38
其他	7	1.34
总计	522	

注：因为四舍五入，表中百分比之和不等于100%。

资料来源：SA8000 Certified Facilities：As of June 30，2013。

课题组特别关注通过SA8000认证排名第一的意大利的情况，发现意大利政府在2002年发起了“企业社会责任——社会认同”项目，在这个项目中，意大利劳动事务部提出将积极构建适用于中小企业的企业社会责任执行标准，项目的目标是传播企业社会责任文化，制定中小企业普遍认同的社会责任原则和标准；2005年，意大利政府成立了“意大利社会责任中心”，意大利社会责任中心成立的目的是促进公共机构、行业协会、大学、科研团体以及其他相关人员的对话，促进关于企业社会责任的学术研究和模式创新，积极引导各类组织关注和关心中小企业社会责任，为中小企业社会责任的实施创造积极的文化氛围和社会舆论环境。[①]显然，意大利通过政府推动企业社会责任实施政策和措施，大大提高了其中小微企业社会责任水平，也在客观上提高了企业的社会地位和声誉，为企业赢得竞争力奠定了良好的基础。课题组研究认为：我国政府应化被动为主动，设立专门机构或者将企业社会责任推广作为重要职能归属于某一政府部门，由政府强力推行企业社会责任的履行。从理论上讲，企业履行社会责任会增加自身的成本，没有外部压力（如国际贸易准入要求、政府强制要求），企业社会责任的履行是不太可能达到较好的水平的。从我们前面的研究发现，中小微企业社会责任意识薄弱、企业社会责任履行差，是导致企业社会地位低、形象差的主要内在原因，要想从根本上提升中小微企业社会地位和社会形象，政府有责任通过 SA8000 强制认证等手段或通过鼓励认证引导方法，督导或引领中小微企业提高履行企业社会责任水平，提升对优秀人才的吸引和留用能力，进而提升社会地位和竞争力，在此基础上再通过社会主流媒体和新媒体的宣传引导，从根本上优化中小微企业舆论环境，推动中小微企业持续健康发展。

① 李轩复、郭毅：《意大利中小企业社会责任推行模式对我国的启示》，《生产力研究》2009 年第 22 期。

附录　相关问卷

中小微企业人力资源状况预调研阶段（2013 年 7 月）访谈提纲

访谈时间		访谈员	
访谈地点	省/自治区市/州县/市乡/镇		
访谈企业名称		被访谈者职位	

1. 贵企业是否建立了旨在缓和劳资纠纷的相关制度？贵企业在解决劳资纠纷的过程中采取的主要途径是协商解决还是法律手段？若采取法律手段解决时，政府现行的劳动纠纷处理程序是否能够及时并高效地解决问题（是否会增加贵企业的成本）？您认为政府还可以从哪些方面为中小微企业处理劳资纠纷提供政策支持？

2. 贵企业是否参加过政府组织的“以中小企业为主体、以管理咨询专业机构和专家为支撑”的管理升级活动，帮助企业突破管理瓶颈？当贵企业在管理上遇到困难时，为中小微企业服务的管理咨询机构或专家库等中小微企业服务平台是否能够有效解决贵企业的问题？中小企业服务平台所提供的服务（信息服务、融资服务、创业辅导、管理咨询、人才培训、技术支持、法律咨询）是否能够契合中小微企业的需求，其效果如何？您觉得政府还可以从哪些方面来提高中小企业服务平台建设？

3. 目前国家重视对管理者的培训，开展了很多培训工程（如中小企业银河培训工程和企业经营管理者人才素质提升工程），贵企业董事长（业主）或管理者是否参与了上述工程，其效果如何？上述工程是否能真正达到对贵企业董事长（业主）或管理者自身能力的提升并且提高企业管理水平的效果？您认为上述工程和培训是否应该常态化？您认为政府是否需要为中小微企业提供紧缺人才培训计划？您觉得政府还可以从哪些方面提升中小微企业董事长（业主）或管理者的素质？

4. 贵企业董事长（业主）是否参加了政府提供的创业培训服务（融资能力、管理能力等相关培训），其培训效果如何？您觉得政府可以从哪些方面来改进中小微企业创业培训服务？

5. 贵企业是否享受到了政府关于接纳高校毕业生的补贴政策（社保补贴、培训补贴）？政府的上述政策是否能真正吸引到高校毕业生去中小微企业（以贵企业实际情况为例）就业，其效果如何？所引进的高校毕业生在贵企业的流动性和离职率如何？政府该如何为中小微企业人才（高校毕业生）的保留提供政策性支持？

6. 贵企业引进的管理人才、技术人才及海外留学生等是否满足了企业发展的需求？贵企业是否享受到了政府有关人才引进的优惠政策（税收、住房、子女入学、配偶安置、社保、医保补贴）？在企业发展过程中上述引进的人才的流失情况如何？您认为政府还可以实施哪些切合中小微企业人才引进的优惠措施？

7. 贵企业在人才引入中，有没有使用相关的人才信息库（如海外高层次人才信息库、高技能人才信息库等），您认为政府该如何加强中小微企业人才引进需求信息发布？

8. 贵企业是否认为政府有必要鼓励“大企业帮扶中小微企业”？您认为大企业可以从哪些方面（如管理技术支持等）帮扶中小微企业？

9. 贵企业是否认为政府有必要鼓励专家以“访问学者”的形式长期入驻中小微企业指导工作？

10. 政府提出的平等对待中小微企业的政策是否对贵企业的发展产生了实效？中小微企业（以贵企业实际情况为例）在人才引进的过程中是否会受到应聘者的歧视（企业声誉歧视或企业规模歧视等）和社会舆论的负面影响？其影响的程度如何？您认为政府可以从哪些方面提高中小微企业的声誉或地位？

中小微企业人力资源状况
预调研阶段（2013 年 7 月）问卷

编号		调查时间		调查员	
受调查企业所在地		省/自治区市/州县/市乡/镇			
受调查企业名称				填写人职位	

尊敬的先生/女士：

您好！受省委省政府委托，省经信委和中南大学联合开展我省中小微企业人力资源管理状况研究，该研究成果将由省经信委和中南大学的专家们共同分析后向省委省政府提出政策和决策建议，请各单位组织好并认真、真实填写，以便为我省中小微企业日后的发展创造更加良好的政策环境。

本调查问卷不记姓名，不会询问到您的隐私问题，所有数据只是作为统计处理之用，您的答案将完全保密。我们的调查将在全省展开，您的认真配合可能对我省中小微企业（包括贵企业）的发展产生重要影响，我们郑重承诺所有资料仅用于研究之用，恳请您务必用心真实填写，衷心感谢您的慎重负责和对本研究的支持！

湖南省经信委、中南大学省社科基金重大课题组

请您按照您的真实情况选择或填写。

第一部分　企业概况

1. 贵企业的规模？

①中型　②小型　③微型　④小巨人计划　⑤创业计划

2. 贵企业所属行业类型？

①农、林、牧、渔业　②工业　③建筑业　④批发业　⑤零售业　⑥交通运输业　⑦仓储业　⑧邮政业　⑨住宿业　⑩餐饮业　⑪信息传输业　⑫软件和信息技术服务业　⑬房地产开发经营业　⑭物业管理　⑮租赁和商务服务业［工信部联企业〔2011〕300 号］

3. 贵企业所处发展阶段？

①初创期（企业成立或创立初期，收益不稳定） ②成长期（产品服务基本稳定，收益快速提高） ③成熟期（产品或服务成熟，收益稳定） ④转型期（企业市场份额下降，收益减少，面临变革）

4. 贵企业成立年限？

①1 年以下 ②1—5 年 ③ 6—10 年 ④11—20 年 ⑤20 年以上

5. 贵企业的员工总数？

①100 人以下 ②100—500 人 ③501—1000 人 ④1000 人以上

6. 贵企业是何种类型的企业？

①外商独资 ②中外合资 ③私营 ④其他

7. 目前制约贵企业发展最主要的因素是？（多选）

①成本高 ②市场拓展难 ③税负重 ④融资难 ⑤人才制约 ⑥政策环境支持

8. 贵企业认为中小微企业面临的人力资源主要问题有哪些？（多选）

①核心人才短缺及用工难 ②人才引进及用人环境问题 ③核心人才（含业主）培训和创业扶持问题 ④劳资纠纷及社会保障问题 ⑤社会舆论与政策导向问题 ⑥其他________

第二部分 企业发展政策环境（侧重人力资源政策）

1. 贵企业对国家中小微企业政策了解情况？

①了解 ②不太了解 ③不了解

2. 贵企业认为政府采取哪些政策能推动企业发展？（多选）

①放宽市场准入 ②加大财税金融支持 ③加强企业领导者培训 ④完善社会服务 ⑤维护合法权益 ⑥引导提高自身素质 ⑦改进政府监管 ⑧加强指导和政府协调 ⑨减免税收 ⑩减少行政收费 ⑪其他________

3. 贵企业认为我省现行对中小微企业所收取的税率是否合理？

①过高 ②很高 ③较合理

4. 贵企业享受到政府提供的哪些人力资源扶持政策？（多选）

①人才引进的相关政策 ②培训支持服务相关政策

③人力成本补贴 ④职工的社会保障政策

5. 在政府对人才引进的政策支持上，贵企业认为存在哪些问题？（多

选）

①政策更新不及时 ②政策分散，不易操作 ③地方政府对政策落实力度不足 ④政策的扶持与优惠的幅度不够、吸引力不强 ⑤政策的宣传不到位 ⑥其他（请说明）________

6. 贵企业认为政府在人才引进方面更需要做的是？（多选）

①完善公平合理的立项程序与审批制度 ②完善人才评价体制 ③建立完善的人才服务体系 ④完善各级各类人才的激励政策 ⑤建立区域人才信息系统 ⑥促进人才合理流动 ⑦大力发展人才中介服务机构 ⑧保护知识产权 ⑨放宽单位用人自主权 ⑩完善社会保障体系 ⑪建设便捷的生活配套设施 ⑫解决引进人才生活方面困难 ⑬其他（请说明）________

7. 贵企业希望政府能为企业人才培训提供什么服务？（多选）

①规范人才培训市场环境 ②建立人才培训服务平台

③协助企业开展人才培训 ④其他（请说明）________

8. 贵企业是否享受到劳动用工的相关优惠政策？

①是 ②不知道有该政策 ③知道该政策，但不符合享受政策条件 ④否，本企业未享受到优惠政策，原因是________________

9. 贵企业认为当前中小微企业社会保障制度的主要弊病在于？（多选）

①覆盖面不宽，保障水平较低 ②缺乏统一管理 ③资金来源单一，国家和企业负担沉重 ④社会福利、社会救济等制度的改革滞后 ⑤其他（请说明）________

10. 在政府处理劳资纠纷方面，贵企业认为存在哪些问题？（多选）

①处理不够及时 ②处理流程不够透明

③处理结果不够公正 ④其他（请说明）________

11. 贵企业认为政府组织的招聘会（人才交流会）存在哪些问题？（多选）

①组织规模小 ②组织次数少 ③信息发布不及时

④信息发布渠道少 ⑤应聘者素质低 ⑥面向窄

第三部分 企业人力资源概况

1. 贵企业有无专门的人力资源管理部门？

①有　②其他部门行使人力资源管理职能　③人力资源管理职能外包

2. 制约贵企业发展的人力资源问题主要有哪些?(多选)

①核心管理人才短缺　②核心技术人才短缺　③操作技工短缺

④招工难　⑤用工成本高

3. 贵企业是否使用第三方派遣员工?

①是第三方派遣员工占比____%　②否

4. 贵企业近期是否存在用工紧缺?

①常年严重紧缺　②季节性严重紧缺　③轻度紧缺　④不紧缺

5. 贵企业发展中最缺哪方面的人才?(多选)

①中高层管理人员　②技术人员　③营销人员

④一般办公人员　⑤生产工人　⑥其他________

6. 贵企业主要采用的招聘渠道?(多选)

①政府组织招聘会　②职业中介机构　③社会自发人才交流会　④大中专院校　⑤猎头企业　⑥网络招聘　⑦员工推荐

7. 企业人力资源管理中，贵企业觉得最难的是什么?(多选)

①人才储备渠道有限　②用工管理成本太高　③员工社保缴纳事宜繁杂　④用工方式不灵活　⑤劳动争议处理　⑥政策法规信息传输不畅　⑦人事管理流程烦琐且效率低　⑧员工流失率大　⑨其他________

8. 贵企业人力资源部门是否能满足公司目前的管理需求?

①能　②基本满足核心事务性工作的要求　③不能

9. 若贵企业人力资源部门不能或不完全满足公司发展的人事管理需求，公司会采取怎样的措施予以完善?(多选)

①完善管理制度　②增加人力资源部门人员

③选择人力资源咨询为其提供专业服务　④其他________

10. 贵企业现有员工总数：____人，男____人，女____人；员工学历状况：硕士及以上____人，本科____人，专科____人，中专、技校____人，高中、职高____人，初中及以下____人。

11. 贵企业近3年人力资源总成本状况（含招聘费用、培训费用、薪酬费用、福利费用、离职费用等费用）：

2013年预计____万元，在总成本中所占比率大概是____%；2012____万元，在总成本中所占比率大概是____%；2011____万元，在总成本中所占比率大概是____%。

第四部分　企业绩效概况（近三年）

近三年主要经济指标：

资产规模：2013 年预计____万元，2012 年____万元，2011 年____万元。

营业收入：2013 年预计____万元，2012 年____万元，2011 年____万元。

利润总额：2013 年预计____万元，2012 年____万元，2011 年____万元。

利税总额：2013 年预计____万元，2012 年____万元，2011 年____万元。

第五部分　企业家概况

1. 贵企业董事长（业主）的性别？

①男　②女

2. 贵企业董事长（业主）的年龄？

①30 岁以下　②30—40 岁　③41—50 岁　④50 岁以上

3. 贵企业董事长（业主）的国民教育学历？

①初中及以下　②高中/中专　③大专　④本科　⑤硕士及以上

4. 贵企业董事长（业主）的进一步深造？

①MBA（工商管理硕士）　②EMBA　③MPA（公共管理硕士）　④工程硕士　⑤博士　⑥其他________

5. 贵企业董事长（业主）创业前的背景？

①原机关公务员或事业单位干部职工下海　②国企改制转型　③乡镇企业管理者转型　④自我资本积累型　⑤其他

6. 贵企业董事长（业主）每年外出听课学习的时间（以半天为一场，不含会议中夹带的学习）？

①10 场以下　②11—20 场　③21—30 场　④30 场以上

7. 您认为是否有必要由政府专门组织为企业家提供针对性的学习或培训？

①很有必要　②有必要　③必要　④没有必要

8. 制约企业发展的最大人力资源“瓶颈”?

①企业核心管理团队 ②企业核心技术团队 ③企业董事长(业主) ④企业员工

问卷到此结束，请您再检查一遍看是否有遗漏，谢谢您的合作!

中小微企业人力资源状况典型调研阶段(2013年9月)正式问卷

编号		调查时间		调查员	
受调查企业所在地		省/自治区市/州县/市乡/镇			
受调查企业名称				填写人职位	

尊敬的各位中小微企业负责人:

您好!感谢您支持和参与省委省政府委托由省经信委和中南大学联合开展的我省中小微企业人力资源管理状况调研。这是本次研究的第二轮调查，其调研结果将由省经信委和中南大学的专家们共同分析后向省委省政府提出政策和决策建议，请各单位以高度的责任感认真组织，真实填写，为省委省政府准确掌握我省中小微企业的真实情况，为正确决策，为推动我省中小微企业的蓬勃发展共同努力。

特别提醒:本调研问卷所有数据只是作为研究分析之用，所有资料由课题组负责掌握，完全保密。问卷共有47题项，恳请您务必对每一个题项做出选择，否则该问卷将被视为无效问卷，为了珍惜您的劳动成果，特请您用心真实完整填写完问卷，衷心感谢您的慎重负责和对本研究的支持!

湖南省经信委、中南大学省社科基金重大课题组

请您按照您的真实情况选择或填写。

第一部分 企业及人力资源概况

1. 贵企业董事长(业主)的性别?

①男 ②女

2. 贵企业董事长（业主）的年龄？

①30 岁以下　②30—40 岁　③41—50 岁　④50 岁以上

3. 贵企业董事长（业主）的国民教育学历？

①初中及以下　②高中/中专　③大专　④本科　⑤硕士及以上（不含 MBA、EMBA、MPA、工程硕士）

4. 贵企业董事长（业主）已经完成或正在完成？

①MBA（工商管理硕士）　②EMBA　③MPA（公共管理硕士）　④工程硕士　⑤博士　⑥其他________

5. 贵企业董事长（业主）创业前的背景？

①原机关公务员或事业单位干部职工下海　②国企改制转型　③乡镇企业管理者转型　④自我资本积累型　⑤其他

6. 贵企业董事长（业主）每年外出听课学习的时间（以半天为一场，不含会议中夹带的学习）？

①10 场以下　②11—20 场　③21—30 场　④30 场以上

7. 您认为是否有必要由政府专门组织为企业家提供针对性的学习或培训？

①很有必要　②有必要　③没有必要

8. 您认为贵企业最需要首先解决的人力资源难题是（单选）？

①企业董事长（业主）的经营理念和管理模式　②企业核心技术团队的构建　③企业核心管理团队的打造　④其他，请说明________

9. 贵企业近三年人力资源总成本状况（含招聘费用、培训费用、薪酬费用、福利费用、离职费用等费用，如果没有直接的财务数据，请概算）：

2013 年预计____万元，在总成本中所占比率大概是____%；2012 年____万元，在总成本中所占比率大概是____%；2011 年____万元，在总成本中所占比率大概是____%。

10. 近三年主要经济指标：

资产规模：2013 年预计____万元，2012 年____万元，2011 年____万元。

营业收入：2013 年预计____万元，2012 年____万元，2011 年____万元。

利润总额：2013 年预计____万元，2012 年____万元，2011 年____万元。

利税总额：2013 年预计____万元，2012 年____万元，2011 年____万元。

11. 贵企业的规模（以国家划定的标准）？

①中型 ②小型 ③微型

12. 贵企业属于？

①小巨人计划 ②创业计划

13. 贵企业所属行业类型？

①农、林、牧、渔业 ②工业（包括采矿业，制造业，电力、热力、燃气及水生产和供应业） ③建筑业 ④批发业 ⑤零售业 ⑥交通运输业（不含铁路运输业） ⑦仓储业 ⑧邮政业 ⑨住宿业 ⑩餐饮业 ⑪信息传输业（电信、互联网和相关服务） ⑫软件和信息技术服务业 ⑬房地产开发经营业 ⑭物业管理 ⑮租赁和商务服务业［工信部联企业〔2011〕300 号］

14. 贵企业所处发展阶段？

①初创期（企业成立或创立初期，收益不稳定） ②成长期（产品服务基本稳定，收益快速提高） ③成熟期（产品或服务成熟，收益稳定） ④转型期（企业市场份额下降，收益减少，面临变革）

15. 贵企业成立年限？

①1 年以下 ②1—5 年 ③6—10 年 ④11—20 年 ⑤20 年以上

16. 贵企业的员工总数？

①50 人以下 ②51—100 人 ③101—500 人 ④501 人以上

17. 贵企业是何种类型的企业？

①国有及国有控股 ②外资或外资控股企业 ③私营或私营控股企业 ④其他

18. 目前制约贵企业发展的主要因素是？（可多选）

①企业的管理人才、技术人才、领导能力等人力资源因素的影响 ②企业的生产制造水平和能力 ③经营政策和融资 ④地域局限性 ⑤企业的研发和技术能力

19. 制约贵企业发展的人力资源问题主要有哪些？（请按重要性由高到低依次排序，限选 3 项，示例：如果选“③①④”，即第 3 选项最重要，第 1 选项次重要）

①核心技术人才和管理人才短缺 ②用工成本高，压力大，招工难

③人才引进和留任困难　④社保负担重

20. 目前制约贵企业发展最主要的因素是？（请按重要性由高到低依次排序，限选 3 项）

①市场拓展难　②税负重　③融资难　④人才制约　⑤政策环境支持

21. 贵企业用工成本高的原因？（请按重要性由高到低依次排序，限选 3 项）

①社保负担重　②劳动力价格水平上升　③培训成本上升　④劳动安全卫生

第二部分　人力资源及管理现状问题

1. 贵企业认为政府采取哪些政策能推动中小微企业发展？（最多可选 3 项）

①放宽市场准入　②加大财税金融支持　③加强企业领导者培训　④完善社会服务　⑤维护合法权益　⑥引导提高企业整体素质　⑦改进政府监管　⑧加强指导和政府协调　⑨减免税收　⑩减少行政收费　⑪其他，请说明________

2. 贵企业享受到政府提供的哪些人力资源扶持政策？（最多可选 3 项）

①人才引进的相关政策　②培训支持服务相关政策　③人才使用方面的直接补贴　④职工的社会保障政策　⑤其他，请说明________

3. 贵企业是否存在用工紧缺？

①严重紧缺　②轻度紧缺　③不紧缺

4. 您认为贵企业紧缺哪些员工？

①中高级管理技术人才　②操作技能人才　③普工　④其他，请说明________

5. 贵企业中高级管理技术人才及操作技能型人才紧缺的主要原因？（最多可选 3 项）

①企业成本压力大，工资福利待遇吸引力不强　②高校和职校培养的人才与企业需求不匹配　③地域限制　④政府公共服务配套设施不完善　⑤招聘平台建设不完善，招聘信息不畅　⑥企业内部人才培训体系不健全　⑦中小微企业社会声誉及社会形象欠佳　⑧其他，请说

明________

6. 贵企业普工紧缺的主要原因？（最多可选3项）

①岗位技术性要求高，难以招到合适工人 ②工资福利待遇低，吸引力不强 ③劳动强度大，工作环境差 ④本地大量年轻人外出务工，不愿留在本地工作 ⑤新生代（“80后”、“90后”）员工期望高 ⑥招聘平台建设不完善，招聘信息不畅 ⑦地域限制 ⑧政府公共服务配套设施不完善 ⑨其他，请说明________

7. 贵企业认为政府在企业人才引进方面可以提供的政策扶持？（最多可选3项）

①加强基础设施和配套设施建设 ②完善公共服务平台建设 ③加大人才引进的补贴力度 ④精简人才引进的步骤，提供一条龙服务 ⑤完善人才信息市场建设 ⑥解决人才关系的亲属就业、子女入学、住房等问题 ⑦加大组织招聘力度，提供专业对口的招聘平台 ⑧其他，请说明________

8. 贵企业近年来人才流失状况如何？

①严重 ②一般 ③轻微

9. 贵企业哪一类员工流失最严重、对企业影响最突出？

①中高层管理技术人才 ②操作技术性人才 ③普工

10. 贵企业认为人才流失的主要原因有哪些？（请按重要性由高到低依次排序，限选3项）

①地域环境差 ②基础设施、配套设施缺乏 ③企业工资福利待遇缺乏竞争力 ④员工对企业缺乏归属感 ⑤企业声誉和社会形象的影响 ⑥企业缺乏有效的管理激励机制 ⑦员工家属就业、子女入学等问题得不到解决 ⑧职业发展空间小 ⑨企业提供工作环境差 ⑩员工与企业文化观念存在冲突

11. 贵企业认为政府组织的招聘会存在的主要问题有哪些？（最多选3项）

①招聘次数少 ②招聘规模小 ③招聘缺乏针对性 ④招聘信息发布不及时 ⑤面向窄 ⑥其他，请说明________

12. 政府对人才评价和供给方面存在哪些问题？（请按重要性由高到低依次排序，限选3项）

①职业资格认证公信力不强 ②高校、职校符合企业需求的实用技

能人才对口培养不足 ③高校、职校实用技能人才培养质量差 ④高校、职校相关专业设置不符合企业需求 ⑤其他，请说明________

13. 贵企业认为职业院校取消部分专业（如铸造、热处理等专业）对企业所需操作技能人才短缺造成的影响如何？

①影响很大 ②一般 ③无

14. 贵企业认为以下哪些公共平台服务对企业发展影响最大？（最多选3项）

①信息服务平台 ②融资服务平台 ③创业辅导平台 ④管理咨询平台 ⑤人才培训平台 ⑥技术支持平台 ⑦法律咨询平台

15. 贵企业认为下列哪些公共服务平台还需要继续完善？（请按重要性由高到低依次排序，限选3项）

①信息服务平台 ②融资服务平台 ③创业辅导平台 ④管理咨询平台 ⑤人才培训平台 ⑥技术支持平台 ⑦法律咨询平台

16. 贵企业员工培训主要采用的方式？（最多选3项）

①企业内部自主培训 ②企业与院校合作培训 ③参加政府组织的培训 ④中介机构培训 ⑤其他，请说明________

17. 贵企业认为政府组织的培训存在的主要问题？（按重要性由高到低依次排序，限选3项）

①培训次数少 ②培训缺乏针对性 ③培训缺乏系统性 ④培训师资力量薄弱 ⑤培训形式单一 ⑥培训受众少 ⑦其他，请说明________

18. 贵企业认为政府在企业培训方面可提供哪些扶持？（最多选3项）

①提供财政补贴或税收减免，鼓励企业开展培训 ②建立培训常态化机制，定期开展培训 ③对不同行业企业，不同的员工开展有针对性和实效性的培训 ④为企业与院校合作培养人才搭建平台，引导建立培训基地 ⑤建立培训专家库，指导并鼓励企业建立培训部门开展内部培训 ⑥鼓励企业参与举办职业技术教育，建立现代学徒制度 ⑦其他，请说明________

19. 贵企业认为政府应该采取哪些措施鼓励创业？（最多选3项）

①资金支持 ②舆论宣传引导 ③创业人员培训 ④税收优惠 ⑤落实创业基地优惠政策 ⑥培育创业环境 ⑦扶持创业辅导机构 ⑧完善服务平台 ⑨其他________

20. 贵企业中是否存在员工不愿意缴纳“五险一金”的现象？

①存在较多　②存在较少　③不存在

21. 贵企业存在不愿意缴纳“五险一金”的情况有哪些？（请按重要性由高到低依次排序，限选3项）

①员工已经在农村缴纳了“新农合、新农保”　②保险不能带走，员工离职率高　③员工自身没有保障意识　④员工对“五险一金”不了解甚至不知道　⑤实际到手工资低　⑥参保手续烦琐

22. 贵企业是否存在着农村户口员工因为在农村参加了“新农合、新农保”而不愿意参加社会保险的问题？

①是　②否

23. 贵企业获得过省级（省政府或政府组成部门发文）及以上的表彰（如优秀企业家、纳税先进企业等）？

①0次　②1—3次　③3—5次　④5次以上

24. 贵企业认为中小微企业在社会中的地位较低、形象较差的原因有哪些？（最多选5项）

①源于所有制观念带来的歧视　②董事长（企业主）素质差，文化水平较低　③地理位置差引起的生活环境水平低、交通不便等　④因管理不善引起的产品服务质量差、生产事故多发等　⑤造成环境污染　⑥受到处罚较多　⑦政府或社会正面舆论宣传少　⑧受到社会表彰少　⑨企业内部劳资关系矛盾突出，员工地位低　⑩企业提供给员工的工资待遇差　⑪员工整体素质低　⑫社会对劳动或劳动者不尊重　⑬企业内部用工不规范、管理水平低　⑭政府不重视中小微企业发展，不公平对待中小微企业　⑮企业的信誉差

25. 贵企业员工参加过由政府组织的相关技能比赛情况？

①无　②次数很少　③次数较多（每年5—10次）　④次数很多（每年10次）

26. 贵企业近五年受到地市及以上媒体的正面专题报道？

①无　②次数很少　③次数较多（5—10次）　④次数很多（10次以上）

问卷到此结束，请您再检查一遍看是否有遗漏，谢谢您的合作！

中小微企业人力资源状况拓展调研阶段（2015年9月）正式问卷

编号		调查时间		调查员	
受调查企业所在地		省/自治区市/州县/市乡/镇			
受调查企业名称				填写人职位	

尊敬的各位中小微企业负责人：

您好！感谢您支持和参与由中南大学承担的社科基金重大项目“中国中小微企业人力资源状况”课题调研。本次调研结果将由专家们共同分析后形成政策和决策建议。您对本问卷所有问题给予的咨询和指导，都是对我们完成本课题的最大帮助和支持，也是为推动我国中小微企业蓬勃发展做出的努力！本调研问卷所有数据只是作为研究分析之用，所有资料由课题组掌握，完全保密。衷心感谢您的慎重负责和对本研究的支持！

“中国中小微企业人力资源状况研究”课题组

请您按照您的真实情况选择或填写。

第一部分　企业基本信息

1. 贵企业所属行业类型？（单选）

①农、林、牧、渔业　②制造业（包括加工业、纺织业、医药制造、金属冶金等）　③信息产业（信息传输业软件和信息技术服务业）　④服务业（含零售、仓储、邮政、住宿、房地产、餐饮、物业、管理咨询、交通运输业、租赁和商务服务业等）　⑤其他（含采矿业，电力、热力、燃气及水生产等其他行业）

2. 贵企业所处的行政区域是？

①省会城市　②地级市　③县域（含县级市城区）　④乡/镇

3. 贵企业是何种类型的企业？（单选）

①国有及国有控股　②外资或外资控股企业　③私营或私营控股企业　④其他________

4. 制约贵企业发展的人力资源问题最突出的是哪项？（单选）

①劳动力市场上缺乏企业所需员工　②市场上有企业所需员工，但因为各类原因企业无法招到　③企业招到的员工因为各种原因流失严重　④企业用于员工的工资、福利、安置等成本过高　⑤企业社保负担重

第二部分　体制及政策环境

1. 贵企业已享受到政府提供的哪些人力资源支持政策？（多选）

①人才引进的扶持政策　②企业招聘扶持政策　③企业家培训扶持政策　④员工培训扶持政策　⑤人才培养扶持政策　⑥员工福利待遇等补贴政策　⑦员工的社保补贴政策　⑧劳动仲裁帮扶政策　⑨企业管理诊断帮扶政策　⑩其他，请说明________

2. 贵公司目前缴纳的保险有哪些？（多选）

①养老保险　②医疗保险　③失业保险　④工伤保险　⑤生育保险　⑥住房公积金

3. 贵企业缴纳了社保的员工占总员工数的比率？（单选）

①30% 以下（含）　②30%—50%（含）　③50%—80%（含）　④80% 以上

4. 贵企业缴纳的社保资金占工资总额的百分比？（单选）

①20% 以下（含）　②20—30%（含）　③30—40%（含）　④40—50%（含）　⑤50% 以上

5. 如果贵企业存在员工不愿意缴纳社保的情况，原因有哪些？（请选择最突出的 3 项）

①员工对“五险一金”不了解甚至不知道　②员工自身没有保障意识　③员工已经在农村缴纳了“新农合、新农保”　④员工离职率高，但保险不能带走　⑤员工扣除社保后到手工资低　⑥参保手续烦琐　⑦员工不满意社保的保障/报销效果

6. 请您根据自己的判断在对应的数字上画“√”。（“人力资源政策”包括人才引进、培训、社保、劳动关系、员工招聘等各类人力资源相关帮扶性政策；“所有制歧视”指因企业所有制不同引起的歧视）

项目指标	非常低	比较低	一般	比较高	非常高
当地政府对贵企业的重视程度	1	2	3	4	5
贵企业感知到的当地政府的所有制歧视程度	1	2	3	4	5

续表

项目指标	非常低	比较低	一般	比较高	非常高
贵企业感知到的当地政府的规模歧视程度	1	2	3	4	5
贵企业感知到的中小微企业人力资源政策实施的公平透明程度	1	2	3	4	5
贵企业感知到的中小微企业人力资源政策的宣传力度	1	2	3	4	5
贵企业感知到的中小微企业人力资源政策清晰详细程度	1	2	3	4	5
贵企业感知到的中小微企业人力资源政策的惠及面	1	2	3	4	5
贵企业感知到的中小微企业人力资源政策的扶持力度	1	2	3	4	5
贵企业感知到的中小微企业人力资源政策的落实力度	1	2	3	4	5
贵企业对社保对接政策的了解程度	1	2	3	4	5
贵企业感知到的社保对接政策对员工参保意愿的积极影响	1	2	3	4	5

第三部分　人力资源市场

1. 贵企业是否存在用工紧缺?(单选)

①严重紧缺　②轻度紧缺　③不紧缺

2. 贵企业紧缺哪些员工?(多选)

①高级管理人才　②技工　③普工　④其他，请说明________

3. 贵企业高级管理人才及技工紧缺的主要原因?(请选择最突出的5项)

①企业成本压力大，工资福利待遇吸引力不强　②工作环境差　③企业内部的人力资源管理水平低　④中小微企业社会声誉及社会形象欠佳　⑤工作安全保障低　⑥招聘平台建设不完善，招聘信息不畅　⑦市场上人才素质达不到企业要求　⑧地域限制　⑨劳动力市场中介机构作用不大　⑩高职院校学生的就业观念以及社会观念都漠视了中小微企业的人才需求　⑪高校和职校培养的人才与企业需求不匹配　⑫返聘

退休人员缺乏法律和政策保障　⑬其他，请说明________

4. 贵企业普工紧缺的主要原因？（请选择最突出的 5 项）

①岗位技术性要求高，难以招到合适工人　②工资福利待遇低，吸引力不强　③劳动强度大，工作环境差　④本地大量年轻人外出务工，不愿留在本地工作　⑤新生代（“80 后”、“90 后”）员工期望高　⑥招聘平台建设不完善，招聘信息不畅　⑦地域限制　⑧劳动力市场中介机构作用不大　⑨中小微企业社会声誉及社会形象欠佳　⑩员工在企业中职业发展空间小　⑪其他，请说明________

5. 贵企业近年来员工流失状况如何？（单选）

①严重　②一般　③轻微

6. 贵企业哪一类员工流失最严重、对企业影响最突出？（多选）

①高级管理人才　②技工　③普工　④其他，请说明________

7. 贵企业认为员工流失的主要原因有哪些？（请选择最突出的 5 项）

①地域环境差　②基础设施、配套设施缺乏　③企业工资福利待遇缺乏竞争力　④工作安全保障低　⑤企业声誉和社会形象差　⑥企业缺乏有效的管理激励机制　⑦员工家属就业、子女入学等问题得不到解决　⑧员工在企业中职业发展空间小　⑨企业提供的工作环境差

第四部分　人力资源供给

1. 贵企业在人才引进方面得到了政府的哪些扶持？（多选）

①人才引进的补贴　②人才信息服务　③精简人才引进步骤，实行绿色通道　④提供基础设施和配套设施建设　⑤解决人才的亲属就业、子女入学、住房等问题　⑥提供专业对口的招聘会　⑦其他，请说明________

2. 贵企业认为政府组织的招聘会存在的主要问题有哪些？（请选择最突出的 3 项）

①招聘次数少　②招聘规模小　③招聘缺乏针对性　④招聘宣传力度不够　⑤其他________

3. 贵企业认为与职业技校开展校企合作的重要性？（单选）

①非常重要　②比较重要　③不重要

4. 贵企业认为制约与职业院校合作的主要因素有哪些？（多选）

①政府缺少有关鼓励、优惠政策　②企业利益得不到保障　③学校

缺乏主动性 ④缺乏学校企业双方的交流平台 ⑤合作中校企双方职责不明确 ⑥缺乏法律规范 ⑦其他，请说明________

5. 贵企业认为目前职业院校在满足企业人才需求方面存在哪些主要问题？（请选择最突出的3项）

①专业设置与当地产业结构的结合度低 ②毕业生不愿留在本地工作 ③毕业生不愿去中小微企业工作 ④培养技能与企业岗位能力要求不匹配 ⑤针对农民工的职业教育和培训短缺 ⑥职业院校与企业联合培养人才的效果不佳 ⑦其他（请说明）________

第五部分 政府推动人力资源开发

1. 贵企业认为中小微企业应用信息技术存在哪些困难？（“信息技术”主要是应用计算机科学和通信技术来设计、开发、安装和实施信息系统及应用软件）（请选择最困难的3项）

①高层管理意识落后，不愿大力投入 ②自身专业技术人员短缺，技术力量薄弱 ③信息化投入成本过高，投入时间过长 ④政府信息公共基础设施建设缺乏 ⑤缺乏相关的政策支持和指导

2. 贵企业认为信息技术影响了企业人力资源的哪些方面？（多选）

①招聘渠道和信息 ②人才吸引和留用 ③培训方式和效果 ④企业文化维系 ⑤绩效与考核 ⑥员工关系

3. 贵企业是否愿意招聘高校毕业生？

①是（请继续回答a题） ②否（请继续回答b题）

a. 贵企业认为下列哪项是招不到高校毕业生给自身带来的最严重影响？（单选）

①造成人力资源储备不足 ②制约人力资本更新 ③导致人力成本上升 ④难以健全人才选拔制度

b. 贵企业认为下列哪项是不愿意招聘高校毕业生的最主要原因？（单选）

①对高校毕业生工作能力和基本素质不信任 ②招聘难度大，成本高 ③高校毕业生对福利待遇要求高，企业负担重 ④一般工作用不着高校毕业生 ⑤高校毕业生对中小微企业忠诚度低

4. 请您根据自己的判断在对应的数字上画“√”。

项目指标	非常低	比较低	一般	比较高	非常高
贵企业对中小微企业应用信息技术的了解程度	1	2	3	4	5
贵企业认为信息技术对企业人力资源的影响程度	1	2	3	4	5
贵企业在人力资源管理中应用信息技术的程度	1	2	3	4	5
贵企业在招聘中受到地理位置的影响程度	1	2	3	4	5
贵企业在招聘中受地区经济的影响程度	1	2	3	4	5
贵企业在招聘中对高校毕业生的吸引程度	1	2	3	4	5
贵企业和同行之间的交流程度	1	2	3	4	5
贵企业与相关研究机构的合作程度	1	2	3	4	5
贵企业吸收利用外部知识和技术的程度	1	2	3	4	5

第六部分 政府职能及社会化服务体系

1. 贵企业认为下列关于选项中哪个问题最突出？（单选）

①政府管理体制不顺 ②市场服务组织发育不充分 ③中小微企业服务中心发展不足 ④协会类服务机构发育不健全 ⑤公益性服务机构层次低、质量差

2. 贵企业认为下列哪些公共服务平台亟须完善？（请选择最需完善的5项）

①信息服务平台 ②投融资服务平台 ③创业辅导平台 ④管理咨询平台 ⑤人才与培训平台 ⑥技术创新和质量服务平台 ⑦法律咨询平台 ⑧市场开拓服务平台 ⑨政务服务平台

3. 贵企业认为公共服务平台建设存在哪些问题？（多选）

①平台建设与企业需求不对等 ②平台存在“装点门面”的现象 ③平台服务/信息质量低、更新慢 ④平台服务人员的服务理念淡薄、服务态度差 ⑤平台操作不方便 ⑥其他，请说明________

4. 贵企业认为目前政府部门对中小微企业管理和服务存在哪些问题？（请选最突出的3项）

①部门职能分散，职责不明 ②存在多头管理现象 ③政府服务方式不够灵活 ④服务项目与企业需求不匹配 ⑤工作效率和服务质量有待提高 ⑥不同部门服务力度差异较大 ⑦“三乱：乱收费、乱罚款、乱摊派”现象严重 ⑧服务过程存在歧视现象 ⑨其他，请说明__________

5. 贵企业认为目前政府主导的中小微企业服务机构存在哪些问题？（请选最突出的3项）

①服务机构组成单一 ②服务形式单一 ③服务项目重叠 ④行政色彩浓厚，效率低 ⑤基础设施条件差 ⑥服务手段落后 ⑦政府监管不到位 ⑧服务人员素质低，意识差 ⑨各机构间缺乏合理协调

6. 贵企业认为目前市场主导的商业服务组织存在哪些问题？（请选择最突出的3项）

①服务种类少，项目单一，无法满足企业需求 ②人员素质低，服务意识差 ③服务质量差 ④服务方式不够灵活 ⑤服务效率低 ⑥服务收费高 ⑦不同组织间服务项目重叠 ⑧对中小微企业有歧视和偏见

第七部分 创业支持体系

贵企业认为当前政府在创业扶持方面还存在哪些不足？（请选择最突出的5项）

①创业融资困难 ②创业相关政策宣传力度不够 ③创业教育和培训落后 ④创业园区管理服务水平低 ⑤创业园区基础设施建设不完善 ⑥缺乏有效的创业指导和咨询服务 ⑦专项资金支持和税费补贴力度不够 ⑧引进人才困难 ⑨企业注册门槛高 ⑩网络服务平台不健全 ⑪其他，请说明________

第八部分 社会舆论环境

1. 贵企业认为中小微企业在社会中地位形象较差的原因有哪些？（请选择最突出的5项）

①所有制观念带来的歧视 ②董事长（企业主）素质差，文化水平较低 ③地理位置差引起的生活环境水平低、交通不便等 ④因管理不善引起的产品服务质量差、生产事故多发等 ⑤造成环境污染 ⑥受到处罚较多 ⑦政府或社会正面舆论宣传少 ⑧受到社会表彰少 ⑨企业内部劳资关系矛盾突出 ⑩企业提供给员工的工资待遇差 ⑪员工整体素质低 ⑫社会对劳动或劳动者不尊重 ⑬企业内部用工不规范、管理水平低 ⑭政府不重视中小微企业发展，不公平对待中小微企业 ⑮企业的信誉差

2. 贵企业对企业社会责任内涵和范围的了解程度：

①非常了解 ②基本了解 ③不太了解 ④不了解

3. 贵企业了解企业社会责任的信息渠道有哪些?(多选)

①电视广播、报纸杂志等 ②行业协会 ③政府部门 ④专家学者 ⑤国内同行或生意伙伴 ⑥国外企业 ⑦其他社会组织

4. 贵企业认为政府在企业社会责任建设中最需要做的事情是?(单选)

①颁布企业社会责任相关法律法规 ②实施科学的引导措施(包括舆论、激励政策等) ③建立企业社会责任政府评价、认证和预警体系,并定期发布报告 ④建立专门的企业社会责任培训机制

5. 贵企业认为在中小微企业中影响劳工权益的最主要因素是什么?(单选)

①劳动合同签订 ②工作安全与职业健康 ③社会保障 ④工时和加班 ⑤劳资纠纷 ⑥其他________

6. 请您根据自己的判断在对应的数字上画"√"。

项目指标	非常低	比较低	一般	比较高	非常高
贵企业认为企业社会责任影响中小微企业长期发展的程度	1	2	3	4	5
贵企业认为主流媒体对中小微企业不公平对待的程度	1	2	3	4	5
贵企业认为社会舆论影响中小微企业生产经营的程度	1	2	3	4	5

问卷到此结束,请您再检查一遍看是否有遗漏,谢谢您的合作!

参考文献

（一）中文文献

1. 邓荣霖：《中小企业制度与市场经济》，中国人民大学出版社 1999 年版。
2. 尚会永：《关于当前我国中小企业界定标准的探讨》，《郑州大学学报》（哲学社会科学版）2011 年第 44 期。
3. 颜爱民、黄东红、谢应钦等：《我国中部省份中小微企业人力资源状况评估研究——基于湖南省中小微企业的调查》，《湖湘论坛》2014 年第 2 期。
4. 郑功成：《中国民生的两大主题：社会保障和促进就业》，《理论探讨》2004 年第 5 期。
5. 中央文献研究室第一编研部课题组：《以"两型社会"建设为突破口加快经济发展方式转变》，《毛泽东邓小平理论研究》2011 年第 2 期。
6. 陈晓红：《突出生态文明建设与"两型社会"建设》，《新湘评论》2012 年第 24 期。
7. 马岩：《我国面对中等收入陷阱的挑战及对策》，《经济学动态》2009 年第 7 期。
8. 张飞、全毅：《避免"中等收入陷阱"的国际比较》，《亚太经济》2012 年第 1 期。
9. 肖卫东：《中小企业公共服务平台的功能定位与组织创新》，《学习与探索》2014 年第 2 期。
10. 解学梅：《中小企业协同创新网络与创新绩效的实证研究》，《管理科学学报》2010 年第 13 期。
11. 刘佑铭：《新型城镇化背景下的中小企业发展与就业增长》，《华南师范大学学报》（社会科学版）2013 年第 3 期。
12. 李亦楠、邱红：《新型城镇化过程中农村剩余劳动力转移就业研究》，

《人口学刊》2014 年第 6 期。
13. 齐明珠：《我国 2010—2050 年劳动力供给与需求预测》，《人口研究》2010 年第 34 期。
14. 孙祖芳：《我国发展劳动密集型产业的经济学思考》，《社会科学》2003 年第 10 期。
15. 肖卫东、李肆：《农村中小企业公共服务平台的服务模式：一个政府主导型复合服务模型》，《中国行政管理》2014 年第 12 期。
16. 张玉明、吕静：《企业家素质培育与中小型科技企业成长》，《软科学》2009 年第 23 期。
17. 李刚：《劳动力短缺的多维解析与破解路径》，《经济学家》2014 年第 3 期。
18. 王呈斌、毛晓燕：《后危机时代民营企业"用工荒"现象探析》，《经济理论与经济管理》2010 年第 4 期。
19. 辜胜阻、潘啸松、杨威：《在应对"用工荒"中推动企业转型升级》，《人口研究》2011 年第 6 期。
20. 吴群：《中小文化企业发展面临的困境及应对策略》，《经济纵横》2012 年第 11 期。
21. 张关、魏星月：《如何提高中国支线航空的发展》，《经济研究导刊》2013 年第 9 期。
22. 林洲钰、林汉川、陈衍泰：《我国小微企业解困的机制创新与实现路径》，《管理现代化》2013 年第 2 期。
23. 叶心宇：《中小企业人才瓶颈与大学生就业困境分析——基于可雇佣性视角的解构》，《企业经济》2014 年第 2 期。
24. 张晶、李鑫：《国有中小企业改制后人力资源流失问题研究——以云南省 L 公司为例》，《学术探索》2015 年第 2 期。
25. 谷彬：《劳动力市场分割、搜寻匹配与结构性失业的综述》，《统计研究》2014 年第 3 期。
26. 刘万霞：《职业教育对农民工就业的影响——基于对全国农民工调查的实证分析》，《管理世界》2013 年第 5 期。
27. 曹卫国、张蓉华：《论产业结构升级对职业教育的影响》，《职业教育研究》2008 年第 9 期。
28. 董英辉、童秀英、刘炳震：《高职院校专业设置与区域经济发展适应性研究——以环渤海地区为例》，《职业教育研究》2014 年第 1 期。

29. 黄晓赟、马建富：《基于新生代农民工需求的职业教育与培训体系建构研究》，《职业技术教育》2010 年第 34 期。

30. 李萍：《农民工职业教育培训政策的实施效果及其影响因素研究——基于贵州省的实证调查》，《职业技术教育》2014 年第 25 期。

31. 魏下海、黄乾：《技术劳动力短缺的影响因素及其对生产率的影响——来自 15 省 1533 家制造业企业微观数据的发现》，《经济科学》2010 年第 6 期。

32. 陈莉、李东福：《创业期科技型中小企业人力资源管理困境分析》，《人口学刊》2009 年第 6 期。

33. 童小琴：《长效解决中小企业招工难的对策研究》，《南京航空航天大学学报》（社会科学版）2011 年第 3 期。

34. 李颖：《我国西部中小企业人力资源管理问题及政策建议》，《软科学》2012 年第 3 期。

35. 叶莹：《我国中小企业“招工难”问题探析——以江苏省为例》，《市场周刊》（理论研究）2012 年第 4 期。

36. 陶秋燕、何勤、平宇伟：《中小企业培训服务体系的国际比较研究》，《江苏商论》2009 年第 4 期。

37. 赵国忻：《国外中小企业政策支持效果研究评述》，《经济学家》2007 年第 2 期。

38. 李延喜、郑春艳、包世泽等：《权衡理论与优序融资理论的解释力研究：来自中国上市公司的经验证据》，《管理学报》2007 年第 1 期。

39. 董晓宏、陈伟娜：《中小企业代内可持续发展影响因素研究——以河北省为例》，《经济与管理》2012 年第 12 期。

40. 魏满霞：《最低劳动力成本变动趋势与中小企业发展对策——以广州市可量化的最低劳动力成本变动趋势为例》，《中国人力资源开发》2012 年第 2 期。

41. 李恩平、卞永峰：《中小企业新生代农民工劳动关系预警组织架构研究》，《经济体制改革》2013 年第 6 期。

42. 王辉、贾涛、王继承：《加快建立符合国情的中小企业培训服务体系》，《经济纵横》2012 年第 8 期。

43. 王锋、王凤羽：《中小企业人力资源流动的行为机理》，《广东社会科学》2015 年第 3 期。
44. 李芳、杨朝均、徐建中：《中小企业人力资源管理模式选择研究》，《学习与探索》2012 年第 7 期。
45. 黄福广、张晓、彭涛等：《创业投资对中国未上市中小企业管理提升和企业成长的影响》，《管理学报》2015 年第 2 期。
46. 胡鞍钢、周绍杰：《新的全球贫富差距——日益扩大的数字鸿沟》，《中国社会科学》2002 年第 3 期。
47. 郭达、许艳丽：《〈2020 创业行动计划——重燃欧洲创业精神〉述评》，《科技进步与对策》2015 年第 5 期。
48. 燕金武：《我国“数字鸿沟”问题研究》，《图书馆建设》2004 年第 4 期。
49. 张新红：《什么是数字鸿沟?》，《电子政务》2008 年第 11 期。
50. 徐盈之、赵明：《中国区域数字鸿沟的经验分析——基于非平稳面板数据模型》，《情报杂志》2009 年第 28 期。
51. 杨琳、李明志：《中国地区间数字鸿沟的现状与对策》，《软科学》2002 年第 4 期。
52. 任贵生：《韩国缩小数字鸿沟的举措及启示》，《管理世界》2006 年第 7 期。
53. 林艳琴、王晓东：《我国中小企业社会责任法律规制的路径选择刍议》，《湖南大学学报》（社会科学版）2015 年第 3 期。
54. 刘颖：《中小企业社会责任现状及对策研究》，《经济纵横》2007 年第 22 期。
55. 邓泽宏、杜姮：《我国中部地区中小企业社会责任的现状与对策研究——基于对河南、湖北两地中小企业的调查》，《湖北社会科学》2014 年第 3 期。
56. 邓泽宏、刘文波：《基于员工视角的中小企业社会责任及差异比较研究》，《国家行政学院学报》2013 年第 4 期。
57. 陈承、张俊瑞、李鸣等：《中小企业社会责任的概念、维度及测量研究》，《管理学报》2015 年第 12 期。
58. 郭毅：《中国中小企业社会责任推行模式研究》，《求索》2011 年第 5 期。
59. 李健、徐世刚：《破解中小企业难以承担社会责任问题的对策思路》，

《经济纵横》2013 年第 7 期。
60. 徐洪才：《中国 2015：经济形势分析、展望与建议》，《光明日报》2015 年 3 月 11 日第 15 版。
61. 袁红林、陈小锋：《我国中小企业政策与中小企业成长环境的相关性——基于 384 家中小企业的实证》，《企业经济》2012 年第 2 期。
62. 陈清泰：《突破“姓国姓民”将是生产力的又一次解放》，《四川党的建设》（城市版）2012 年第 7 期。
63. 国务院发展研究中心“促进中小企业发展”课题组：《必须从战略高度重视中小企业的发展——中小企业的健康发展是发展与改革目标实现的根本保证》，《管理世界》1998 年第 5 期。
64. 张宝凤：《行政文化对政府执行力的制约》，《中共山西省直机关党校学报》2008 年第 2 期。
65. 邓宏图：《转轨期中国制度变迁的演进论解释——以民营经济的演化过程为例》，《中国社会科学》2005 年第 5 期。
66. 郑红亮、吕建云：《中国私营经济发展 30 年：理论争鸣和改革探索》，《管理世界》2009 年第 10 期。
67. 敬一竹：《论西部中小企业发展中的政府行为》，《理论与改革》2001 年第 6 期。
68. 梅伟霞：《我国陷入“中等收入陷阱”的风险分析及战略应对》，《求索》2011 年第 10 期。
69. 莫勇波、张定安：《制度执行力：概念辨析及构建要素》，《中国行政管理》2011 年第 11 期。
70. 殷华方、潘镇、鲁明泓：《中央—地方政府关系和政策执行力：以外资产业政策为例》，《管理世界》2007 年第 7 期。
71. 刘苓玲、赵传芳：《我国基本养老保险制度城乡衔接研究》，《第三届中国社会保障论坛文集》，2008 年。
72. 王春福：《公共精神与政府执行力》，《理论探讨》2007 年第 1 期。
73. 陈玲、王晓丹、赵静：《发展型政府：地方政府转型的过渡态——基于沪、苏、锡的海归创业政策案例调研》，《公共管理学报》2010 年第 3 期。
74. 颜爱民：《人力资源管理经济分析》，北京大学出版社 2010 年版。
75. 吴愈晓：《劳动力市场分割、职业流动与城市劳动者经济地位获得的二元路径模式》，《中国社会科学》2011 年第 1 期。
76. 果佳、唐任伍：《均等化、逆向分配与“福利地区”社会保障的省际差异》，《改革》2013 年第 1 期。
77. 倪筱楠、黄贤环：《辽宁省小微企业社会保障问题诊断与路径分析》，《沈阳大学学报》2014 年第 5 期。
78. 詹长春、汤飞、梅强：《小微企业社会保险缴费负担研究——以江苏省镇江市为例》，《探索》2013 年第 6 期。
79. 李实、魏众：《中国经济转型中城镇劳动力市场分割问题——不同部门职工工资收入差距的分析》，《管理世界》2009 年第 3 期。
80. 桑大伟：《企业社会责任表现：影响高校毕业生求职意愿的新因素》，《思想理论教育》2015 年第 10 期。
81. ［美］弗朗西斯·福山：《信任——社会美德与创造经济繁荣》，郭华译，海南出版社 2001 年版。
82. 颜爱民、方勤敏：《人力资源管理》，北京大学出版社 2011 年版。
83. 宋鸿、程刚：《企业社会责任对企业人才吸引力的影响》，《湖北大学学报》（哲学社会科学版）2012 年第 5 期。
84. 颜爱民、李歌：《企业社会责任对员工行为的跨层分析——外部荣誉感和组织支持感的中介作用》，《管理评论》2016 年第 1 期。
85. 龚丽华、彭万秋、梁玉珠：《广西大学生就业意向调查报告——以广西 6 所高校 2013 届大学毕业生调查数据为例》，《经济与社会发展》2014 年第 4 期。
86. 解永庆、缪杨兵、曹广忠：《农民工就业空间选择及留城意愿代际差异分析》，《城市发展研究》2014 年第 4 期。
87. 何仲禹、翟国方：《我国大学生就业城市选择意愿及其影响因素分析》，《人文地理》2015 年第 2 期。
88. 潘峰：《是劳动关系还是雇佣关系——论退休返聘人员的平等就业》，《中国人力资源开发》2008 年第 3 期。
89. 施振荣：《微笑曲线：缔造永续企业的王道》，复旦大学出版社 2014 年版。
90. 赵应生、钟秉林、洪煜：《转变教育发展方式：教育事业科学发展的必然选择》，《教育研究》2012 年第 1 期。
91. 张智敏、唐昌海、姚延芹：《影响农村人口职业技术教育需求的因素分析》，《中国农村经济》2007 年第 3 期。
92. 刘家强、王春蕊、刘嘉汉：《农民工就业地选择决策的影响因素分析》，《人口研究》2011 年第 2 期。
93. 谢作诗、杨克瑞：《大学生就业难问题探析》，《教育研究》2007 年第 4 期。
94. 陈一威：《面向中小微企业的就业工作室小订单人才培养模式研究——以温州科技职业学院计算机专业为例》，《职教论坛》2013 年第 4 期。
95. 颜爱民：《人力资源生态系统导论：系统的初步构建与应用研究》，经济管理出版社 2011 年版。
96. 颜爱民、李顺：《企业人力资源生态系统稳定性影响因素实证研究》，《统计与决策》2009 年第 18 期。
97. 余东华、范思远：《生产性服务业发展、制造业升级与就业结构优化——“民工荒与大学生就业难”的解释与出路》，《财经科学》2011 年第 2 期。
98. 王惠荣、张晖：《职业技术教育专业设置探讨》，《科技管理研究》2005 年第 5 期。
99. 潘海生、王世斌、龙德毅：《中国高职教育校企合作现状及影响因素分析》，《职教论坛》2013 年第 28 期。
100. 张志强：《校企合作存在的问题与对策研究》，《中国职业技术教育》2012 年第 4 期。
101. 颜爱民：《人力资源管理》，北京大学出版社 2016 年版。
102. 侯爱军、夏恩君、陈丹丹等：《基于供需视角的我国区域人才流动研究》，《科技进步与对策》2015 年第 9 期。
103. 国家信息中心“中国数字鸿沟研究”课题组：《中国数字鸿沟报告(2013)》，《信息化研究》2013 年第 9 期。
104. 于丽英、童心：《美日法高新技术产业集群政策的比较与借鉴》，《科技管理研究》2014 年第 21 期。
105. 崔蕊、霍明奎：《产业集群知识协同创新网络构建》，《情报科学》2016 年第 1 期。
106. 涂振洲、顾新：《基于知识流动的产学研协同创新过程研究》，《科学学研究》2013 年第 9 期。

107. 刘春艳、王伟：《面向协同创新的产学研知识转移研究现状及展望》，《科技进步与对策》2014 年第 17 期。
108. 王艳、曾刚、王灏：《基于知识转移视角的产学研合作模式研究》，《科技进步与对策》2009 年第 4 期。
109. ［美］尼尔·保尔森、托·赫尼斯：《组织边界治理：多元化观点》，经济科学出版社 2001 年版。
110. 张彩虹、钟青仪：《基于组织边界跨越的知识协同创新分析》，《商业研究》2014 年第 1 期。
111. 钟竞、吴泗宗、张波：《高技术企业跨边界学习的案例研究》，《科学学研究》2008 年第 3 期。
112. 黄曼慧、黄燕：《缩小我国国内"数字鸿沟"的对策分析》，《生产力研究》2005 年第 3 期。
113. 南旭光：《人才流动、知识溢出和区域发展：一个动态知识连接模型》，《科技与经济》2009 年第 3 期。
114. 侯爱军、夏恩君、李森：《区域人才流动知识溢出效应的实证研究》，《技术经济》2015 年第 9 期。
115. 崔永华：《边界组织与国家创新体系中的知识流动》，《科技进步与对策》2013 年第 19 期。
116. 张宝山：《日本、美国及欧盟中小企业划分标准的演变与启示》，《中国贸易报》2011 年 9 月 27 日第 S04 版。
117. 向明：《美国中小企业政策执行力研究与借鉴》，《经济社会体制比较》2009 年第 3 期。
118. 刘昕、柴茂昌：《论政府对中小企业的人力资源管理服务——美国的经验及其对我国的启示》，《经济体制改革》2014 年第 4 期。
119. 雅娜：《俄罗斯中小企业的发展》，博士学位论文，吉林大学，2013 年。
120. 徐昱东、徐坡岭：《俄罗斯中小企业发展分析——基于集体行动的视角》，《经济与管理》2010 年第 1 期。
121. 金晶：《韩国中小企业扶持政策与对策研究》，《亚太经济》2013 年第 1 期。
122. 中小企业服务机构发展状况及扶持政策研究课题组：《美日韩国和台湾、香港地区的中小企业服务机构》，《中国中小企业》2011 年第

3 期。
123. 綦鲁明：《完善的管理框架　健全的扶持体系——中小企业发展政策国际比较之韩国经验》，《经济研究参考》2011 年第 37 期。
124. 丁士军、朱丽芳：《韩国政府对中小企业的管理与扶持》，《世界经济研究》2000 年第 3 期。
125. 李远远、蔡翔：《国外政府对小企业发展的支持策略研究》，《技术经济与管理研究》2010 年第 6 期。
126. 梁剑：《中德中小企业比较研究与启示》，《当代财经》2008 年第 1 期。
127. 李善同、刘勇：《德国中小企业基本情况及扶持政策》，《科学决策》2009 年第 7 期。
128. 曾湘泉：《劳动力市场中介组织的发展与就业促进》，《中国人民大学学报》2009 年第 6 期。
129. 刘翠翠、卫平：《我国非营利性科技中介机构发展刍议》，《科学管理研究》2012 年第 3 期。
130. 贾先文：《公共服务供给中政府失灵及其角色的动态转换》，《理论视野》2011 年第 5 期。
131. 张鹏、梁学荣：《我国转型期的政府失灵：原因、表现及其矫正》，《统计与决策》2009 年第 14 期。
132. 李岩：《不完全契约理论视角下的政府失灵分析》，《经济与管理》2013 年第 3 期。
133. 施震凯、王美昌：《中国市场化进程与经济增长：基于贝叶斯模型平均方法的实证分析》，《经济评论》2016 年第 1 期。
134. 周洲：《市场中介组织发展对我国旅游外汇收入影响的实证》，《统计与决策》2016 年第 6 期。
135. 张展：《中国市场中介组织发展的锁定效应与解锁路径》，《社会科学辑刊》2006 年第 2 期。
136. 陈艳莹、夏一平：《社会网络与市场中介组织行为异化——中国省份面板数据的实证研究》，《中国工业经济》2011 年第 11 期。
137. 才国伟、赵永亮、张捷：《政府支持、行政干预与行业协会的发展——基于粤、浙两地问卷调查的实证研究》，《经济管理》2010 年第 2 期。

138. 郁建兴、周俊、沈永东等：《后双重管理体制时代的行业协会商会发展》，《浙江社会科学》2013 年第 12 期。
139. 易继明：《论行业协会市场化改革》，《法学家》2014 年第 4 期。
140. 李志更、乔立娜：《我国人力资源市场中介服务机构信息监测的特点与发展》，《中国行政管理》2011 年第 12 期。
141. 熊彼特：《经济发展理论》，邹建平译，中国画报出版社 2012 年版。
142. 张玉利、李乾文、李剑力：《创业管理研究新观点综述》，《外国经济与管理》2006 年第 5 期。
143. 彭华涛：《创业企业成长瓶颈突破——政企互动的中介作用与政策感知》，《科学学研究》2013 年第 7 期。
144. 周天勇、张弥：《就业：势态分析、根本出路与中长期方案》，《中国人口科学》2003 年第 4 期。
145. 赖德胜、李长安：《完善创业教育体系　迎接创业高潮》，《求是》2009 年第 14 期。
146. 王晓文、张玉利、杨俊：《基于能力视角的创业者人力资本与新创企业绩效作用机制研究》，《管理评论》2012 年第 4 期。
147. 潘清泉：《不同发展阶段新创企业创业者胜任力与创业团队成员信任关系研究》，《科技进步与对策》2016 年第 1 期。
148. 刘宇璟等：《小微企业创业者素质评价指标体系构建》，《统计与决策》2015 年第 20 期。
149. 石书德、张帏、高建：《影响新创企业绩效的创业团队因素研究》，《管理工程学报》2011 年第 4 期。
150. 邢大立：《学校、政府、社会三位一体大学生创业教育体系的构建》，《当代教育理论与实践》2013 年第 8 期。
151. 温雅：《我国高校创业教育的现状、问题及完善——基于 25 所高校〈2014 年毕业生就业质量报告〉的分析》，《江西社会科学》2015 年第 3 期。
152. 罗军、张叶平：《农民创业培训、创业选择与创业绩效的关系研究》，《广东农业科学》2013 年第 2 期。
153. 王晶：《对农民创业培训的思考：以河南省为例》，《农业经济》2011 年第 9 期。
154. 徐文新：《提升农民工素质的职业教育创新策略探析——基于对近 5

年〈全国农民工监测调查报告〉的分析》，《中国职业技术教育》2016 年第 9 期。
155. 胡俊波：《农民工返乡创业扶持政策绩效评估体系：构建与应用》，《社会科学研究》2014 年第 5 期。
155. 王惠：《政府创业扶持政策对大学生创业的影响评价及其优化——基于浙江省的分析》，《企业经济》2014 年第 3 期。
157. 杜跃平、马晶晶：《政府促进创业的公共政策和服务的效果评估与分析》，《软科学》2016 年第 1 期。
158. 周莳文：《知识产权保护对海外华人回国创业的影响因素分析》，《科技管理研究》2015 年第 17 期。
159. 李政、邓丰：《面向创业型经济的创业政策模式与结构研究》，《外国经济与管理》2006 年第 6 期。
160. 谢慧明：《我国创业政策比较研究及国外创业政策的启示》，《经营与管理》2013 年第 3 期。
161. 周海涛、董志霞：《美国大学生创业支持政策及其启示》，《高等教育研究》2014 年第 6 期。
162. 栾福明、王雨佳、韩平飞：《完善支持大众创业的税收政策探讨》，《经济纵横》2016 年第 2 期。
163. 黎常：《社会文化特征对区域创业活动影响差异研究》，《科学学研究》2014 年第 12 期。
164. 叶映华：《大学生创业政策的困境及其转型》，《教育发展研究》2011 年第 1 期。
165. 肖潇、汪涛：《国家自主创新示范区大学生创业政策评价研究》，《科学学研究》2015 年第 10 期。
166. 傅晋华：《农民工创业政策：回顾、评价与展望》，《中国科技论坛》2015 年第 9 期。
167. 徐礼堂、陈旭阳：《基于创业能力为核心的地方高校创新创业教育体系构建》，《创新与创业教育》2011 年第 4 期。
168. 李良成、张芳艳：《创业政策对大学生创业动力的影响实证研究》，《技术经济与管理研究》2012 年第 12 期。
169. 何郁冰、丁佳敏：《创业型大学如何构建创业教育生态系统》，《科学学研究》2015 年第 7 期。

170. 郑孝国：《我国创业培训发展浅议》，《中国科技论坛》2005 年第 5 期。

171. 徐德英、韩伯棠：《政策供需匹配模型构建及实证研究——以北京市创新创业政策为例》，《科学学研究》2015 年第 12 期。

172. 张力、戚汝庆、周永涛：《在孵企业的成功毕业：创业辅导与创业专用性人力资本的交互效应研究》，《第八届（2013）中国管理学年会——创业与中小企业管理分会场论文集》，2013 年。

173. 曾楚宏、叶冬秀、朱仁宏：《创业团队研究：理论框架与观点评述》，《财经科学》2015 年第 2 期。

174. 罗晓芹：《发挥主流舆论优势，帮扶中小企业成长》，《经济日报》2011 年 12 月 13 日。

175. 谢耘耕：《中国社会舆情与危机管理报告（2013）》，社会科学文献出版社 2013 年版。

176. 北京市金属材料商会：《中国民营经济忠实的守望者》，《中华工商时报》2007 年 10 月 22 日。

177. 陈立兵：《加大政府干预力度推动大学生到中小企业就业》，《中国人力资源开发》2009 年第 12 期。

178. 新闻网：《小微企业大学生七成一年离职》，《北京晚报》2015 年 1 月 24 日。

179. ［英］亚当·斯密：《国富论》，谢祖钧译，新世界出版社 2007 年版。

180. 王建华：《中小企业社会责任：动因、困境、出路及保障》，《广西社会科学》2012 年第 10 期。

181. 刘建明、纪忠慧、王莉丽：《舆论学概论》，中国传媒大学出版社 2009 年版。

182. 武在平：《新媒体的社会挑战与应对》，《中共中央党校学报》2012 年第 5 期。

183. 中国社会科学院中国特色社会主义理论体系研究中心：《合力构建聚民心尚理性的网络舆论空间》，《人民日报》2013 年 11 月 14 日第 14 版。

184. 赵崴斐：《多元舆论场中党的舆论引导能力研究》，《政治学研究》2014 年第 1 期。

185. 卢东：《消费者对企业社会责任的评价研究——基于期望理论和归因理论的探讨》，《管理评论》2010 年第 12 期。

186. 李轩复、郭毅：《意大利中小企业社会责任推行模式对我国的启示》，《生产力研究》2009 年第 22 期。

（二）英文文献

1. Abdulsaleh, A. M. and Worthington, A. C., "Small and Medium – Sized Enterprises Financing: A Review of Literature", *International Journal of Business and Management*, Vol. 8, No. 14, 2013.

2. Ait, Razouk A., "High – performance Work Systems and Performance of French small – and medium – sized enterprises: Examining Causal Order", *International Journal of Human Resource Management*, Vol. 22, No. 2, 2011.

3. Alam, S. S. and Ahsan, N., "ICT Adoption in Malaysian SMEs from services sector: Preliminary findings", *Journal of Internet Banking and Cermerce*, Vol. 12, No. 3, 2007.

4. Albrechtsen, H. and Hovden, J., "The information security digital divide between information security managers and users", *Computer & Security*, Vol. 28, No. 6, 2009.

5. Aldrich, H., *Organizations Evolving*, Sage, 1999, pp. 125 – 130.

6. Anderson, G. L., *Advocacy Leadership: Toward a Post – reform Agenda in Education*, Routledge, 2009, pp. 97 – 102.

7. Arbore, A. and Ordanini, A., "Broadband Divide among SMEs the Role of Size, Location and Outsourcing Strategies", *International Small Business Journal*, Vol. 24, No. 1, 2006.

8. Atherton, A. and Smallbone, D., "Promoting private sector development in China: The challenge of building institutional capacity at the local level", *Environment and Planning C: Government and Policy*, Vol. 31, No. 1, 2013.

9. Avolio, B. J., Sosik, J. J. and Jung, D. I. et al., "Leadership models, methods, and applications", *Handbook of Psychology*, Vol. 3, No. 1, 2003.

10. Bachher, J. S. and Guild, P. D., "Financing early stage technology based companies: investment criteria used by investors", *Frontiers of Entrepreneurship Research*, 1996, pp. 363 – 376.

11. Barnett, M. L., "Stakeholders Influence Capacity and the Variability of

Financial Returns to Corporate Social Responsibility", *Academy of Management Review*, Vol. 32, No. 3, 2007.

12. Barua, A. and Kriebel, C. H., Mukhopadhyay, T., "Information technologies and business value: An analytic and empirical investigation", *Information Systems Research*, Vol. 6, No. 1, 1995.
13. Bates, T., "Analysis of survival rates among franchise and independent small business startups", *Journal of Small Business Management*, Vol. 33, No. 2, 1995.
14. Bauchet, J. and Morduch, J., "Is micro too small? Microcredit vs. SME finance", *World Development*, Vol. 43, 2011.
15. Bowles, E. B., "The Role of the Small Business Administration in Economic Resurgence", *Journal of Small Business Strategy*, Vol. 4, No. 2, 2015.
16. Brammer, S., Millington, A. I. and Rayton, B., "The Contribution of Corporate Social Responsibility to Organisational Commitment", *International Journal of Human Resource Management*, Vol. 18, No. 10, 2007.
17. Burton, M. D. and O'Reilly, C., "The impact of high commitment values and practices on technology start - ups", Working Paper, 2000, pp. 1 - 35.
18. Castells, M., *The Internet Galaxy: Reflections on the Internet, Business, and society*, Oxford University Press, 2002, pp. 182 - 209.
19. Castrogiovanni, G. J., Urbano, D. and Loras, J., "Linking corporate entrepreneurship and human resource management in SMEs", *International Journal of Manpower*, Vol. 32, No. 1, 2011.
20. Chang, S. I., Wu, H. C. and Cho, C. M., "The development of digital divide assessment mechanism for SMEs: A perspective from the Taiwan manufacturing industry", *Journal of Global Information Technology Management*, Vol. 14, No. 1, 2011.
21. Chen, W. and Wellman, B., *Charting Digital Divides: Comparing Socioeconomic, Gender, Life Stage, and Rural - urban Internet Access and Use in Five Countries*, Cambridge, MA: MIT Press, 2005, pp. 467 - 97.
22. Chlosta, S., Patzelt, H. and Klein, S. B. et al., "Parental role models and the decision to become self - employed: The moderating effect of personality", *Small Business Economics*, Vol. 38, No. 1, 2012.

23. Chong, S., Pervan, G. and Bauer, C., "Implementation success of internet - based electronic commerce for small - and medium - sized enterprises in Australia", paper delivered to 14th International Bled Electronic Commerce Conference, 2001.

24. Doeringer, P. B. and Piore, M. J., *Internal Labor Markets and Manpower Analysis*, ME Sharpe, 1985, pp. 98 - 104.

25. De Roeck, K., Marique, G. and Stinglhamber, F. et al., "Understanding Employees' Responses to Corporate Social Responsibility: Mediating Roles of Overall Justice and Organizational Identification", *International Journal of Human Resource Management*, Vol. 25, No. 1, 2014.

26. Dogl, C. and Holtbrugge, D., "Corporate Environmental Responsibility, Employer Reputation and Employee Commitment: An Empirical Study in Developed and Emerging Economies", *International Journal of Human Resource Management*, Vol. 25, No. 12, 2014.

27. Doh, S. and Kim, B., "Government support for SME innovations in the regional industries: The case of government financial support program in South Korea", *Research Policy*, Vol. 43, No. 9, 2014.

28. Drucker, P. F., *Entrepreneurship and Innovation: Practice and Principles*, Harper Business: New York, 1985, pp. 89 - 94.

29. Elci, M. L. and Alpkan, "The Impact of Perceived Organizational Ethical Climate on Work Satisfaction", *Journal of Business Ethics*, Vol. 84, No. 3, 2009.

30. EIE Loan, "Small Business Administration", *Self*, Vol. 74, No. 136, 2011.

31. European Commission, *Fostering Entrepreneurship in Europe: Priorities for the Future*, Communication from the Commission to the Council, Brussels, 1998.

32. Falck, O., Heblich, S. and Luedemann, E., "Identity and entrepreneurship: Do school peers shape entrepreneurial intentions?", *Small Business Economics*, Vol. 39, No. 1, 2012.

33. Farooq, O., Payaud, M. and Merunka, D. et al., "The Impact of Corporate Social Respo - nsibility on Organizational Commitment: Exploring Multiple Mediation Mechanisms", *Journal of Business Ethics*, Vol. 4,

No. 125, 2014.

34. Fink, D. and Disterer, G., "International case studies: to what extent is ICT infused into the operations of SMEs?", *Journal of Enterprise Information Management*, Vol. 19, No. 6, 2006.
35. Fulantelli, G. and Allegra, M., "Small company attitude towards ICT based solutions: Some key – elements to improve it", *Journal of Educational Technology & Society*, Vol. 6, No. 1, 2003.
36. Gibson, D., "Role models in career development: New directions for theory and research", *Journal of Vocational Behavior*, No. 65, 2004, pp. 134 – 156.
37. Glavas, A. and Kelley, K., "The Effects of Perceived Corporate Social Responsibility on Employee Attitudes", *Business Ethics Quarterly*, Vol. 24, No. 2, 2014.
38. Green, N., "Personas of E – commerce adoption in small businesses in New Zealand", *Journal of Electronic Commerce in Organizations*, Vol. 4, No. 3, 2011.
39. Hargittai, E., "Second – Level Digital Divide: Differences in People's Online Skills", *First Monday*, Vol. 7, No. 4, 2002.
40. Hayton, J. C., "Promoting corporate entrepreneurship through human resource management practices: A review of empirical research", *Human Resource Management Review*, Vol. 15, No. 1, 2005.
41. Hayton, J. C., "Strategic human capital management in SMEs: An empirical study of entrepreneurial performance", *Human Resource Management*, Vol. 42, No. 4, 2004.
42. Hill, R. M. and Hlavacek, J. D., "The venture team: A new concept in marketing organization", *The Journal of Marketing*, Vol. 26, No. 3, 1972.
43. Hodorogel, R. G., "German SMEs Affected by the World Crisis", *Theoretical and Applied Economics*, Vol. 9, No. 9, 2011.
44. Hornsby, J. S., Kuratko, D. F. and Montagno, R. V., "Perception of internal factors for corporate entrepreneurship: A comparison of Canadian and US managers", *Entrepreneurship: Theory and Practice*, Vol. 24,

No. 2, 1999.

45. Jan Degadt, "For a more effective entrepreneurship policy: perception and feedback as preconditions", *Rencontres de Saint – Gall*, No. 5, 2004, pp. 8 – 10.

46. Jiang, B., Baker, R. C. and Frazier, G. V., "An Analysis of Job Dissatisfaction and Turnover to Reduce Global Supply Chain Risk: Evidence from China", *Journal of Operations Management*, Vol. 27, No. 2, 2009.

47. Jiang, B., R. C. Baker et al., "An Analysis of Job Dissatisfaction and Turnover to Reduce Global Supply Chain Risk: Evidence from China", *Journal of Operations Management*, Vol. 27, No. 2, 2009.

48. Joshua Healy, Kostas Mavromaras and Peter J. Sloane, "Adjusting to skill shortages in Australian SMEs", *Applied Economics*, Vol. 47, No. 24, 2015.

49. Khavul, S., Benson, G. S. and Datta, D. K., "Is internationalization associated with investments in HRM? A study of entrepreneurial firms in emerging markets", *Human Resource Management*, Vol. 49, No. 4, 2010.

50. Kilpatrick, A. O., "The health care leader as humanist", *Journal of Health and Human Services Administration*, Vol. 31, No. 4, 2009.

51. Kozak, R. A., *Small and Medium Forest Enterprises: Instruments of Change in the Developing World*, Washington D. C., USA: Rights and Resources Initiative, 2007, pp. 131 – 156.

52. Kubicek, H., "Fighting a Moving Target: Hard Lessons from Germany's Digital Divide Programs", *IT & Society*, Vol. 4, No. 6, 2004.

53. Langowitz, N. S. and Allen, I. E., "Small Business Leadership: Does Being the Founder Matter?", *Journal of Small Business & Entrepreneurship*, Vol. 23, No. 1, 2010.

54. Lepoutre and Heene, J. A., "Investigating the Impact of Firm Size on Small Business Social Responsibility: A Critical Review", *Journal of Business Ethics*, Vol. 67, No. 3, 2006.

55. Lim, T. M., "Outsorucing to Ensure Successful ICT Systems Implementation and Maintenance", available at httpz/lwww. infotechmonashedu, 2006.

56. Lin, F. and Zhao, Q., "Analysis and countermeasure study on human re-

source plight of small and medium – sized enterprises", paper delivered to Proceedings of the Sixth International Conference on Management Science and Engineering Management, Springer London, 2012.

57. Lindgren, P., "Business Model Innovation Leadership: How Do SME's Strategically Lead Business Model Innovation?", *International Journal of Business and Management*, Vol. 7, No. 14, 2012.

58. Lucas and Robert, E., "On the Mechanics of Development Planning", *Journal of Monetary Economics*, No. 1, 1988, pp. 3 – 42.

59. Lundstrom, A. and Stevenson, L. A., *Entrepreneurship Policy: Theory and Practice*, Springer Science & Business Media, 2006, pp. 43 – 65.

60. MacMillan, I. C., Siegel, R. and Narasimha, P. N. S., "Criteria used by venture capitalists to evaluate new Venture proposals", *Journal of Business Venturing*, Vol. 1, No. 1, 1986.

61. Markman, G. R., "Person – entrepreneurship fit: Why some people are more successful as entrepreneurs than others", *Human Resource Review*, Vol. 13, No. 1, 2003.

62. Martin, B., "Information society Revisited: From vision to reality", *Journal of Information Science*, Vol. 31, No. 1, 2005.

63. Mason, C. and Brown, R., "Creating good public policy to support high – growth firms", *Small Business Economics*, Vol. 40, No. 2, 2013.

64. Matland, R. E., "Synthesizing the implementation literature: The ambiguity – conflict model of policy implementation", *Journal of Public Administration Research and Theory*, Vol. 4, No. 2, 1995.

65. Matlay, H. and Westhead, P., "Virtual teams and the rise of e – entrepreneurship in Europe", *International Small Business Journal*, Vol. 23, No. 3, 2005.

66. Matzler, K., Schwarz, E. and Deutinger, N. et al., "The Relationship between Transformational Leadership, Product Innovation and Performance-in SMEs", *Journal of Small Business & Entrepreneurship*, Vol. 21, No. 2, 2008.

67. Messersmith, J. G. and Guthrie, J. P., "High performance work systems in emergent organizations: Implications for firm performance", *Human re-*

source management, Vol. 49, No. 2, 2010.

68. Mingaine, L., "Challenges encountered by Principals during implementation of ICT in public secondary schools, Kenya", *Journal of Sociological Research*, Vol. 4, No. 2, 2013.

69. Morawczynski, O., "Exploring the usage and impact of 'transformational' mobile financial services: the case of M – PESA in Kenya", *Journal of Eastern African Studies*, Vol. 3, No. 3, 2009.

70. Morris, M. H. and Jones, F. F., "Human resource management practices and corporate entrepreneurship: An empirical assessment from the USA", *The International Journal of Human Resource Management*, Vol. 4, No. 4, 1993.

71. National Telecommunications and Information Administration, Falling Through the Net Ⅱ: New Data on the Digital Divide, U S A: NTIA, November 11, 1998.

72. Neil Lee, "What holds back high – growth firms? Evidence from UK SMEs", *Small Business Economics*, Vol. 43, No. 1, 2014.

73. Nurmela, J. and Vihera, M. L., "Patterns of IT Diffusion in Finland: 1996 – 2002", *IT & Society*, No. 6, 2004, pp. 20 – 35.

74. Obeng, B. A. and Blundel, R. K., "Evaluating enterprise policy interventions in Africa: A critical review of Ghanaian small business support services", *Journal of Small Business Management*, Vol. 53, No. 2, 2013.

75. OECD, Entrepreneurship and local economic development: Programme and policy recommendation, Paris and Washington, D. C., 2003.

76. Parnell, J. A., Long, Z. and Lester, D., "Competitive strategy, capabilities and uncertainty in small and medium sized enterprises (SMEs) in China and the United States", *Management Decision*, Vol. 53, No. 2, 2015.

77. Patel, P. C. and Cardon, M. S., "Adopting HRM practices and their effectiveness in small firms facing product – market competition", *Human Resource Management*, Vol. 49, No. 2, 2010.

78. Paul, D. and Pascale, D., *Information Technology and Economic Development: An Introduction to the Research Issues*, CA: Sage, 2013.

79. Price, L., Rae, D. and Cini, V., "SME perceptions of and responses to the recession", *Journal of Small Business and Enterprise Development*, Vol. 20, No. 3, 2013.

80. Reynolds, W., Savage, W. and Williams, A. J. et al., Your own business: A practical guide to success, *Cengage Learning Australia*, 2000, pp. 143 – 161.

81. Romer, P. M., "Increasing returns and long – run growth", *The Journal of Political Economy*, Vol. 94, No. 5, 1986.

82. Russoa and Perrini, F., "Investigating Stakeholder Theory and Social Capital: CSR in Large Firms and SMEs", *Journal of Business Ethics*, Vol. 91, No. 2, 2010.

83. Sakai, K., "Enhancing Manufacturing Performance with ERP Systems", *Information Systems Management*, Vol. 17, No. 3, 2012.

84. Sambajee, P. and Dhomun, M. Z. A., "Government and SMEs in the Maldives and Mauritius", *International Journal of Entrepreneurial Behavior & Research*, Vol. 21, No. 6, 2015.

85. Sánchez, P. E. and Benito – Hernández, S., "CSR Policies: Effects on Labour Productivity in Spanish Micro and Small Manufacturing Companies", *Journal of Business Ethics*, Vol. 128, No. 4, 2015.

86. Schjoedt, L. and Kraus, S., "Entrepreneurial teams: Definition and performance factors", *Management Research News*, Vol. 32, No. 6, 2009.

87. Schmelter, R., Mauer, R. and Börsch, C. et al., "Boosting corporate entrepreneurship through HRM practices: Evidence from German SMEs", *Human Resource Management*, Vol. 49, No. 4, 2010.

88. Schiemann, M., "SMEs were the main drivers of economic growth between 2004 and 2006", *Statistics in Focus*, No. 7, 2009, pp. 1 – 8.

89. Schuler, R. S., "Fostering and facilitating entrepreneurship in organizations: Implications for organization structure and human resource management practices", *Human Resource Management*, Vol. 25, No. 4, 1986.

90. Sen, S. and Bhattacharya, C. B., "Doing better at doing good: When, why, and how consumers respond to corporate social initiatives", *California Management Review*, Vol. 47, No. 1, 2004.

91. Senik, Z. C. , Scott – Ladd, B. and Entrekin, L. et al. , "Networking and internationalization of SMEs in emerging economies", *Journal of International Entrepreneurship*, Vol. 9, No. 4, 2011.

92. Sheehan, M. , "Human resource management and performance: Evidence from small and medium – sized firms", *International Small Business Journal*, 2013, Vol. 10. 1177/0266242612465454.

93. Soriano, D. R. , Dobón, S. R. and Tansky, J. , "Guest Editors' Note: Linking entrepreneurship and human resources in globalization", *Human Resource Management*, Vol. 49, No. 2, 2010.

94. Stehle, W. and Erwee, R. , "Cultural Differences Influencing German HR Policies in Asia", *Journal of Asia Business Studies*, Vol. 2, No. 1, 2007.

95. Sternberg, R. , *Regional Dimensions of Entrepreneurship*, Now Publishers Inc. , 2009, pp. 109 – 114.

96. Szulanski, G. , "Exploring internal stickiness: impediments to the transfer of best practice within the firm", *Strategic Management Journal*, No. 17, 1996, pp. 27 – 43.

97. Tang, G. , Wei, L. Q. and Snape, E. et al. , "How effective human resource management promotes corporate entrepreneurship: Evidence from China", *The International Journal of Human Resource Management*, Vol. 26, No. 12, 2015.

98. Tansky, J. W. and Heneman, R. , "Guest editor's note: Introduction to the special issue on human Resource Management in SMEs: A call for more research", *Human Resource Management*, Vol. 42, No. 4, 2003.

99. Tett, R. P. and J. P. Meyer, "Job – satisfaction, Organizational Commitment, Turnover Intention, and Turnover – Path Analyses Based on Meta analytic Findings", *Personnel Psychology*, Vol. 46, No. 2, 1993.

100. Tewari, P. S. , Skilling, D. , Kumar, P. et al. , Competitive small and medium enterprises: A diagnostic to help design smart SME policy, Washington D. C. : World Bank 82516, 2013.

101. Thong, J. and Yap, C. , "CEO characteristics, organizational characteristics and information technology adoption in small business", *International Journal of Management Science*, Vol. 23, No. 4, 2011.

102. Thorpe, R., Cope, J. and Ram, M. et al., "Leadership Development in small – and medium – sized enterprises: The case for action learning", *Action Learning: Research and Practice*, Vol. 6, No. 3, 2009.

103. Unger, J. M., Rauch, A. and Frese, M. et al., "Human capital and entrepreneurial success: A meta – analytical review", *Journal of Business Venturing*, Vol. 26, No. 3, 2011.

104. Van Dijk, J., *The Deepening Divide: Inequality in the Information*, Sage Publications Inc., 2005, pp. 34 – 45.

105. Van Maanen, J. and Schein, E., *Towards a Theory of Organizational Socialization*, CT: JAI Press, 1979, pp. 209 – 264.

106. Vilaseca, J., Torrent, J. and Las, Tic Y., "las Transformaciones de la Empresa Catalana", *Universidad Oberta de Catalunya*, No. 2, 2003, pp. 33 – 42.

107. Wang, Z. and Zang, Z., "Strategic human resources, innovation and entrepreneurship fit: A cross – regional comparative model", *International journal of Manpower*, Vol. 26, No. 6, 2005.

108. Warschauer, M., *Technology and Social Inclusion: Rethinking the Digital Divide*, The MIT Press, 2003, pp. 31 – 49.

109. Weber, M., *The Religion of China, Confucianism and Taoism*, New York: The Free Press, 1951, pp. 124 – 130.

110. Welpe, I. M., Spörrle, M. and Grichnik, D. et al., "Emotions and opportunities: The interplay of opportunity evaluation, fear, joy, and anger as antecedent of entrepreneurial exploitation", *Entrepreneurship Theory and Practice*, Vol. 36, No. 1, 2012.

111. Wright, S., Wong, A. and Newill, C., "The impact of role models on medical students", *Journal of General Internal Medicine*, No. 12, 1997, pp. 53 – 56.

112. Wyrick, D. A., Natarajan, G. and Eseonu, C. I., *Technology Policy for Promoting Environmental Sustainability in SMEs: Issues and Considerations for Effective Implementation*, Advances in Sustainable and Competitive Manufacturing Systems, Springer International Publishing, 2013, pp. 1237 – 1248.

113. Yusoff, M. N. H. and Zainol, F. A., "Antecedents to the Utilisation of the Government Business Support Services: A Literature Review", *International Business Research*, Vol. 5, No. 11, 2012.

114. Zhang, Z. and Jia, M., "Using social exchange theory to predict the effects of high - performance human resource practices on Corporate Entrepreneurship: Evidence from China", *Human Resource Management*, Vol. 49, No. 4, 2010.

115. Zhikai Wang, "China's 'labour shortage' and migrant workers' lack of social security", *International Labour Review*, Vol. 153, No. 4, 2014.